Tomorrow is another day 巻3

あたらしい旅のかたち てくてく日本一人歩きの旅
（宮城・岩手・青森・秋田・山形・新潟・佐渡・淡路　編）

おだ ゆきかつ

はじめに

ＩＴ・デジタル化の世になればなるほど
人は何故かたった独りで
歩く旅に出かけるようになってくる
ＩＴ万能の世に真逆の愚挙
何の足しにもならぬような事に
セッセと精出す人は幸なり
誰にでも出来る事だから　誰もがあと廻しにする
そして　いつの間にか　本当に
追い詰められて　気が付く
かつて

遠くへ行きたい　という歌があった
いい日旅立ち　という歌もあった
自分を縛りつけているものから暫く離れて
いつか大きな一人旅に出てみたい　とは
多くの人が叶わぬ夢でもあるかのように胸に秘めている
やり直しのない自分の人生の中で
思い切ってたった一人の旅に出てみよう　すると
世の中には金に換えられぬ大切な事が　こんなにも
あったか　と気付かされる
生きている意味のようなもの
どうこれから生きてゆこうかの
指針のような力が心に
漲ってくるかも知れない

この本はサラリーマンを50年やって、会社をオサラバしてから始めた男の長〜い紀行文です。

レベルは中学生の修学旅行日記に毛が生えた程度の内容ですが、しかし長〜い。日帰り、一泊二日、二泊三日、三泊四日、四泊五日…といわば「四国お遍路」でいう「区切り打ち」スタイルのようなやり方で「出掛けては疲れ切って帰って来、また出掛ける」の繰り返しを延々とやったものです。

未だ旅の途上にある身ですが、若くはないので何時、何処で不慮の事故にあうかも知れぬ…と思い当たり「全国海岸線一人歩き一周・道半ば過ぎ」ではありますが、この辺でとりあえず文章にして記録に残しておこうと思い至ったものです。この「区切り打ち」の旅のやり方は、これから一念発起して一人旅をしてみようと心を決める方にとって、ささやかながら一つのヒントになるかも知れないなぁ…と。

勝手に想像したりしています。

Tomorrow is another day 巻３

あたらしい旅のかたち てくてく日本一人歩きの旅

宮城・岩手・青森・秋田・山形・新潟・佐渡・淡路 編で歩いたところ

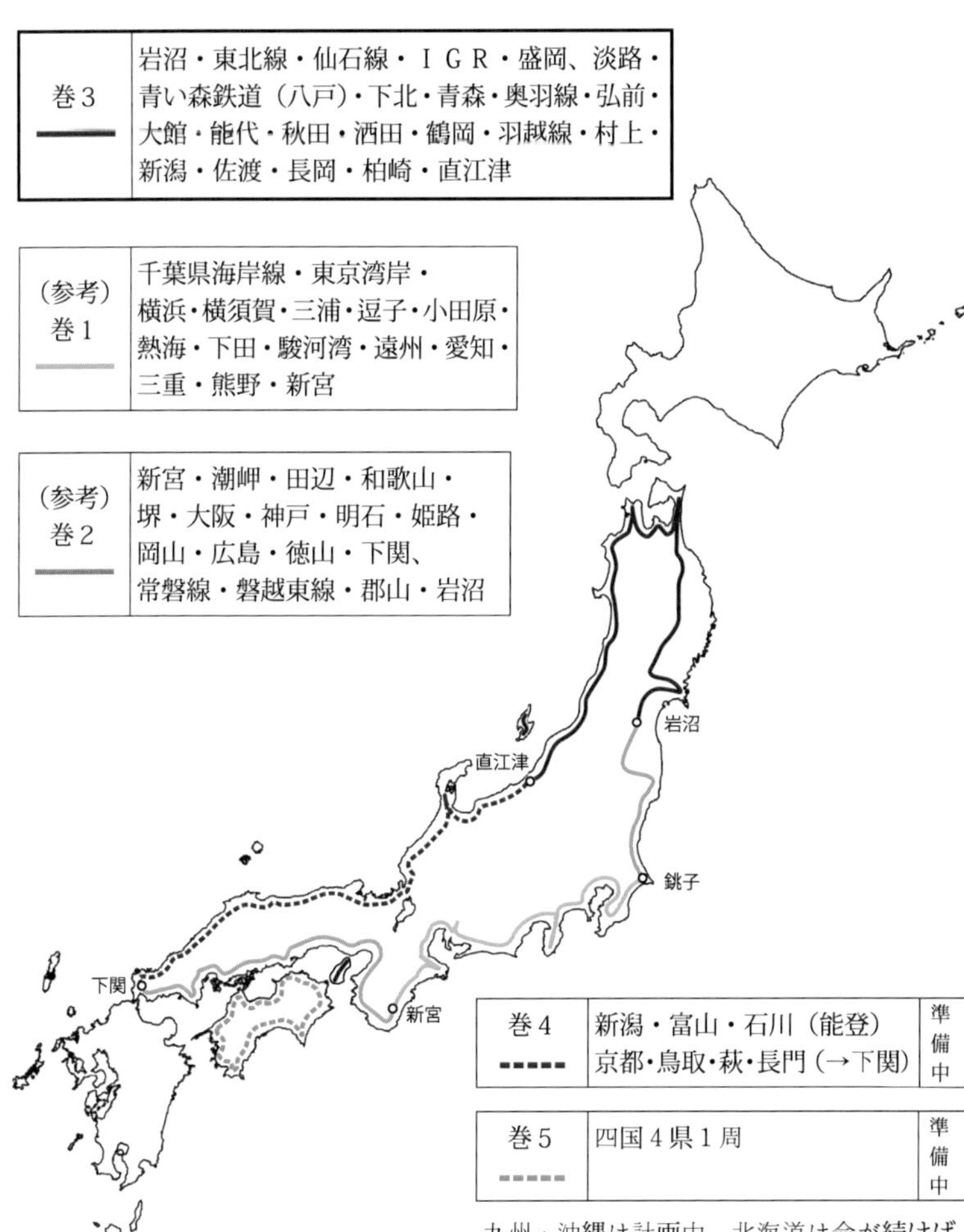

九州・沖縄は計画中、北海道は命が続けば

目次

淡路島を訪ねて

「てくてく日本・一人歩きの旅、時々山登り」ここで一服

〈青い森鉄道・JR大湊線沿い〉

〈青い森鉄道・JR津軽線沿い〉

佐渡へ

〔信越本線沿い〕

岩沼→館越（たてこし）→名取（なとり）→南仙台（みなみせんだい）→太子堂（たいしどう）→長町（ながまち）→仙台

平成28年10月14日（金）晴れ

> 岩沼駅近ビジネスホテル～竹駒神社～中央1、2、3丁目～仙南信金～県道124号↓県道25号へ～岩沼北中～国道4号へ～ホテル・ルートイン～梶橋～館越駅～道祖神橋～館腰神社～薬師堂（古墳群）～名取一中～増田橋～増田神社（名取駅）～世界心道教～上余田～仙台市域へ～南仙台駅入口～名取川（名取橋）～太子堂駅入口（左）～仮設住宅～あすと長町～長町駅（左）～市立病院～（右）広瀬橋～愛宕橋～荒町（交）～仙台駅
>
> 7：30～13：15　5時間45分　＝　20㎞

10月14日（金）5：20起き、外を見る、今日は晴れのようだ。それだけで元気わく。「前夜コンビニで買っておいたコッペ＋オニギリ」プラス白湯で済ます。7：30にビジネスホテルを出てテクテク開始！今日は午後千葉へ帰るのだが、頑張って仙台まで辿りつきたいぜ。

「急ぐとも守るマナー身につく安全」やられた、私への戒めか。今日は先ず、およそ1㎞近く戻って、日本三稲荷の竹駒神社にお参りする。…表参道から朱塗りの一の鳥居、二の鳥居、三の鳥居と進むと随身門＋唐門＋籠殿と続く。そして社殿へ。農業・産業振興の神として信仰を集め県内外からの参拝オオシ。旧暦2月初午～7日間の大祭は大賑いだという。大きく壮大な社でありました。

ビジネスホテルから神社に至る旧国道4号（現在の県道124号）沿いに北・中・南町の夫々の「検断屋敷」あり。

これは仙台藩主が参府・下向の際、岩沼宿であったこれら屋敷で昼食をとったり宿泊もされた屋敷…という。「本陣南町検断屋敷跡」の碑。中央3丁目（交）。…音量感知信号（?）あり。
登校時とあって、こっちの交差点・あっちの角…と学校見守り隊OBボランティアのオジイサンがユニホームをきて、旗を振って誘導していました。（ご苦労さまです）

名なし（交）で右折し、県道124号線から県道25号へ。相原♀（岩沼市民バス・iBus）、岩沼北中（校庭広く環境のよい校舎です）。国道4号にぶつかり左折する。今日は今回てくてく一番の快晴。仙台まで18㎞とある。「衣類乾燥室・さわやか！ホテル・ルートイン」、梶橋、「名取・ボディショップ（何?）」歩道橋（本郷）、「山形の仏壇大特価！」右、500m程のところ、高速道路見える。「3．11」の津波をせき止めた高速?突然左側に館腰駅。駅広充分、バス発着アリ、駅舎らしきもの見当たらぬが、清潔な駅です。館腰神社お参りのため、国道4号を400m程戻り、線路を横切って山側の神社へ向かう。曲がり角に道祖神（橋）あり。

「笠島はいづこ皐月のぬかり道」芭蕉句。苔むしたデッカイ道祖神塔もありました。奥州路「館腰神社」。館腰神社と弘誓寺（ぐぜいじ）が並ん

竹駒神社本殿

であります した。弘仁2年（８１１年）空海が当地に弘誓寺を創建した際、京都伏見稲荷より分霊した頃は神社と寺は事実上一体化していたが、明治2年、弘誓寺は分離し、神社は「奥州路、県社（稲荷神社）・館腰神社」となった由。「満州・上海事変」・記念の大きな石碑があった。（10円でお参り）名取市館腰小♀（左）、右‥無量山明観寺。飯野坂古墳群入口。薬師堂アンド古墳群の小山。杖ついたおじいさんと、ひとしきり話をしたあと、急な石段を上りお参り。山上から名取市街を見下ろす。この周りの丘陵には飯野坂古墳群（薬師堂古墳含む）をはじめ、古墳時代前期～末期までのおよそ１００基以上確認されて、宮城県内では最多の分布だそうです。

笠島の道祖神は、私が歩いた旧・国道より更に新幹線方向に入ったところに在る。（廃寺跡あり）ここへの途上、芭蕉はぬかる道に足をとられたのかしら？　私の見た道祖神は道しるべだった？

左、ふたばの森学園、名取一中前♀、東北本線の踏切り横断そして、頭上を高架でレール横断（これは仙台空港線か）。郵便局前‥そして30ｍ程の橋を渡る。（増田橋）そして、増田宿跡、増田神社、枝ぶりのうるわしい「衣笠の松」をみる。「大君の立ち寄りまして蔭なれば衣笠の松とこそいうなかりけれ」（木戸孝充）。名取駅前（交）、左奥に超ハイカラの駅舎が見えました。外観しただけだがヒッソリと静かでした。増田4丁目♀。（なとりん号・桜交通のバスです）世界心道教（？）、仙南境界（左）、3～４００ｍ右を平行して国道4号の仙台バイパス。私は国道4号の旧道（県道２７３号線）ですが、旧道といえども仙台に向かう大幹線です。田高（交）。上余田（かみようでん）♀。名取市から仙台市域へ。

初めて見た信号機…交差点中央上空に下がっている宙吊り信号機。

電器の傘みたいな内側に赤・青・黄が四方向に表示しているのだ！（仙台駅前まで二～三ヶ所あったか）。

南仙台自動車教習所。南仙台駅入口(交)・左100m平屋の駅舎あり。この辺り、仙台市交のバス目立ちます。…大きな都会での公営交通（バスまだまだ盛んだな…）。中田3丁目♀、左・宝泉寺観音堂・延命地蔵尊（いずれも左に見え隠れ）間もなく前方に拡張された大きな橋が出現。一級・名取川の「名取橋の碑」。橋は長い。感覚的には500～600mはあるか、水の流れは50～60m、河原もさりながら、橋が異様に長い。河川敷が広いのだ。東大野田♀（バス停の電照ポール久しぶりに遭遇）。更に道路は広く大通りとなってきた。太子堂駅が左（50m）の高架下にチンマリ納まって見えました。

〈宙吊り信号機〉

アスト長町2・3丁目。左側空地を利用しての「応急仮設住宅」戸数は数百戸もあろうか。…見た目、現在住人も見当たらないが、緊急時には有難い施設であった事にまちがいないが、4～5年と経って、近代的な街中に忽然と表われた住宅は今となってはみすぼらしく、住む人々の心にいつまでも、被災者だ！と意識させるものがあるだろう…周りが華やかな商業地域だけにやり切れない思いを感じた。

アスト長町1丁目南（交）、左にJR長町駅です。この先、国道4号は広瀬川に沿うように左カーブ。そのカーブ地点（左）にそれこそ超近代的白亜の宮殿・仙台市立病院です。（どうやらオープンしてからそう日時が経っていなそう……超ハイテクも無論結構だが、だぶつくオイルマネーでビルラッシュのドバイ!みたい）名取水系・広瀬川の流れ右です。（あの、青葉城恋唄の広瀬川です…）右に広瀬橋幅130ｍもあろうか水流も70～80ｍある良き川、良き流れだ。思わず〝あの歌〟を口ずさみます。仙台中心街のビルに囲まれ、私は川沿いの遊歩道を桜並木に沿って約1㎞直進しました。

川にかかる愛宕橋を渡り、心臓部へ。広沢山無量院・荒町（交）、昼食時のビル街は昼食のサラリーマン、ウーマンで溢れ気味。さすが大都会じゃ。急く心に街路は堪（こた）えたが、とうとう、杜の都仙台駅に到着いたしました!! 私の「てくてく歩き」でも、仙台到着は記念すべきことのよう。東北の「どまんなか」にお邪魔しましたよ。13：15　親戚2軒に牛タン贈る。（いい値段じゃ）「駅弁・ビール・水割り・ツマミ」買って、13：44発、やまびこ号に乗車（小さな声でヤッター!）さあ帰るぞ。…（褒めてくれる人無くても空には高く秋の空…）弁当食べて、ビール飲んで、列車はもう福島だ。2泊3日ではあったがどうやら予定通り。（桑折→仙台）全てに感謝します。右足のクルブシあたりが結構痛みます。俺も頑張ったんだぜ…と足が主張しているように。もっと頑張ればあと10㎞位可だったたかも知れぬが…。

◎長町の仮設住宅　220戸　10／17からとり壊しだそうです。

◎「芭蕉の旅のあと」「戊辰戦争の攻防と悲劇」「〝うつくしま〟と称される程、本来豊かな福島」そこに重なったいわゆる「3．11」の甚大な後遺症。この年齢でまた、ひとつ遅まき乍ら、生きた勉強をさせて頂いた短い2泊3日でした。

「てくてく日本・一人歩きの旅、時々山登り」ここで一服!!

平成28年10月8日（土）晴れ（単独行）

丹沢・塔ノ岳

ヤビツ峠～富士見橋～二ノ塔～三ノ塔～鳥尾山～行者岳～新大日～塔ノ岳～花立山荘～駒止茶屋～大倉バス停
9：05～16：05　約7時間

丹沢に山登り・ハイキングに行くのは多分40年振り位だろうか。20代の前半、サラリーマンとなって数年は会社でも、まともな仕事というよりは、先輩の作成した書類のコピー取り、書類の編集など雑用に毛の生えた程度の仕事でしかも長時間、こき使われていたあの頃…。青春の精力を発散させるのは、仕事ではなく〝登山〟だった。とりわけ丹沢は、小田急線に乗れば家からおよそ2時間程度で登山口。山も1，500～1，700m程度の、それなりに登り甲斐のある高さ。おまけに日頃の鬱憤をぶっつけるに相応しい沢登りルートも豊富！という事で幾度も友と或いは単独で訪れたのだ。主脈縦走、水無川の沢登り（ヒツゴー、源治郎、本谷）「四十八瀬川・勘七沢」、「玄倉川・ユーシン谷」、等々…カスリ傷、打ち身など勲章みたいに感じていたかなあ～。遠い昔の事だ。時は大きく流れて。（今や体力は落ち目の三度笠だが）

さて今回、73歳にもなり、同行する山仲間もなく。それでも分相応の山歩きは止み難く秋晴れの今日もイソイソと出かけた次第です。

稲毛海岸のマンション5：17出、5：35電車に乗り6：17東京駅。新宿駅7：01急行小田原行、秦野駅下車し8：18発のバスでヤビツ峠へ。（460円）ヤビツ峠行は平日なのに定期便乗り切れず2台目（臨時）も40人程の盛況に驚く。ヤビツ峠は、大山方面へのハイカーも含めて、今ではターミナル化しており、売店、案内センターまであった。そして今日の丹沢表尾根への登山は峠から林道を20分も下った富士見橋から左へ登っていく。（昔の記憶だと、峠からいきなり岳ノ台に登り二ノ塔へ向かった…とウロ覚えあり…）二ノ塔に這い上ると視界が広がる。一旦下がって三ノ塔まで登ると視界全開・雄大な眺めです。立派な休憩小屋あり。この先はピークを幾つか越えていく。三ノ塔の大きな下りは、こんなにガレて崩壊していたか…と思う位のガレ場。鎖もロープも固定されている。

先行者のオバサン等に追い付きつかえてしまう。また、下りのガレ場では登ってくる人もありで落石注意です。下って少し登り返すと山荘のある鳥尾山に着く。ここで小休止。駅で買ったオニギリ2ケ、パクついてテルモスのお湯を飲む。（20歳になったかならぬ頃の話。降雪直後の「表尾根・縦走」を！と11月下旬・初冠雪を確認して登ったあの日、想定外の寒さに襲われ、それでもこの鳥尾山を下ったところで、自分で握ってきたメシだけの塩むすびを食べた。あまりにもみずぼらしいと思ったのか近くで休んでいた見も知らぬお姉さんがオカズを恵んでくれた事があった。おいしかったこと、今でも忘れられません。また、その時、目にした樹の枝に積もった雪が、昇ってきた朝日に照らされ、ポタリ、ポタリと雫の落ちるさまが、キラキラ輝いて、その時の美しさといったら…大きな衝撃でした。雪山への憧れ！の起点でした）

行者岳の前後は、昔の記憶よりも一層、崩壊が進んだのではないか…と思えた。左側は特に切れ落ち、大倉尾根との間に水無川沿いの深い谷がうす暗く見えます。（この尾根のどこかしらにかつて沢登りで這い上ってきたガレ場と尾根があったはず。あの頃は、出会った縦走者より、何か〝沢と崖を登ってきた自分（達）の方〟が、鼻高いような高揚感を勝手に感じていたような記憶がある…若かったからなあ〜）

そして、新大日につく。（札掛から登るとここで合流）ここまで来ると、山頂は指呼の間となって、気楽な気分で登れる。そして広々とした山頂広場の一角に着いた。ベンチなのか土砂崩れ防止か分からぬような一つのベンチに腰を下ろし、休憩です。13：30着。ヤビツ峠から4時間30分かかったかしら。気楽に登れたともいえぬが、なんとか予定通りのタイムだった。右に尊仏山荘の大きな建物があり、ハイカーが出入りしていた。20分程して大倉尾根を下山する。この尾根は馬鹿尾根などといわれる。標高差は1，２００ｍもあり、登ってくるときはつらい登りだ。…また、背に陽を受けると暑すぎる。今日はこの尾根を下山。驚いた。木の階段が実に延々と立派に整備されており、しばらくは土を踏まずに下れる。そして長〜い階段、歩は捗るけれど膝にガクガクくる。泥んこにならずに済むが堪えます。なんとか2時間15分かけて下り切りました。山頂からは青空はなくドンヨリ曇天でした。人気の山、人気のコースとあって若人も多く、オバサンも多く、リタイヤ組と覚しき夫婦も多くさすが丹沢…と今更ながら感心しました。

多分、明日・明後日…と膝と股の筋肉が痛むことだろう。

○今日のヤビツ峠↓塔ノ岳コースは丹沢入門・人気の表銀座コースともいわれる。一方、今日、山頂から下山した大倉尾根は、標高差1，200mもあり、〝馬鹿尾根〟ともいわれ、ここを逆に麓の大倉から登ると一直線の登りで3時間はかかる。〝労多くして得るもの少なし〟等として敬遠されること多し。けれど振り返ってみると北アルプスや南アルプスに足を延ばせば「高瀬ダムからの裏銀座コース」や「甲斐駒ヶ岳の黒戸尾根コース」など1，500m（標高差）を越える「急登」は沢山ある。そうした未知の山登りの為には、丹沢・大倉尾根の登りは、南北アルプス縦走をする上で、格好の足慣らしコースになったなぁ…と懐かしく思い出す。

「棚山」と〝ほったらかし温泉〟

ハイキングバスツアー

平成28年12月7日（水）くもり時々晴れ

中央道勝沼IC〜ほったらかし温泉・登山口
登山口〜林道終点〜分岐〜重ね石〜棚山（1，171ｍ）〜重ね石〜林道〜温泉入浴
ハイキング　約3・5㎞　5時間（休憩込み）、5，800円

今年の冬への傾斜は異様に早かった。11月下旬に観測史上初という「東京・千葉で共に初雪積雪」に見まわれた。千葉のマンションベランダに5〜6㎝積もり、黄葉まっ盛りの欅の梢、芝生など、時ならぬ雪景色となった。日中6〜7℃しかない日もあれば、15〜16℃にもなる日もあって、真に異変の初冬となった。

そんな中、例によって千葉中央バスのバスハイク参加。今回は山梨の〝棚山〟だという。そんな山、何処にあったかな？ハイキングのガイドブックめくってみても見当たらず、また、麓にあるという〝ほったらかし温泉〟というネーミングの風呂も気にかかる…！というわけで参加です。私はこの年齢（今、73・5歳）になって、さすがに高山だとか雪山には尻込みするようになったが、それでも単独登山（ハイク）には、ちょくちょく出かけている。そうした単独の山行に較べれば、今回のようなバスハイクは誠に気軽なのです。「計画もルートチェックも…何もかも主催者任せ、参加者は行程をしっかり歩き、楽しめばよい…というものです。しかもリーズナブルな低料金で…」よって、何時も希望者多数（概ね、60〜75歳位の高齢者、それも女性が65〜70％を占める）でキャンセル待ちもしょっちゅうだとか。日頃運動不足の中高年者にとって、早起きし、一日たっぷり「山歩きアンド温泉」は心身共にリフレッシュでき、〝日本国の医療費節減〟につながる〝良き事〟だと思っております。さて今回、

バス2台、合計65名位か。予報は晴れ、しかし起きてみれば、ドンヨリ曇空。しかも寒い。元気を出して5℃～6℃の中、集合場所に向かい、無事バスに乗車して出発…山梨県境の笹子・小仏の長いトンネルを抜け、甲府盆地がグッと開けたあたりから日射しと青空見えてくる。はるか遠く、高く、雲の上に南アルプスがまっ白な稜線を見せている。歓声があがる。富士はまだ見えぬ。ざわついてきた車内をよそにバスはＩＣを出て一般道へ、勝沼の家並みを抜け山麓にかかる。斜面に収穫期を終えたぶどう、桃畑が続く。桃畑の木々に白い綿のようなものが点々と見える…これは、桃の実に被せてあった袋なのだそうだ。収穫して袋だけ残ったもの…という。それにしても一つの風物詩だなあ。グングン高度を上げ、標高５００～６００ｍ当りにある、温泉前にようやく到着した。

眼下の甲府盆地、その南側に屏風のように取り囲む御坂山地…の見えるはずの南面は、濃い霧の為一面雲海です。準備体操をして、1班、2班、ハイキング開始…目の前にずんぐりした木々に覆われた茶色の山が目標です。標高差５００～６００ｍ。らくちんです。山道は落葉のジュウタンです。傾斜がきつくなり、隠れていた石に足を取られ、石車（いしぐるま）よろしく滑る人あっちこっち。急傾斜やちょっとした岩場にかかると、とたんにペースが落ち、渋滞です。…ワイワイ、ガヤガヤ、中高年ハイクチィパッパ！

これもバスハイクの特徴です。結果として休み休みのハイキングです。

巨大な「おもちの2ヶ重ね」のような「重ね石」を跨ぎ、稜線のアップダウンを2度繰り返すと山頂でした。西方を見れば雲海を突き抜けて北岳、仙丈、甲斐駒の雄姿に感激。左に首を回して見上げるとオオ！見えた見えた霊峰、富士山。〝やっぱり高いなあ…〟との声しきり。たっぷり降りそそぐ陽光のもと、弁当、お茶おしゃべりも満喫し、一同下山にかかった。登ってきた道をゆるりと下る。というなんたる気安さ！気も心も日頃から解放している様子。

そして不用意にくり出す足は、落ち葉のラッセルとなり、登りにも増して滑り尻もちをつく人続出。足が吊り動けなくなるオバアサン、約3名。ポカリスエットや湯を飲ませ、漢方薬なども服用させつつ、なんとか無事下山しました。元気な人は話し声も軽やか。私も山の歌を口笛吹いて下山です。

そして、〝ほったらかし温泉入浴〟です。「あっちの湯・こっちの湯」と二つあり好きな方に入る。この露天風呂が眺望絶景。…いろいろな山の湯に入っているのが、雲海の下に眠る甲府盆地を挟み御坂山脈の上に雄大な富士の姿。これと対峙しての入浴…まあ、今上の絶景の一つです…。

この温泉が大晦日から正月3が日、大変混み合う…というのも充分うなずけました。適度な上り、下り、山頂での憩い。下りでのハプニング。そして、この大展望と天然温泉。たかがバスハイクではありましたが65名、等しく大満足の年末ハイキングでした。佐倉CCの井上、佐々木両オバサンとの語らいの楽しさも忘れ難いものとなりました。〝たまの単独ハイク〟のみに凝り固まっていると、今日のようなコースは思い浮かばぬ。バスハイク主催者の腕の見せ所かと…評価。

初冬の陽射を浴びての楽しい一日。これで全て込み込みで5，８００円でした。19時前には帰着でした。

仙台↓多賀城↓西塩釜↓本塩竈

平成28年11月2日（水）晴れたりくもったり

仙台駅東口～榴ケ岡公園～陸前原ノ町駅～苦竹駅～国道45号と国道4号交差～運輸支局～梅田川（二級）（福田橋）～七北田川（福田大橋）～（左）陸前高砂駅～吉野屋～誓渡寺～中野栄駅～多賀城市域へ～砂押川（二級）～多賀城公園（右）～多賀城駅～国道45号へ～貞山高・警察～（左）下馬駅～（左）西塩釜駅～市役所入口～塩釜港（マリンゲート）～本塩釜駅～塩釜神社～ビジネスホテル・スマイル

9：20～16：15　7時間弱　22㎞位

もう今年も11月！ここ数日は早くも寒波襲来！という事で、東京も朝10℃、仙台は5℃位まで冷え込んでいる。週間天気予報によると、仙台地方は11／2（晴れ）、11／3（小雨）11／4（晴れ）、11／5（晴れ）、11／6（晴れ）で、11／3があやしい。まあ5日間も予定を組めば1日位は仕方ないところです。30ℓ入りの中型リュック、冬用の衣類が入り込むと満杯です。体調もマズマズ。…リュックの重量、今朝は10．5㎏です。

東京駅6：40発やまびこ仙台行に乗車。東京↓上野↓大宮…と進む中、毎度の印象では大宮からの乗車が一番多い。コートやダウン着用の人々が目立ちます。順調に走り9：00過ぎあっという間に仙台着です。今日は東口から多賀城、塩釜方面に向かい歩きます。（仙台の繁華街は西口側に集中している。…中央・本町・一番町から広瀬川沿いまで大都会の様相。…定禅寺通り、広瀬通り、あおば通り…など欅並木がうっそうと続く「杜の都」大好きです）…が今日は東口、宮城野通りを行く。すぐ左側に東北福祉大のビルがある。プロゴルフ松山英樹君の母校ですよね。この通りの下に地下鉄が通じているようだ。見瑞寺（左）、慈恩寺をすぎ「榴（つつじ）岡公園」

（左側）となり、公園を斜めに横切る。大木もニョキニョキ…いい公園だ。

公園東（交）。「みているよ　あなたの行動　地域の目」「笑顔の芽　あいさつしたら　花になる」右・宮城野中学、宮城野駅（見当たりません。地下？）

原町2丁目♀、アニマルホスピタル。（動物病院？）（右）この辺り、バスは宮城交通と仙台市営バスです。（今からもう20年前になるか、バス業界に高速バス時代が到来し、私は仙台に本社を置く宮城交通を訪れ、仙台～成田空港線開設について協議し実現した事がある。当時、宮城交通のバスは赤字続きで打開のため高速バス分野に進出を強く望んでいた。仙台市交のバスも同様の赤字で宮交と市交のバス路線の整理統合を進めている…と聞いた。公営交通である市交のバスは相変わらずの赤字なのかしら…）

国道45号を歩く。陸前原ノ町駅。（JR仙石線はここから地上に出てきたのかな）宮城野区役所・7階のデッカイ建物です。原町3丁目（交）、貨物線（？）をくぐった。左に梅田川（幅20m流れ10m程）沿い。苦竹（ニガタケ）1丁目（交）、中原入口（交）、レールくぐる。すぐ右に高架の駅・苦竹駅です。右側・陸自駐屯地。…（どうもメモ用のボールペン、インクの出悪し…「インク見えるのに書けないボールペンいと憎し」）…警察署入口♀（官と民の競合バス路線）材木センター、新田運動公園（左）、電柱地中化工事実施中（日本を訪れる外国人観光客にとって、折角の日本の都市があまりにも電柱で景観を損なっている…と指摘されること多い。また安全安心な歩行空間の確保、災害時の二次被害の防止などの観点から、多額の工事費はかかるが、ここ仙台市街でも無電柱化を進めているのは頼もしい）（施行・国交省・河川局などの説明看板あり）

日の出町2丁目（交）、左手に「みやぎ放送・テレビ放送」。大きな交差点というよりICみたいな国道45号と国道4号の交差です。（車優先社会の最たるもの、自転車・歩行者にとっては全くの難所。国道45号線をまっすぐ行くには？…特に杖つく年寄りには大変）塩釜まで11㎞だ、頑張ろう！「ミヤギトランスポート・ブランチオフィス」（東北運輸局宮城運輸支局）右。扇町1丁目（交）2丁目（交）、交差点右側街路はイチョウ並木です。仙台は街路が美しい。4丁目、5丁目、6丁目（交）。

左側に土手、梅田川？（やはり2級・梅田川でした）橋渡る。（幅60ｍ、流れ15ｍ）流れは淀んでいます。七北田川に注ぐようです。高砂拳友会空手道場。福田町（交）、福田大橋・七北田川（2級）です。幅およそ100ｍ、流れ70～80ｍ「大津波警報の時には通行止めにします」…との記あり。陸前高砂駅・左50ｍ。長方形の箱型の駅舎・自販機の外、小さな駅前＋ベンチの駅です。高砂八谷（交）。

県道との交差点・右へ行けば、夢メッセみやぎ、中央公園、水族館へ。まっすぐ陸橋くぐった。左手に吉野屋、入ってみる気になりスキヤキ飯650円也。（大変結構なお味でした）中野山誓渡寺・中野地蔵尊、中野（交）、「ここから津波到達区間」との表示あり。左・中野栄駅・（橋上駅舎）・（バス・タク広場あり）、右方・仙台港北ＩＣあり。高架くぐったら多賀城市域でした。（もう20年以上も前か大相撲に多賀城という幕内力士がいましたね）右に「ルートイン」「プレアイン」のホテルあり。多賀城八幡小、国道45号から左折して砂押川にかかる鎮守橋。（「留ヶ谷八幡沖線鎮守橋の沿革」の碑板がある）これを渡り、進むと右に多賀城市役所、交差点角の北側に東北学院大キャンパスあり。（交差点信号待ちのオバサンに尋ねたら〝「多賀城跡」まではまだ20分以上かかるよ〟…といわれ、往復の事も考え、城跡と国府多賀城駅（東北線）方面は割あいした）少し戻って仙石線「多賀城駅前」にて一服す。モダンな駅舎は完成のようだが、ターミナルは工事中。駅広の広さ充分。八幡橋。（砂押川、二級、幅80ｍ流れ60ｍ水マンマン）

…旅を終え帰った後のことですが…。

平成28年11月22日　AM5：59　震度5弱　マグニチュード7．4の強い地震が多賀城にあり（あの3．11の余震だという…）、この砂押川（海から3㎞地点）をかけ上がってくる津波（約1ｍか）発生テレビ実況中継あり。↓5年もたっているというのに!! 20日前に私がひとりてくてく歩いていたあの川だ。

海も近いのか、川釣り人4～5人あり。右、中央雨水ポンプ場。国道45号に戻り、砂押川にかかる多賀城橋をわたる。右に多賀城公園。公園への道を辿り公園に上ってみると、驚いた。広場一帯、「緊急仮設住宅‥寒風沢島他5件」仮設住宅解体工事中でした「8／3～12／15」工事費1．2億円と掲出あり。右・多賀城中学「ここまで津波が来た！」との標示。県立貞山高校（右）。多賀城七ヶ浜商工会議所「商工会は行きます、聞きます、提案します」と大書きされていた。（必死なんだなあ!!）右、総合体育館。下馬（げば）（交）。やや左カーブ上り切って左に下馬駅を見る。「スマイルホテル」右。左側行けば仙石線のＪＲ西塩釜駅がありそう。市役所入口（左）、尾島町、中ノ島（交）、塩釜市港（交）。

右方、500ｍほどで海で「仙台塩釜港」だ。塩釜まで来ると海は、「仙台塩釜港の塩釜港区」ということになる。直進すると国道45号は鋭角に左折だが、港は直進して目の前。細長い入江(河口かと思ったのが入江でした)の両岸が港です。本塩釜駅から高架のペデストリアンデッキが遊覧船・汽船の発着ゲートの物産館までつながっていた。〝鉄道も含め、「3．11」では大被害を被り、ようやく5年経って、目の前の景色のように復興してきた〟…と物産館のお姉さんの話。漁港も商工業港も備えた大きな港だ。本塩釜駅まで歩き、駅前観光センターでアドバイスを受けた。〝15分も行くと塩釜神社です。是非とも御参拝を！〟…と。それじゃ行ってみよっと。

どうして　どうして　15分程で！は少々きつかった。小山の上に社があるので結構な急坂です。寺社一帯を一森山（イチモリヤマ）と称し、そこに（正しい漢字はとても難しくて書けない）鹽釜神社、志波彦神社、博物館、社務所等がありました。

○塩竈神社は、江戸時代には伊達氏の尊崇を受け、奥州一宮として残されてきた。１８７４年（明治7年）には「国幣中社…こくへい…」に列せられた。表参道は藩主参拝時の表口で、入口の鳥居（国重文）は原田甲斐の造立、境内には杉の巨木・塩釜ザクラなど大木を成している。現在の建物群は宝永元年（１７０４年）完成で国の重要文化財が多いとのことです。その荘厳さには見た目、圧倒されます。10円也でお参り。

○志波彦神社：塩釜神社の兄弟分のように隣（東端）に位置している。国弊中社となり、塩釜神社の摂社（せっしゃ？）で現在の社殿は１９３８年（昭和13年）に造営された。この志波彦社殿を出て、となりの社務所あたりから見下ろす市街と港、それに島の浮かぶ景観は印象深かった。見下ろせば、人住む町と港とは津波を呼び込む宿命の地勢に見えました。７月に行なわれるみなと祭では神輿をのせた御座船が約１００隻のお供船と共に松島港を巡回する日本三大船祭りの一つなどと称されているそうだ。幾本もの吹き流しを風にさらし鳥の格好をした御座船…見てみたかった！（毎年海の日）

訪れた11月2日は、境内で菊人形展のまっ盛りでした。

少し早めのようですが、着飾った七五三参りの親子連れが結構目立ちました。２００段もある表門の階段を、足下に気を付けつつ下りました。

今日の宿泊、国道45号沿いのビジネスホテルスマイル（通りすぎてしまったのだが）まで戻り投宿。素泊まり6，300円也。小キレイな部屋でした。風呂を浴びたあと、町に出て、在り来たりですが「ラーメン＋ギョーザ＋熱カン」900円也。（幸楽苑）…呑み屋さんは沢山あるのですが…非日常より日常に戻る花一匁。明日の朝のパンとオニギリ、ジュースを購入し宿に戻った。

○〈塩釜津波避難デッキ〉…国道45号線を歩いてきて、港町（交）に差し掛かると正面に、高架ペデストリアンデッキが目に入ってくる。津波襲来時に、地域住民や現地不案内の観光客、更には、車両運転者の避難や移動時の安全確保のため建物の2階高で接続される二つの「津波避難ビル」への通路として完成。

復興交付金を活用し「港町地区津波復興拠点整備事業」を塩釜市では実施中。（本塩釜駅〜マリンゲート塩釜・津波避難ビルを高架で接続している）

○〈東北本線と仙石線〉

……地元の人はともかく、遠路の私にはＪＲ線の輪郭が音痴気味なので少々整理してみる……。

仙台駅から東に向かい岩切駅（東北本線）付近から、新幹線は北上して古川方向へわかれる。東北本線は南側の仙石線に近づき、多賀城・塩釜・松島・など実質平行し、同様駅名の駅もある。東北本線はヤヤ駅間広く、仙石線は駅間は短く駅が多い。松島海岸・松島駅付近から東北本線は海側（仙石線）とわかれ、北上し小牛田（こごた）方面へ。仙石線は石巻で終了。その先、女川までは石巻線と称す。

石巻線は「女川〜石巻〜小牛田」ということか。

塩釜↓松島↓瑞巌寺↓松島駅↓高城町↓てたる↓とうな↓矢本↓石巻

平成28年11月3日（木）晴れ時々くもり

塩釜ビジネスホテル～東塩釜駅～千賀浦直販所～品須賀トンネル～陸前浜田駅～双観山入口～海岸公園～松島トンネル～松島海岸駅～瑞厳寺～五大堂～松島駅～高城町駅～手樽（てたる）駅～陸前富山（とみやま）～陸前大塚～東名～野蒜～陸前小野～鹿妻～矢本～東矢本～陸前赤井～石巻あゆみ野～蛇田～陸前山下～石巻駅～石ノ森章太郎記念館～ビジネスホテル

7：35～16：30 ＝9時間 約33km

11月3日は〝晴れの特異日〟なんていわれているが、それも〝関東のはなし〟かしら。ここ塩釜から石巻の今朝の予報では、「雨模様のくもり」との事で、どうなるだろうか。

今日は5年前大震災被害の核心部の一つを歩く事になる。

7：35、スマイルビジネスホテルを後にした。昨日歩いたところだが、尾島町（交）、中の島（交）、港町（交）、と国道45号。ここで一旦国道と別れ、まっすぐ塩釜港へ。津波対策工事で完成したマリンゲート上から、朝の港を一望する。発着する船、大型クレーンあり…で細長くはあるが、漁商業活動は活発とみた。着実に復活しつつある…と思ってよさそうだ。本塩釜駅「北浜地区被災市街地復興地区整備事業・平成25年～平成29年5月1Ｈａ・塩釜市」も復興工事の一環か、マリンゲート・ＪＲ駅、商業ビルなどが真新しく再整備されている。

イオンタウンを左に見つつレールをくぐり（仙石線）、高架レールに沿う形で県道右折、北側1丁目地区、右すぐ傍港のドン詰まりを見る。
松島蒲鉾本舗（右）、塩釜警察、北浜公園（左）、この辺り右側・復興工事盛ん。「北浜地区第1期災害公営住宅新築工事中」です。「平成27年9月～平成29年1月工事費7億円、5階立て共同住宅」ガーン、ガーン鳴り響く中、足下近くの水たまりで、ハトが臆する事なく、泥水をしきりに飲んだり浴びたりしていました。

左レール、東塩釜駅です。（ちなみに塩釜という名の付く駅名は、平行している東北本線に「塩釜駅」仙石線に「西塩釜」「本塩釜」「東塩釜」の三つ、計4駅がありました）

右、宮城造船ドック・東北ドックと並びそこに出入りする車も多い。近くの工事現場からか、なんと「エリーゼの為に♪」が流れて来ました。朝の作業の導入ミュージックのようです。北浜西5丁目㊋、「ミヤコーバス」によるコミュニティバス。（採算の合わぬ地域でも公共目的で行政が負担して走らせる）右、フィッシングマーケット（最近横文字風標示が増えたねぇ＝魚市場です）。「頑張ろう　しおがま　これからだ」のスローガン。ローソン（交）直進。〈舟の形をした大きな建物〝ツバメ・ザ・ウイング〟なんじゃこれは?伝説の唐揚げ、情熱大陸〉ひっくるめて、道路の両サイド、パチスロの世界でした。復興で汗を流しつつ息抜きも大事だ。〝松島まで10分〟の標識…車で!!でした。新浜町2丁目（交）、カメコ・量販店（物産館・レストラン）。いつの間にかレールは単線か…と思った

塩釜神社本殿

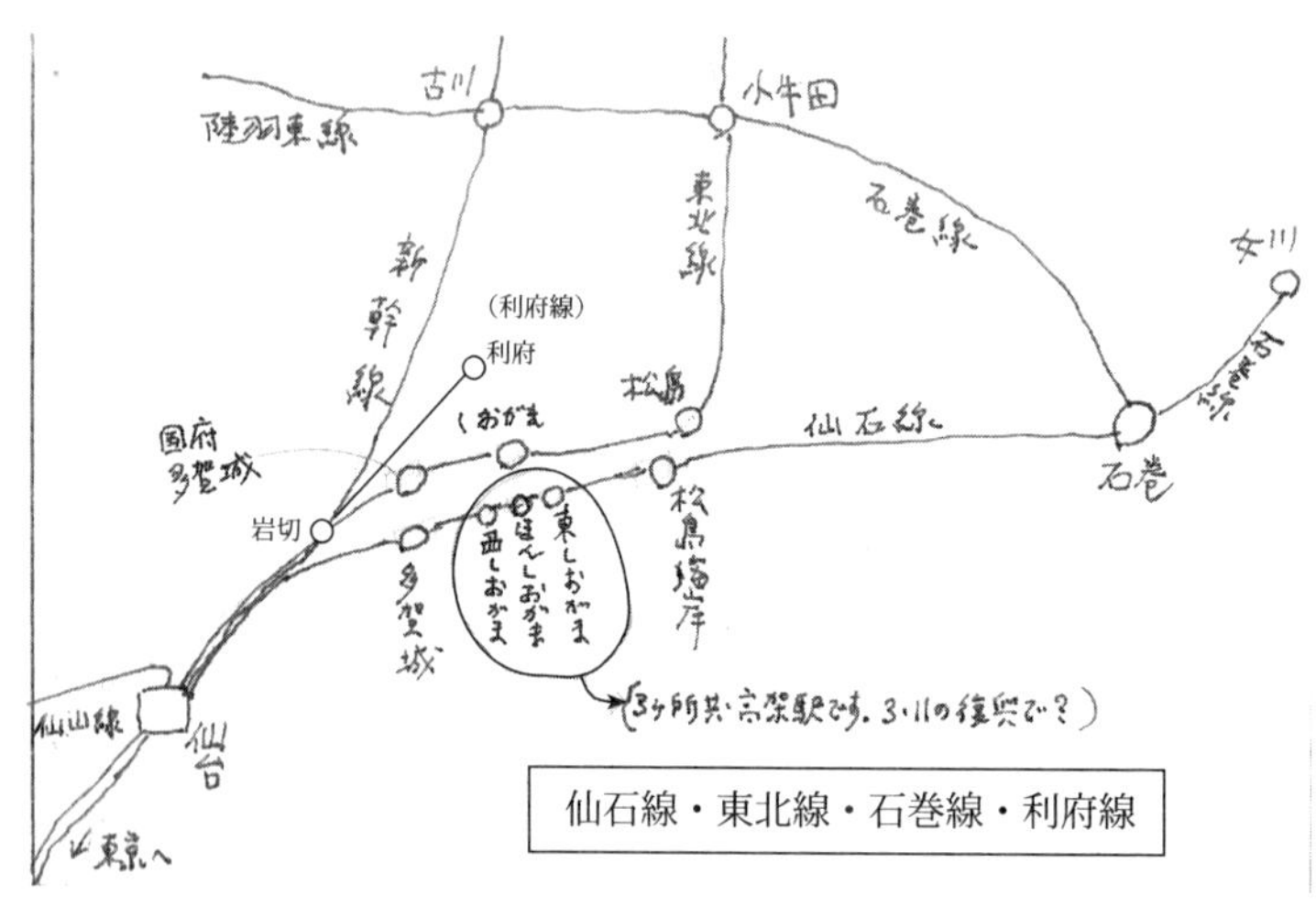

仙石線・東北線・石巻線・利府線

ら100m程山側にも4両電車走っている。……東北本線と仙石線がくっついたり離れたりして走っているのだ。（岩切から、2駅だけのJR利府線が分岐している）

右・千賀の浦仮設直売所。寄ってみる。まさに仮設。新鮮な魚貝類がいっぱい…マイカーで思わず立ち寄って買い物…という人も7〜8人。すぐ前面には美しい入江（舟溜り）で、島々も浮かびすでに松島の風景です。立派なクルーザー船も10隻ほど係留中です。（この辺は利府町というのかしら？）

左・すぐレール・単線・そのとなりに別の複線あり。

水路もあるように見えなかったが、左側・陸地側に漁船多数あり、港？どう海とつながっているのかな？

品須賀第1トンネル、第2トンネル、いずれにも、歩行・自転車用小トンネルあり。浜田漁港・堤防再構築工事・利府町・陸前浜田駅：国道45号のすぐ左側にあり。寄ってみる。

駐車場あり、駅舎らしきものなし。ホームに上がってみる。電化・単線の仙石線です。ホームは片面のみ、バス停の待合所程度の上屋とベンチあるのみ。JRも苦しい…が地元としても有難くも淋しいことです。

レールと離れ、国道45号は海に張り出した海岸線を行く。浜田トンネル２０９ｍ、歩道幅２ｍはあり安心。右側は俄然美しい海岸が見えている。もう松島群島の領域か。ゆるやかながら上り坂。右に展望台双観山あり。その入口を通過。下りにかかると右手下方一帯、ヤヤ！美しい景観じゃ!!眼下に拡がる「青い海・緑の島・色鮮やかな遊覧船」白い航路を曳いて航行している。成程、芭蕉も愛でたわけだ。天気もいつの間にか青空が拡がって、海も空も青いぜ！松島町判宮（交）、右は新しい堤防。高さは３ｍ内外。景観も配慮した高さかしら。ホテル群が前方右寄りにみえます。

浪打浜海岸公園で休憩10：00過ぎ。よくもこんなに小島があっちこっちとあるものじゃ。天然造景の傑作也！「3．11」でも一部津波よけの役も果たしたとか。遊覧船も多数。左の小島の影から出てきて、帰りの船と行き交う。こんなに幾隻も走って大丈夫かのう…そうだ今日は祝日だから、張り切っているのだろう。松島トンネル１２５ｍ、歩道幅３ｍはあって安心。松島海岸駅です。国道45号を挟んで山側に駅とターミナル右にいわゆる松島観光の中心地・グリーン広場（水族館、遊覧船発着所…）結構な人出です。何か安心したような気分です。アジア人（台湾、韓国、中国人）が多い。…来て頂けることは有難いです。…東アジア人は人種・様相・文化的に…兄弟なのだ。広場には植木好きのオッサンがヨダレをたらしそうな良き枝ぶりの松が多数…松島だもんネ…。

寺町小路を右折、そして左へ廻り込む。山門から「瑞巌寺」にお参りする。山門から本堂に続く由緒ある杉並木は津波で壊滅して今は復興工事中。庫裡など国宝を見学（７００円）。樹齢４００年の臥りゅう梅（対）。隣の円通寺も見学・茶屋でダンゴ。紅葉も美しい。「日本三景碑」の前を通り海に突き出た五大堂へ。行きと帰へりの人でゴッタ返し。よく津波で壊れなかったものだ。「政宗博物館」「オルゴール館」を過ぎるとグッと人通り減る。

「あのね　お母さん…対話がつくる　家族のきずな・松島第一小」石巻まであと25㎞もある、「頑張れ!!東北本線・松島駅」同じ松島でもこの駅前は全く閑散。駅前商店街0！高城川・松島橋（幅80ｍ、水マンマン）を渡る。この辺から東北線は北上して離れ、仙石線は海沿いを行く。高城町駅を通る。

　高城町駅は、こざっぱりした三角屋根の駅舎。駅前、ロータリーという程もなく、少々寂しい。10分程歩いて県道27号線に出た。（奥松島・松島公園線）郷土資料館傍、セブンイレブン前を通り、左へゆるくカーブ、右カーブ、左のレールに接近。「手樽（てたる）」駅なのだが、利用者が居ないのか、何か営業していないように見えた。（左）特に駅舎まで行かず、先を急ぐ。レールをまたいで左から右へ登って下って右カーブ。右、海・小島だらけのようにも大きな島のように重なって見える。美しい景観だ。レールを海際に県道27号線と平行。高潮・津波を思えば、無防備にも近いのでは。堤防はそれなりに構築されているがいかにも海に近い。「陸前大塚」、海の上をレールが走るが如き印象です。陸前大塚の先でレールを越える。里山＋田んぼの景観。東名周辺は道路補修と街造り直し観あり。山側の高台に新設住宅も目に付く。左に廻り込むように進む。右手に奥松島（と称する）の島々へ27号線は伸びる。私は鳴瀬川を越えるべく「浅井（交）」まで北上し、国道45号線と合流。陸前小野駅からレールともつれあって進む。畑・水田・各種工事現場目撃しつつ、鹿妻、遠くに荒れた松林も見えた。ようやく左にレール見ながら街らしくなってきた。郊外店舗も目につきます。東松島市役所・左へ（寿町・交）。左・県立東松島高校。右が自衛隊入口。（左に行けば「東矢本」駅方向）更に進んで作田裡・堺堀（交）、定川にかかる定川橋。幅１００ｍ流れ90ｍ程・「3．11」の災害復旧工事〜30年3月まで。

　東松島市志井、右側はずっと高くて新しいコンクリートベイ。何も見えません。「皆さんのご親切は決して忘れません。センボク」という大きな看板。名なし（交）、右は石巻港へ。このあたりの塀（堤防）工事はすさまじい。

〈寸評〉……てたる駅：　駅舎なし、全くなにもない無人駅。家はパラパラある。

陸前富山駅：　田んぼ時々人家・無人のようです。

陸前大塚：　里山・田んぼ、完全な海沿い。護岸堤防5m位あるか。堤防に囲まれた駅といえる。後藤桃水生誕の地とある。

のびる（野蒜）駅：　駅舎、造り直したか。左が駅舎、右が道の駅？新しい。

陸前小野駅：　鳴瀬川・レールは渡れても私は泣く泣く川沿いを上って国道経由で対岸へ。ヤレヤレ、里山、田んぼ、畑からゆるやかに下って、ようやく開けた所、「おの」駅前です。右手にレール・駅と過ぎ左～県道243号線をわける。レールをまたぎ、今度はレールを左に見つつ国道45号（石巻街道）を頑張る。疲れた。足が。つま先の指が痛む。小屋のような駅舎「かづま」(左)です。とにかく畑・田んぼを両側に、ただまっすぐ。左・三間堀地区仮設住宅。県道43号線と十字路交差、民家増え、商工会館、そして左に「矢本」駅、久しぶりまともな駅です。矢本駅前交差点に戻り国道45号をまた進む。

ついに石巻まで2㎞の標示あった。（実際歩いてみたら、何故か4㎞以上あったが…）運転免許センター・左、門脇（交）で国道45号は左へ見送り。国道398号を行く。川を渡る。予報通り、風が強くなり、風の抜ける所では寒い。大風冷たい。あと少し、頑張れ、小田君！

釜小前♀、上野町♀、右・大街道小。（このあたり大街道・東・西・南・北…の地名です）鉄道の高架ガードのような下を通る（臨海貨物線でした）。双葉町（交）で直進せず五差路を斜め左方向へ。右・自動車学校、病院があって、右・警察署、山下町1丁目（交）、右、禅昌寺、立ち寄ってみる。「奥野細道三十三霊場、第六番」

奥野細道・第六番・六地蔵

とある。境内の一角に大岩をくり抜いた中に可愛い六地蔵さまがありました。手を合わせ10円投ずる…子供は天使だ！（否・大人？）

ゆるやか右カーブ、清水町1丁目（交）。駅前ビルエスタ。（デパートと市役所が同居している珍しいケースだ…とテレビが報じていた）

石巻駅前です。やっと着きました。到着!!北上川河口（旧）見たさに足を引きずり、河まで。そして鏡もちのような、川の中瀬にある「石ノ森記念館」に入り、孫におもちゃなど宅配で送った。夕暮れ、薄暗く今日の宿、サンプラザビジネスホテルまで戻り投宿。アーア疲れた。お前は今日もよく頑張ったと自分を褒めた。

復興情報記念館に寄る。「3．11」のすさまじさを改めて知る。館の青い目のガイドさん（60歳からみか）が実に丁寧に説明してくれました。アリガトウ!!…「外人から説明受ける日本人・石巻…。」

「石巻→渡波（わたのは）→沢田→浦宿→女川」「石巻→曽波神（そばのかみ）→鹿（か）の又→佳景山（かけやま）→前谷地→涌谷→上涌谷→小牛田（こごた）」

平成28年11月4日（金）晴れ時々くもり

石巻駅（ビジネスホテル）～旧北上川（石ノ森記念館）～お茶っこハウス～松巌寺吹上墓地～筒場～石巻女子高跡～渡波（わたのは）駅～万石浦中・小学校～伊内分岐～浦宿駅～仮設施設～女川港・駅

7：30～11：20　4時間、17km（休みなし）

石巻駅～曽波神駅～鹿又（天王橋・駅）～石の巻北高～佳景山駅～前谷地駅～江合川沿い～桶谷駅～上桶谷駅（上涌谷～小牛田駅間、日没で歩けずひと駅分レール）

谷地から小牛田（日没のためレール）

13：50～17：15　4時間弱　15km　本日合計歩行時間　＝8時間弱　32km

一夜世話になったプラザビジネスホテル、5，800円朝食付き。小綺麗な部屋でした。ビジネスホテルの1階にコンビニが同居、これは便利です。夕食は450円のコンビニ弁当としました。外に出ての夕食は魅力ですが、天候・疲れた時・遅い時間…という時、贅沢いわなければ身近で全て間に合います。このビジネスホテル、通り一つ挟んだ反対側にあるシティホテル・「グランドホテル」と同系列なのか、朝食はそちらの1階ラウンジまで歩いて1分が朝食バイキングの会場でした。二つのホテル合わせての朝食会場というわけです。色々経費削減お客様サービス…を考えての方策と受け取りました。

今日は11月4日（金）です。妻・年子健診の日です。乳ガンの疑いがあり精密検査の日です。高齢者になるにつれ誰でも健康問題を抱え・診察日とその結果に、心底一喜一憂するものです。せめてあと15年程彼女が健康でありますように！

5：00起床。まず窓を少しあけ、空模様を見る。冷気しみ込むも青空も見えた。山小屋での朝の感触が脳裏を通り過ぎた。珍しく部屋備え付けの「インスタントコーヒー」を入れて飲む。気合が少し入る。今日は、前半は、レールの終点女川まで17㎞内外を頑張る。そして一旦、レールで石巻まで戻る。そしてどこまで歩けるか、石巻線沿いを小牛田めざして歩きます。多分、途中で日没近くなったら、宿手配の関係があるので（てくてく歩きの基本精神に反するが…）最寄り駅から小牛田（または古川）までレール乗車も頭に入れます。

7：30スタートです。すぐに旧北上川にかかる西内海橋＋東内海橋（川の中州＝中瀬を挟んで）を渡る。中瀬には昨日訪れた「石ノ森萬画館」が、「鏡もちの形」をして目立つ。「段取り7分で仕事は3分」…大工事現場でのキャッチフレーズ。

石巻駅

○〈北上川〉…岩手県南部の姫神・八幡平・安比付近に源を発し、盛岡、花巻、水沢、平泉を経て全長249㎞に及ぶ東北第一の大河である北上川は、雄勝半島の付け根、追波湾に注ぐが、気仙沼線「柳津駅」付近で石巻湾に注ぐ「旧北上川」を分け、更に下流（およそ13㎞程）の「飯野川橋付近」で今一度「旧北上川」と流路でつながっている。氾濫に悩まされた歴史と、舟運に活路を開いてきた開拓の中で、現在の「北上川」と「旧北上川」の地勢に至っていると思われる。…必ずしも同じではないかもしれぬが「江戸川」と「利根川」の歴史と共通点を感じます。

西・東内海橋を越えた八幡町（交）で右折、国道３９８号へ。右・石巻ささえ合いセンター（３階のビル）。左・湊小４階建て真新しい。子供達が校庭で声をたて遊んでいる。こういう景色はなぜか、心が暖かくなってきます。石巻は、まだまだ、あっちこっち復興中モードです。左・多福院大慈堂。左・お茶っこハウス本日オープン。

右は広大な平地、そこに新築戸建て多数、ニョキニョキ、ドンドン。名なし（交）トラックも多シ。他県ナンバーダンプ多シ。これが〝復興景気〟というものの一面か。左・コンモリした森の中に「牧山」・「零羊崎神社」あり。吉野町３丁目♀、松厳寺吹上墓地・左側の山裾に沿って何千という数のお墓が睨むように海の方を向いて並んでおり、朝陽を浴びて光っていました。右・日和大橋。（海の工場地帯へ）左・潰れそうな失礼！アムスガーデン。（パチンコ）

少々風も出てきて高校に急ぐ自転車の女子高生、スカートがひるがえって捲れても気にもせず、三々五々颯爽と行きすぎる。通勤のマイカーも今がラッシュか、渋滞気味です。伊原津歩道橋。〝売地38坪３８０万〟との看板。国道沿いの辺りで@坪10万円か…と思う。牧山トンネル入口。（左の小山群が牧山市民の森…という）左・トンネル県道45号線方面。右・石巻漁港。私は直進、ヨークベニマル、資材館などショッピングセンター。筒場♀、この辺から車、ガックリ減った。右手後方から大きな道路合流。（県道２４０号で、臨海工場地帯・漁港方面から）渡波浜曽根。右１００ｍ程に松林、その南側・渡波海水浴場？国道の右側一帯に鉄板の高い塀。海側見えない。石巻女子商業高校♀、バス停あれど校舎ないなあ？塀の切れ目あり、トラックの出入口、そこに門番のような旗を持ったおじさん「フェンスの海側に校舎があったのさ。津波でやられ、とり壊し、移転！」という事でした。「浜＋松林＋校舎＋国道」となっていたものが松林と校舎がひどい目に合ったのだった。（渡波中も移転）…想像を絶します。

左・浜松町市営復興住宅、左カーブ、左、渡波小・渡波駅。（石巻線が迫ってきた）「思いやり・がんばり・よく考える渡小っ子」歩道橋・公明党のポスター・委員長の顔にヒゲが書かれていたよ。右・市立万石浦中学。国道３９８号・別名、女川街道です。

右手に万石橋があってその下の水路のようなところが、右に広大に広がるカキ養殖盛んな「万石浦」や海とつながる水門に思えます。山合いの住宅地・イオンスーパーセンター。左から山が迫ってきて「鳥場♀」「あの人・この人に親切・感謝・おもいやり」…流留（ながる）（地名）の願い。「天知る、地知るあなたの運転マナー」万石浦（マンゴクウラ）に出たよ。何故かうつぼを思い出す。〝漁港復旧支援工事〟クレーン、ダンプ、パワーシャベル大活躍。レールが左から右へ。ダンプの前面幕「石巻市漁業集落復興工事」とある。

「並んで走るレールと国道」それを抱きかかえ守るように大規模護岸堤防工事です。左・伊内、女川町域へ。ダンプ続々通行。事実上歩道なし凄い迫力、コワイヨ!!…（復興工事のためなら、僕も我慢するよ！）

女川町安住取水ポンプ場で一息入れる。ホテル王将、華夕美。（海際のピンクの建物）町民バス大沢♀、「ガンバレ女川」商店手作りポスター。恐ろしげなダンプでも、中には私の為に止まらんばかりにスピード落としてくれるドライバーあり・神様・仏様に見えました！「浦宿駅」（無人）片面ホームのみ、ホームの下小屋、高校生の兄さんと話す。ことの外、ハキハキしていました。…（街がこんな状態だと高校生も気合が入っているのだなぁ）

針浜地区仮設住宅工事（右）、10：35。女川第一小前○⊥、その先レールくぐって右折方面へ。（直進は復旧工事で全面通行止）くねくね急坂、急カーブ。登り切って左の台地に公共施設が集中して仮事務所等あった。（県支援学校・女川高等学校・仮設役場・郵便局・商店…）鷲神浜（わしかみはま）（地名）。今度は一気に下る。と眼下一面、ダンプ、クレーンなど、砂煙をあげて荒野の一大復興工事現場です。クネクネ下る。行っても行っても現場、現場…。左手、高台にヤケに大きな病院です。まるで荒涼たる西部劇の舞台みたい。下りついて左に廻り込むあたり、入江（港）となる。

女川港（漁港）なのだ。放心したような心持ちで眼の前の美しい入江、港など眺めた。あの向こうの海から港や町や駅まで呑み込んだ大津波が来たのだ。真新しく造り直した道路を今度は上っていく。住宅、商店などの中を進むと、超モダンな女川駅でした。駅から海に向かって近代的な商店が並ぶ復興の町が拡がっていて、平日ながら多くの観光客のような人々で結構にぎわっていた。

11：20、物産センターで愚妻に宅急便で水産加工品おくる。お店の一軒でマグロ丼を食ス。実においしかった。順番待ちでした。女川漁港はそれなりに存在感のある港です。観光センターのオバサンと話した。写真を見ながらの説明を聞き涙ぐんだ。モロに押し寄せた津波で全滅したのだ。

○いちからやり直す復興工事

・ん、だっちゃ！・私たちは海と生きる！
・町・民・学・世界に誇れる女川を造ろう。
・1歩前へ、皆んなの力で人づくり、地域づくり！
・あの日生かされた俺たちはあついぜ！

・あったもの↓0へ↓悲嘆のドン底↓立ち上がる↓
団結↓一新したものを造る

〈己の目で実際に見てみねば信じ難し…とはこの世の常〉

「アクセス道路の早期完成を！」（垂れ幕）（今の時代、ライフラインのまず第一は道路なのだ）

女川までのレールは、一つ手前の「浦宿～女川間」が被災して不通だったが、トンネル、レール、駅舎が再建され、復旧していました。

13：20女川発小牛田行に乗車、2両ワンマンです。歩いてきた国道や海岸線を見つめつつ13：50石巻駅に戻った。そして下車し、気持ちを奮い立たせて本日後半のてくてくスタート。石巻から小牛田を目指します。北口側は裏口の雰囲気、南口側を歩く。駅舎背に国道３９８号に出る。右折して清水町1丁目（交）で左に向かう国道とわかれ、直進。地方道を行く。田道町1丁目2丁目、レールをくぐり、名なし（交）を直進。蛇田新橋で「北上運河」を越え丸井戸（交）で右折、国道45号線を北上する。右側ビジネスホテルあり。右側、運河沿い。浄水場・揚水機場（右）、「国道45号線、一の関街道」を歩いている。水の枯れた田んぼ、畑、右側土手、川べりをまっすぐ。曽波神（そばのかみ）駅（右）を過ぎ（三陸自動車道）高速高架をくぐる。一面ひからびた田んぼの世界、「三軒谷地」先でJ

〈女川駅前（再建なった）〉
先がゆるやか下り坂で海です

Ｒ線を越えて下り、また高速下をくぐり鹿また（交）、直進すると旧北上川だろう。（相当広い流れ（幅１００ｍ余、流80ｍ）

橋は渡らず（交）左折。「鹿又駅（かのまた）（無人）」。石巻北高（左）。右手土手、左、田畑の中にレール。川沿い土手沿いに頑張る。今度は四ツ家という地名。「二軒」、「三軒」もあり。今度は四ツ家…。右、土手の手前、日枝神社。統禅寺、左カーブ民家チラホラ。（人家も稀な地域では、個人宅名がバス停名になってる事、ままあります）左右、畑が拡がる中、右の土手北側に旧北上川の流れがあるが、ともかく急ぎ足です。

佳景山（かけやま）駅。畑～住宅～畑、たまに量販店、一直線、単純、黙々と…。佳景山駅は無人でした。駅南口に住宅。レールを右に見て、田んぼの中、更に一直線。時々田に茶色い枯れた草？…よく見ると大豆だった。カラカラのサヤをとって、皮を剥くと節分に撒く豆が実っていました。線路の右手、土手とは随分離れました。

北村（交）で左から国道１０８号合わさる。「前谷地駅」入口、ここはレールで気仙沼線の分岐駅、全くのローカル線。ＪＲもよく耐えて維持しています。右、ホームセンター佐藤。右、石菱コンクリート。右カーブ、左カーブ、上り、下り、右に曲がってレール越えた。単線・ディーゼル列車（気動車）。鳥谷坂・高架でレールを越え〝三軒屋敷♀〟更にクネって、左下、牛舎です。明治水門（幅20ｍ、水７ｍ）。この道は石巻別街道というらしい。あきれる程なんにもない道路。右手に大きな土手が延々と続く。土手に上ってみる。雑草地帯のその先に川が流れているらしい。土手、河川敷からすると相当大きい川のようです。旧北上川に注ぐ江合川のようだ。

湧谷町三軒屋敷（石巻から11㎞）花勝山下♀（仙北富士交通）・花勝山下♀などのバス停あり。

右から、川の土手＋国道＋レールとならんでいる。土手は工事区間となり、その下の道をゆく。桜並木、新湧谷大橋（交）（立体）は国道とわかれ直進する。砂田♀、湧谷町役場♀そして「湧谷駅」（久しぶりに見る、町らしい骨格で有人駅です。

日も落ちかかってきた。先を急ぐ、駅南側へ廻ろうと進むと大きなお寺が立ちはだかる。光明院で由緒ありそうだ…通りすがりの70年配のオバサンに聞く「さあ、そんな由緒あるお寺だったかしら！」という。案外そんなもんなのかな。…よくあるよ。地元の人がよくは知らないお寺の由緒！踏切を渡って１０８号バイパスへの表示見て。夕暮れが近づいていることもあり、湧谷バイパス（国道１０８号線）の方が、分かり易く、早く歩けそう…で右折して入る。上出来川（かみできがわ）橋、ガマンして頑張る。右カーブ、左カーブでレールを越えた。左にレールを見て進むと「上湧谷駅」入口です。これもやりすごし、まだ行ける、いやもう薄暗い、疲れた！に負けた。上湧谷駅に戻る。何にもない、無人駅（ホームと小屋のみ）。野宿も頭に浮かんだが、運よく20分待ちで2両ディーゼルに乗れた。ホームのベンチにへたり込み、充実感と挫折感の混じった気分。電車が来る頃にはかすかに沈んだ夕陽の残照のみでした。まるで今日の自分みたい！（あと一駅だったのに…！）小牛田駅に近づく。レールの引き込み線多数。錆ついているようだが10本位の線路ある。跨線橋がやたら長い、鉄道の要衝だ。（東北線、石巻線、鳴子線＝陸羽東線）35分待って、鳴子線に再度乗車して予約宿のある古川へ。３ツ目（まっくらの中）の駅が今晩の予約ビジネスホテルのある「古川」です。ネオンチカチカ。ノッポビルも多数あり。やっぱり新幹線の威力は凄いもんダネ。駅から5分のプラザホテル投宿。サービス朝食付5，５００円也。夕食は一風呂浴びて駅ビル内のさぼてんへ、2，２００円也。

一段落して我にかえり、心の底で気懸かりだった愚妻にＴＥＬス。乳ガンの疑い晴れた！という。「馬鹿者！すぐ亭主にＴＥＬするのが筋だろう…」と叱る。よかった、よかった、嬉しかった。また、明日も「てくてく」

続けられます。

ベッドの中で今日一日の戦跡を振り返る…。「女川につきるかなあ」悲惨さとドン底から復興に立ち向かっている逞しさ。希望を失わずに生きることの大切さ…など思いを馳せながら、明日も頑張らなきゃと自分にいい聞かせました。

小牛田（こごた）↓田尻↓瀬峰↓梅ヶ沢↓新田

平成28年11月5日（土）晴れたりくもったり

小牛田駅〜出来川橋〜江合川〜美女川〜田尻川〜鶴城跡〜百々川〜田尻駅〜沼部　〜大水門川〜小山田川〜瀬峰駅〜曹洞宗観音寺〜長照寺〜行き止り〜標識〜梅ヶ沢駅〜県道198号線左折〜県道36号線（交）右折〜飯島〜JR陸橋越える〜新田駅

8：26〜15：00＝6時間30分＝24km……仙台駅へ

4：45起床、6：15、ビジネスホテルサービス朝食。プラザホテル、5，500円也、上出来である。今日はここ古川駅前のビジネスホテルを出て、レールで小牛田駅へ戻って下車。そして東北本線レールを念頭に県道173号線沿い北上、午後3：00目安で切り上げ、レールで仙台に戻る予定。（明日はあの3．11で中間が未だ不通の常磐線沿線を歩く…）

8：04古川発、8：20小牛田。8：26てくてくスタート。長い跨線橋で東口へ。駅広は清々しいが、バスもタクシーもマイカーも0でした。商店全くなし。新築戸建て住宅群が左に拡がる。左・住宅、右・畑をわけるように舗装道を行く。左・カーブ。ここは美里町。高架でレール（石巻線）をまたぐ。出来川（橋）を渡る。幅20m、流れ7〜8m。（右へ行けば湧谷30軒方面・国道108号線方向）、直進。両側水気のない田んぼに集団の渡り鳥。（カラスより大きく、トビよりも長いか、茶色＋尻っ尾に白い部分。首が雁のように長い。グァッ、グァッと鳴く…）広〜い平野です。とり囲んでいるはずの山々も見えぬか。見えてもはるかに遠い。（大崎平野、大崎盆地、仙台平野のいずれかかしら？）

やっと(交)。住宅が出て来て、レールが左側から近づく。小牛田橋(高架)で江合川(一級)を越えました。「美里町広報課からのお知らせ…本日10：00より町民懇談会を開きます…」初冬の晴れた空にひびきます。のどかというか、心やさしい放送でした。江合川（一級）：土手~土手１５０m、流れ50m。よき川、よき流れ、良き眺め…です。１００m左手上流・ＪＲ鉄橋を２両電車が行きました。

「縄文ロマンの里、田尻へようこそ」大型耕運機のお出まし。２台続いて舗装の県道を、真ん中に馬糞のような泥を落としつつ行進です。まさかのマイカーもよけて通ります。集落をすぎれば店一軒、家一軒、自販機一台もありません。美女川（幅７m、水３m）は水路みたい…似たような小川（水路）あと2本。田尻川40m、流れ10m。三差路、左・田尻駅方向へ。鶴城跡の碑。すぐ「百々（どど）川」横切る。（水路？）「豊作の決め手は土づくり（大沢集落）」。ここは県道１７３号線です。やっとこ大沢街道踏切を渡って田尻駅へ。

10：06、なんとここまで1時間半かかったゾ！駅舎背にして50m先を右折。商店街通りを行く。大崎市総合支所前。下高野で高架でＪＲを左から右へ越えた。右カーブ、左カーブ。一面枯れた田んぼの大平原。アッチコッチで野焼きの煙、たち上っている。この煙の臭い、懐かしい香りが鼻をくすぐります。沼部♀、上空、雁が一直線となって高く飛んでいます。更に右に左にゆるやかなカーブを描き、たまの民家を過ぎ、延々と続きます。

大水門川（幅15m、流れ５m）。左に水門とレールを見つつ進む。一級、小山田川（幅１００m、流れ15m程）、そして三差路、県道1号線を左方向へ。踏切越えて右折方向。県循環器センター。登米コミバス♀、瀬峰労基署。まわり込んで（右へ）下れば、瀬峰駅でした。

駅広もあり、駅舎もあるチンマリした駅。但し無人。お腹が減ってグウグウ、一休みしてリュックにあるコンビニ購入（朝）のアンパン、オニギリ夫々1ケ、パクつき、水を飲む。これでしばらく満足。

12：05~12：20。ひと休みして、さあスタート、私が15分間駅にいて、駅に入ってきたもの…マイクロバス一台。あと人かげも見えず！駅舎背にして右へ。県道1号線。左に曹洞宗観昌寺。石段の続く、なかなかのお寺。左、瀬峰観光タクシー。くねくね上って右上に長照寺。右側約５００ｍ程、離れて東北本線があり。あまり離れぬよう右へ行く。

左・牛舎、そして往時は庄屋さんではなかったか…と思える程、由緒ありげな古くて大きな百姓屋敷。貫禄十分です。「とじまり　しっかり　どろぼうがっかり」県道29号線を左にわけ右折（県道1号、佐沼・登米道）し、坂を上がりＪＲをまたぐ。（このあたりで実は、道を間違えた）レールからあまり離れぬように…の意識が強く、早めに左折して脇道に入ってしまった。ゆるやかな上り。小さな丘を横切り、１㎞も進んで農道の雰囲気。トウトウ行き止り。戻りかけて、地元のジイサンに出くわし、正しき道を教わる。見た目はボロまといのジイサンだったが、しっかり教えてくれた。私自身のふめい（不明）を恥じたものです。

不安な気持で頼りない農道のような教えられた幅３ｍ程の砂利道を進む。汗が流れる。田んぼの中の道、遠くになにやら看板のようなもの近づく。アァッ、

あった！案内板。それが前ページの写真です。うれしい！あのオジイサンのいったことが確かだったのだ。

左折し、小さな丘に少し上ると、家々もある集落に出た。そのドン詰まりに、ＪＲ「梅ケ沢駅」でした。広場も駅広という程のものはなく、開いている店もない。（ローカル駅前などで店がある場合…閉まっているようにみえても…戸をあけて大声で怒鳴ると奥から出てきたりする。滅多に来ぬ客を店番までして待っていないという事）今14：30、どうする？仙台に戻る？

結局、もう一駅分、歩くことにして、駅舎背にし左折する。４m幅程のヤブっぽい道を歩く。レール沿いに20分も行くと広い通りにぶつかった。地方道１９８号線。左折してすぐレールをくぐる。しばらくして三差路、右折して（国道３９８号方向の）県道36号線を行く。住民バス停・飯島♀。このあたり、２㎞右方に長沼、左方１㎞程のところに伊豆沼という大きな「沼」があるらしい。右に左にゆるく曲がって進むと目の前が開け、レールを跨ぐ高架を渡り、左カーブ。しばらくして「新田（にった）」駅でした。（県道36号傍）、15：00着。今日のてくてくは、ここまでとします。仙台まで1，０８０円払って15：09電車（小牛田行き）乗る。概ね晴れ中心、風なしで恵まれた1日でした。小牛田で仙台行きに乗るはずが、信号故障で運休とか。そのあとも大幅遅れ。17：00すぎ仙台行きにやっと乗車。おかげさまで4両電車は肩も触れ合う程満員。真っ暗闇となり仙台着は19：00近かった。駅近くの東横インに投宿。夕食はコンビニ弁当で済ませる。

浜吉田→亘理大橋→国道4号→岩沼

平成28年11月6日（日）くもり時々晴れ

> 浜吉田駅～県38号・相馬・亘理線～常磐線くぐる・県道10号線でくぐり返す～阿武隈川（亘理大橋）～寺島南条地区～県道10号線から県道125号線へ～国道4号～竹駒神社～岩沼駅
> 8：54スタート～15：45＝6時間45分＝24km

ビジネスホテル・東横インのポイントが、また、また9点となった。次回は無料宿泊です。常磐線はあの3.11で磐城～仙台間で一部が今でも不通です。また、通行禁止区間もあり、宿泊も含めて歩き続けるには、もう少し状況を詳しく把握してから…という気持ちが強かった。

私の「てくてく歩き」では、千葉から茨城に入り、太平洋（鹿島灘）沿いに北上し、日立、高萩から福島県の磐城に到着した。そのあと、磐城から四ツ倉、久ノ浜まで進んだところ、その先復旧工事等で「てくてく歩き」北上は困難！と判断し、6月16日、一旦「いわき駅」に戻りました。その後、9月に方向を転じ、磐越東線ともつれ合うように夏井川に沿って国道県道を歩き郡山・福島…と歩きました。今日は6月時点でてくてく歩けなかった常磐線区間を少しでも歩いて穴埋めするべく仙台から、逆に常磐線の浜吉田（現在までのところ、浜吉田から以南・相馬方面は未だ不通）までレールで行き、浜吉田駅から海側の県道などを歩き、戻るようにして岩沼方面にてくてく向かう事としました。（来る12月10日か

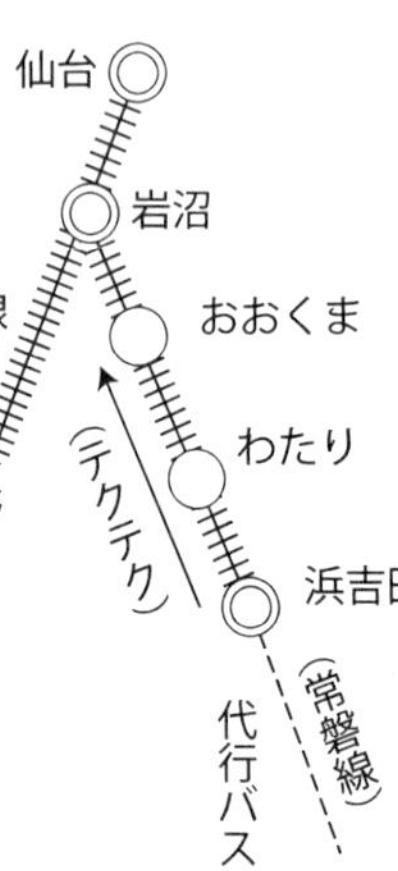

ら浜吉田～相馬間のレールが開通する…との事です。）

仙台発で（上りの）常磐線は岩沼まで東北線と平行。岩沼を出ると枝分かれして、南下しつつ海沿いに向かうのです。逢隈（おおくま）→亘理（わたり）→浜吉田です。この三駅の中では、亘理が中心のようです。亘理駅舎はお城です。利用者、住宅、ビルなども多い。その先相馬方面への代行バス乗換え駅でした。

浜吉田駅（亘理町浜吉田）　8：45　本日の「てくてく」スタートです。

駅前に「ヤマザキ」あるも、開店は9：30からでした。南に150m程、歩くと真新しい踏切（下の写真）と流されたレールの造り替え工事が完成していた。

今日は電車は通っていないけど12／10から再開予定です。信号装置、架線柱など新品そのものです。

相馬に向かって、全くの新線工事（少し山側に移して）だったようです。踏切渡って東方向へ。一面・空地にはセイタカアワダチ草が繁茂。若夫婦が（ご自分の土地か）夫々、カマをふるって草刈りに精出しています。「空地・新住宅」…という感じで新築住宅も結構あります。遠く、海の方まで見通せます。（建

常磐線　浜吉田駅構内・南側（造り替え）
11月6日時点、未開通。

物など疎らなので。）

県道38号線にぶつかり左折する（まっすぐは吉田浜、右は相馬、山元方面）。角にローソンあり。……ことさら悲劇的にメモろう…という気はないけど全体としての雰囲気は〝点々とする住宅、耕作されていない（ような）田畑、そして海近くに生き延びたように見えるヒョロ長い松〟をみているともの悲しいものは感じます。伝わってくる活気のようなものは未だしの感です。

それでも海近い方向に巨大なビニールハウス群（？）が棟を重ねています。ゆるやかにカーブしつつ県道38号線（相馬・亘理線）を歩く。左も右も田んぼです。稲を刈った跡も見受けられ、今年は稲作をして収穫終わった状態のようにも見えます。お百姓さんの話…「放ってもおけず、作ることです。収穫した米は肥料にはなります。放射能ではなく塩分が問題です…。津波を浴び、水が引いても塩分は残る」「土地改良用の土」の入った「グリーンや白い大きな土の俵」が、田んぼのアッチコッチに5段～10段積みで大量に用意されていました。また、高盛りした（新しく運んできた）土も目につきます。

寒風に鼻水たらしながら進むと県道38号線は吉田中部区へ。右に行くと開墾場不動明王へ。揚水機場です。どこから水を揚げているのかなぁ。こんな田んぼの真ん中で。信号のある（交）、直進。大きな水路あり。（この水路と揚水機場がつながっているのか）「来る11月13日・わたり復興マラソン大会あり、交通規制にご注意を！」

右、長瀞小、吉田保育児童クラブ。左から土手の上の常磐道、急接近これをくぐった。この道路高さ3ｍ程、土盛した上におよそ20ｍ幅の道路となっており、一種の堤防の役目も帯びているのか？右、マリンレインボーパーク。吉田野球場、新鐙川橋、幅30ｍ流れ20ｍ…水路のお化けか。右手３００ｍに水門。（鐙川排水路でした）原野のようにも見える単調な道をただ、てくてくてくてく歩く俺は何をやっているんだ…みんな復興に汗流しているときに…。と時々自問自答している。左・亘理駅方向。右、塩釜。右折してこちらも県道10号。「このあたりで津波深さ2m（だった）」の標示ある。再度常磐道をくぐった。右、荒浜。左へ行く。

左は常磐道。そして木倉川排水路。今、塩釜・亘理線＝県道10号を歩いています。右側、中層も含め住宅多数です。この辺、レールやバス便は非常に悪いのに、相当の住宅。多くの家が車2台分以上の車庫ありです。（阿武隈川、河口に栄えた集落？）工場もあっちこっちあります。「元祖・はらこ飯の郷、光と緑に輝く町、亘理町」とある大きな標識。ゆるやかな坂を上ると一気に視界拡がった。阿武隈川河口です。なんて広大な河川なんだろうか。海との接点、波頭がたって白く見えます。8分かかりました。この橋（亘理大橋）３００m以上あったか。

○荒浜湊…阿武隈川河口に在る荒浜湊は、仙台藩の江戸廻米・伊達・信夫両郡の御城米等の積出港として栄えた。現在の荒浜小敷地内に米蔵が13棟あった外、各藩の米蔵や陣所もあったという…。（宮城県歴史散歩から）

橋を渡っての右側（川が亘理町と岩沼市の境）岩沼側・海は近いが殆ど人家なし。トラックが行き交う道路の両サイドに何ヶ所か工事現場事務所があり、そこの駐車場に、ある所では秋田ナンバーのダンプ20台。また、別の駐車場には相模ナンバー16台といった具合に駐車していた。そうだ、今日は日曜日で復興工事もお休みなのだ。それにしても数十台あるダンプが活発に動く平日は今日穏やかなこの道も、砂ぼこり街道と化してしまうのか…。…とにかく右手に海辺が迫っていて、盛んに土盛り、土手造りの様子が手に取るように分かった。ひとはけ程度の松林、そして土手。そして松林、更に土手……。それにしても高さ10m～30m位ありそうなミニ富士山型の土盛三つ四つあり。頂上部に展望デッキのようなものが…何だろう…単なる盛土か。仙台空港の方へ続く県道10号線とわかれ、左折して岩沼市街方面へ。早股中♀、早股上♀を過ぎる。「遺跡の土盛」を「日本一低い富士山！と思っ

たが誤りのようです）
更に進むと「米の自動精米所」…（「井関」のコイン精米・乾式）、無洗米、クズ米、虫喰米は精米しないで下さい…とある。ここで一服。今日の道中、コンビニ・自販機はスタート地点を除いてなし。やっと精米所前に腰を下ろし、ファンタを飲む。住民バスが通り過ぎていく。風が出て来て、少々寒さを感じる。「さしのべる　手のぬくもりを　どの子にも！」また腰をあげて工事中道路のグレーチングの上を歩いている。…（復興現場をノソノソと歩いてきた変なジーサン…役立たずめ…と自分を責めながら）…。
左３００m位の位置に大きな水路（堀）の土手が続いています。住民バス通りです。五間堀川・バス♀、志引橋、水10m、幅30m。国道4号に出て右折し少し進んでトヨペット（交）左折。原田ホテル傍右折。岩沼小、商工会館、県道１２５号線との交差点まで進んでしまい、ミスに気づき後戻り。ヨタヨタしながら岩沼駅到着です。国道4号から岩沼駅までは10月13日に一度、歩いたはずだが、肝心のところで迷った。（国道4号をもっと先まで歩き、岩沼署（交）を左折すればスンナリ駅着となったものを…幹線を避けてすぐ曲がりたがったのが裏目に出た）
15：45駅着。結構かかりました。

今回は延べ５日間の「てくてく」でした。予定通り歩けたから95点でしょうか。歯ぐきが少し痛み、ジクジクしています。帽子をまた、紛失しました。帽子はよく無くしてしまいます。今日岩沼駅から仙台まで東北線で戻りました。新幹線自由席券を求めて、弁当買って、水割り買って、ビールも買って、顔も洗ってトイレ済ませ16：30過ぎのやまびこに乗車し、帰路につきました。手足を伸ばし寛ぎながら歩行中のメモ帳整理です。
５日目の今日は、浜吉田駅から海岸近くに出て、亘理から岩沼へ阿武隈河口を経て、仙台に戻りましたが、「3.11」から5年半。露骨な被害状況はさすがに姿を隠していました。あの津波が高速道路まで広く襲った後遺症は大きく、一口でいうと田畑の復興には、まだまだ地道な努力が必要なのだなぁ～と感じました。津波の上に放射線問題を抱えた福島よりは先が早く見えつつある…というのが本当でしょうか。女川から三陸海岸方面は津波の被害は更に大きく、苦闘が続いているようです。道路や鉄道は復旧工事中であり、街造りにまだまだ大童の中、その地域に、物見遊山風な私がてくてくと踏み込むことはどうしてもできませんでした。

〈朝日新聞11月5日付〉

平成28年12月10日、常磐線「浜吉田～相馬」間23．2kmの運行が5年9か月ぶりに再開された。新地・坂元・山下の3駅は内陸側に移設。

この開通で、なお不通区間は、第一原発地区を挟むように「(小高)・(浪江)・(富岡)・(竜田)」となり2020年度春までの再開を目指している、という。「浜吉田～相馬」区間のうち海沿いを走っていた15kmは最大で1km余り内陸側に線路を移設。新しい駅の周りに家を流された人々が移り住む街が建設されている。山元町の山下駅西側に出来た「つばめの杜」地区には集団移転した人々の家や災害公営住宅、大型スーパーなどが並び、約1，100人が暮らしている。山元町は震災を機に沿岸部に散在していた集落をひとまとめにし、公共施設も集約した「コンパクト・シティービル」を進めてきた。まもなく街が完成する…。

〈令和元年12月11日毎日新聞〉

日暮里駅と岩沼駅全長344キロの常磐線は福島第一原発事故等で不通区間が多かったが、最後まで不通区間として残っていた富岡～浪江駅間20．8キロが、来年（2020年、令和2年）3月に全面開通することとなった。太平洋沿いを通って東京と宮城を結ぶ鉄路が9年ぶりに全線でつながる。今日18日から、来春3月の全面開通に向け試験運転を始める。

「てくてく日本・一人歩きの旅、時々山登り」ここで一服!!

古賀志山ハイキング（バスツアー）

平成28年11月12日（土）晴れ

森林公園駐車場（栃木県宇都宮市、森林公園）～赤川ダム～北コース～古賀志山（583ｍ）～南コース～駐車場
昼飯休憩入れて4時間　参加費6，000円（含入浴）

10月下旬から11月ともなると高山でなくとも、いわゆる紅葉前線は里山にまで下りてくる。週末ともなると紅葉狩りのハイカーで各地は賑わう。日光、赤城、秩父などの山沿いも色付いてくる。今回、あまり聞き慣れない古賀志山（582ｍ）低山ハイクを誘われ、参加することにした。

（○古賀志山は栃木県宇都宮市の北西に在る。標高は583ｍで、いわゆる低山です。いたるところに数十ｍの岩壁があり、古くから関東では知る人ぞ知るのロッククライミングの練習場となっている。今日、我々のコースは岩場を通らぬ初心者向けのハイキングコースです。）

前日までの冷たい雨も上がり、小春日和となるだろう…という。千葉市内から宇都宮市郊外にある市民人気の紅葉スポットにバスツアーの一員として参加。バス一台、参加者46名、女性35人、男性11人。オバサンパワー満開のハイクです。この時期好天に恵まれた土曜日とあって、関越高速の下り線はノロノロという程ではないが、「50～60㎞／時間」程度のスピード。パーキング（羽生）駐車場もほぼ一杯でやっと大型バス一台駐車できた…という混雑ぶりです。（津田沼7：00出発で8：45羽生着）

宇都宮市森林公園駐車場10：00過ぎ到着し、身支度をして10：20、46人ハイキングスタートです。空はまさに秋晴れ、雲一つありません。気持ちの良い冷気の中、ゆるやかに林道を登る。夫々、山おばあさん、といっては失礼！自称山ガールは華やかで、おしゃべりをしつつ進む。今日は主催側からの山付添人（添乗員、案内人、ガ

イド…）どう称したらよいか。国家資格者の「山岳ガイド」ではなく、同認定の「登山ガイド」ともいえぬが…いわゆる長年にわたる登山経験者で且つ体力もあり、バス会社と契約をして、ハイキング同行の先導役を行っている人…いわば山のベテランさんが前後と中間計3名の配置です。チーフは先頭の付添人です。国ではこうしたハイキングツアーにおける安全確保の為の付添人（案内人の確保）については、業界に通達を出して指導している。但しハイキングツアーにも、ピンからキリまであり、野山を散策する程度の軽ハイキング（ウォーキング）も多い。こうしたものでは、国家資格を持つ山岳ガイド、登山ガイドを義務付けるのはいささか重たすぎる…というのが実情としてある。今回主催者によるツアーは、概ね５００m～1，０００m程度の軽ハイキングが主体で、当該ツアー参加者数などにあわせ、専属契約している、いわゆる現役の登山のベテランを２人～４人配置している。

古賀志山は、幾つかの小ピークをもち、低山ながら岩峰、岩壁もあって思わぬ事故も起きている。今回46人の大群でペチャクチャおしゃべりをしながら登っていると、地元の中高年ハイカーが、今年も滑落して大怪我をしたという。また、ここ2～3年でも死者が2人出ている…と戒めるように忠告してくれた。我々の選んだコースは、危険な岩場を外した安全性の高いルートだったので全員無事。所々水場があり、湧き水コンコンと出ており、早速(私は)ガブ飲みした。意外に冷たくなく、その分甘味を感じた。ゆっくり登って1時間強で古賀志山頂、昼食。初冬の陽射しを浴び、あ

ちらこちらの紅葉も眺めつつおよそ35分休憩。…高曇りの為、日光連山もかすんでいました。岩場という程のところも通らず、大方の参加者は少々物足りない…ともらす。だが、60歳代に70歳代も混ざる顔ぶれでは、この安全ルート選択は可だったたと思った。

下山も鼻歌混じり、私は口笛を鳴らしおしゃべりしながら、いつの間にか麓の管理事務所（ダム湖の南側傍）に下り立った。駐車場での地元農産物直売所では、参加のオバサン方が買うこと、買うこと…野菜、漬物、果物…いつも乍らのオバサンハイカーの鼻息に圧倒された。バスで15分程の温浴施設で一風呂浴び、私はビールを飲み、バス車内では持参のポケットウイスキーで水割りを作り、今日初めて知り合った71歳のオッサンと意気投合して、「あの山、この山の経験話」を披露し合い談笑しているうち、車窓外も夕陽から暗闇と変わり、驚く程早く、出発地の津田沼に帰着しました。晴れた日の秋の一日、楽しい大人の遠足でした。

20代、30代の私の若かりし頃、毎週末のように、憑かれたように〝より遠く、より高く、より険しさ〟を求め、尾根歩き、沢登り、そして雪山へと出かけ、30kg近いキスリングを背負い、単独行中心で家族の非難の声を背に受けつつ出かけました。その頃愛用のピッケル、アイゼン、オーバーシューズ、オーバーズボン、ゴーグル、目出し帽、ラジウス等々は今でも密かな宝物として本棚に飾ってあります。同人雑誌も主宰し、5号まで発行したり…会社の仕事もそれなりにやったけど、「山中心」の青春だったと思う。それが年齢も60代、70代となったのに山行は止められはしないけど出掛ける山は「日帰り中心・標高は1，５００ｍぐらいまで・厳冬期はやめて、単独行も減らし……」という有様です。現役末期に経営を任されたバス会社で（思い付きで）「ハイキングツアーバス」を計画実践したところ、これが高齢化社会とマッチングして大当たり。その企画もすでに20年にもなるが、依然として大盛況です。昨今は、私は仕事も完全にリタイアした今「てくてく日本・一人歩き」をする傍ら、そうした経緯のバスツアーにお客の一人として潜り込み、気ままな、ささやかな山歩きを楽しんでいる次第です。

大霧山（比企三山の一つ）ハイキング（バスツアー）

平成28年11月21日（月）

（関越道、嵐山小川ＩＣ・道の駅おがわまち～東秩父村・登山口）バス下車

山道入口～粥新田峠～大霧山（７６６．７ｍ）～旧定峰峠～経塚バス停（昼食休憩入れて3時間）
参加費６，０００円（含入浴）

朝起きて、窓を細目を開け、外を見る。なんと、シャシャ雨が降っているではないか。早朝（5：00過ぎ）の予報によると、午前中「くもり」で午後「降り出す」との事です。一番バス6：01に乗り遅れる。二番バスに乗り、京成電車乗り換え。集合場所、京成津田沼駅に6：43着。朝刊（車内で読む）買ってトイレを済ませて5分前、貸し切りバスに乗り込んだ。今日もバス2台に分乗です。私は2台目のバス。最後部席にユッタリ乗車です。（参加は2台で70人弱…2台ならユッタリ）。大霧山は、埼玉県南部小川町郊外の見当で、いわゆる５００～８００ｍ級比企三山の一つです。（低山且つ安全コース、そして紅葉と展望を期待するハイキングです）

○このツアー主催者の千葉中央バスが「ハイキングツアー」を始めて、かれこれ20年にもなるという。この間このツアーに参加してハイキングを楽しんだ人数が延べ5万人を越えてるとのことです。なぜこうも集客できるのか。↓幾つかの理由、傾向を挙げておく。↓①参加費用が安い。②高い山や岩場コースはやらない。③低山でも眺望よく花が豊富。④下山後温泉に入れる。⑤土地の特産品が買える。⑥必ず催行ルートを主催者が事前に歩いて、且つ同行もする。

○笠山（８３７ｍ）、堂平山（８７５．８ｍ）に大霧山（７６６ｍ）を加え「比企三山」として地元民ほか人気のゾーンです。

○大霧山、今日のコースで、登り約1時間、下り約40分、昼食休憩等1時間強、合計ざっと3時間の身体にやさしいコースです。

○一週間程前、「中央線沿線「高畑・倉岳山」を例によって単独ハイキングした際、道中60歳越え位のオッサンと仲良しとなり歩いたが、そのオッサン、埼玉狭山の人でした。その後、被っていた帽子を私に見せた。「七峰縦走記念バッジ」がついていました。…毎年4月（年1回？）「小川町駅起点・比企三山を含めた寄居駅に至る全長42㎞の外秩父七峰縦走ハイキング（その日一日で歩く）」が開かれており…完歩しました…と自慢気に話していたっけ。…（自慢するだけのことはある。上には上がいる。世の中には）…ここ数年「山岳トレイルラン」が急速に広まっている。愛する山々をマラソンのように駆け抜ける。私のような「山の守旧派」には迷惑そのものなのだが。

○この日、11月21日は「くもり・小雨」の予報通り（私達のもしやの期待も裏切って）、終日、霧、霧雨、風も稜線は強く、季節柄とっても寒く（晴れていれば見えるはずの）両神山方面など全く視界0。ガチガチ鳴る歯に昼食を早々に頬張り、テルモスで淹れたコーヒーを飲み、退散!!牧場の端を辿るように下山。足元を常にみつめ乍ら下っ

たせいか、やたら降り積もった落葉が印象に残りました。…こなら、くぬぎ、かえで、柏の葉、朴の葉、特に、クルミや橡の葉もあったが、とびきり大きな枯葉…をかきわけているとよくも頭上にこんなにも葉が繁っていたものと感心する。

○紅葉（黄葉）はなにも奥深い山のみにあるわけでなく、里の川沿い、都会や住宅地にもハッとするような紅葉はある…なのにやっぱり山へ来てしまうのだ。

○僕が若かりし頃、山ですれ違う女性をみて〝美人は山なんかに来ない〟と不謹慎な認識をしていたが、昨今はとんでもない。猛烈なオバサン軍団の進出とピチピチ可愛い山ガールが増えたもんだ…と認識変える。それに引きかえて、男性陣の影が薄くなっていると思うが、どうか。年寄りの繰り言だが、昭和40～50年代の週末、新宿駅構内の地下通路に、延々とキスリングを並べて、23時45分発アルプス51号南小谷行きを待った熱気は、帰らぬ過去の夢となった。

○木々の枝に残りし紅や黄色のもみじ…また、足元に積もったもみじも美しい。しかし積りたるもみじの、その下にぬれたもみじの一葉が恐ろしい程の紅色で凄んでいました。

○古稀も過ぎ、その昔、登ったあの山、この山がなぜなのかヤケに大きな山に思えてきます。特に木々の中を下っている時、フト山の精が遠くの方で「なにもそんなに急がんで良いだろう…」と後ろで曳いているような霊を感じることがあります。確かに逃げるようにして下りを急いだことあったなぁ。

○この日の朝刊には、この時期としては大分早い降雪で、富士で起きた滑落事故の惨事を報じていました。

○大霧山の今日は、真に名のような霧の中でした。また、霧は結局、粋なものと思うのは一時で、雨の一種だと思い知らされました。…（気にもならぬようなものが、いつしか私を摺め取ってしまう）

○帰路バスが立ち寄った温泉は、なんと1500m地下から汲み上げているものでした…それでも〝山のいで湯〇〇温泉〟なのですが…。

平成28年12月10日（土）雪

（仙台）…新田・油島↓しみずはら↓一関

（稲毛海岸駅（JR）〜東京駅（新幹線）〜仙台駅（東北本線）〜小牛田（東北本線）〜新田駅（レールで移動）

☆新田駅から「てくてく」開始予定であったが、現地の降雪酷く、あと二駅先までレール利用で油島駅から歩いた。

ここからてくてくスタート！油島駅〜県道183号線〜国道342号線〜花泉駅入口〜清水原駅〜仁王原駅〜国道342号へ〜新幹線高架〜願成寺〜一関駅

12：30〜16：45　約13km　4時間弱

○自分のつたない日常でも年末ともなると雑用も多く、今年は、今回の「てくてくウォーク」が、締めになりそうだ。3：40起床、5：10家を出る。5：36電車乗る。今朝から一段と強い寒気が来る…という。昨朝は暖かかったのに。たっぷりと着込む、冬はリュックも冬用衣類でふくらむ。玄関を出ると早朝の冷気にブルルン！と武者震い。若かりし頃、冬山登山に出掛けた朝の身の引き締まった寒さがよみがえってきた。40年以上前のことなのに。フトした時に遠い昔を憶い出したりするものですネ。

・ゴルフ仲間のF君は、心筋梗塞の2度目の軽い発作で、「アウトドアはドクターストップ」で自宅でおとなしくしている。

・ゴルフ仲間のM君は、直腸ガンが一段落したのに前立腺ガンが見付かり、それでも今は養生効ありてゴルフを楽しんでいる。

・ゴルフ仲間のH君は、10年前、前立線ガンが見付かり、治療の甲斐ありて、80歳になっても元気にゴルフを楽しんでいる。

・ゴルフ仲間のK君は、今年、首が廻らなくなり、その後腰痛に苦しみながらも今は6～7回／月もプレイしている。…私を入れて5人。私にとって4人は宝物です。

・一時は〝死病〟ともいわれた「癌」。医学の進歩でこうして僕ら平均年齢76歳の4人組は人生に感謝しているのです。

○掛け替えなき親友なのだが、寄る年波は容赦なく痛みを伴って迫ってきている。そうした中、私は友に較べれば、こうして「てくてくの旅」に出かける事が出来る。感謝しつつも何か申し訳なき心境もある…可能な時に、出来る時にやりたい事をやっておく…と思い込むこととし、こうして師走に〝おでかけ〟となる次第です。

○予定通り、新幹線は9：02、仙台到着。（日光、那須、安達太良…と左側の高い山々は、雪で真っ白、曇空とあいまって、何か凄惨さを感じさせる風情…）。小牛田行は44分の待ち合わせ。在来線1番ホームの椅子に腰掛けて、駅コンビニの「ＮｅｗＤａｙｓ」で買った１００円コーヒーを飲んでいる。「値段と味」がマッチした１００円コーヒーはヒット商品です。（…なのに新幹線車内販売は一杯３００円以上もする…）

○仙台駅から東北本線・新田駅までレールで行きます。（11月5日に新田まで歩いたので…）仙台駅を出て東北線は、新幹線を海側に見るが、岩切駅付近で入れ替わり、新幹線はここから北上し古川に向かいます。また、ここで東北線利府行もわかれます。そして、東北線はしばらく、仙台から塩釜の海岸を右に見つつ進みます。多客路線と見えて一編成は精々4両位ですが、頻度は結構あります。石巻から先の「石巻線」の本数もそれなりに（一時間に一本以上）あり、頑張っています。今、10：00過ぎですが、すっかりくもり、雪雲に覆われています。

○〈ホームから電車に乗る時は、ボタンを押して（ドアーが開く）乗ります。乗ったらドアー付近のボタンを押してドアを閉めます。車内から降りる時も、ボタンを押して開け、降りたらボタンを押して閉めるのじゃよ！…都会から来たジイさんよ、わかったか。1両や2両の列車で降りる駅が無人の時は（ワンマン電車なので）、先頭車両の運転士そばのドアーから、運転士に代金を払って降りるのじゃ。乗車する時も、限られたドアーを開けて乗るのじゃ、わかったかネ！…そうそう、ワンマンバスの要領じゃよ！〉…（ローカル線を利用する際、あっちでもこっちでもこの方式ですからね）

○多賀城付近から東北線と仙石線は接近、〝多賀城〟の駅名は双方にあり、塩釜と名の付く駅は双方で四つもあります。塩釜駅を出ると東北線は俄然トンネルが多くなり、松島駅までの間に15ヶ所（数え切れなかった）以上あったもようです。この先、松島駅を過ぎるまで、東北線と仙石線は互いにもつれ合うように概ね松島湾沿いを進み、青い海と大小島々の美しい景観が眼を奪います。過日、一人でてくてくと歩いた時の残像がひとつひとつ思い出されました。

○松島駅を出ると東北線は仙石線とわかれ内陸に入って北上。愛宕、品井沼、鹿島台、松山町と進みます。ホームすぐ傍が田んぼとなり、一面茶色の世界です。鹿島台は両サイド戸建て住宅が密集し、新しい住宅地…という感じです。みぞれ混じりの雨かと思ったら雪になりました。冬枯れの田畑の中、横殴りの雪をぐぐるように列車は進み、「花と歴史の香る町＝松山町」を過ぎると〝長い間、鉄道の要衝〟といわれてきた小牛田駅に到着しました。赤錆びた引込線が10本以上もあり、1両や2両の客車がそこかしこに寂しげに停車しています。小牛田駅から更に新田方面行東北線に乗車するべく、電光表示板を見たら11：35まで1時間以上の待ちでです。（二年前に買った時刻表には各停一関行きが10：00台に1本あったはずなのに…）この寒い雪の降りしきる駅のホームで1時間10分の待ちとは、トホホ…。耐えるしかありません。待合室がホームにありました。エアコンが付いていていて暖かです…小牛田駅には2本のホームがあった、東北線・石巻線・陸羽西線・夫々上り、下りが発着している。列車は電車だったりディーゼルだったり。編成は4両もあるけど、1両、2両が目立つ。

貨物列車は見当たらなかった。夫々のホームには待合室があり、エアコン完備。また、開いている時間制限はあるけど待合室続きで売店もあった。運が悪いと閉まっていますが…。

○ワンマン1両、女川行き、ワンマン1両柳津行き、2両ワンマン鳴子温泉行き、2両ワンマン一関行き…などの標示です。本当のローカルの旅は…列車に乗るなら待つ事です。1時間でも2時間でもへこたれず…にです。待たないで済む旅は歩く事です。てくてく　てくてくと畑や田や町や村や林や山を「種田山頭火」のように、時々一息ついて背筋を伸ばしまた、辛抱強く歩く事です。

ひっきりなしの電車やバス、そんなのは大都会のみの話です。正真正銘ローカルの旅は、寂しいものです。寂しさの中でなんとまた、予期せぬ暖かさに触れることでしょうか。

○ほかに1人、2人学生さんと老婆が居る待合室でお互い3人分、4人分の間をあけて何をするでなく（若者はスマホ）ツクネンとしています。私は伊能忠敬の文庫本を読みつつ時々、外の雪を眺めます。11：35各停、一関行2両が入りました。そそくさ乗り込みます。黒い雪雲に被われ斜めに吹き寄せる大輪の雪を見ていると、歩くのは不可能のようで、歩けば馬鹿呼ばわりされるかも知れません。千々に思い乱れる中、田尻・瀬峰・梅ヶ沢・新田と進みます。見事に右も左も干からびた田んぼです。1ヶ月前は鼻歌混じりで空行く雁行を眺めて歩いたものが、今日は雪のスダレで霞んでさだかに見えません。気が沈み二つ三つ、急に齢取った気分です。

○・・・・・・・・・・・・・・・・・・・・

○前回歩行終点の新田駅に着いても、降りて歩くにしてはホームも家並みも木々もスッポリ雪化粧、ジョギングシューズの私には、雪山の経験は登山で多数あれど、10㎝程かも知れぬ雪に更に降り積もっていく厳しさを目の前にして、ここのまま、残念だが、或る程度、歩く自信がもてるまで（雪が小雪降りになるまで）電車に乗り続けることとしました。歩かずに（レールで）先に進むのは、暴風雨に遭遇した紀伊半島や日没

（11月4日）以来だと思うけど、命の安全には変えられない…と自身を納得させました。
さてようやく本日のてくてくスタートです。

石越・油島と2駅、およそ12～13㎞進むと、ようやく雪雲を抜けたのか小雪がパラつく程度となったのを機に思い切って「ゆしま」で下車です。いささか緊張気味の全身に活を入れるべく、小さな小屋風の待合室でラジオ体操…そして毛糸の帽子、フード付き、防水付のゴアテックスパーカー、リュックカバー、水を通さぬ手袋で装備し「エイ！ヤ！」で「ウォークスタート」幸い駅から県道183号には踏み跡もあり、難なく歩ける。薄陽も射し、小雪は舞う中、気分的には徐々に昂揚しつつ進む。駅の右側は広大な田んぼが真っ白です。山裾沿いに民家点々。ずっと右になったレールを見ながら平行して進む。車道は時折の車で雪を跳ね飛ばし舗装が丸出しだが、歩道は処女雪みたいなもので、折々、歩行者・自転車の通った後を辿って歩く。右手やや高くなりし里山あたりにゴルフ場でも有るのか里山の斜面に白い板を敷いたような斜面が見えます。

両側に民家が多くなってきて、レールをまたぐ。風が冷たくて縮んでしまう。金流川を渡って国道342号に交差。これを左折（交差点名、付着した雪で読めぬ）このあたりは白鳥のような大型の鳥が目立つ。そういえば田尻を過ぎたあたり「千本桜と渡り鳥の楽園たじり」とあったっけ。〝白鳥飛来地〟との看板もあったっけ。レールは大分、左に離され時々、現れるガソリンスタンドやコンビニを過ぎる。左手1㎞見当に花泉という駅があるらしい。

強くなったりして小雪は舞う。歩いていれば、さ程寒くはない。意外と歩けそうだ。歩道の雪が邪魔で、「車・

姿なき時」は車道を歩く。「花と泉のまち」との看板。〝ファミリーマート〟と〝お寺〟のある交差点（県道48号と交差）を過ぎ左にフックカーブ。「お互い離れあったレールと国道」これが田んぼの中に伸び、民家は左遠く離れた山沿いに。右側は国道近くの里山沿いに、夫々民家多数見受けられ、お寺のイチョウの黄葉だけが派手に目立ちます。セブンとガソリンスタンドのある交差点で国道とわかれ左折し、〝しみずはら駅〟に向かう。７００～８００ｍで駅に着きました。

無人・駅舎兼待合室は、小綺麗です。どの駅も無人ですが小屋だけでも、こざっぱりしていて清掃も行き届き気分が良いです。私のように歩き続ける者にとっては無人駅は楽園です。暖かいし、ゆっくり座って休めるし、トイレ、水道はあるし、人目も気にせず替え難き天国なのです。（13：30）清水原駅を背にして少し進み右折、晴れ間が出てきた。うれしい～。でも風は刺すように冷たい。一関市営バス○エ、AM1本のみ。民家の外壁に貼ってある人物ポスター、見たことある顔。小沢一郎氏でした。〝自民党、集結！〟とある。（総理大臣になれず残念だったねぇ）…と小さな声で話しかける。水沢は彼の故郷なのだ。右折してJR踏切（仁王原）越え、仁王原橋15ｍ、大門（交）で国道に出た。柿の実が木についたまま凍って干し柿みたいになっていた。グイグイ右手から左へ上る。南岩手CC、雪の中プレーヤー？の姿見える。右手、山のゆるい斜面に夥しい太陽光パネル。これ程一ヶ所（離れたところにも入れて）に集中している場所は珍しい。太陽光発電所とでもいいたくなる。

県園芸集荷センター、一関市南部農業技術開発センター、真柴工業団地（第一、第二）、市障害者支援ワークキャンパス、左手新幹線高架がヌッと迫る。自動車学校、岩手平泉もちっこ、岩手県交通バスの大きな営業所、車庫、整備工場、一関中学（右上）、「衣関（トメ）順庵の碑」、「願成寺（がんじょうじ）（左）、対の仁王像。山門も見事、長くて急な石段」阿部佐知子の碑。（今、歩いているのは、国道３４２号線の「一関街道」です）新大町（交）、右、岩手日々新聞ビル、一関駅前（交）、右折して駅。駅前食堂「松竹」で食した「味噌カツ」がおいしかった。なんと食堂店内に有名人の色紙ズラリ、おしゃべり好きの食堂のオバサンと話し進む。人も知る名物、味噌カツなんだそうだ。（ドンブリご飯の上にキャベツ、そしてタレ、その上にさつま揚げ大の小さなカツ3ヶ…これが独特の味でした）すぐ隣の東横インに泊まった。16：45着。雪道で意外に疲れました。明日は天気になってくれー。テレビ予報では、夜半から未明にかけて大雪注意報（一関地方）が出ているとのことです。

○今回は平成28年も師走に入り「4泊5日予定」の第一日目でした。初日の前半は千葉から出直してくることでもあり、〝半日程度の「てくてく」〟となってしまいます。その上てくてく開始の腹積もりの「新田駅」付近での降雪に遭遇してやむなくJR駅にして2駅分。約10㎞程歩けなかったのが痛恨でした。私は関東でも常春の房州館山生まれで、東北、北陸の降雪の恐ろしさの認識については素人です。これからこの先「てくてく」歩くことについての試練が待っているものやら…。所詮は趣味でやっている徒歩旅行。人様に想定外のご迷惑をお掛けせぬよう「安全」を心がけてゆきます。

○**田村神社**：一関中学を右上にみて一関駅へと向かうと願成寺を左手に見るが、その手前に「一関八幡神社、相殿、田村神社」があった。1682年5月西磐井11ヶ村、流れ16ヶ村、東山12ヶ村、栗原郡2ヶ村合計石高三万石を所領し、田村建顕公を藩主とした一関藩は明治4年の廃藩置県に至るまで約190年間にわたり連綿と続いた。藩主田村氏の崇敬神社、旧一関町の総鎮守として祀られている。（一関藩主、田村家墓提所、祥雲寺）

一関→平泉→前沢…水沢

平成28年12月11日（日）雪模様（終日）

一関〜磐井川〜太田川〜毛越寺〜平泉駅〜義経堂〜中尊寺〜衣川橋〜国道4号〜前沢駅〜陸中折居〜水沢駅
この間、レール使用。

8：43スタート〜15：10　歩6時間30分　約20km

前夜の天気予報によれば〝明日の朝にかけ、一関地方、大雪注意報発令中〟とあった。早朝、目覚め、まさかと思いつつ8階の窓を少し開けて外を見る。マジかよ！真っ白！！スッポリ積もっている。眼下の家々の屋根、ビルの屋上、そして駐車場の車…いやあー！大変だ。しかも降り続けているではないか。胸に浮かんだ気持ち〝今日どうなる？〟〝今日、どうする？〟だった。雪支度といえる装備もなく…。待て待て、あわてるなよ。宿の朝食を済ませてからだ。5：00起床。ベッドの上で柔軟体操。朝食を済ませて一服。改めて外を見る。薄日もさしつつ雪が舞っている。車が出ていく。車道は雪がけ散らされ始めている。問題は歩道だが、駅周辺なら踏み固められていそう。郊外に出てどうなのか。予定通り出掛けてみることとす。上から下の足もとまで雨装備、頭にフード、ザックにカバーだ。8：43スタートする。宿のネーサンからお気を付けて！を背に聞いて玄関を出る。

刺さるような冷気、寒気が襲う。人の歩いた足跡を辿りつつ大町（交）右折、県道26号線地主町角（交）左折。店々の人は早く、外に出て、スコップなどで雪を側溝に沈めたり忙しく立ち舞っている。お互いに声をかけ、感謝しつつ進む。一関一高前㊤、を過ぎると間もなく大きな川に出た。磐井川だ。橋の長さ150ｍはありそう。上流も下流も、土手・河原一面の雪景色。格別に美しい。（水の流れは40ｍ程か）

橋を渡ったら右折です。歩道の雪道に足跡無くなった。5～10㎝程積もった雪に、自分の足跡を残しながら進む。竹山（交）まっすぐ。配志和神社（前）♀、↓鳥居をくぐって石段上る。本殿両サイドに大杉2本樹齢1000年近いという。芭蕉の句碑「むめが香にのっと日の出る山路かな」本殿は1686年頃の建造説あり……、山目1丁目♀。（東磐交通バス）

今、県道14号線を歩いている。陸羽街道(奥州街道)です。このあたり、街道の〝山目宿〟のあったところです。（一関・北上線）県道14号線を薬局先の（交）で右にわけ、まっすぐ進むと「里中山・龍澤寺（りゅうたく）」です。（このあたり曹洞宗が多いなぁ）見上げると雪を被った姿が、えもいえず美しい。「奪衣婆と懸衣翁」の像がありました。（1200年代の石塔婆）また、大槻玄沢の顕彰碑もあった。

少し先、右手(100m位?)に山の目駅が黒地・箱型の駅舎でしっぽり雪化粧して建って(ポツンと)いました。無人のようでした。少名彦神社（左）、そして平泉町域に入りました。一面の雪雲、雪が頻りに降ってくる。まるで大きく呼吸しているかのように、強くなったり、弱くなったり。私の気持を明から暗に～とゆさぶります。国道4号にぶつかり合流。しばし国道4号を行く。程なく国道4号を右手に見送り、車の通行も静かな県道を進む。（佐野（交）から平泉バイパス南口（交））

更に、顔にかかる雪に顔をしかめながら樋渡（交）で、左へ。中尊寺方向（毛越寺方向）へ。その前に（交）

の角のファミマで一服。一服といえども、ファミマで買った「100円コーヒースモールサイズ93円也！＋餡ドーナッツ」を（店内、座るところもないので）店外の軒下で一服。コンクリートのタタキ（軒のあるところ）に座るが、冷たく、雪もふりかかってくる。思わず立ったまま…となる。2人連れの60歳代らしきオバサン2名（地元の）、この人達と立ち話。陽が射してきた。降りかかる小雪と陽射し、道路向こう側の檜ばやしの枝に、積もりし雪がバサっと雪煙を伴って舞い落ちる。恍惚的な美しさ。「無口・無言のオバアサン」と見えし女性が、案外器量よしで快活にオシャベリする人たちだった…と話しかけてみて再発見できたのもパッと気持ちも明るくなる嬉しいことでした。

「襟巻きと頭巾を被ったオバアーサンぬいで語れば美しい笑顔」…この世は奥深いなぁ…。

　深くえぐれた底を流れる太田川、年輪を感じさせる河だ。（幅100m、流れ10m）下り気味に進み高速道路下をくぐって、ぶつかった三差路を右折。（県道31号線、これを左に行けば厳美渓へ）また高架くぐって進む。お寺みたいな立派な家、左側に多シ。そして毛越寺本坊前です。観光バス、観光客もこの悪天候下、パラパラと。往時は中尊寺をしのぐとさえ称されし毛越寺、どんな所かと思いしに本殿はあったものの〝池と林と跡地のみ〟といったら不謹慎か！それにしても、スッポリ雪化粧した庭園は見事でありました。境内の片隅に茶店あり。1人も客おらず、入る。暖かいソバをいただく。手持無沙汰の3人のオバサン従業員が、〝大きなリュックのヘンテコな私〟のところに寄って来て、〝どこから来て、どこへ行くのか？〟などのうれしい質問責めに合う。……日本中、皆んないい人ばかりだ！すぐ感激する単純な私。（入場料500円、ソバ代920円）

　毛越寺を出て、毛越寺通りを駅に向かう。左に「観自在王院跡」入口をみて、ダラダラ下り気味で、門前町を思わせる瀟洒な駅舎と駅前広場。駅舎背にして、少し戻って右折（県道110号線）して（中尊寺通りを）中尊寺方向へ。レール渡る、雪降ってます。左カーブ、左側に「無量光院跡」が広がる。現在、整備工事中です。池があり、その対岸に松林（毛越寺庭園の雰囲気）です。広く優しい景色です。（浄土式庭園）その松林の向こうを突然2両の電車が姿を見せつつ、トコトコ過ぎました。それにしても、ここも跡、跡、跡…です。壊してしまったのは誰だ!!てくてく歩く旅とは今起きてることを見つつも〝跡〟を訪ねる温故知新の旅と見つけたり。

古い家並みをゆるやかに上り気味。行くと右に「高館（たかだち）義経（ぎけい）堂」入口。右手の石段を上ると、門番のオバサンが居て、この先、入館200円といわれ、入る気が失せました。こういう遺跡の維持費は、やはり拝観者が負担すべきなんだなぁ〜と（払わなかった事を）反省した。…（仕事やルールに忠実なオバサンも大好きです）

高館は、兄頼朝の不興をかい、奥州に落ちた義経の館があった地とされ、仙台藩主伊達綱村が義経を偲んで、

国の特別史跡「毛越寺」。
境内にあれこれも国の特別史跡でもある毛越寺の浄土庭園。

これを建てた。甲冑姿の源義経像が安置されている。芭蕉の「夏草や兵ども（つわものども）が夢の跡」の句は、この地で詠まれたもの…とされておりその句碑が立つ。

中尊寺踏切でレールを渡り県道110号線から一旦県道300号線を進むと中尊寺入口となる。杉の大木並木に囲まれた（月見坂）参道を上る。天台宗東北大本山中尊寺。初代藤原清衡が建立した平泉文化の中心で、世界文化遺産。17の寺院から成る「一山寺院」です。（ここを参拝していた際、ふるさと館山一中同窓生から、私のケイタイに突然の電話あり…〝…今みちのくの中尊寺です…と伝えたら腰を抜かした！〟）「弁慶堂」を過ぎると右手に本坊あり。本坊広場に白装束姿の男女がおよそ100名、旗ざしもの、すげ笠、など、また、背には米俵！…なんだ？なんだこれは？「骨寺村荘口米奉納」の団体だそうだ。（今晩の宿に帰りテレビをひねったら、地元ニュースとして放映されていた。新米奉納し感謝するため10㎞～15㎞隊列を組んでやってくるのだそうだ）

〈金色堂〉

…更に進むと、雪化粧した金色堂が左手にあった。外観は金色に輝いているわけではない。覆堂（おおいどう）という建物の内部にあり守られている。32体の阿弥陀如来を中心にした像（国宝）が安置されている。また、清衡、基衡、秀衡の藤原三代の遺体も祀られている霊廟でもある。…金色堂を見て、左手に進むと松尾芭蕉の句碑があった。…「五月雨の降りのこしてや光堂」…尽きないが、110haもあるという寺域をあとに水沢へ向かう。…私も一句、「枝はね上げて舞い散る雪や光堂」

県道300号線を左へ、ほどなく衣川橋（100m、流れ30m、よき川です。合戦で有名）を渡ってすぐ右折。川沿い土手を行く。レールの下をくぐって国道4号に出た。雪は横殴り、冷たい、きつい！国道4号を行く。東北本線またぐ。平泉北インター（交）、雪が横なぐり吹雪のように降る。国道4号上り坂しゃにむに前屈で歩く。「砂の器」のワンシーンみたい。結構惨めです。ようやく下り坂、セブン発見。軒下を借りて、リュックを下ろし、テルモス出して熱いお湯を飲む。今度は（雪は）止みそうもない。とにかく頑張ろう。なんとかして前沢駅舎にもぐり込みたい。

左上に〝キンキラキンの寺〟あり。寄る気にもならずひたすら、芋虫みたいに下を見つめつつ黙々歩く。右300m程に前沢駅（右折して駅舎へ）。モダンな駅舎（二階）に入り雪を落とし、濡れたところタオルで拭く。なんとか生きた心地が戻る。15：10着。二階の駅窓から見下ろす。降りしきる雪、うす暗くなってきた。もう今日は歩く気力がわかない、お腹も空いています。今日の当初予定では水沢まであと10㎞程はあるだろう。2駅分だがレールに乗ります。小さな敗北です。10分前に電車出たばっかり。次まで約1時間、日昼だけ駅員在中です。（16：00になったら、閉めて退出して行きました）駅舎の外観を写したり、リュックからお菓子をだして食べたり、今日の分のメモに書き足したりして、孤独の待合室で膝をさすりながら過ごしました。いい齢して俺はまだまだ修行が足りない…なんて思いつつ。

16：00過ぎ、2両・盛岡行各停に乗る。この駅からの乗客は私1人のみ。車内には2両で10人程度か。一面の雪景色、斜めに差し込んできた陽光・照らされて舞う粉雪！左側に県道243号平行。前沢市とか水沢市とかいわず〝奥州市〟です。奥州市水沢区！右側、少し遠く国道4号、イオンのショッピングセンターの赤い灯が霞んで見えます。陸中おりい駅（無人）。国道4号（陸羽街道）は、レールの左側に移る。もう暗く、外は燈りしか見えません。

政治家・小沢一郎の故郷であり、偉人を多く輩出した街・水沢（駅）は、地域の一つの中心地ながら、ヒッソリしていた。駅西口?側に中心商店街、アーケード。今日の宿、水沢グランドホテルは、駅から歩いて6分程。シティホテルがビジネス化したか、造りはシティホテルです。8階の部屋にリュックをおろす。…「帰りなむ、いざ水沢へ！」とかつての盟友、渡部恒三氏にさとされた今じゃ落ち目・小沢一郎のふるさとの宿に泊まります。

○独りごと

・濁り酒・雪っ子暖め独り酒。
・あつかんで今日の疲れを胸にしまえずもうひと燗。
・衣川・太田川・和賀川と三つも呑み込む北上川。
・空に青なし、なおふりやまぬ古戦場。
・厳しく降られ　よく耐えて歩いたなあ　と自分、褒め。
・「これが東北じゃ！」と　私をさいなむ　みちのくの雪。
・「破れ笠と杖1本で旅をする」…この気持ちに少しは触れ。

東北地方奥深く、真冬に一人でてくてく歩きする旅が非常識なのかどうか。いい齢をして、明確に判断できていない。前回と今回、2度続けて降雪のため、夫々一部区間で歩行不能により鉄道を頼ってしまった。忸怩たる心が残った。幸い「安全第一」で判断すれば公共交通機関もあり、厳冬期の東北であっても旅は今後も続行可…と考えている。謙虚であらねば…とも重ねて思う。

水沢→金ケ崎→六原（ろくはら）→北上→村崎野

平成28年12月12日（月）くもり時々晴れ

水沢～後藤新平生家～胆沢城跡～金ケ崎大橋（胆沢川）～金ケ崎駅～中学前～金ケ崎高校～免許センター～工業団地～相去地区交流センター～鬼柳関所跡～和賀川～北上駅口（交）～北上高～さくらホール入口～流通センター入口～サニータウン入口～村崎野駅　レールで北上駅へ。
8：30～15：40　＝25km＝7時間

水沢の三偉人といわれる高野長英・後藤新平・斉藤実を生み出した奥州市の中心、水沢市街は、通りすがりの一見の旅人の目には、ススケた元気のない街に見えた。２００～３００ｍに亘るアーケード、そして十字に拡がる商店街…新しい街の風は、東北線の駅からおよそ、４km近く離れた新幹線の水沢江刺駅界隈に向いている…とあって伝統ある水沢市街は「おいてけ堀」の目にあっているのかしら。

バイキング風の５００円朝食を水沢Ｇ・Ｈで済ませ、8：30に、てくてくスタート。ホテルを出て西へ少し行き、大通りにぶつかる。（左へ６００ｍ程行くと高野長英記念館がある）三差路を右へ（大手通り）。そして信号交差点を左折。右手に後藤新平の旧宅があり、その先の角に、三方向（三偉人の）の標識が建っていた。（下の写真）そのまま、まっすぐ進むと斉藤実記念館にぶつかった。

〈水沢の三偉人〉

・高野長英：　１８０４年、水沢生まれ。医者の養子となり、江戸・長崎（シーボルト・鳴滝塾）で学び、江戸で町医者に。医学関係の名著を著すと共に、幕府の対外政策を批判。１８３９年、「蛮社の獄」で永牢の刑。脱獄・逃亡。捕吏に襲われ自害。（１８５０年）記念館に顕彰碑と記念碑。更に生誕地、旧宅にも記念碑あった。

・後藤新平：　１８５７年、水沢生まれ。（１９２９年…昭和４年没）私が後藤新平のことに具体的に興味を抱いたのは、昭和40年・毎日新聞社発行・杉森久英著の「大風呂敷（おおぶろしき）」を読んでからであった。…加藤友三郎内閣が首相の死によって崩壊したのは大正12年８月24日、関東大震災発生の一週間前のこと。後継内閣として最有力だったのが後藤新平…結局首相にはならなかったが、その理由の一つが、彼が社会主義者と仲良くしすぎる…という事にあった。事実、吉野作造の生活費一部援助したり、大杉栄の面倒も見ていた…という。各種大臣や東京市長、満鉄総裁、台湾長官などつとめながら、首相にならなかった…事など当時23歳の私に強い印象を与えた。

・斉藤　実：　１８５８年、水沢生まれ。海軍兵学校、海軍次官、大臣、朝鮮総督、ジュネーブ海軍縮会議全権大使。１９３６年、２・２６事件で殺害された。（現状維持派の総本山ともみなされていた）。水沢公園に銅像もある。

右手に、総合水沢病院の建物を見て、水路を渡り、県道２３５号（北大通り）にぶつかり左折。視界が拡がる。はるか前方に雪を被った高くて大きな山がそびえる。秋田駒から岩手山かもしれぬ。「事故がない、これが我が家の金メダル」（左）水沢中学、堀の内橋８ｍ。角の「しまむら」で三差路にぶつかり、これを右折…前方、益々雪山が雄大です。胆沢城跡（アテナイの舞台）は右手に。…胆沢城は、胆沢川・北上川合流の扇状地付近にあって８００年初頭の東北経営の一つの拠点だったようだ。当時の「律令国家軍」と「阿弖流為（アテルイ）・母禮（モレイ）を中心とした胆沢蝦夷軍」との戦いが展開されたと伝わる。…陽は射してきたが北向きに歩いているので背中・リュックに当たる、もったいない！

「風鈴の町・水沢」の看板…岩手県特産の南部鉄器は水沢と盛岡が２大産地。鉄瓶・茶の湯釜・風鈴・等製造されている。ＪＲ水沢駅「風鈴の音」は日本の音・百選だそうだ。……ここは西関田。左・水沢、右・国道４号。まっすぐ進む。「事故を呼ぶ、わき見・飛び出し・２人乗り」横断歩道の小旗を入れた缶の旗刺しには、白いカキ氷みたいにてんこ盛りの雪が積もり旗の上半分だけ数本出ていたよ。

高架４号にぶつかる。左折して国道４号に入る。東北道流入路をくぐった。ダンプが高速から下りて来て私の前に止まった。何事かと思ったら運転手の立ちションでした。左、遠くの雪山連山、（左だったら栗駒山か）見事です。ずっとついてくる。東京から４７２㎞地点です。金ケ崎大橋（胆沢川）幅２５０ｍ、流れ80ｍ程。左、岩手中部工業団地、右・金ケ崎役場（ロケット発射台のような5階の建物？）・金ケ崎駅。西根（交）・大きなショッピングセンター。

「平和を仕事にする陸海空自衛官募集！」、南羽沢（交）、町立金ケ崎中。（左に１２８㎞行くとなんと秋田土崎港・新日本海フェリーで、新潟・秋田・苫小牧）…とある。餅田橋30ｍ、歩く人も珍しい中、向こうからオバーサン歩いてきた。すれ違いながら…「こんにちは!!」と声をかけた。驚いたように立ち止まり、頭を下げて、またトボトボと遠ざかっていった。

行けども行けども腰をおろし、休憩するところもなし……歩く者には国道はつらい。県立金ケ崎高校（左）、バス1日8本のみ。勘九郎東（交）・県南免許センター、イオンショッピングセンター「盛岡56㎞、花巻20㎞、北上8㎞」11：20和風レストラン、カキフライ定食７００円「ごゆっくりどうぞ…」といわれたはずなのに、さっさと片付けられてしまった。この程度の扱いには旅の風来坊としては慣れているけど…。雪の連山に刀形あり、スキー場か。六原駅口（交）。

すっかりまわりを雪山におおわれ暗～いくもり空、寒いよぉ～。三菱製紙工場。（大工場だ！）左に馬鹿デカい赤鳥居（赤鳥居前♀）（交）。ここから北上市域へ。右側は夥しい木材の山がスッポリ雪を被っています。北上・金ケ崎ＩＣ入口を右折。レールの下をくぐって県道２５４号線（陸羽街道）へ。国見橋口♀、右後方から緑色の高架鉄橋が迫ってきた。＝新幹線でした。相去地区交通センター（左）敷地に入り、建物の軒下にへたり込んだ。陽が射して来て陽当りに座り、リュックからミカンや飴を出して頬張る。ひさしから雪どけの滴がポタポタ、ビシャビシャ落ちてくる。まるで疲れて哀れな私を慰め、励ましてくれてるよう…な一種異次元の暖かささえ感じました。…（突き離されても尚何かに縋りたいのか一人旅…）

南を向いて座っているが、右手、2両の東北線（？）が敗走する落武者のようにスゴスゴと音をたて現れて消えた。…「新幹線さえ出来なかったら、おまえはこんな惨めな姿にならなかったろうに」…ネっ。と思い見つめていたら、反対側からもトコトコ2両が行きました。名もさだかに知らぬ雪山よ！お前たちは見つめていたから、何でも知っているだろう。左・白山神社。（はくさんさま）日章旗が2本、はためいていた。新幹線の相去橋梁に銘がうってあり「新幹線東京駅から４４５㎞」とある。一方、近くの国道での表示はこのあたり４７０㎞だったので、国道の方が約20㎞ぐらい遠回りか……。仲去仲町♀相去番所の碑あり。…盛岡藩と仙台藩の境界を示す。（72頁参照）

岩手県交通（バス）のバス停、荒れてイカレていたよ。客も少ないだろうが頑張ってください！古い石の橋（古川橋）30m。「九年橋」洗堀改修工事中。一級和賀川です。この辺りにこんなに大きく風格のある河があったか。胆沢川といい和賀川といい北上川に間もなく合流する河なれど合流点に広大な扇状地を形成し、旧くから舟運で物流・政治経済・拠城の舞台となってきたところです。この河、幅が３００ｍはあるか。大きな流れが2本に分かれています。

九年大橋（下鬼柳・シモオニヤナギ）とは印象的なネーミングです。九年橋1丁目（交）左折。左・北上ＳＰプラザ。右・北上警察（恐れ多くもこの塀に寄りかかって小休憩）。両サイド量販店オンパレード、何でもあります。なんと観覧車まであり、ゆったり廻っているよ。警察署口（交）で国道4号に出て右折。右、モンティンホテル。北上駅口（交）…左へ行けば夏油温泉。右・駅。まっすぐ国道4号を行く。専大北上高へは右へ。有田町（交）、国道１０７号と交差。有田町（交）を左に行けば江釣子へ。右に行けば北上川方向へ。（黒沢尻小、詩歌の森公園＝日本現代詩歌文学館などがある）

○「北上川・西北方向・新幹線・東北本線一帯の地域」に黒沢尻1丁目～3丁目の地名や、黒沢尻小・中・高（女子高、北高…）など点在する。北上市の中心は従前から黒沢尻地区と知られ、江戸時代から鉄道開通までは物流の中継港として北上川は舟運で賑わい遠野地方との物流の集散地であったという。北上川・川湊の対岸に市立公園「展勝地」があり川沿い２㎞にわたる1万本の桜並木は実に見事で「桜名所百選」と知られている。北上夜曲歌碑・サトウハチロー記念館・旧黒沢尻高等女学校校舎（国登録民俗資料館）などもある。私は遠回りを嫌い、割愛した。認識不足もあって北上市がこんなに市街の大きい町だとは…。新幹線と国道4号などで加速したか。駅周辺は新幹線駅開業で活気づき、郊外店のおびただしい進出は国道4号沿いに…。

有田町（交）国道4号直進すると、非電化・単線レールをまたいだ。（ＪＲ北上線）高架陸橋の高みから前方右、はるかに真っ白な高山。…残念名はわからず。左後方の曇にまみれて高いのは栗駒や焼石連山のよう。〝レストラン牛角〟のバイト募集！高校生830円、一般1，125円、22：00以降1，900円…とある。さくらホール口（交）右手に大きなハイカラな建物か。花巻11㎞、盛岡47㎞、流通センター入口（交）。

国道両サイド郊外店舗ずっと続いています。特に「Homac」というのは大きいぞスーパーディポット・資材センター併設でエクステリア、リサイクルセンター、ガーデン、ペットショップ…何でもありです。北上バイパス北口（交）、旭ヶ丘サニータウン入口（交）。大下（交）、右へ行けば村崎野駅・黒沢尻工高だ。右折して約500m行くと、右手に駅。電車接近の気配。ともかくダッシュ！かける。小さな駅舎にとびこむ。切符買う間もなく電車入ってくる。駅員から乗車証明書もぎりとり、乗り込む。ドンピシャリ‼（心臓パクパク…）190円分の乗車。今晩の宿の予約のある北上駅に戻る。東横インに無事投宿。（村崎野駅15：20頃の駆け込み）

宿に荷を置きすぐに街に出る。駅複合ビル内の物産センターで、北上のおみやげを宅配手配。そのあと、適当な店もなく駅ソバ店で560円のミソラーメン食ス。うまくもまずくもなし！宿に戻ったらなんとカレーライスの無料サービス（18：30～）あり、これがなんともおいしかった。そして906号室へ。ツインの大きな部屋（宿の都合でこうなった）、広く、キレイ、ベッドが二つも！ラッキー。一風呂浴びてさっぱり気分で窓外の暗闇を見ると、まあ～るい凍るような黄色い月が浮かんでいました。明日の予報はくもり一時雪だと。明日は一段と寒くなり、楽ではない一日になるでしょう。

〈凍（しば）れる指先に岩手おろしがジンジとしみた師走の一日〉

〈ベッド二つ、またがるように大の字に〉

〈着いてしまえば難行苦行も早、思い出に〉

〈左手の神々しいばかりの白い山・今日はあなたに励まされ〉

南部領（盛岡藩）⇔境塚⇔伊達領（仙台藩）	鬼柳関所跡（下の写真） …南部（盛岡藩）側

盛岡藩と仙台藩は１５９１年（天正 19 年）に境を接してから 50 年余りに渡って藩境争いを続け、１６４２年、江戸幕府の裁定でようやく境界が確定した。約１５５㎞の藩境線には大小４５０ヶ所もの境界塚が設置された。この写真では境界となる「境塚」を挟んで仙台領には「相去関所」が。また、盛岡藩側には「鬼塚関所」が夫々設けられていた。

それぞれの関所（番所）には足軽が常時務めていたという。

村崎野→花巻→石鳥谷（いしどりや）→柴波（しわ）→仙北町→盛岡

平成28年12月13日（火）くもり

村崎野〜伊勢神社〜黒沢尻工高〜技能開発センター〜成和橋〜円通寺〜市立南城中〜豊沢川（桜橋）〜花巻駅〜県道298号線〜釜石線〜瀬川橋〜国道4号（ルートインホテル）〜岩手花巻空港駅口（交）〜滝沢川〜耳取川〜県道265号線分岐JRまたぐ〜葛丸川〜石鳥谷駅（右）〜JRまたぐ・犬渕（交）〜滝名川〜五郎観世音（右）新幹線くぐる〜日詰駅（左）〜東北道インター入口（交）〜柴波中央駅（西口）（休憩）〜日詰小〜国道4号歩道橋〜勝源院（左）〜県立柴波高校入口〜大元師陛下の碑〜519km地点〜古館駅入口〜間野々（あいのの）南（交）〜徳丹城跡〜矢幅町歴史民俗資料館〜矢幅駅（左）〜ビールケース〜都南病院前〜岩手飯岡駅入口（交）〜西高入口（右）〜仙北地下〜仙北駅（左）啄木詩碑〜盛岡駅

8：20〜16：30　＝8時間　＝30km

今朝はレールで北上から、昨日てくてく終了の村崎野駅まで1駅190円行く。そして村崎野から歩く。予報はくもりだが、一時雨か雪が舞う…を覚悟する。8：13村崎野駅下車。駅は木造平屋のシンプルスタイルだが高校生がドッサリ下車。釣られるようにして、後についてしばし歩く。生活道路を学生についていく。天照御祖神社（通称・伊勢神社）の前を通り、右へ行くと一段高い丘に、県立・黒沢尻工業高校があり、当然のように学生は全て吸い込まれた。なかなか堂々たる門構えだ。〈黒工五原則：①授業に集中する。②部活を頑張る。③挨拶をする。④決まりを守る。⑤資格を取る。〉↑「シンプルイズベスト」な校則だ！

1939年開校、70周年という。更に「夢をもち　夢を追い　夢をかなえる」相当のスポーツ校でもある。

中川装身具工業、県立技能開発センター、明治製菓工場、サンコー（岬）工業、ジャパンセミコンダクター（セミコンの工場とはこんなにも白煙を吐くものなのか、幾筋も天に上っている）…右・左に大工場多数ありて、各社敷地内マイカーの数半端じゃない…圧倒的にマイカー通勤なのだ…レールやバスではなく…。成和橋30m、流れ5mか。果樹園も見られる。但しりんごの葉も実も全くなし。（収穫済み？）一体に広がる、田んぼ、里山、減反政策によるのか枯れ果てた大豆らしき田も見えた。ゆるやかな上り下り、干からびた田の真ん中の1本道。両側遠く里山ありて、それに沿い一連の民家あるも、目立つのは、小さな森のような屋敷林があっちこっち…。屋敷林は、民家の西側、北側に鍵の手のようにこんもりしている。家よりもはるかに高く。

花巻市域に入り、みぞれ、パラパラ。曹洞宗円通寺（右）、左に灯りの燈った小さな社（鎮守さま）。500～600m左をレールが行く。高架道路迫ってくる……氷雨の冷たさ身に沁みる…どうせ降るなら雪の方が…でも僕は元気です、元気で歩いています…と口に出して歩く。

「日野美歌の氷雨唱うもカジカンで声にもならず」

国道4号（左から）とぶつかり、突っ切る。「南城小体験学習田」の看板。南城中（左）、昔の奥州街道を歩いています。往時は杉並木だったというが今は数本残るのみ。右側は崖、その下、広大な田んぼを潰して大規模な造成工事中。

○「奥州街道なごりの松」

この街道が整備されたのは江戸時代になってからであり、一里塚もつくられた。明暦三年（１６５７年）藩主重直の命で街道を直線に改修し、かつ並木を植えることになった。この付近の松並木は寛文5年（１６６５年）奥寺定恒が自費で苗木を買い入れつくったといわれ、延宝二年（１６７４年）、枯れた松など一部を植えなおしている。その後、国道切り替えで旧道となり、比較的残っていたが、昭和42年殆どが切られ、僅かに南城小学校の校庭に三本と、この一本を残すのみである。宮沢賢治が「青い松並、萱の花古いみちのくの断片を保て…」とのべている。…現地、花巻市による説明板から。

花南振興センター（左）・岩手県交通　１日３本。「上館跡」、桜町（交）、工事で迂回一級・豊沢川（桜橋）１００m、流れ30m。宗清寺を右にみて、里川口（交）左折、無電柱化推進中。歩道片５m・タイルよし。但し、商店街元気不足、街燈もよし、途中から2階レベルの高さのアーケード街に。上町（交）右折、市役所前左折、大通り2丁目左折…市街地グルグル方向音痴となり迷う。商店街ドンズマリの印象で、花巻駅着。駅舎、平三角形で丸時計あり、駅広に塔あり。慣れないせいか、複数の人に聞いて歩いたせいか迷ってしまった。自信喪失気味。分かりにくいぜ、花巻駅君！

雨がシトシト、氷雨です。駅舎待合室の駅蕎麦店で、カケソバ一杯３００円する。雨装束チェックして、駅舎を後にする。県道２９７号線でY字路を左にとり坂を下る。右手一帯が花巻城跡になるのか。鳥谷ヶ崎公園の標識もある。複川をまたぎ県道２９８号線に出て左折。花巻といえば宮沢賢治。生まれは市内豊沢町…このまま北上川をこえ４㎞程行けば国道４号、その先の桜町に賢治記念館・詩碑もあるが、残念乍ら結構な遠回りとなるので訪れなかった。

県道298号線を左折して奥州街道を辿る。右手に北上川沿い〝イギリス海岸〟（賢治が命名した国指定の名勝地）があるようだ。郊外店舗並ぶ中、枇杷沢川を渡り、JR釜石線？の下をくぐって進むと、前方高速道路が見える。その手前花巻北高前♀を過ぎて、瀬川橋（瀬川）を渡り、釜石自動車道の高速下を行き右カーブ気味で国道4号にぶつかった。ルートインホテルを右に見つつ、左から右へ、大きくカーブ。右手直線に入るや、右手一帯はいわて花巻空港の滑走路。右手ターミナルビル、全国に90ヶ所以上あるといわれる旅客空港だが、この花巻空港も地元にとっては貴重だが経営は苦しいだろう。およそ3㎞もあったろうか。左手1㎞程のところに東北本線、右手傍に空港。延々と歩く。「みぞれの中で小止みは嬉し、鼻水ぬぐう」

　左に県道37号線をわける（JR駅方向）、空港駅口（交）、左に新堤（池）、塚の根（交）の反対側に「江曾(えそ)一里塚」があり、隣に「明治天皇行幸記念碑」もあった。滝沢川、耳取川を越え、左カーブして東北線をオーバーブリッジで越える。葛丸川を越えると、右側に松林のある「道の駅石鳥谷・南部杜氏の里公園」…越後、丹波と並んで日本三大杜氏の一つに数えられる岩手の「南部杜氏」花巻市石鳥谷町はその発祥地。南部藩の酒造りと伝統を受け継いだ技は今も日本各地の酒蔵で生きている。…となりに〝南部杜氏伝承館〟がある。更に進むと、右側に好地一里塚もあった。（この地方の一里塚は、石碑というよりは、10m程もあろうかという丸い塚です）石鳥谷(いしどりや)駅へは右方向…を見送り国道4号を行く。左・花巻青雲高、そして国道4号線右カーブ、レールをまたぐ犬渕（交）、滝名川を越え、右に〝五郎観世音〟。新幹線が斜めに走って国道を越えていく。左・日詰(ひづめ)駅入口（交）。IC入口（交）。

　店舗ふえてくる、国道をはなれ、左、レール方向〝じわ中央駅〟を目指す。駅西口へまわり込む。ヤヤ！想定外に近代的駅舎とロータリー。駅舎待合室に入る。ウーン、立派だ。木の香りさえします。一部工事中か。リュックを下ろし、少々ゆっくり休む。テルモスの熱い湯を飲み、ミカンを食べる。11：15。ザックに雨カバーをかけて駅舎を後にする。出て間もなく左折、このあたり場違いとも思えるハイカラな戸建住宅地。〝オガールタウン日詰地区９００万円から分譲中〟

町造りの段階から無電柱化、そのせいか分譲住宅のレベルも高く見えます。欅並木通りもよし、街燈のそろった街路もよし！こんな分譲地もあるんだね。国道４号へ戻る。柴波町日詰小〝夢と虹の歩道橋〟だって！左、曹洞宗・勝源寺。（見た目立派です）城山公園入口（交）、県立柴波総合高校・自動車学校（左）、大元師陛下御幸新道・石塔碑３ｍ（右）、真宗・本誓寺（左）♀、古水（コスイ）寺、東京から５１９km地点です。

古舘（フルダテ）駅入口（交）ここは柴波町十日市。こながわ橋40m、流れ20m、三枚橋♀、バス13回／日。茶色のキタナイ川20m。矢幅町・サンサの町。間野々（アイノノ）交。「矢幅町循環バスさわやか号・月・木のみ運行2回／日」…とアル。長徳橋入口（交）、徳田農協前♀、清掃事務所入口、徳丹城跡（右）、矢幅町歴史民俗資料館（左）、徳丹城歴史資料館に立ち寄る。

国道４号、徳田学校♀の南に徳丹城跡あり。奥州市水沢・胆沢城

〈柴波中央の街路〉

そして盛岡市域の柴波城、そしてこの「徳丹城」は律令国家配下の８０２年頃の城（城柵）で、雫石川氾濫で柴波城は廃止。徳丹城は嵯峨天皇時代に築城されたとも伝わる。向かい側（左）に資料館はあった。一休みしたい事もあり立ち寄ったのだが、開館しているのかも分からずドアを押してみると入れた。すると、右側の受付事務室あたりで女性の気配。パアッと電気は付くわ、出て来てストーブを捻るわ、ビデオの放送は始まるわ……。こんな雪も舞っている寒い平日、来館者もあるまい…と省エネ・節電…それも分からぬ事はない…が…。

一通り見学し、外に出るととなりに、文久三年（１８６３年）銘の「佐々木家の南部曲り家（下の写真）」があった。…まことに巨大で堂々としている…が、何故、不相応に茅葺き屋根はこんなにも巨大だったのか？

「資料館」を出て左に「県立産業技術短大」と「県立不来方（こずかた）高校」を見て進むと矢幅（やはば）駅入口（交）、左、（県道２０７号）は矢幅駅へ。右、（県道２０８号）を行けば国道4号線を越え北上川を経て国道３９６号線へ。私は駅入り口（交）で左折し国道4号線に出て盛岡方面へ進む。見前（みるまえ）橋、20ｍ。「閉店ラーメン屋」前のビールケースに腰掛け、オロナミン飲む。私の目の前にジーパンの兄さん。立っているけど何してるんだろ。５分後分かった。停車したマイクロバスから園児１人降りてきてジーパンの兄さんに抱き着く。おかえり！「育メンパパ」だったのだ!!

佐々木家の南部曲がり家

（いい子に育ちますように）

都南病院（右・角）ここのバス停にバスロケがあった！見前南中入口。岩手飯岡駅入口（交）、盛岡競馬場、動物公園、卸売市場、南インター入口、大国神社前、南仙北2丁目二股を左方向へ。学校帰りの小学生たち、〝石けりの小石、私に命中！〟許せぬ悪ガキめ！仙北地下道、仙北町駅（左）。そして目の前ついに北上川に立った。16：00

川沿いに進み、北上川に架かる明治橋を渡って左折、川の左岸を行くと、左手に啄木父子の詩碑。左手の幅広い河原には雫石川が北上川に合流してきている。北上川公園を過ぎ、不来方橋を渡り（左折）駅を目指す。もう左右、ビルだらけ。ホテルの広告塔も三つ、四つと灯をつけてお出迎えです。もう薄暗い…でもとうとう盛岡駅までやってきたのです。長かった1日、誰も声掛け・褒めてくれる人とて無し！（よく歩いたね！と誰か、私を褒めてよ…）

○矢巾町指定有形文化財第三号

佐々木家曲家　昭和61年1月27日指定

東向きの母屋の北端に南向きの馬屋が取り着く典型的な南部曲家である。藩政時代には村役を務めた農家だったため建坪は90坪と大きい。母屋は基本的に食い違い四間取り型式の前常居型で土間寄りに常居と寝間があり、その南隣には上、中、下の畳敷きの座敷が外庭に面してある。外庭には、塀中門（兵従門）があり座敷と一体化した格式の高さを伝えている。

（教育委員会）

土間　馬屋　カマド　北↑　寝室　常居　上座敷　中座敷　下座敷

盛岡↓厨川↓岩手牧場↓巣子（すこ）

平成28年12月14日（水）くもり

盛岡駅～北上川沿い～旭橋～夕顔瀬橋～阿部の館・忠魂碑～厨川1丁目～厨川（くりやかわ）駅～東北農業研究センター～盛岡大付属高校～茨島跨線橋～岩手牧場～森林総合研究所～巣子（交）～富士見団地～巣子駅
8：00～11：20　＝3時間弱　11km強

今日は盛岡駅郊外から千葉に帰る日なので歩くのは午前中目安。天気は良いとはいえぬが早出して盛岡中心部を半周してから北上川沿いを北上することとス。ビジネスホテルの朝食遠慮しコンビニパン対処と決めて、7：30歩き始める。

昨夕、疲れた足で渡った不来方橋を渡り中心市街へ。さすが岩手の中心。この時間に駅方向へ向かう人は多く、コート、マフラー、マスク姿も多く前かがみに流れていく。信号左折開運橋通り500m進み、アクア盛岡ビル（交）右折、菜園、岩手公園下、突き当って城跡公園へ。盛岡城は北奥羽で26代目となった南部信通が1598年築城に着手。当初は不来方（こずかた）城と称するも、のち改名、盛岡城とする。明治政府により維新時天守以下取り壊わされたが、見事な城跡の石垣は残っていて雄大である。この本丸跡に「不来方の　お城の草に　寝ころびて　空に吸われし　15の心」の啄木歌碑があった。

公園出てエスポワールホテルの前を進むと裁判所前（交）、裁判所の庭前に巨大な花崗岩の割れ目から成長した樹齢350年越えの「盛岡石割ザクラ」があった。中央通り（県庁通り）を左へ。右手に「啄木新婚の家」の標識見る。更に進み岩手銀行傍の（交）を左折。「旭橋」で北上川を渡り、すぐ右折し川沿いの道を北上する。（8：30すぎ）歩道を行く。一面の曇り空うす陽あるも風強く、川風は刺すように冷たい。川の上流に盛岡の街を見守るように見えるはずのお目当ての岩手山は全く見えず。「かの時にいいそびれたる大切の言葉は今も胸に残れり」啄木の歌碑。（少し戻って確認）地下道くぐって進む。

しゃれた名前の「夕顔瀬橋」がかかっている。川は瀬の音も激しくトウトウと右手を流れる。〝この寒さ、この厳しさが、賢治や啄木を鍛えたか〟と思いつつレールガードくぐった。（単線・山田線？・ディーゼル？）館坂（交）で国道46号線を横切り直進。阿部の館・稲荷神社（右）。この道は県道２２０号線で奥州街道（陸羽街道）です。「阿部館（アベダテ）遺跡」…県道と右手の北上川に挟まれた地形上に、稲荷神社、八幡神社があり空堀もある。本丸を含め城、柵跡が発掘されており、阿部館本丸は16世紀の城館遺跡「厨川城本丸跡」であることが明らかになっている。４ｍ程もある大岩の忠魂碑…残雪にまみれて遺跡もあっちこっち。上堂（交）でっかい交差点だ。右から国道4号合流。この先国道4号を行く。

氏子橋♀、国道を運行する乗合バス多数。便数は多いが、このラッシュ時でも駅方向座席いっぱいくらいのお客。（立ち席含め満員バス殆どなし）反対方向は空に等しい。盛岡大学行きバスは例外的に満員に近かった。運動公園東口（交）、厨川1丁目♀、ＩＧＲ厨川駅（左）。国道を50ｍ引っ込んで駅。東北本線の一部が新幹線開業後に第三セクター鉄道になったものだが…各ホームへの跨線橋あるも駅舎は慎ましい。駅広は広く自転車マイカー駐車多数。駅舎は小さいが木の香りのするあったかい雰囲気だ。有人でした。駅広の奥に岩手県北バスのバス車庫があった。東北農業研究センター（右）（立派）。盛岡大付属高校、付属幼稚園。中央高校。バス停はアンドン型だが上部が折れて倒れそう…（ローカルバス経営は大変なれど、しっかりせよ。路線巡回せよ！）「茨島跨線陸橋」（くねくね大陸橋）…ＩＧＲの線路と新幹線を一気にのりこえる。…「ＩＧＲ（岩手銀河鉄道の略）」

大陸橋下りにかかると正面、俄然、視界広がる。目の前に国道「上、下線」分岐、その間、見事な松林（大木）

の並木、そして左手広大な牧場が一望となった。アッと息を呑む雄大さです。並木は１㎞近く続いていたが、左手に岩手牧場。右に（国道の向こう側）果樹研究所、独立行政法人、家畜改良センター、森林総合研究所。…そして並木をおわるとまた、ケバケバしい郊外店舗多数。この国道の正面あたりに岩手山が…と思いつつ進むとほんの15分間偶然にも国道の果てはるか高く、雪をまとった岩手山の雄大な弓形の裾野が見えたではないか!!（あの時は登らせて頂き、ありがとうございました。…と頭を下げました）巣子南（交）、巣子（スゴ）、で右折。駅へ。富士見団地（こんな東北でも富士見…というか。もしかしたら南部富士〝岩手山〟のことかなぁ）陽光台…意外に駅まで長かったが、真新しい木の香りも漂う立派な待合室を持つ巣子駅到着。完成したばかりのようです。11：25着。落ち着いて休むまもなく11：45、２両盛岡行きに乗車。３６０円。ＩＧＲが企業努力中！であることはわかります。「すごーく e切符」だってさ。11：50盛岡。12：50こまち指定席券をゲット。１０，８００円。政宗弁当＋水割り。ツマミ購入。16：00前東京着です。

閑話休題

「平成28年（2016年）年末。歩き納め…の辞」として余談を少々。

今回の「てくてく歩き」は、小牛田（大崎市）から巣子（盛岡市）までのおよそ150㎞を4泊5日かけて歩きました。折も折、師走の半ば…ということで、今年の「てくてく歩き」も年内歩き納めです。年初めの一月。JR大阪駅をスタートし、瀬戸内沿い（淡路島も含め）を下関（山口県）まで歩き、7〜8月は一転して千葉県から福島へ。秋風の吹くころ、宮城県に入り、仙台から女川を廻り12月に入り、ようやく古川、小牛田へと辿ってきたものです。今回盛岡に歩いて達した中で、いささか小恥ずかしくも大げさですが、〝実際に歩きながらみて、感じて、調べて、納得する〟という勉強もあるんだなぁ…と思い知らされている始末です。〝みちのく盛岡〟についても2〜3書き添えておきたいと思います。てくてく歩く旅のお恵みの一つは、土地、土地で生まれ、育まれ、「世に一筋の明かりを灯して生涯を終えていった人々」の残像に通りすがりの一人として触れられることです。…新渡戸稲造、原敬、石川啄木の香りを感じて。

○新渡戸稲造

ベルギーの法学者から、「日本には西洋にある騎士道やそれに類する宗教（道徳）教育はないのですか」…と指摘され、のちに彼は、日本で封建制が主流となった時代、「職業階級としての武士が台頭、多大な栄誉や特権、およびそれらに伴う義務を持つようになった。それと共に行動様式についての共通の規範が必要となった。これが源泉で武士階級の「身分に伴う義務ノブレス・オブリージェ」が何百年にわたり日本社会に生きている」…ことをベースにして「武士道」を英語で著した。

○原敬

1856年（安政3年）盛岡藩士（士族）として生まれ、15歳の時戊辰戦争の屈辱を胸に勉学を志す。19歳の時、実家から分家独立して平民となる。のちに立憲政友会に参加。幹事長・大臣を務め、1918年（大正7年）政友会総裁・「原、首相」となる。選挙でえらばれた衆議院議員の首相が初めて誕生。東北を「白河以北一山百文」と軽蔑された「一山」を号とし、薩長藩閥を避け、政党と議会を基礎とする政権の確立を課題とした原の念願がかなった。1921年（大正10年）11月、東京駅で19歳の少年により暗殺された。「位階勲等は余の絶対に好まざる所」と遺書に残した。〝平民宰相〟といわれる。…（岩手県歴史散歩参考）原が19歳から65歳の遭難の日まで書き綴った「原敬日記」を新しい気持ちで読んでみたい。

○石川啄木

・わが恋をはじめて友に打ち明けし夜のことなど思い出ずる日
・石をもて追はるるごとくふるさとを出でしかなしみ消ゆる時なし
・たわむれに母を背負ひてそのあまり軽きに泣きて三歩あゆまず
・買い置きし薬つきたる朝に来し友の情けの為替の悲しさ
・かにかくに渋民村は恋しかりおもひでの山おもひでの川

どんなに世の中が変わっても、人は恋愛、友情、家族のことなどに思い悩み人生の意味を自問自答し自分の存在に懐疑的になり、社会の矛盾に葛藤する。啄木は明治という時代と格闘して生きた。かりに「啄木の力」と呼ぶものがあるとすれば、人を欺き、傷つけ、自らも苦しみながら、それでも明日に繋がる青春の暗いトンネルを抜け出そうとあがいた姿そのものであろう。（松田十刻・啄木の生涯より）26年2カ月で短い生涯を終えた。

「てくてく日本・一人歩きの旅、時々山登り」ここで一服!!

中央線沿線・「九鬼山」日帰りハイク（単独行）

平成28年12月24日（土）

富士急　禾生駅（カセイ）～愛宕神社～天狗岩～九鬼山麓～札金峠分岐～馬立山頂～菊花山分岐～御前山山頂～厄王山神社～大月駅

今年の山登り（ハイキング）納め…をしようと密かに思案していたところ。24日は上天気！との予報で急遽お出かけ。クリスマスイブといっても73歳のじいさんには今更何もない。せめて師走の喧騒から離れ雪をかぶった霊峰富士と対峙し、出来ればこの一年大きなものにもろもろの感謝を献げてきたい！と思った。

4：00起床。諸装備点検、テルモスに熱い湯を入れ少しの果物もしのばせてリュックをかつぎ上げ、一番バス＋電車で千葉駅に向かう。予報通り東の空は、紅く青黒く広がっている。「大人の休日クラブ」で大月往復、特急自由席で30％引き4，500円随分助かります。定価なら7，000円近くだからネ。午前中一本しかない千葉発あずさ3号6：38発で南小谷（ミナミオタリ）行きに乗り込む。土曜なので空いている。お決まりルーティーンなのだが駅で110円のサンケイ朝刊を求め、山登りに行くあずさ号車内で読みながら「一丁前（いっちょうまえ）に日本の政治」について考えたりもする。

新宿駅に停車、一か月も前、この時間、ホーム（11番線）には色とりどりのハイカーであふれていたが、今日は同じ土曜日でも師走…山へ行くのは物好きか。8：30すぎ大月下車。たったの4分待ち合わせで乗り換え、2両の富士急行電車です。

2両にしても座れないほどの乗客です。若い女性が目立つ。それもまた東南アジア系？三つ目禾生（かせい）駅下車7〜8人おりる。50歳前後のハイキング男女グループがワイワイ！駅を背にしてスタート。

すぐ国道。これを左折。やがて朝日川を辿って右折。5連アーチ、レンガ造りの水路橋。これは磨くと一つの名所になりそう。分岐から山裾に入り愛宕神社ルートへ。神社を左に見て溝状の山道に入る。急な道を小尾根に登り左から登ってきた池の山コースを合わせ更にひと汗かく。右に天狗岩、5分で展望岩の上。真正面に純白の富士。今年の富士は雪が早く来ている。なぜか鼻水がたれます。更に急なルートを登り右から（富士見平からの）ルートを合わせひと登りで、ヒョッコリ、970mの九鬼山山頂に辿り着いた。…（都留（つる）市によると…山梨百名山・都留市二十一秀峰・新花の百名山…だそうだ）九鬼山は眼下の桂川から一気に標高を上げているのですこぶる視界は大きい。対岸にそびえる高川山中腹に向かってリニア試験線がまっすぐ伸びている。また、三ツ峠から滝子山、大菩薩連山方面の眺望は全開。山頂に中年4〜5人の男女グループがおり、シャッターを押しておくれ！と頼まれる…！1回10円だよ！と冗談いいつつ押してあげる。よかったらあなたもどう！といわれそれじゃあと私のカメラをだし、私の写真を一枚シャッターを押してもらった。これでおあいこでした。

5分もいたかしら…。東への下りルートをとり札金峠への道に入る。急な下り用心！（禾生駅8：45スタート山頂10：35　所要1時間と50分）田子倉分岐、札金峠11：00・4年ほど前、同じコースを辿った際不注意にも道迷いとなり1時間強、悪戦苦闘したが、今日はすんなり通過＝道標などで自然に正規ルートに進むべく改善されていた。札金峠は暗いジメジメした溝状の峠で道標も朽ちていた。新宿駅ホームでのハイカー少ないなぁといぶかった上に、あまり人も多くないはずの九鬼山ルートではハイカーとは出会わぬかもと思いしも、すれ違い人多し。高齢者というよりも若手の男女、中年の男女、一人歩きの人…などなどです。標識もないような小ピーク二〜三つを徐々に高度を下げながら越える。

結構な落ち葉のラッセルです。小ナラ、ミズナラ、クヌギ、それに馬鹿でかい「ホーの木の葉」、柏の葉、などカサカサ積もっています。フーフーいいつつ登り返して馬立山山頂（797m）、やけに真新しい標識あり。2〜3人の先行者。ここまでざっと三時間。お腹が減りスタミナ切れそう。陽当りのよい斜面にへたり込む。すっかり木の葉を散らした雑木の間から丹沢の山、道志の山々、それに御正体方面を眺めつつザックを開き昼食とした。「オニギリ3個、からあげ4個、ミカン3個、リンゴ3片…それに熱いインスタントコーヒー」充分すぎる昼食…満喫して（30分休憩）再スタート。

馬立山から御前山までは小さな岩こぶが三つ程そのうちの一つ、4年前はここでも道を見失った。今日は用心していたせいか難なく通過。やはりルート整備が進んでいる、と感じた。沢井沢の頭、菊花山分岐これもすぎ御前山山頂。この頂は南面が大絶壁に切れ落ちている岩上の展望。見晴らしは十二分。ここでもほかのグループからシャッター押しを頼まれた。天気よし、見晴らしよし、シャッターぐらいお安い御用です。

（12：45）富士山も素晴らしいが、その富士を浮き立たせている山々。丹沢道志などの連山の山襞が左から、右の富士に向け稜線の高度を上げ気味に幾重にも連なっている。絵心はないけどメモノートにそのイメージをスケッチしてみました。（そうだ！思い出してリュックにしのばせてきたポケットウイスキーをぐっと一飲みしました。一口だけで喉元に小さな火事が起きました）御前山からその先更に稜線を進み猿橋に下る…というヤングマン二人を見送って、私は北に下って大月駅を目指すこととした。

〇今回は馬立山手前分岐を田子倉へ下る4時間コースを！と考えたが、4年前この九鬼山で道迷いを2回も起こしたルートをもう一度下りに歩いてみよう…とこの御前山大月ルートに、出発までに変更した。しかし今日歩いてみて2ヶ所の道迷い個所とおぼしき所では、なんなく通過！4年前はどうしてルートをミスしたのだろう？と頭をかしげてしまった。今回は「標識」や木材による通せんぼなどが目立ったことから地元の方々がより安全に！と改善してくれたのだ…と思う。好きで登る山は自己責任が基本。だが里山や低山での道迷い事故は後を絶たない。地元の方々にも何かと迷惑をかけている。高年齢となっても登るのであるなら、それ相応のトレーニングは欠かせない…と改めて思った。

大月駅に向かって、危なっかしいトラバース個所を過ぎる。ここにもなかったはずの虎ロープがたっぷりと張ってあり、難なく危権現に。更に下って四合目鳥居。湧き出たばかりの清水を飲んで林道と出会った。そして甲州街道に出、１㎞強西に歩き、大月駅着。（13：50）14：04の「特急甲斐路」の自由席に座り帰途へ。低山歩きではあったが、次回は春の積雪時に訪れてみたい…と思う。若くはないけれど年なりに楽しめる山やルートはまだまだ沢山あり、今後とも自然の懐に飛び込み出来ればささやかながらもいっときだけでも森の一員として同化させてもらおうと思う。

銚子・外川↓外川港↓屏風ヶ浦↓刑部岬↓飯岡↓旭

平成29年1月18日（水）晴れ・くもり

銚子駅＝外川駅〜外川漁港〜千葉科学大〜ドーバーライン〜三崎町2丁目〜豊岡〜刑部岬〜飯岡漁港〜民俗資料館〜体育館〜矢指ヶ浦〜文化会館〜旭駅

10：00〜17：00 ＝6時間30分 ＝25km

およそ二年前の初冬。旭駅から飯岡漁港・刑部岬・国道126号経由銚子までざっと7時間程かけて歩いた。その時の一つの心残り、犬吠埼から屏風ヶ浦近く（沿い）を歩き残したことであった。銚子といえば「漁獲高日本一の漁港、犬吠埼燈台、それに屏風ヶ浦」と称される程だから…。今日は、JR銚子駅に接続している銚子電鉄線終点の「外川駅」迄レール利用とし、外川駅から、てくてくスタートし、屏風ヶ浦を経て飯岡漁港から、JR総武線・旭駅まで歩くこととした。

千葉発8：11特急しおさい1号（自由席2，400円也）に乗る。千葉駅は先月リニューアル工事後オープンしたばかり（駅ビル3階以上は継続工事中）です。列車本数などサービス向上はなく目立つのは「駅ナカ」と称されるショッピング機能の充実ばかり…。9：34銚子駅着。（私の車両の乗客は5人のみでした）一番線ホーム突端に「銚子電鉄のりば」あり。簡単な改札を通って2両電車に乗り込む。（その昔東京・渋谷で玉電として走っていたような緑色で丸い、ダンゴムシスタイル）マニアが3〜4人写真を撮りまくっていたよ。終点外川まで340円。改札口にいた駅員が運転士に早変わりしてスタート。ヤマサ醤油の工場を右に左によけながらクネクネ、コトコト、ユラユラ進む。まもなく「マテバ椎」の見事なジャングルの中を行く。（少し紛らわしいが銚子には「ヤマサ醤油」と「ヒゲタ醤油」の2大銘柄があるよ)。両端を入れて10ヶある銚子電鉄四つ目の駅の本銚子駅。(ヒゲタ400年玄蕃の里)おっと一つ手前に「観音駅」あり。(下車すれば左手北方向200mで飯沼観音「圓福寺」があり、境内に「ほととぎす　銚子は、国の　とっぱずれ」の句碑あるという)電車車両の駅名テロップに〝ヒゲタ400年玄蕃の里〟と流れていたが、本銚子駅周辺にヒゲタ醤油にまつわる工場建物等があるのか私にはわからない。私が知っているのは、JR銚子駅下車西方15分ほどのところに大きなヒゲタ醤油の工場と資料館がありヒゲタ醤油の創業者が田中玄蕃である…ということです。私は「てくてく一人歩きの旅」でおよそ一年前に紀伊熊野街道(国道42号)をてくてく歩いていた際、紀伊本線「湯浅」という駅、(街)に差し掛かった。その際知ったことだが、この湯浅は〝醤油・味噌〟の醸造業が盛ん。鎌倉時代宋の国から「きんざん寺味噌」の製法を学んで帰国し由良町興国寺の「開山覚心」がこの湯浅地方で製造方法を伝授したのが始まりと伝えられる。江戸時代紀州藩の保護を受けて発達。享保年間(1716年あたり)製造技術の進歩とともに下総国の銚子・野田に進出し江戸への販路も開拓した…と伝えられる。(和歌山県の歴史散歩・ほか)ヒゲタ醤油創業者の田中玄蕃は1616年摂津国西宮の人から製法の教授を受けたといわれる。

……そして銚子電鉄五つ目の駅は、「髪毛黒生(かみのけくろはえ)」駅だって。もう一つ一段下に、「笠上黒生(かさがみくろはえ)」とある。運転手さんに聞いたらどちらも駅名として、正しい…とのことです。次、西海鹿島駅、海鹿島駅(これは何と読むのか?)ニシアシカジマ島とカナふってありました。海鹿島駅は関東最東端の駅だそうです。(通称とっぱづれ!とも書いてあった)

10:06終点外川駅(トガワ)着。写真を一枚撮り、てくてくスタート。左手急な坂を下ると突然海です。漁港です。(外川漁港・第二種)細長い地形長く大きな漁港。中小型船多数です。港外の海中に風力発電機があって少しずつプロペラ廻っている。左手海に突き出て、千騎ヶ岩、犬岩のそれぞれいい伝えのある奇岩の案内板がたっています。

右側道路に沿って、赤レンガの大きな建物群（３階建て）「千葉科学大学」です。（チバ　インティチュート　オブ　サイエンス）。森の中ならもっと見栄えがするだろうに海のすぐ傍です。少し離れた先に同大の本部校舎があった。（学校法人加計学園とある）大学前♀、に3～4人。自転車通学の数人と行き違いました。左に海側の銚子マリーナを見送って大学の裏側に当たる県道を行く。海側に名洗町の民家を見つつやや登っていく。名洗入口でドーバーラインと称する県道２８６号線を辿る。左側は切り立った断崖絶壁とおぼしきも見えず。この道路は崖の上のササヤブを切り開いて整備開通させたとみえ、時折海側の視界はあるものの崖を見るには、ガードレールの切れ目から10～20ｍ程小道を行けば崖上にでる。崖下の波打際を歩きたいときは銚子マリーナ、地元の名洗海浜公園、海水浴場の西サイドに、屏風ヶ浦遊歩道がある。（東洋のドーバーといわれる、地層の縞模様もはっきりした断崖と青い海の絶景です）但し短いけど。…豪快な全貌を見るには洋上かドローンでなくちゃ…。

この道「銚子ドーバーライン」は片側一車線のスッキリしたほぼ直線、ゆるやかなアップダウン両サイド背の低い竹藪かキャベツ畑で民家ほとんどなし。従って快適なのだが、玉にキズは結構車多く信号や交差点が殆どないので飛ばす！飛ばす！特に大型ダンプはすごい風圧を引き起こして通り過ぎる。油断は禁物。それでも折角このルート「東洋のドーバー」断崖を、断崖の上からのぞきたいなあ！との思いは抑え難し。時折左に下る小道、踏跡そして舗装された幅２ｍ程の小道もあるが…それぞれロープ等で立ち入り禁止になっている。それでも潜り抜けてサーファーや釣り人は崖下に入っているらしい。過去には事故でもあったのだろう。それでも一ヶ所地権者でも通るのか柵のないところあり。私もそこへ入ってゆく。50m程も進むと断崖の上だ。前も後も見える。絶壁と青い海。眼下の波打ち際にはテトラの上をコンクリートで歩道スタイルに固めた遊歩道のような工作物が見え延々と続いている。ただしところどころ壊れており、波しぶきもかぶさる時も見られる。…あれは何なのだろう。ある時に観光遊歩道として造ったものの残骸か、それとも消波、防波のものなのか…あそこを歩けたら素晴らしいことだと思いつつも安全を保つ維持費の事など考えると放置もやむをえず、従ってサーファーであれ釣り人であれ観光客であれ、今は全面立ち入り禁止！となっているもののようだ。「私有地につき立ち入り禁止」の看板もある。こんな断崖の荒れ地でも所有者がいるのだなぁ。

日本でも珍しい希有な景観。これを写真や絵ハガキで見ることはあっても船か空中からでないと直接見られないのはもったいない‼と正直思った。さて、車道に戻り右手に遠く近く風力発電の羽を数えたり、キャベツの作付の仕方を自分なりに考えたりして歩く。……一面のキャベツ畑、それでもよく見ると、収穫終えて葉っぱだけの畑、植えたばかりの苗のような一面の畑、そして収穫間近の畑、収穫中の畑、と時差を付けたキャベツ栽培をしているのだ。道端に軽トラを止め収穫中の典型的な農夫（ハナハジメを農夫にしたような人）と挨拶を交わしたのを機に2人で15分ばかり話し込んだ。…おじいさん曰く…「銚子でもこの辺り南の方はキャベツ、北の利根の方は大根だ。銚子はだめだ、置いて行かれている。ヤマサも成田の方へ出ていくし、魚だけじゃ駄目だ。病院は一番駄目だ…」駄目だ駄目だのオンパレード…「こんな朝から日暮れまで泥だらけじゃ息子も継がねえし…」と嘆き節。キャベツ一個持っていけとしつこくいわれ、せっかくだからと…バレーボールほどのデカイ奴をレジ袋に入れてくれたのをもらう。リュックの後ろに吊るしてブラブラさせて家まで持って帰りました。なぜかもっと話したかったが、おじいさん（といっても齢は私とほぼ同じ）の〝雄姿〟を一枚撮らせてもらい、握手をしてさよならをした。おじいさんももっと誰かに愚痴をこぼしたかったみたい。…（そのうち息子さんが戻って来て継いでくれるよ。元気デネ）

右カーブ気味に行くと左に大きなイオンタウン・イオンモール、しおさいプラザ…三崎町2丁目（交）。三差路国道126号です。

常世田（とこよだ）、豊岡、廃屋ガソリンスタンドにへたり込んでコッペ一個食べテルモスの熱い湯を呑む。この道路は千葉交通の乗合バスと東京行の高速バスが通っています。バス停に小さい乍ら待合小屋が結構あるがなかにはゴミ捨て場化している残念な個所もあった。右側に銀杏の大木と社あり。旧第八中学校前♀（銚子には八中まで中学校があったのだな）四国・伊勢西国参拝記念碑多数。「ひとがときめき　海がきらめき　未来輝くまち銚子…シーユーアゲイン」「ようこそ日本一早く初日の出を迎えられる町　銚子」これが大きな（5mはある）立て看板の表と裏に記されていた。銚子市と旭市の市境だ。まもなく刑部岬燈台への道が左へ。これを行く。坂を登って400m程で素晴らしい眺めの岬展望館です。眼下に飯岡漁港、そして弓形のどこまでも続く九十九里浜。白波が果てしなく打ち寄せている。天下の絶景です。

燈台手前にあるレストラン「海辺里（フベリ）」：私は勝手にウミッペリと読んだ」に入る。カント

リーハウスとか称し、宿泊もできるみたい。2食1泊8，000円…それはともかく、およそ二年程前、ここをてくてくで訪れた際（6月下旬）汗だくでベランダテーブルで涼み、その時のイワシ天丼のうまさが忘れられず寄ったが、今日はイワシなし。女将のススメで極上サバ寿司定食＋熱燗（計2，200円）で昼飯。（数多く水揚げされるサバの中でもわずか5％ほどが極上…そのしめ鯖だ！という）「それじゃあマア」と食したが極上というほどでもなく、熱燗で胃袋に収めた。2：20「日本夕陽百選の宿＝海辺里」を後にする。100m戻って左に崖を急降下する。遊歩道ありこれを下る。下ると左側に「海津見（わたつみ）神社」あり。10円でお参り。飯岡漁港のへりに出る。振り返ると刑部岬はのしかかるように高かった。飯岡漁港には中小型船多数。いずれも海から二重三重にはりめぐらされた堤防の一番奥の船溜まりに集中していました。

飯岡中央♀（千葉交通）東町（コミュニティバス）♀の先から海沿いに出る。「県道九十九里・飯岡線・自転車道路408号線」を歩く。堤防の上部は4mくらいの広さで気持ちよく歩ける。延長工事中です。右下側に車道そして民家。このあたりあの「3．11」で津波に襲われたようで、2階や3階の新築住宅多し。またあちらこちらに古いコンクリートの土台だけ残っている敷地も見られる。見るのも複雑な気持ちになります。玉の浦橋（矢指川）、砂浜は広く、海には間隔をとりつつテトラポットの波よけ。その切れ目切れ目の海にサーファーが集まって、波乗りしている。ワンボックスカーが砂浜や付近の駐車場にお尻を海に向けて多数止まっています。あの「3．11」以前からあったと思われる松林が残っているところあり。その海側に新防波堤構築中です。

旭方面への道を右に分ける。私は直進。「県道30号線九十九里ビーチライン」です。左側萩園海水浴場（交）、〝座頭市の町〟、〝ちばてつやが育った町〟、〝助五郎と向き合う浜辺〟、〝九十九里浜東端の町〟…などの碑や標柱多数。

そして真新しい大きな碑「到達津波7．6m伝えつなぐ大津波」あの日波にさらわれた人々、家々…「2011．3．11東日本大震災・旭市飯岡津波被災の碑」（13名死者、2名行方不明住宅被害3700世帯・タイムカプセル未来の人々へ。人々の絆と思いを力に…）飯岡潮騒ホテル（3階茶色の建物）県道に戻る。三川、飯岡体育館。国道126号方向の道をを右に分け直進。歴史民俗資料館はパス。シマダ鉱業（右）、このあたりも左・100m程のところに自転車道路が通じている。三差路右国道126号旭方面へ右折県道35号線へ。沈みゆく夕陽！広い田畑の左彼方に冬の紅い夕陽が沈んでゆく。美しい。田んぼの水も民家も止まっている車も、交通標識も強烈な夕陽を浴びて紅色に輝いている。十二神社で夕陽が沈んだ。残照です。「東総々合文化会館三差路」を右へ行く。急に車のライトが浮き上がってきた。思い出したように足裏が痛む。一面ヤミに包まれた頃、商店も増えてきたな！もう一息と頑張ったら「旭」の駅でした。17：00着。

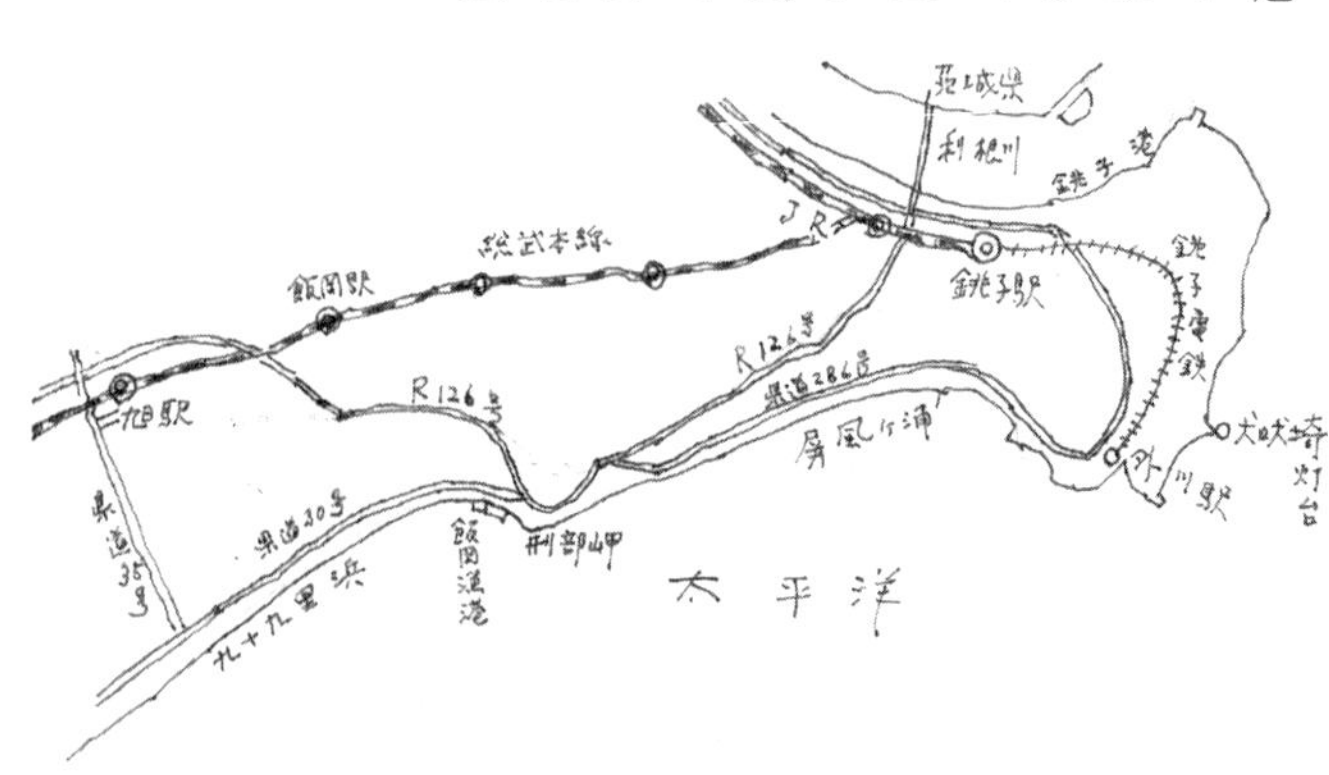

〈私が歩くという事は〉

歩くということは　ただ考え続けることです
歩くということは　ひたすら想うことです
歩くということは　ひたすら前に進むことです
歩くということは　心が無になるということです
歩くということは　負けないことです
歩くということは　自分に勝つことです
歩くということは　休まないことです
歩くということは　忘れることです
歩くということは　思い出すことです
歩くということは　お腹がへることです
歩くということは　悲しくなることです
歩くということは　うれしくなることです
歩くということは　泣きたくなることです
歩くということは　恨むことです
歩くということは　許すことです
歩くということは　あやまることです
歩くということは　あやまり続けることです
歩くということは　感謝することです

歩くということは　足が痛くなることです
歩くということは　靴が擦り減ることです
歩くということは　足がつることです
歩くということは　ただ疲れることです
歩くということは　寒さに耐えることです
歩くということは　暑さに負けないことです
歩くということは　汗がたくさん出ることです
歩くということは　体重を減らすことです
歩くということは　一日を頑張ることです
歩くということは　一生を生きてゆくことです
歩くということは　水たまりに落ちることです
歩くということは　車に泥をはねかけられることです
歩くということは　気を付けることです
歩くということは　ツバを吐くことです
歩くということは　吐いたツバが自分に降りかかってくることです
歩くということは　登ることです
歩くということは　下ることです
歩くということは　道に迷うことです
歩くということは　迷って元の道に戻ることです

歩くということは　一日１ｍｍでも成長することです
歩くということは　世の道理がわかることです
歩くということは　人の情けに触れることです
歩くということは　善い人も悪い人もいることがわかることです
歩くということは　下関までゆくことです
歩くということは　下北半島までゆくことです
歩くということは　一日をてくてくてくたった独りで歩くことです
歩くということは　生まれた国を一周することです
歩くということは　全てに感謝したら一生を終えることです
歩くということは　自分の完成に一歩一歩近づくことです

師走に大棚山にハイキング

無事下山、オバサンに梅酒ふるまうバスの中。
濡れてみて　霧も雨の一種と　思い知らされた日。

・気が付けばバアーサン共に乗っ取られしバスハイク。
・師走の陽射しは有難きかな山梨の山にてあえぐ息白し。
・師走の山にとっぷり抱かれし一日幸せかみしめ甲斐をあとにす。
・若かりしあの日登った甲斐駒ヶ岳黒戸尾根の苦労を今想う日。
・桃畑師走に残されし袋の花咲く甲斐の山里。

◎てくてく
海を見て
山を見て
田畑を見て
歩きます
てくてく
こわれた浜も見て
崩れた山も見て
何も生えない田畑も見て
海沿いの
仙台平野を
歩きます
沈んだ心の
今日のてくてく

◎北に歩けば
雪が降り
お参りする手も
かじかみます

◎何に感謝する？
と問われたら、
２本の足です！
と答えます
うれし泣きするような
顔をして……

◎山中で　道に迷い
角のはえた
神のような
鹿をみた
一瞬だった
こなたに
消えたのです

◎紅葉は
山や里にのみ
あるわけじゃないよ
都会にも
あっちこっちに

ビルの谷間の
片すみでも
ひっそり
色づいているのじゃよ
◎世の中、この齢の
俺様は
ぬれ落葉
なんだってさ!
その俺が
晩秋の山ん中
落葉の下り坂
みごと
もんどり
スッテンコロリ
ウ・・・・ン
濡れた落葉にまみれて…

◎登山口で早くも
ポツポツ落ちてきて
←
今日のハイキングは
どうやら雨ふる中の
山中だろう
降られれば一人で来た
のに、本当に独り
ぼっちになるだろう
◎心して登る
〝アゴ上げないで
　足上げて！〟
無事で歩き切る
事が今日の
ベスト…
越後八海山

◎散りし
紅葉が落葉
にまみれて
ぬれている
凄味のある
紅は最後の
いのちの色かしら
◎今日・観る富士は
早・五合目あたりま
で真っ白です
2人の男がこの日
富士にて、滑落
死亡したのを
あとで知る
古稀をすぎてる俺
は、この日900m
の低山で
ぬれ落ち葉

で5～6m滑って
事無きの
お情けを
受ける

◎自分がマズマズ
の健康で生き延び
ている時、
友は、あいつ、こいつ
と病魔と闘っている
生き残り続ける…
という事は
人の余生を自分に
かき集め、独り占め
しつつある気がして
それはむしろ寂しい

◎色が崩れ
散るを風にまかせる
もみじ葉は

なんと
俺達の行く末
を暗示させる
森羅万象の
おきて

◎当駅では整列乗車を
実施しています
引き続きのご乗車は
出来ません…
終点間近のＪＲ車内
皆んな色んな楽をする事を
考えるもんだなあ〜
…間もなく終点
高尾です

◎なんだ！なんだ！
どんより曇ってんじゃねぇか
今日は秋晴れのハズだぜ
ＮＨＫのみなみさんよお！

◎霜月の山歩きは
お天道さま次第
夏になったり
冬になったり

◎（見知らぬ人と山で出会って）
偶然にも一緒に
歩くもまた楽し
話は弾むも
近付き過ぎぬのを
心得とすべし……だ　そもそも
自分勝手の単独行動だし

◎もみじとは
葉っぱが紅くなることであり
葉っぱが黄色くなることでも
あります
自然は美しい
「自然のものは正しい」…て！
写真家の田淵さんがいってたな

◎峠にのぼりつき
ピークに這い上がり
越えてまた峠におり
また新たなピークに
たつ
峠は生活の人の道
ピークは山登りする人
の道
◎源流のコケの間から
こぼれおちるわき水を
ゴクゴク飲み干す
これが
私の今にかわらぬ
山での
醍醐味、極意です
身体中の水の
入れ換えです

娑婆の水は汗で流し
生まれたての湧き水で満たします
◎いまに深い山ん中の
休憩ポイントに
自販機を置く
日がホンマに
来るのかしら
水場のマークも死語となって
◎優先席に
孫を座らせ
立つ老婆
譲った私は
少し後悔
しました。
◎嘘をまじえて
話をしたり
見栄を張ったり
しなくても

もういい齢
なのに
１００％正直な
話をして
いない古稀すぎし僕！
◎4時前に起きるのは
つらいよ
5時すぎ、身支度を終え
暗いうちに
出るのも楽じゃないさ
でも
一日歩き、ぽけっとの中まですっかり自然の色に
染まって
帰ってくる時の心は
虹色と
なっているのです
心地よい痛みと
疲労もともなって

だから
止められないのさ！
〈平成27年夏，四つ上の兄貴が逝って〉
・無性に兄貴の事を想う時がある。
一周忌も過ぎた秋に、雨の日に、風の強き日に…。
弟らしき事も成人してからは別々の生活の中でこれといってしてこなかった…。
後悔と悲しみが心を覆う時があるのです。
◎湊かなえ作
山女日記
BSドラマ放映中
山好きの一人として
楽しみには
ちがいないのだが
違和感をぬぐえない
これよりも
北村薫氏の
「8月の6日間」の
方を映像化
してほしかったな

◎初冬の一日
晴れ！の予報を
背に受けて
一日ハイキング
どんな山でも
低山でも
登りはきついし
汗もかき　ハアハア
やる
でも　でも　でも
そういう大人のあそび
という楽しみに丸々
一日を使える
このうれしさ
この幸せ感に
感謝しています
◎新聞（朝刊）を
早く読みたい日と

どうでもよい日って
あるよなぁ
楽しみなニュースが
あるかないかで
いやな記事が
あるかないかで
◎前立腺ガンなんだ
程度は中位で
〝初期〟ではないんだ
12本とって3本から
ガン細胞が
出たんだ
28日に
もっと詳しい結果が
わかるよ
ゴルフ出来るかどうか
28日以降にならないと…
転移が見つかるかも

知れぬし
治療法決まるのも
それからだな…
ゴルフは
勿論皆んなと
やりたいんだけど…
それまで勘弁してよ
……と友がいう
生きられるだけは生きよう　　山頭火
◎中央本線に新幹線が無いことはとても良い事だ
◎今日は友の事を想い友の病を想いつつ下山した
◎若い人が観る
もみじ
私のような
70、ジジイの
観るもみじ
同じであっても
ちがう
もみじ

美しいとは
思ったはず
なのに
もみじを観ても
その先をみていた
若いあの頃
今は
圧倒的なもみじの前で
たたずみ
涙をにじませて
さらばえている私

◎山村に
人が居なすぎ
都会に
人が異常
に
居過ぎです
・山に家をくっつけて菊咲かせてる（放哉）

◎霜月も終わりの
今日の
低山ハイク…
この雨は
高い山では
氷雨か雪
風が混じれば
吹雪
どれだけの
登山者が
今頃
悩まされて
いるのだろう
手はかじかみ
歯がガタガタ鳴り
腹は減っている
のに食べる気に
もなれず…

最悪にならぬよう
願うのです

・湿原を渡る秋風エゾリンドウ
・尾瀬沼に鏡もちかなひうち岳
・一にひうち二にしぶつ僕も居るよと景鶴山
・フーフーフー　やっと登った至仏山（標高2，228m）……それなら日光白根は？
・兄さんゴロゴロひうち岳（2，356m）　・2号さんとシチ並べしている日光白根山（2，577m）
・キスゲの花　鹿に食われた　大江湿原
・山が小さく　低くなると　トンネルは小間切れ　長さは短くなりました。

◎錯覚というか
私の不勉強というか
地図（帳）を開いて
何度も眺めますが
川の水は（いつの間にか）
地図の上方から下方に流れて
いるもの…との無意識の
意識があります
石巻を河口にして、北上川を

意識して上ってきた私は、
馬淵川に出くわして
焦りました　川が地図の上方
に流れてゆくのです
八戸まで…
長く、てくてくの旅をしていると
新しく出会った川の水が
右から左へか、左から右へと、上から下へと、下から上へと
流れるのか
理解出来るまで
時々方向音痴に
なってしまうのでした

巣子(すご)↓滝沢↓渋民

平成29年2月2日(木) 雪もよう

IGR・巣子(すご)駅〜滝沢分かれ〜盛岡大学〜渋民駅

(稲毛海岸・東京駅・盛岡) IGR巣子駅〜県北バス巣子車庫〜滝沢わかれ〜国道282号〜分かれ南(交)・国道4号に〜547㎞地点〜県立盛岡高校〜県立大学(交)〜盛岡大学〜岩手育種場〜駅入口〜渋民駅…盛岡駅へ(泊)

11:30〜14:30 =3時間 10km

さあ、新年1月は何かと雑事も多く、寒にも怯えて〝東北てくてく〟は行かず終い。2月にも入り、身体もムズムズ。不安は大さいが出掛けよう。今年は年間かけて、どこまで行けるだろうか。下北半島・津軽半島も含め、まずは青森県。八戸↓青森↓弘前を通り、大舘から日本海側を南下して、年末12月には富山・石川・能登あたりを歩いているだろうか。

ともかく巡り合わせでこの「厳冬期に東北」となり、ひるむわけにも行かぬ。確かに暴風雪とか豪雪とかニュースで流れているが、あの地方では、それも日常の一部として多くの人々が生活している。寒いから…とか、雪が降る…とかいってられない、生活があるのだ。私にとっても冬山を登る事を考えれば、どれ程安全か…も分かる。さあ行くぜ。てくてく東北へ!!…(勇ましいのぉ…)

東京発7:56はやぶさ号・盛岡行です。現地での実際の天候は?積雪は?はやる気持ちで車窓から外を見る。埼玉荒川鉄橋付近で西方向に真っ白な富士の雄姿…日光・那須・安達良・吾妻連峰…と見たいがこちらは雪ぐもりで見えぬ。青空は大宮付近まで。郡山、福島、仙台と雪もよう。山間にかかれば、降る雪・積もる雪で景色さだかならず。仙台を過ぎ、古川・栗駒高原・一の関・水沢・北上と進めば、もう田畑も含め一面銀世界…私は盛岡行きに乗車しているが、いつの間にか皆さん下車して残っているのは1両に2～3人のお客さんです。そして盛岡着下車。日本の新幹線は、こんな吹雪もようの銀世界でも、ほぼ予定時刻通り６００㎞近くを運行しているのだ。11：05発、第三セクターの岩手銀河鉄道（ＩＧＲ）にのりかえ。2両にざっと50人程の乗客です。青山、厨川、巣子、３７０円。巣子駅下車。（ここが、前回12月てくてくの終点）いよいよここから歩き出すのだ。巣子の駅舎は新築間もなく、待合室も完備。ストーブも赤々として申し分なし。…地元の学生など、数人が、積もった雪をさ程気にするでもなく、長靴など身に着け出入りしている。それを見ていると〝こ

んな大雪で果たして歩くべきなのか〟と幾分逡巡していた私も勇気を得て、持参のスパッツ、エリマキ、手袋…それにリュックに降雪に備えカバーもかけ駅舎をあとにする。11：30

駅広歩道約20㎝以上積もっているも、地元の人々の踏み跡あり。十字路角のスーパーでパンなどを少々買い込む。左に県北バス巣子車庫あり。バスが数台、うち2台には屋根に大雪。どこからとなく、なつかしい焚火のはじける香り…。薪ストーブでも焚いているらしい。滝沢東小前♀、校舎は右上、トンガリ屋根の時計台があります。「〝挨拶１０，０００回運動〟をすすめよう…教育振興部」滝沢分かれ（右は滝沢駅、直進県立大）私は左折してまわって国道4号を目指す。市立滝沢二中。〝ヤマユリ群生地〟降雪激しくなる。

分かれ（交）国道２８２号経由、分かれ南（交）で国道４号に入る。右・県立大学。東京から５４７㎞標識。国交省滝沢防災ステーション。創立明治12年の県立盛岡農業高校（左）。雪を被っているせいか、木立の中に雄然と校舎らしき白い建物見える。ＩＰイノベーションパーク、岩手県立大学（右）（交）。盛農入口♀、家畜保健所♀、このあたり、岩手県交通と県北交通の夫々バス路線乗り入れている。（同じ場所なのにバス停名、違ったりする）岩手産業文化センター（ポニースクール岩手）左。〝知と心の対話がある大学〟盛岡大学の洒落た校舎（右）ある。巣子から滝沢…両駅も含め西側一帯滝沢市内のようだ。東側は広大な盛岡市内になる。この2駅の西側（国道4号側）に、学校施設（大学、高校、公的施設）が多く、２駅とも学生などの利用が多いようだ。そんな事もあり、第三セクター鉄道としては、相当張り込んだ駅舎及び駅広施設です。冬季は積雪で自転車も使えぬから、その分レール利用も多かったのかな。

大学入口の国道傍にコンビニあり。歩道の雪深く、踝まで潜り凍っている箇所では足をとられスリップする。労力と神経は使う。思わずコンビニに寄り、１００円コーヒーを喫する。リュックからパンを取り出し、一服だ。

国道沿いに大学、高校、研究施設はあれど、あとは杉や松の並木。小売店は無く、そんな時、この時代、コンビニは助かります。1：35…（大抵のものは有り、狭いけど清潔・新鮮でもあり、コンビニ一店で個人商店数軒分に匹敵。まさに大発明だ!!）依然として雪はチラチラ舞っている。岩手育種場（右）、もう歩道があるのかないのかも分別つきにくし。だらだら下り舟田♀で歩道復活か。店のかたまりも数軒。553㎞地点。下田字舟網、渋民駅入口（交）。国道4号と分かれ左折。コチコチの歩道の氷を用心しつつ坂道（上り）を行くと、前方に踏み切り。その手前に左に入るとすぐ、渋民駅でした。想像するよりは、さっぱりした建物の小駅舎（有人）でした。14：25着。これから更に歩き続ける元気はもう失せてきた。今日はここまでとし、レールで盛岡まで戻りました。車窓から見る沿線風景は雪が一層深く見え、電車は雪煙を巻き上げながら進む。たかだか3駅分だったが、それなりに今日としては頑張った…と思う。

てくてく一服・岩手雑感

仙台を過ぎ、多賀城、古川、一ノ関、盛岡と歩き続ける中〝蝦夷（えぞ）征討・坂上田村麻呂〟にまつわる史跡等に接する事が多く、歩きながらも、大いに気になり先送りしてきた宿題を今やるような気持ちで少々振り返ってみる。

蝦夷地開発と遷都（京都にうつす）は、桓武政治の最大事業であった。古代の東北はまだ大和朝廷の支配の及ばない蝦夷の住む異境とされていた。奈良期も末頃になると、蝦夷の支配はみちのくの中ほどまで達していた。朝廷では国府と鎮守府（行政と軍事）を兼修する「多賀城」（京を去ること1500里、蝦夷国境より120里）が蝦夷経営の最大かつ最前線（朝廷の）基地だった。780年（宝亀11年）・蝦夷が叛乱を起こし律令国家（朝廷国家）の砦である多賀城では長官が殺され、灰燼に帰すという。国家の根底を揺さぶった大事件が発生。光仁天皇から桓武天皇の時代に移りゆく中、東北平定は最大事業となり、第一次征討軍が成果も挙がらぬ中、坂上田村麻呂が、鎮守府将軍・蝦夷大将軍として征討に当たる事となった。胆沢の地は今にいう水沢市、江刺市付近。北上の流れが洋々とし平野も広大。蝦夷の首領阿弖流為の一大王国だった。北の和賀。斬波とも攻守同盟を結び北上川中流地帯に一大連合戦線を組織して対抗。これに対し田村麻呂は十万という空前の大兵力を動員して力戦の末、この勇敢な蝦夷軍を撃破した。アテルイ・モタイ（副将）も万策尽きて降伏した。

二人は河内国杜山（大阪府枚方市）で処刑された。ようやく平定を終え、田村麻呂は胆沢の地に胆沢城を造営。多賀城から鎮守府を移し、以後、蝦夷経営の拠点とした。田村麻呂は戦のみでなく、農耕文化も広め、現地人を内政化する政策も重要視した。服属した蝦夷は俘囚と呼ばれ郡司など行政末端に立つ者も居た。俘囚の長「安倍頼良」は奥六郡（胆沢・和賀・柴波ほか）の郡司であったが南進政策を取り、前九年合戦（1051～62）を引き起こした。地元・清原が反対勢力についた事もあり、厨川（盛岡市くりやがわ）で安倍は滅びた。そして奥六郡は新たに清原氏の領地となったが、後に領地相続で後三年合戦（1083～1087年）が起こり、国司源義家が介入して清原氏は滅亡。後三年合戦のち、安倍氏と清原氏の縁につながる藤原清衡が奥六郡の国司となった。清衡はまもなく本拠地を平泉におき、以後、基衡、秀衡と奥州藤原100年の基礎が確立。辺境の蝦夷の地に都に劣らぬ仏教文化を出現させ、陸奥の富を陸奥国の人々の前に使い、作り上げた黄金文化で日本の歴史に極めて大きな意義を与えた。こうした経緯を辿った中で中央の人々の誤解によって滅んだ陸奥の人々の冤霊を浄土（平泉）に導き陸奥の人々に対する偏見を改めさせたい…という中央に対する強い意志が存在したことを、後世の私たちは読み取るべきだろう…と受けとめている。（岩手県歴史散歩、小学館・歴史の旅）

スコットランド人がアメリカ大陸に移住し、原住民族やインディアンを「開拓・フロンティア」の名のもと、駆逐していった歴史、西部開拓史と称する歴史、メキシコ戦争などに思いを馳せることができるなら、本州において、奈良・京都を中心にした奈良・平安・鎌倉時代を通して北へ北へ。奥地開拓で蝦夷征討と称して平定していった様は（更に北海道にも及ぶが）勝ち組が造った歴史のみを無批判に有難がってはならぬ…と今更ながら、いい年をしててくてく東北を歩き廻りつつ認識を新たにしている…反省しきりの私です。

日本（日本列島）という国は、上記、平安時代以降の蝦夷開拓、鎌倉幕府の藤原攻め等々全国統一の為、そして更に明治維新直前での官軍の奥州攻め…等々、常に西・南から北に向かって攻めて平定してきた。現在ですらその延長線上にある。…が、この歴史が東北人の胸の底に何か、西の人々とは違った心根を培ってきたのではないか…などと空想しています。……（高野長英・後藤新平・斉藤実・原敬・新渡戸稲造・金田一京助・米内光政・宮沢賢治・石川啄木・田中館愛橘（たなかだてあいきつ）……。

○チャグチャグ馬コ

馬と人の関わりは、馬を祀る信仰に反映され、近世に入って盛岡周辺で、特に滝沢村の鬼越蒼前神社が中心となり、端午の節句（旧暦5月5日）に馬を連れて参拝する風習が定着。馬を自慢し品評し合った。民謡「チャグチャグ馬コ」には「…俺が馬コはミローよ、嫁コ　しやんとひけ人がみる…」とうたわれる。現在6月第2土曜日開催。鬼越蒼前神社から盛岡八幡宮まで約15㎞の道のりを6時間かけて歩く。馬の鈴の音は環境庁の「残したい日本の音風景１００選」に認定。

○岩手山（２０２８ｍ）

盛岡の風景は岩手山によって生きている。一つの都会に一つの山がこれほど大きく力強く迫っている例は他にはないだろう。この山が一国の鎮めと仰がれ南部藩の時代から尊崇を集め信仰登山が今も盛んである。…（深田久弥・日本百名山より）東北では鳥海山に次ぐ高峰で早池峰山、姫神山とあわせ、岩手三山とも称される。私は二年前の９月、滝沢→岩手山神社→山頂を目指し単独で登った。（標高差１，２００ｍ）苦しい登りの果て強烈な強風に見舞われ、惨々な目に遭遇したが、登頂後は何故か心身は晴れやかで「みちのくへのお邪魔が許されたような爽快感」に浸れた。

・ここにして岩わし山（岩手山）のひむがしの岩手の国は傾き見ゆ（平福百穂）

・ふるさとの山に向かひていうことなし　ふるさとの山はありがたきかな（石川啄木）

盛岡市駅近くの北上川にかかる開運橋や夕顔瀬橋の上から正面に仰ぐ残雪の岩手山は美しさを通り越して神々しく、確かに傾いて見えました。

・今回のてくてくで2度、3度と国道4号を歩いたが、未だに岩手山の雄姿に見参かなわず!!

渋民→好摩→岩手川口→沼宮内→御堂…一戸→二戸→シティホテル

平成29年2月3日（金）　雪模様、節分

渋民駅～啄木記念館～姫神ホール～好摩駅～姫神の風～岩手川口駅～沼宮内駅～御堂駅…一戸駅～二戸駅～シティホテル
（9：00～14：30・5時間30分・約18km）（15：15～17：00　1時間45分≒7km）合計7時間25分・25km
（「みどう～おく中山高原～こつなぎ～こずや～一戸」間は道路も歩道も積雪はなはだ多くレール利用）

今日は節分、明日は立春！暦は確実に早くも春に向けて進んでいるが、現実は厳しい。今朝盛岡-5℃。しかも小雪が舞っている。何が春なものか！昨日午後10km程を歩いた。市街地らしき道路では、さすがに商売や通勤・通学の為、通路（道路、歩道）の雪かきが進んでいるので、トレース（踏みあと）があるが、一旦・町・住宅・商店が途切れるか、まばらになった途端、歩道があっても一面の雪（ふみあとなし）となり、そういうところを、クルブシ位までズボズボ潜りながら歩き続けました。不安な気持ちを引きずり、疲労を感じながら「てくてく」を続行しました。だから、今朝の小雪舞う景色の中で、今日一日の難業を思うと、気を引き締め直さないとスタート出来ない気分です。けれども雪山登山するわけでなく、奥州街道や国道4号などと称する幹線を往くのであるから、最低レベルの安全は確保されている…と自分にいい聞かせ武者震いするのです。

盛岡駅8：40　IGRに乗り、渋民駅（昨日のてくてくの終わった所）で下車。こざっぱりした民家風の駅舎。50m離れたところに、駅舎ほどもあろうか…と思う程、立派なトイレあり。啄木の詩碑あり「なつかしき故郷にかえる思ひあり、久し振りにて　汽車にのりしに」当時と駅舎は変わっても、あの若き頃の啄木がここを歩いたか…と思うと、感慨深い。路の両側に点々と在る家の軒には、冷たそうなツララが数知れずぶら下がっている。スリップにも気を配りゆるく下ると国道4号に出る。左折。北上川にかかる船田橋(幅100m、流れ60~70m)を渡る。ドンヨリ雪ぐもり。

まっしろな河原の真ん中を冷たく寒そうな氷混じりの水が流れている。渋民BP南口(交)、渋民中央病院(左)前♀(JRバス東北)。ここは玉山区渋民。右も左も真っ白な広大な雪の原を見ていると「おまえはどうしてこんなに真っ白なの…美しくも見え、おそろしくも見える…」なんて思う。渋民愛宕神社下(下渋民)・神社の境内に「春まだ浅く　月若き　生命の森の　夜の香に」と歌われていた。国道4号の旧道を歩いている。啄木はこの近くの常光寺に生まれ、函館・東京と転々とし27歳(26歳と2ヶ月)で世を去った。国道傍の右手に「石川啄木記念館」があった。入館金300円也。本と栞を買う。代用教員時代、北海道に居た頃、そして東京時代などのコーナーあり。記念館のある敷地には、ほかに「旧渋民尋常高等

小学校の（小さな）校舎」などもあった。
　国道4号の反対側４００m程の所に啄木歌碑公園があって「やわらかに柳青める　北上の　岸辺目に見ゆ泣けとごとくに」の碑があるという。（道が、深く積もった雪で、行けなかったが…）それにしても、花巻には、宮沢賢治記念館があり、また、市内には高村光太郎ゆかりの「高村山荘」「高村記念館」もあったし、更に（今は盛岡市内ではあるが）渋民（村）には、啄木記念館もあって、私ごとながら、中高大学生として青春時代をささやかながらおくったが「光太郎、賢治、啄木」の作品を愛読したものだった。計らずも、今回の「てくてく」で忘れかけていた3巨人を懐かしく思い出したものでした。

　このあたりは渋民地区のメイン通りとみえて、派手さはないが新旧商店もあちらこちらにある。「啄木薬局」なんて店もあったよ。半ば凍ったザクザク雪道を足元を気にしながら進むと、「盛岡市渋民文化会館（姫神ホール）」の立派な建物（左）。（２００６年＝平成18年1月、玉山村、渋民は盛岡市となる）道の傍らに古ぼけた自民党のポスター（日本の良き国柄を守りぬく）があったよ。右には、巨大なイオンスーパーセンターがあり、車での買い物客で賑わっています。（便利には、間違いないだろうが、これで従前の商店街はまず全滅となったか?）「武道」♀、右手にカガヤ（株）大きな缶詰工場です。（何の缶詰でしょうか?）

　左側近く北上川の流れ。（流れの幅も20～30mで大分、狭くなってきたなあ～）。右、駒形神社・姫神山登山口。芋田♀、左・八幡平市へ。好摩口♀、左に行けば好摩駅近い。巻堀神社の〝どんと祭〟のポスターと看板。好摩口（交）、右手傍に「新塚一里塚」の碑と看板。雪深く読みに近づけぬ。の土盛りあり。国道くぐって左カーブ、そして国道4号に合流する手前に、右手・奥州街道の碑。（…奥州街道は白河を起点として城下盛岡、一戸、福岡、金田一を経て三戸、野辺地から津軽三厩（みんまや）に至る街道です。…八戸へは脇街道として八戸街道、鹿角・天台寺方向脇街道＝浄法寺街道がある）…奥州街道＝陸羽街道＝国道4号線を進む。

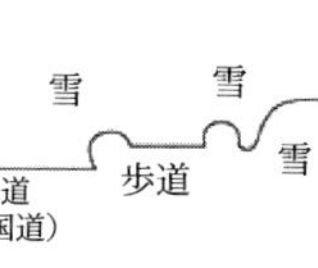

この歩道部分を歩くのだが、この季節に国道の歩道（雪道）を歩く人は居ないらしく、10㎝～15㎝はもぐる平地のラッセルです。歩く先にはウサギの足跡。振り返れば自分の足跡です。ヤレヤレ、エライコッチャ！

「さしのべる　手のぬくもりを　どの子にも」

右〝あづき研ぎ石〟の碑。東京から560㎞地点。右、またも姫神山登山口。盛岡市立巻堀小（左）。玉山村歴史民俗博物館。（近世から近現代にかけて用いられた農具・民具が展示・保存されていて玉山区の人々の生活を知る事ができる…入館できず）

枡沢橋♀（左に橋）。「ひめかみのかぜ」という施設?レストラン?が左側、ここでベンチに腰掛け一服する。内部に入りにくく、陽射しの当たる軒下に移ってへたり込む。ザックから昨日?買っておいたペシャンコのコッペパンを取り出し、むしゃむしゃ食べる。…普段なら、もっと気の効いたパンを食べるのだろうが、こうしたてくてく歩きの道中では、こんなシナビタコッペパンが愛しくもおいしいのじゃ！テルモスの熱いお湯をフウフウ吹いて喉に流す。これでもう十分、元気回復です。〝まだまだ俺はやれる！〟〝見栄を張って空元気出してまた歩く〟

○姫神山…1124m…それ程高い山ではないが玉山区を挟んで標高2038mの岩手山と対峙している。古来から早池峰山とあわせ「奥州三鎮」と称される信仰の山です。姫神山神仏分離令までは姫神嶽権現と呼ばれていた。ピラミダルな三角の雄姿は美しく坂上田村麻呂ゆかりの姫大明神を女神、岩手山を雄神とする伝説の山…です。平成26年夏、登頂を目指したが台風襲来に遭遇し登れなかった。岩手山は岩手県内最高峰の山。残雪期の雪形が麓の農事の目安とされ南部片富士ともいわれる。盛岡市街地からも天気が良ければ岩手山と姫神山はそれと直、わかります。

木津長根♀、今12：00のチャイム・メロディーが村中に流れます。右に〝姫神米ランド〟の巨大なサイロのような建物あり。草柳♀、駅入口♀。左２００m程で岩手川口駅です。薮川、岩手町立川口小（右）、更に右に川口城跡の碑。川口中学♀、旧道歩きからバイパス北で国道4号と合流（旧道と新道）。丹藤橋（30m）、川原新田・店や民家数十軒。また、国道4号とわかれ、沼宮内市街へ。末代橋、前方に何か場違いな近代建造物！なんと沼宮内駅で新幹線の駅と併設。ウ～ン、立派じゃ…しばらく休む。2階には町を俯瞰する展望室があり大したもんだ。雪が降っています。心細さを振り切り、トイレを済ませて、近代的駅舎を背に少し歩いて国道4号に入る(右折)…なんとかもうひと駅、みどう(御堂)まで頑張ろう！

しばらく進んで雪の深さに後悔する。左、沼宮内高・通学

〈成田山のキラキラ飾りの社・星祭ののぼり旗多数・雪に映えています〉

頑張る学生3～4人とすれ違う。〝石神の丘〟道の駅、広場は雪だらけ、それでも買物車、休憩の車など十数台停車中。寄らずに先を急ぐ。左に美術館！の雪だらけの標識。右カーブやや下る。泣きべそかきつつＩＧＲをまたぎ、沼宮内北（交）過ぎ、左・雪の中から新幹線突然疾走して出てくる。これをＩＧＲと共にくぐる。ホームもスッポリのみ込む雪、雪…無人の駅舎あった。複線なので無人であっても雪をかぶっていても跨線橋があるので駅と（近づくと）わかります。もう、この先、ダメです。突然ドサッと腹に響く大きな音。雪の中から民家一軒出現。なんと屋根の雪が落ちたのだ。相当の迫力、雪下ろしの事故とはこんな感じか。30分待って「みどう」駅から雪まみれの電車に乗れた。14：30

…奥中山高原駅、小つなぎ駅・小鳥谷駅と過ぎ、風雪も少し弱まったか。気を取り直し、元気も戻り「一戸」駅下車。性懲りもなく又、てくてくやるぞぉ～（馬鹿かお前は？）15：11

○〝沼宮内・みどう

北緯40°の町〝看板あり。（北京やニューヨークと同じ）、止むを得ず電車で越えたが奥中山高原・十三本木峠（国道4号）は分水嶺になっていたか。南に流れて北上川。逆に北の八戸湾に向かって「馬淵川」とわかれる。だから地勢も、こつなぎ、こずや、一戸…と道路もレールも水の流れの進む方向に沿って下っていく。雪が深かったわけ…が分かったよ。

一戸駅舎を出て県道274号線を行く。馬淵川を渡り、これに沿う。ＩＧＲと国道4号に挟まれた川沿いに、民家、商店…が一皮あり。家は増えてきた。小井田(交)で国道4号に合流。左カーブで高速道をくぐる。左にレールと馬淵川。更に左から県道6号線をあわせる。正面の雪だらけの山に岩峰が二つ見える。男神岩、女神岩と称するらしい。馬仙大橋渡る（険しい地形です。狭い谷間にレール、道路ひしめく）。渡ってすぐ右カーブして、新幹線くぐり、ＩＧＲを横切り、国道とわかれ県道２７４号線を左へ行く。川は右手に、急に民家、商店増える。（奥州街道、陸羽街道と称す）

石切所〇⊥、駅入り口、三差路を左へ。駅へ行ってみる。坂登る。５００～６００ｍ、ここも立派な駅・二戸駅です。新幹線駅併設。疲れが激しい。三差路へ戻って、もう２㎞ばかり県道２７４号線を頑張って今夜の宿、シティホテルまでひたすら歩いた。17：00過ぎて、うす暗いというか雪明りというか…ともかく陽は落ちても明るいよ。よかったね、無事で！アッパレ!!「心と体」・「感情と肉体」は**別もの**と思う時も多いが…「ボンヤリ街燈の明かり」をみたら涙腺が緩み、心と身体は一体となったみたい。

二戸↓三戸↓剣吉↓八戸

平成29年2月4日（土）雪もよう、立春

二戸ビジネスホテル↓太平球場↓国道4号交差↓二戸市役所金田一出張所↓金田一温泉入口↓金田一温泉駅↓新幹線くぐる↓IGRくぐる（馬淵川渡る）↓県241号分岐↓青岩大橋（交）県149号へ↓目時駅（目時駅―三戸―すわのたいら　この間レール使用）すわの平駅↓国道4号線↓ふるさと物産館↓左、虎渡分岐↓剣吉（交）104号線へ↓剣吉駅↓左、東円寺↓福田（交）↓とべまち駅（左）↓北高岩駅↓くし引橋（一日市）↓八戸駅

8：30〜14：10　5時間40分約20km　15：00〜16：30　1時間30分　5km　計7時間10分　25km

前日夕方、疲れてやっと宿に入ったが、一戸駅〜二戸〜シティホテルまで少々復習します。一戸駅舎を背にして県274号線。小井田（交）手前で国道4号。一戸ICからの取り付け道路と合流。（県道6号も）左カーブで八戸自動車道をくぐり、左手にIGRとその更に左手、馬淵川の崖を見て、上って下ると左に県道6号をわける。（合川交〈この県道6号が鹿角への街道だった。このルートを10km足らず歩けば東北最古の古刹といわれる天台寺がある。（おだやかな顔をした菩薩形坐像（ぼさつぎょうざぞう）が本殿に鎮座している。名誉住職の瀬戸内寂聴の青空説法でも知られている。近くの浄法寺総合市役所内に寂聴記念館もある）〉追記…瀬戸内寂聴さん、令和3年（2021年11月9日、99才で没。お墓は、長年名誉住職だった二戸町天台寺。その墓碑には、愛・自由・平和を求めた強き女性作家の生涯を端的に表わす言葉…「愛した、書いた、祈った…寂聴」。

合川で県道6号を左に見送り、正面を見ると、傾斜の急な山肌が立ちはだかっています。雪をたっぷり被った雑木林。

そこに異様な岩峰、岩壁。このあたり二戸市屈指の景勝地「馬仙峡」と称され、岩峰、岩壁は「男神岩」「女神宮」で国道4号を北上する人々の目に真っ先に飛び込んでくる歓迎の自然のアーチ（地元パンフレット）だそうだ。

一戸から二戸へ。国道と県道、IGRが馬淵川ともつれるようにクネクネと蛇行して進みます。国道（国道4号）から県道274号に移りレールをくぐって進み石切所（いしきりどころ）（交）を過ぎ、左手坂の上に二戸駅舎。（二戸は岩手のてっぺんです）トウトウと流れる川原橋（80m流れ70m）を渡る、えんじ色のミニバス「二戸二戸号（にこにこ）」とボディに書かれた地域のコミュニティバスです。八幡下⚲、二戸パークホテル。右「末の松山」、県社・呑香稲荷（ドンコウイナリ）神社。呑香社の赤い大鳥居。雪の白にヤケに映えます。

この神社の奥に九戸城跡があります。（200～300m）九戸政実が天下（豊臣）に叛くとみて、秀吉の奥州仕置として6万の兵力で九戸城を包囲。政実は敗れ、南部信直の城となり、名も福岡城となった。二の丸、三の丸、本丸とあったそうな。呑香神社境内には会輔社（かいほ）の教場としての槻蔭舎（きいんしゃ）があった。二戸市福岡を中心とするこの地区は、文武両道、質実剛健の伝統がある。盛岡藩士相馬大作の碑。二戸出身の物理学者、田中舘愛橘（たなかだてあいきつ）筆によるローマ字の九戸城懐古の詩碑、土井晩翠作詞「荒城の月」の歌碑もあった。右手に成田山護国寺の石段と寺がみえた。県道274号を進むと左、谷底の崖下に岩谷観音堂あり。橋の欄干から身を乗り出し下を見ると、洞窟の中にあった。県道24号を横切り進む。右手市役所、田中舘愛橘記念科学館（日本物理学の祖、ローマ字考案者）アリ。福岡小、中、高校とあって侍精神の鼓動が続く…という。（残念乍ら、平成29．1月、福岡高校にて体罰事件が報道された…）

…以上長くなったが昨日夕、疲れながらも通過した「一戸～二戸」での見聞メモでした…。

遅まきながら2／4（土）、二戸シティホテルからのてくてくスタートです…。朝食付き6，500円（朝食、うち800円）、朝食に「ひっつみせいべい汁」が出ました。北上川と思っていたら、ところ変わって馬淵川がお伴です。立春ですが、空はどんより、雪雲が低い。予報ではPM3：00頃から晴れ間出る…という。ともかく一駅、二駅分くらい頑張ろう。その先は雪の状況だ。と歩く。右から「二戸、軽米線」合流。左に川の流れを感じつつ、左に歴史民俗博物館。千葉の私の街近くの佐倉市に国立歴史民俗博物館がある。識者曰く〝一日見学しても時間が足りないくらい内容がある！〟と評していたが正直現役時代の私には大して興味がわかなかった。それがどうしたことかてくてくを始めてから、地域地域の民俗資料館には興味をそそられ、出来るだけ立ち寄ってみよう…と思うようになったから不思議だ。我ながら笑ってしまう…が。

全国に幾つもないような重厚な建物の中で、全国の民俗に触れるより、てくてくのように現地をさまよいながらその風土の中で当地の歴史や民族に触れることの楽しさ、有難さを感じることに身体が反応してしまいました。

左に天神橋を渡って進めば、ＩＧＲ、斗米駅です。寄らずに奥州街道（陸羽）を直進。〝同じ道、きけんは毎日ちがってる〟（福岡小）雪は歩道にたっぷり。踏みあと0。靴がすっぽりもぐる。金田一へ県道２４７号線。竹内神社♀（バス一日20本。わりかしあるじゃねえか！）バス停バス利用者か一筋靴の跡…！これでも大助かり、人が生きている証拠、見捨てられていない気分。

旧街道を思わせる民家、店舗は点々とつながっている。左大平野球場、矢沢口♀右、県立二戸病院（右・奥）。馬淵川80ｍ（水60㎝）渡る。国道4号と交差、国道4号を進む。上田面（カミタオモテ）６１７㎞地点、沖（交）：右、軽米（かるまい）。左・金田一。歩きづらい雪道をブツブツ独り言呪いながら行く。しきりに鼻水垂れる。二戸市役所金田一（出）が左に。歩いてくる人はいない。この出張所「アツマランカ」という。ここで今日は「土砂災害危険地域会議」があるとか。軽自動車から降りてゴム長のオッサン・オバサン集まってくる。そのドサクサにまぎれ館内に入りトイレ借りた。金田一温泉入口（交）右手の山の方にあるのか。…座敷童の里。わらしに出会った人は幸運に恵まれる…開泉は400年前。かつて「侍の湯」として南部藩の指定湯治場だった…。更に進むと左手奥に金田一温泉駅です。平屋のコンクリート駅舎。待合室、読書室あり。本、漫画多数。オバサン改札していた。（わらし・男→だんじゃ女→ひのでろ）と書いてあった。待合室にいた若い女性の二人と雑談…。「今冬は雪は少ないよ。この間やっとご、どさっと降ったんよ。いつもはもっとすごいよ」といって汚らしい格好の私をつくづく見て笑っていました。…さてもう一駅分頑張ろう！といかにも元気よさそうにと見栄を張って駅舎を出て国道4号に出る。

上り坂、馬淵川、金田一大橋を渡って新幹線の下をくぐった。山間川沿いながら雪は深く国道を行く。車が通ると人の世界にいる気分で少し嬉しい。（たとえ腐った雪をはねつけられても…）川を渡ってまた、渡り返してＩＧＲをくぐる。左に県道２４１号をわけた。歩道はあるのか無いのか殆ど車道歩きでひたすら雪道を行く。

滑る、もぐる。青岩大橋を渡ったところで国道と別れ県道149号（?）へ、雪で標識の字半分しか見えぬ。地方道歩きは車も来ず思い切って車道の真ん中を歩く。車道さえ（車が少ないので）雪道です。タイヤの跡をたどる。なんとか目時（めとき）駅にたどりついた。無人のちいさな駅舎。もぐりこんでほっとする。情けないけどもう充分。今日も頑張った！と自分にいい聞かせレールに乗ることにした。雪は激しくないが、間断なく音もなく舞い散り落ちてくる。30分も待ったか「目時→三戸→諏訪ノ平まで」電車に乗る。2両ワンマンそれでも30人以上乗客が（車内に）いました。皆さん長靴、ブーツです。山沿い集落は一山超える毎、あらわれ徐々に開けてくる。平地には果樹園が目立ち、ネットの張ってあるケース多し。この「目時」から青森県内になったのだ。IGR＝岩手銀河鉄道から、青い森鉄道と社名が変わった。青森までつながっています。ただ、時たま貨車を30連結以上の貨物列車がガタゴト通ります。JR東北本線であったことを思い出します。

少し電車に乗ったので、身体もあったまり、元気を取り戻した。諏訪ノ平駅（無人）で下車して10：44右に鉄道を見つつ国道（国道4号）を歩く。県道134号を右に分ける。（右に行くと、坂上田村麻呂が境内の池で剣を磨いた…という伝説のある諏訪神社あり）館（〇〇ダテ）という地名多し。要害の地として軍事上の館があったところを指す。剣吉館、下名久井、上名久井館、福井館、苫米地（とまべち）館…。〝南部えんぶり〟の祭り看板が目立つ。いつの間にか交通標識（道路）には「国道4号・国道104号」とある。ふるさと物産館（左）…なんだか雪だらけで精彩無し。車3〜4台駐車。

川とやや離れて上り気味に行くと剣吉（交）。国道4号は左へ。私は右へ。（これ国道104号）剣吉の駅傍に出る。【剣吉駅舎に達者村宣言！（まったり〜、のんびり〜、ゆっくり〜）】パート?のオバサンいました。

少し青空出てくる。小さいながら商店街、途切れた左側に「南部芸能推奨館」あり。上斗賀（かみとが）、南部バス運行のコミュニティバス通り過ぎる。レールまたぐ。（八木田路線橋？）…歩道はないし車道歩くのも恐いです。名川、八戸、福田方面を指し示す標識。無人の苫米地（とまべち）駅です。雪をかぶって忘れられたかのようにポツン！と。２両停まれる分だけホーム雪かきしてあった。上り下り夫々に小さな待合室あり。暖房も日射しもなく寒い。たった一人、小さなスースーする待合室でテルモスのお湯をススリ外を見ていると、田畑らしき白い世界の中〝窓から上〟だけを出した車が一台行きます。あそこには道があって且つ雪も深いのだ！と悟る。どこへ行っても大変なのだ。国道１０４号に戻る。しらはぎライン？苫米地（交）役場前、右、月山神社。高橋（交）。左からレール近づいてくる。小泉地区、三戸街道と呼ぶのか。〝しらはぎライン〟は川の流れ？北高岩駅です。国道１０４号ですが、〝八戸街道〟と称す。昼場鳥沢♀。（25本ある）福地工業団地、上野♀（交）緑色の大きな寺、涼雲院「南無大師観世音菩薩」の像あり。左「瀧神社」…赤い鳥居と階段が目立つ。一日市（交）右に馬淵川と櫛引橋。その先には櫛引八幡宮があるそうな。私は直進。（市道？）左小さいけど出羽三山神社、皇紀２６００年記念を左に見て進む。平野となり、一面銀世界ながらも住宅地でもあり、雪かきが進み道路も広くなり歩きやすくなった。左手青い森鉄道２両が行く。その向こう隣り新幹線が白蛇のように通り過ぎていく。住宅も途切れ、雪原の中の道をひたすら行く。道路も狭くなり、時々車に後ろから急き立てられる。

八戸市街も近いのに閑散とした道です。繁華街の本命は本八戸駅周辺でいわゆる八戸駅はそのはずれにある…ということ。14：10ＪＲ新幹線青い森鉄道八戸着。ガラス張りのようなハイテクスケルトン風の駅舎と駅広です。時間がまだ余っているので、おまけでＪＲ八戸線にのり、鮫駅まで行ってみた。青い森鉄道が県東北部に偏って青森方向に伸びているに対し、ＪＲ八戸線は、八戸駅から市の中心部を走り八戸港沿いを走り「鮫」駅から種差海岸を通り岩手県久慈市まで運行している。そんな八戸線の一部だが、「鮫」駅周辺を周遊する。

（「てくてく・一筆書き一人歩き」は八戸駅で一服として）14：24発のＪＲ八戸線で鮫行に乗車。ディーゼル2両。若い20代の女子車掌が同乗です。八戸駅構内は広い。新幹線は後付けで別格としても、もともと「東北本線（青い森鉄道）とＪＲ八戸線の分岐駅のほか、さらに臨海鉄道線もあり、引込線等が入り込んでいる。これらを左の窓に見つつ、長苗代→本八戸→小中野→陸奥湊→白銀→鮫と割合短い駅間隔だが進む。青森県の歴史散歩の記述によると、太平洋に面した八戸市は漁業と海運に恵まれ発展してきた。八戸港は明治時代以降に近代的港湾が整備されると、日本有数の水産都市となり、昭和39年（１９６４年）の新産業都市指定を契機に県内随一の工業都市に発展。周辺地域は八戸市産業経済圏に抱合されベットタウン化。現在人口は24万人となっている…。

八戸駅を出て臨海線と平行（馬淵川を渡るあたりで臨海線はさらに川沿いに走り、臨海工業地帯へ延び八戸飛行場、三菱製紙へと）思えば馬淵川は岩手県夢巻町の三巣子山（１１８２ｍ）あたりに源を発してＩＧＲ・こずや駅近くを流れ、一戸、二戸、金田一、三戸、ＪＲ八戸駅付近、そして今この地方に多大な恵みをもたらしてきた大河として八戸港に注いでいる。阿武隈川、北上川、馬淵川…みちのくを歩き北上しつつ、川がその地方の歴史に大きな役割を果たしてきたことをつくづく思う。臨海線と別れ、八戸線は川を渡ると、住宅密集地を進む。

左手、港方向にクレーン、たちのぼる工場の煙多数、本八戸駅です。さすがに降車客多く、乗車もある。左手高架下に八戸駅北口（？）広場が見下ろせる。見た限りそれなりの広さはあるが、繁華といえるほどでもない。一方反対側（南口？）はメインと思うが、狭くチマチマしており、24万都市の玄関としては意外につつましい。八戸城跡の南側に繁華街は集中している（帰りに寄る）。レールは高架で小中野駅、陸奥湊駅と進む。かわいい車掌さんが車内切符を販売しつつ巡回している。白銀駅にさしかかるあたり左側に港が近づく。

八戸漁港、第三魚市場、第一埠頭と過ぎると（ここまで高架）この電車の終点、鮫駅でした。すぐ左側に広域八戸港内の鮫漁港、第一魚市場となっている。平屋の好ましい駅舎を出ると、小さな駅広にパックリ口を開け鋭い歯を見せた巨大な鮫の模型があり、ぎょっとした。駅前の小さな通りを左に進み、左の踏切を越えるとそこは広々とした第一魚市場だった。広い面積であるが、船一隻もおらず。製氷工場らしきコンクリートの建物も放棄されていて赤茶けていた。こんなもんじゃないはずだ！と通りすがりのオッサンに立ち話で聞いてみると、「今はこの第一魚市場は使っていない」…という。「左側の第一埠頭や第三市場が中心です…」とのことでした。銚子市、焼津、境港のような勇ましい景観を期待していたががっかりでした。

〈八戸線鮫駅〉

更に海を左に見て進むと観光遊覧船待合所、小型船の船溜まり。その先に海に突き出るようにして「蕪島（かぶしま）公園」がありました。

ここは国立公園の一端をなす種差海岸の入口にあたる位置にある。ウミネコの繁殖地として国の天然記念物に指定されていて、全国に数ヶ所あるウミネコの繁殖地のほとんどが人を寄せ付けない断崖絶壁や離島であることに比べ、この蕪島だけは間近で巣の様子を観察できる国内唯一の繁殖地だそうです。3月も下旬の頃、三万羽内外のウミネコが集まって産卵するとのことです。蕪島の頂には立派な蕪島神社がある。とのことでしたが、すぐ傍の観光センターのお姉さんの話では一昨年火事で全焼、焼失してしまい、現在は再建工事中なので頂まで行かれないとのこと。赤い鳥居のところから上へは塀に囲まれており立ち入り禁止でした。頂にあるはずの蕪島神社は漁業の守護神である弁財天が奉られており、ウミネコは漁場を知らせてくれる弁財天の使い…ともいわれる。蕪島から西のほうへ目を転ずると、巨大な橋シーガルブリッジと、第三市場、工場地帯の全容が入江を挟んで一望でした。鮫駅まで戻ってレールに乗り、二つ手前の陸奥湊駅で下車して歩く。駅を背にしてから右へ。そして漁港通りを500m行くと八戸漁港でした。右に張り出した第三魚市場です。さすが遠洋漁業の基地らしく地元+全国からの大型船が入港していた。館鼻漁協○十、冬季を除く日曜にはこの漁港に約300もの出店が並ぶ「館鼻岸壁朝市」が開かれ1万～3万人の人出があるという。日本一の水揚げ量のイカのほか、魚、野菜、B級グルメの出店オンパレード。（今日は二月、想像するだけですが）駅に戻ると駅前に「市営魚菜小売市」八戸名物「朝市ごはん」を楽しむ地元民や観光客が絶えないという。〝イサバのカッチャ〟（市場のお母さん）のユーモラスな像もあったよ。だいぶ時間もたってしまい疲れもひどく、レールに乗り八戸駅前ビジネスホテルに戻った。本八戸駅で下車して南口繁華街も歩こうと思っていたが、時間も気力もうせてしまい、レールの客になった次第です。

〈ＪＲ八戸駅〉

○八戸えんぶり：二戸あたりから駅舎や町内掲示板などに「えんぶり祭」というポスターがあり、どんな祭りなのだろう？と道々思案しつつ歩いてきました。それがちょうど2月17日～20日にかけて開催とのことです。地元のパンフレットによると、〈八戸えんぶりは青森県南地方に春を呼ぶ伝統行事でその年の豊作を祈願するもの。国の重要無形文化財に指定。えんぶりのえぶりは昔の農具を表し、「それをイメージした60㎝ほどの烏帽子（農耕馬をイメージ）を頭にかぶり、農具を表す棒」をかざし舞うもの。一組20～30人で八戸市外の周辺市町村から30を超える組の参加がある。子供たちの舞う「えんこえんこ」「恵比寿舞」「大黒舞」などがある。えんぶりは心にしみる春を呼ぶ風物詩となっている〉とある。

○八戸の地名の由来…岩手県北から青森県南にかけて一から九の数字に「戸」がつく地名がある。これらの地域は古代末期から中世にかけて「糠部（ヌカノブ）」と呼ばれていた地域で行政区画、集落地名として「戸」が用いられ、その名残が地名として残っている。糠部郡のうち、奥州平泉に近いところが「一戸」そこから順番に「七戸」まで北上し「八戸」「九戸」と南下する。この「戸」は古代律令に基づくものと考えられており、馬産地の牧場に関連されたり、蝦夷支配のため北進する朝廷側の前進基地とする考え方もある…という。

「九戸政実（くのへまさざね）と呑香（とんこう）稲荷神社」

今回2月3日から4日にかけ二戸をてくてく歩き抜けたが二戸市内のビジネスホテルにあった郷土歴史本や観光協会発行のパンフを読むにつけ、「九戸政実」についてごく簡単ですが触れておきたくなった。

…信念と誇りを貫いた戦国武将・「九戸政実（くのへまさざね）」サムライの心は町に人になお息づく!!

天下の豊臣秀吉へ反旗を掲げ、勇猛果敢に散った九戸政実の姿は直木賞作家、高橋克彦著「天を衝く（つく）」に描かれている。舞台となった国指定史跡「九戸城跡」の本丸跡から東北最古といわれる石垣も見つかった。

その生涯から悲運の武将といわれる政実ですが、信念と誇りを貫いた反骨精神は津軽藩主に義挙した相馬大作や日本物理学の先駆者田中舘愛橘（たなかだてあいきつ）博士にも通じる気概として受け継がれた。九戸城そばにある呑香（とんこう）稲荷神社には大作神社、愛橘博士など人材を数多く輩出した会輔社（かいほしゃ）ゆかりの槻蔭舎（きいんしゃ）が残っている。

また、相馬大作は「南部の赤穂浪士」として講談や小説に取り上げられている。２００９年「みちのく忠臣蔵」（梶ようこ作品）にも取り上げられている。遺品の数々は二戸歴史民俗資料館に収蔵】

〈九戸合戦（九戸政実の乱）ほか〉

青森県	２０１３年 人口（千人）	２００９～２０１１ 平均財政力指数
青森市	３０１	０．５３
八戸市	２４０	０．６５
弘前市	１８２	０．４５
十和田市	６５	０．４０
陸奥市	６３	０．３８
五所川原市	６０	０．３３
三沢市	４２	０．４６
黒石市	３６	０．３３
津軽市	３６	０．２３
平川市	３４	０．２６

八戸→（青い森鉄道に沿って）陸奥市川→下田→向山

平成29年2月5日（日）　くもり（雪もよう）

JR八戸駅前～田面木～根城（大橋）～前田（交）～内舟渡（交）～八食センター入口～八戸バイパス～北IC入口～市川（交）～百石道路側道～高屋敷（交）～下田駅～奥入瀬川～奥入瀬木材～向山駅…八戸に戻り帰京へ

8：10～13：30　5時間20分　約18km

前夕（夜）は、いささか疲れた中、宿に着き、風呂に入る前に、駅前に出て、夕食をとることにした。（入浴後、外に出ると風邪をひきそうな位冷えている）ハイカラな駅ビルの一角にレストラン数軒あり。その一つに入り、八戸郷土料理でも…と思い。〝イカ刺しと八戸せんべい汁、地酒〟となった。…農山漁村の郷土料理というものは、得てして味が抜群！というわけでもないけれどせんべい汁は、鍋用に焼かれた煎餅を出汁の中で地元野菜と一緒に煮た熱々汁でおいしかった。イカは日本一の漁獲を誇る八戸ならでは…の甘く美味でした。２，５００円也。

明日は、また、大雪注意報の出そうな雪模様…という。今日のうちに今回のてくてくは、店仕舞いとするのが賢明と判断する。サービス朝食をとり、身支度して、８：10、宿を出た。陽射しがあります。しかし冷えて道路の雪、コチコチです。駅前通りを歩く。青龍寺、百山神社、馬淵川にかかる尻内橋を越える。歩道の雪・デコボコ・コチコチ・滑ります。左に日赤病院を見て、田面木（交）で国道１０４号に。左折して進む。右・西南病院。松園町（交）、左・八戸ニュータウン？馬場頭（交）左折。根城大橋、また、馬淵川にかかる大橋（コチコチ歩道・滑り易く油断ならず）を越えた。ここで駅からのルート間違えたことを知る。左・八戸温泉、前田(交)、左からの道が正解だったのだ。１km強20分は無駄足だったのだ！交差点直進、八戸線の踏切渡る。「新八戸温泉、湯～湯らんど」「総合卸売センター」「八食センター」「中央卸売市場」と市を代表する大きな施設が道路沿いに展開している。

○八食センター

：八戸は朝市の多いところとして知られている。「陸奥湊駅前」「館鼻岸壁」「湊山手通り」などの外にも八戸港で水揚げされたばかりの魚介類をはじめ、乾物、珍味、青果、精肉…なんでもそろう一大センターで地方発送の観光客にも、大モテ！といわれるのが、この八食センターです。

八食センター・卸売市場を右・左に見つつ凍てついた歩道を辿るうち、ついに、スッテンコロリ!!と足が股裂きとなり。仰向けに転ぶ。幸い背のリュックがクッションとなったが、すぐ近く（1m位あった）をダンプが疾走して過ぎた。滑った痛さと浴びた雪片…情けないやら…手首と右股のつけ根の筋肉が痛む。より一層、慎重に歩く。河原木（交）で国道45号に合流（高架をくぐる手前を左の側道に入り）。さすが交通量多し。「国道45号・八戸バイパス」…両サイドに歩道あるも積雪20㎝位あり、歩行者足跡なし。よって車道の路側帯（1m位ある）を歩く。青い森鉄道のガードくぐる。左に南部山公園、十和田湖まで73㎞、奥入瀬65㎞表示。ゆるやかな上り坂グングン進む。八戸グリーンハイテクランド（左）（交）♀、その先左・北インター工業団地。八戸北インター北（交）。左に高速道路（八戸自動車道）が異常接近。（右手の地中を新幹線が通っているらしい）青い森鉄道を高架で越える。

右後ろを振り返ると後方に高架橋の駅が見えた。陸奥市川駅のようだ。そのまま、左の高速道路と併行するように国道45号の路側帯を行く。（対向車線の車が警笛を鳴らしてきた。きっと私に対する警笛かもしれない…

と感じたが…。歩道は積雪で歩けぬ、しからば除雪してある路側帯を歩くしかないじゃないか…というのが私の理屈だが、車からみると、危ないよ！という事かもしれない…。他に道もなく悩ましい…）頑張って進むと市川（交）。ここで国道は右に曲がる。私は道なりの高速沿い側道を市川西（交）まで進み、交差点角で一服。

ようやく晴れ！のよい天気となり歩道の雪もグチャグチャしてきた。一服し、元気を出してゆるやかな直線道路を登る。やや下りとなるころ、「下田駅左」の標示のある交差点（桃川）で国道45号（国道45号の短絡道みたいだった）とわかれ、左折。途端に歩道は30㎝以上の雪、仕方なく車に気を付け車道を行く。〝清流に育まれたまち、おいらせにようこそ〟の大きい看板を見て進むと、右にわかれる県道119号線に入る。（直進も119号？）の田園の中の田舎道を雪のデブリをよけながら歩き左へ左へと行くと、青い森鉄道の下田駅でした。12：00です。凄い積雪です。

〝勇気出せ！君の一言が友救う〟雪まみれの無人駅です。

〈青い森鉄道「下田駅」〉

世話人のようなオバサンが掃除していました。「テルモスの湯とパン」をリュックから出し、食し、休憩。青い森鉄道線に沿って更に歩く。(進行左手一帯は上北郡おいらせ町。更にその奥、左が上北郡六戸町、そのまた左・奥が十和田市となる)下田駅舎をあとに、1～2回曲がって、レール沿いの道を行く。交通量は極端に少ないので車道を行く。全くのレール沿い。時々店があるが、その一つに菓子屋あり。先程、駅でリュックの小さなパンを食べてしまい空腹感あり。菓子店に寄る。ケーキ屋さんだった。しかたなくケーキ2ヶ買うと、オネェサンが一口チョコのような菓子を、おまけといって4ヶもくれました。有難うございます!(そんなにミスボラシク俺は見えたか…でも、ラッキーラッキー!うれしかったよ、オネエーサンに幸あれ)

歩きながらミニケーキを頬張った。左を30連結程の貨物列車が行く。大きな河ありて、奥入瀬川という。150m も川幅あるか。流れ100m弱、〝サケ遡上します〟とある。50m左の上流にレールの鉄橋。橋上から流れを見下ろすと、なんと純白の白鳥が二羽、寄り添いつつ、ゆっくりと泳いでいました。〝一ぷくの絵〟という言葉が浮かんできた。木内々踏切、奥入瀬木材、いつの間にかまた、小雪がチラチラ降っています。一直線の坂道をグングン頑張ると国道45号と交差です。(この国道を左に行くと、やがて国道102号となり、おいらせ町↓六戸町↓十和田市街……十和田まで20㎞足らずと思うが…に到達です)中下田(交)を直進します。ゆるやかなアップダウンの直線道路です。4～5m幅です。たま～に、車が通ります。左レール、右、雑木林。揺れる木々、舞う小雪、静かです。ハアハアあえぎながら歩きます。雪だまりをよけ、水たまりをまたぎ、車をやり過ごし、何を考えるでもなく、足を前に運ぶ。疲れるが単調、さしたる問題、困難もなく、ただ足を運ぶ。脳みそも使わず。何をやっているのかね、私は?そんなフレーズも浮かんできます。人間はどうして疲れるのかしら?自動車ならガソリンある限り走るし、人間が3食キチンと摂ったなら、その分はコンスタントに歩けないものかしら？

あと1.5㎞はあるかなぁ〜と思案し半ば朦朧としつつも歩むと前方にレールの跨線橋が見える。本当に駅かな？意外に早く駅に着きそうだ。５００ｍも頑張ると左側に確かに「むかい山（向山）」駅でした。左、跨線橋に上る。線路の反対側（西側）に平屋の四角い駅舎あり。ガランとした箱型の待合室、外にトイレ、誰〜れも居ない。やれやれ今日のてくてくはここまでとしよう。とりあえず八戸駅まで戻るのだが、10分程前に電車は出たあと…と見え、次、八戸行まで1時間15分もある。誰も居ない20畳敷き程の広さのガランとした待合室で、下着から裸になって取り換えた。テルモスでインスタントコーヒーを淹れて、リュックの底から出てきたビスケットを食ス。ひと段落して気持ちが落ち着くと、どこからかＳＬの汽笛が聞こえる。どこから聞こえてくるのか、目の前の壁を隔てた隣の部屋の入口の方に回り、曇ガラスの戸をあけると、ナント！隣の部屋が〝ミュージアム〟でそこからＳＬのポーポーが流れていた。「60歳がらみのオッサンと40歳くらいのニーサン」２人が居て、部屋中、電車やらのミニ模型を走らせているではないか。貨車あり、鈍行あり、新幹線あり…の模型がミニレールの上を走り回っていました…。驚いたなあ！２人のオッサンとスッカリ仲良しとなる。こんな田舎の、うち捨てられたような無人駅の一室に、こんな模型ながら部屋中を走り回るミニミュージアムがあるなんて。…電車の車両基地まであるゾ。オニイサンの方に聞くと、先々代の駅長のセガレさんだそうで、（関係者に了承を得て）むかい山ミュージアム！と称して…この一室（ぶち抜きで２部屋）でマニアが集まって、鉄道模型に親しんでいるのだ…という。14：43発の時刻近づいてきたので、おいとま乞い！をする。握手して写真とって手を振ってサヨウナラ。３月中の再会を約束して…。

気が付いて見てみると、向山駅のコンコース階段にも、上にも、壁にも、鉄道がらみの四季の写真多数掲出されていた。「意識にないと、目に入ったものでも見えたことにならぬ」のたとえを思い知りました。15：19八戸着。一旦降りて、駅舎続きの10階建てビル「ユートリー」（八戸地域市場産業振興センター・なんでこんなに長い名称をつけるのか？）に入り実家など三ヶ所に宅急便（おみやげ）を送った。（計17，000円也）みどりの窓口で16：16上り新幹線予約。（今日のこの上り、混んでいて3列シートのまん中しか空いていなかった！）腹をこさえる為、駅弁（わっぱ飯1，200円）を購入。列車待合室で食べておく。あとは缶入り水割りとツマミを十分買って「はやぶさ」に乗り込んだ。さっきまでみちのくの雪道で、悪戦苦闘していたのがうそのようです。盛岡・仙台・大宮・上野・東京のみ停車。19：04東京着でした。速いねぇ。頭と身体と心のチャンネル切り替えも大変だ。だがともかくこの2月のてくてくが無事に過ぎることに感謝です。

●今回、2／2～2／5の結果的に3泊4日の短いてくてくでした。4泊は覚悟して出てきたが、恐いもの知らず！で、この厳寒期、やはり雪と氷に悩まされ、歩行に危険を感じて已むを得ざる緊急避難で一部区間レール利用としたことで、結果的に行程は前に進むことにもなり、3泊4日となった。私自身の安全も勿論だが、頼りない足取りで車道にはみ出し乍ら歩く私は、車にとっても危険で迷惑行為かな…と認識。歩行時間も原則8：30～15：00を目安としたが、積雪や凍り付いた雪道では予定より時間もかかり、距離も20㎞位が精々だ！と体感。

●この4日間、連日・雪、ドンヨリしたくもり空、晴れ間があっても雪も降る…という天候続きで、山好きの私にとって、早池峰、姫神、岩手山などの名峰雄姿に接した事、一度もなかった。この季節、これが当たり前なのかしら。事実今回正直雪には難儀しました。地元の人は〝今冬は雪少ない方だよ〟と話していたが、それでも仙台過ぎて巣子から八戸、向山と進む中、常に20～40㎝の積雪があり、（国道の）車道は雪が飛ばされてアスファルトが露出しているが、国道の歩道や地方道の歩道は、除雪で寄せた雪も加わり市街中心地を除けば完全に雪道だった。踏み跡があれば上出来で、降り積もったままの多くの歩道ではセイゼイウサギの足跡しかなかった。踝まで潜ってしまい、軽度のラッセル状態。足を取られ、スリップしてスッテンコロリ！（誰も見ていなかったことをいいことに、雪の上に仰向けにひっくり返ったままシバシ粉雪舞い散る空を見つめて苦笑！）筋肉は痛めるやらでいつもの60～70％どまりの歩行スピードです。人里離れた山中の道（特に峠越え）では人はおろか車も稀でいくら変わり者の私でも心細く、身の危険さえ覚えることもあった。何か一つ狂えば〝事故〟となったかもしれぬ…とも思う。歩いていた私は走行する車のドライバーにも「配慮」頂いたのかもしれない。

●私は、ここ2年半、てくてく1人歩き！と称して、「下関～東京～八戸」、と歩き通してきた。東海道、山陽道沿いの明るさ、繁栄などに比したら、常磐から〝みちのく〟と進むにつれ、経済活動の面で見たら、南北格差がこんなにもあるのか…と思い知った。未だ上滑りの認識だが、本州の開発・発展は常に西（南）から東、そして北へと押し寄せてきて、結果的にみちのく（陸奥）は常に西からせきたてられるようにして歴史を刻んで来ている…と今ごろ肌身に感じ認識しつつあるのです。

「てくてく日本・一人歩きの旅、時々山登り」ここで一服!!

平成29年2月22日（水）晴れ　単独・日帰り

百蔵山（ももくら）～扇山

猿橋駅～市民グランド～浄水所～西ルート～見晴らし台～百蔵山頂～コタラ山～宮谷分岐～カンバノ頭～大久保山～扇山（１１３８ｍ）～梨の木平～鳥沢駅

7：50駅スタート　13：47下山駅　6時間弱

２月も半ば過ぎ。いくら山梨中央線沿いの1，０００ｍ程の低山であっても、この時期は油断ならないと自戒する。ましてお決まりの単独山行であってみれば、くれぐれも用心が肝要。3：30起床。4：50外に出、5：12、２番電車に乗る。無風1℃、冷気が目を覚まさせブルッブルッ！まだまっくら闇を駅まで歩いた。コンビニで１１０円の産経新聞と売れ残りのオニギリ、クリームパン購入。電車、私の一両におよそ30人程度、圧倒的に男性。ダウンやコート・エリマキで防寒したサラリーマン・企業戦士…圧倒的に居眠りモードです。「彼ら、今日一日、仕事がうまくゆきますように…」と心の中で、願わずにいられません。（私にもついこの間まで、そういう毎日の人生だったから…）

……ひとつの小さな冬山、これも私の挑戦、やり遂げることで心と身体にエネルギーを補填しよう……

雪の具合はどうか?凍っていないか?天候は?まずまずの体調、軽アイゼンも持ったぞ。1～2日前から奥歯の歯茎が腫れてきてキック噛めない…痛まないか?登山届も書いて…など、どうしても小心翼々…となるから、おかしいネ。「早起きする、早く家を出る、電車に乗る」…ここまでが一つの勝負なのです。いつもの事です。

東京駅６：11、中央快速高尾行。高尾で甲府行各停に乗り継ぐ。
７：47、猿橋駅下車…

７：50スタート駅北口から・中央道くぐり、市営グランド右に見て、左回りに、小沢横切り。見晴らし台、稜線に出て、左からルート合わせ、右に登って百蔵山頂へ。９：47。誰も居ない。なんと雪がない。北面の真ん中にほんの少し。笑い出してしまう程の無雪とは。あまりにも正面に白くて大きな富士、絵葉書見ているようです。中年の男性１人、女性１人夫々単独で登ってきた。本当は挨拶を交わし会話もしたいのに、なぜか逃げるように山頂を後に。コタラ山経由で標高差３００ｍ以上を登りかえして扇山へ。11：05、後ろから来た60歳がらみのオバサンに抜かれた。近頃のオバサン共はやたらと元気よろしい。１，１０９ｍ大久保山。11：52扇山、山頂。うすぐもり、高ぐもり。山頂５～６人います。夫々関わりたくない…かのように離れて休憩やら食事……人間の習性か「群れたいのに離れている」「話したいのに怖そうな顔している…」

ポンカン３ヶ食べて頂上をあとにする。…花が好き、自然が好き、共に話したいのに話したくない…という生き方…年齢（とし）とった挙句の人生の処し方がそうであるかのように…。分岐まで戻り、一気に下山。２年前の同時期、林の中に30～40㎝の隠れた積雪があり、方向を見失うなど思わぬ苦労したのに今日は、ルンルン。クネ

〈見晴らし台から〉

クネ道も無雪でアッという間。ゴルフ場外周そして鳥沢着13：47着。正味5．5時間。下山途中の山中に一ヶ所、冷たい清水わいていた。澄んだ水と岩くずのカゲに沢ガニの小さいのが2匹いたよ。雪もなく、花もなく、新緑にもまだ早く。その分、葉を付けない木々の間から、丹沢、道志、富士、三ッ峠、大菩薩、三頭山、石尾根が良く見渡せました。どれもこれも若かりし頃、登った峰々。その時は、あいつも、こいつも一緒だったのに…と思うといささか感傷的になります。…（山を見れば思い出す。一緒に登ったあいつやこいつを）…「山を想えば人恋し、人を想えば山恋し」（百瀬さん）

稲毛海岸～猿橋・往復で2，700円也。（大人の休日割引30％）この交通費で1日たっぷり自然満喫、足腰鍛えられる…申し分ない一日。ゴルフなら会員料金でも一日約1万円かかる。1万あれば3回ハイキングやれるぜ!!「てくてく日本」することを日常の基本としている今の私でも、いつの間にか「てくてく慣れ」してしまう。今日のような一日の山登りが、私の血・肉に「喝」を入れてくれる。…飛び切り早い朝。山坂の登り下り。深い山の中での丸腰の自分一人。節々が痛む程の肉体疲労…などが安逸な日常に浸ろうとする自分を叱る。

春一番、二番など「20m／風速」以上吹き荒れた晴天続きのこの2月。木の枝はおびただしく折れ散らばっていた。寒気団と南岸低気圧がぶつからず、今日は無雪だったようだ。それでも1，500～2，000m級の山の北面にはそれなりに刃型の積雪が遠く見えました。

風雪を伴う冬のぶり返しは必ず来る。この低い1，000m程の山であっても。

鋸山から大岳山（1，267m）

平成29年2月26日（日）晴れたりくもったり　単独・日帰り

奥多摩駅～愛宕山～天狗ピーク～鋸山～御前山分岐～大岳山～茶葉峠～男具那の峰（奥の院）～御岳山～ケーブル駅
8：40～15：15　6時間35分

私の「てくてく日本、一人歩きの旅」では2月上旬、岩手の渋民から青森の八戸まで歩いた。その時、積雪に苦労し、惨めな思いをした。地元の人々は、積雪シーズンでの暮らし方、歩き方などは長年の知恵で対応している。私のように関東地方の雪も滅多に降らぬ処で育った者は、まあ簡単にいうと、撃退されたのです。峠越えもあるような岩手から青森にかけての、国道や県道を歩き続ける…という事は、この時期地元の人はそういう無謀な事はしないのに…というイレギュラーのことだったのだ。よって反省のうえに立ちそんな事から、2月中は、（てくてくはお休みして）千葉から日帰りのハイキング!!という事で、先週の「百蔵～扇山」に続き、今回〝鋸尾根・大岳山〟となったものです。一度、雨を伴った低気圧が通過しているので、少しは雪山気分も！と思いつつ……。

2／26（日）晴れ（の予報）、3：30起き。5：15稲毛海岸。6：11東京駅で中央快速、立川駅で後から来たホリデイ快速奥多摩号に乗り換える。拝島で五日市行を切り離した。8：30奥多摩駅着。大部分の人、駅前からバスに乗り・川乗山・雲取？方面へ。私の今日ルート「鋸尾根・大岳方面」には4人程いました。この鋸尾根は岩尾根で無積期、おもしろおかしく歩いたが、積雪で凍っている時は初心者には少し手強いケースもあります。橋を渡ってすぐ右の神社入口から山歩き開始です。グングン歩くと、いきなり目の前に気の遠くなりそうな急な石段が約190段！度肝を抜かれ、慎重に登る。すると愛宕神社境内、山の突起点に社殿と五重塔。本仁田山が良い形で対岸にドスーンと見える。3～4人と抜いたり抜かれたりだが、結局私はビリを選ぶ。（正直、ヤングマンにはついてゆけぬ）露岩、ハシゴ、クサリ、色々出てくる。有難いが過保護にも思える程だ。大天狗・小天狗・右手に御前山のバカデカイ図体が見えます。右手にやや離れてこれまた大きな山…行きづりの兄さんがいうにあれは六ッ石山という。そうかもしれない…と思う。

鋸山頂で丸太に腰かけ1人寂しく、コッペパンを腹に納める。この孤独感・静寂感がなんともいえずよろしい、悲しいような、嬉しいような。……同行する友もおらず、行きづりの兄さん、姉さんも先に行ったし、一人ぼっちで自分の体力に合わせ登り、休む。…友達といえば、ゴツゴツした岩、葉を落とし切った木々、折々の陽射し。そして時折足をとられるドロンコも…キザだとは思うけど…こんな全てが今日の友人です。誰も周囲に居ない時は、独りで歌を歌ったり、口笛を吹いたり草木にブツブツ話しかけながら登る…。30～40年前、大岳・御前を縦走した時、鋸山頂は通らなかった記憶がかすかに

あるが縦走路は山頂を踏むルートとトラバースルートと両方あるのだな…。

稜線の穏やかになった道をすっ飛ばして進むと、ちょっとした岩場・鎖場となって大岳山頂です。頂上直下はさすがに西北面で、うすい積雪と一部、ツルツルがありました。けれどもアイゼンもスパッツもストックも使用するほどではなかった。なんと山頂は満員！15人程が休憩していました。さすが「奥多摩三山」の一つ、人気の山です。12：20着。20分休憩して、下山へ。岩がゴツゴツ。神社へ降り立つ手前、凍っていたよ〝スッテンコロリ、一名目撃・しかし大事なし〟…のようだ。

私事ですが、私が29歳（44年前）の時、婚約中の今の女房と2人で「大岳山頂」に来たことがありました。まだ、どこかギコチない雰囲気もあったかなぁ…、夫々、もしかしたら別の事を考え、山頂からの大観を前にしていたかも知れません……見恋（見合いして恋愛心へ）なんていってた頃でしたよ…！　今は73歳、デレっとしないで気を締めて下るとしよう。

落葉の下に凍った雪、用心用心。分岐から鍋割山方面へ。ゴツゴツ岩尾根、奥の院（赤い社殿）に参拝。そして下りの岩尾根を楽しみながら下る。スニーカー姿の大学生風の男子2人、登ってくる。これから奥の院・大岳越えて奥多摩駅へ…というので、今はもう2時過ぎ。この季節、あなた方の装備では、止めた方がいいよ！と息子に話すように諭したら…、奥の院参拝後・引き返す…との事でした。本当に引き返したのかなぁ…としばし気に揉む。

ともかく、私も、この奥の院ルート、意外に時間かかり、ようやく疲れも感じつつ御岳山神社到着…。ホリデー快速で帰りたいのでロープウェイ乗り場＋バスで、御嶽駅に出ました。
○大岳山から帰ったら、一週間ほど空けて3月初めに次は兵庫県の淡路島を3泊4日で歩いてみようと思います。明石大橋高速バスで、縦断し、四国との目と鼻の先の鳴門海峡傍の福良で高速バス下車。そこを起点にして、福良～湊～洲本～津名～東浦と淡路島を北上しててくてくやるつもりです。「雪で東北先送り」の代替です!!

青春の山、中高年の山、奥多摩のシンボル大岳山。今日一日、有難うございました。

淡路島を訪ねて…（2泊3日）…1

南淡路市・福良↓国民宿舎・慶野松原

平成29年3月7日（火）　俄か雪、みぞれ、晴れ間

福良港～福良口～八幡～志知中島～佐礼尾～志知～西路～御原橋・湊～慶野～慶野松原（国民宿舎）
13：30～16：30　＝3時間約11km

私のてくてく日本・一人歩きの旅は、およそ2年半前から始め、まずは本州の太平洋側を海沿いに歩くことからスタートし、西は下関・東は（北は）八戸まで、なんとか済みました。今年の2月初め盛岡から二戸を歩いた際、なにしろ厳冬期という事もあって、積雪・降雪に驚き、難渋しました。その経験から2月下旬～3月いっぱいでの東北歩きは一旦、休止せざる得ず、その替わりというか埋め合わせで、瀬戸内海の淡路島を訪れる事にしたものです。淡路島は、明石海峡から、反対側（四国）の鳴門海峡まで、背骨を走る高速道路ペースで、ざっと65km内外です。1日当25km歩いたとして2.5日くらいの距離です。てくてく…は一般道を歩くので70km以上かと思いますが、今回少々強行かな…と思いますが、2泊3日で頑張ってみよう…という事です。

3月7日（火）4：00起床　5：25（千葉市）稲毛海岸駅に向かう。5：47電車乗り東京駅へ。7：03新幹線ひかり号（岡山行）乗車。私はJR東日本発行の大人の休日クラブ割引を使わせてもらっているが、東海道新幹線はJR東海の路線、割引はしてくれるが、「ひかりかこだま」に限定されている。この3日間、現地の空模様は3日間共、雨マークなし。くもりがち…という。3月も上旬、ようやく春らしき気配が感じられる昨日、今日です。新神戸駅までの乗車です。WBC（ワールドベースボールクラシック）開幕。

〈今回の予定コース：1日目、新神戸下車、三宮から高速バスで一挙に大鳴門橋手前の福良まで高速バスで。「福良〜国民宿舎・慶野松原」まで歩いて宿泊。2日目は慶野から、主に県道125号線を歩き、洲本まで。ビジネスホテル泊。そして3日目は洲本から国道28号中心に東上し、津名、東浦ターミナルまで頑張る。そして岩屋まで歩いて到達出来るかどうかは現地判断とス。…というものです〉

新神戸駅下車、市営地下鉄西神線に乗り換え。三宮駅まで210円。早速エスカレーターで〝関西では、エスカレーターでの追い越しは左側から〟を実感。三宮で「バスターミナル、高速バス乗り場」をウロウロ捜す。高架下にあった乗り場から乗車。（神姫バス・ターミナル）ここのバスターミナルは狭いので、待合所で整列して待っていると、発車7分前になると、初めて乗車番線が表示される…というユニークなもの。手狭な番線を有効に使うための苦肉の方法らしい。いつも利用する人なら慣れてしまうが一過性の客は戸惑う。福良ターミナルまで2，250円。11：10発ハーバーライナー号です。時刻通りに発車。乗客ざっと20人。（…採算ラインだな、と思う）

高速に入る。初めの20〜30分ノロノロ渋滞。その後、スイスイ走行。港の一部とポートタワーが見えます。

右下はレール。月見山出口、第二神明道路。神姫バス運転手は反対車線のすれ違う同僚バス運転手と挙手のエール交換…事故防止の視点から、運転手同士の行き違い時の挙手は、業界での禁止行為ですが↓この禁止ルールは、「ある時、あるバス会社で運行中、互いに挙手をしたことが原因…脇見運転…で大きな事故が起き以後業界申し合わせで禁止行為としたのだが↑↓運転士の心理を理解しないルールだ！として運転士仲間では不評のルールです。

３２５０ｍの長い舞子トンネル（片・3車線）を出るとすぐ左に乗車のみのバス停、7人程乗り込んできた。海峡大橋を渡り、いよいよ淡路島です。なんと雨模様です。明石側はビッシリとビルと住宅。島内側は緑豊かな全くのローカル風景へと一変！この道路「神戸、淡路、鳴門自動車道」は淡路島の背骨のような山間、中腹をぬって走行し街中は通らない。千枚田風のミニ田んぼ。そして折々、山が切れて下の方に海沿いの街が見える。海沿いの街にはビルや観覧車も見え阪神に近い事もあり保養地にもなっていそうだ。左に「東浦出口」。ため池も多い。島ゆえ水不足なのかも。仁井トンネル（４２９ｍ）、川井谷トンネル（２６０ｍ）。小雨からミゾレとなってきた…。「北淡出口」、「室津パーキング」、播磨灘側に寄ったかと思うと今度は島の中央部（左）にカーブ。「津名一宮」出口。

トラックなど車そのものの通行少ない。意外だなぁ～。平地の少ない島だ。そびえている山々を見ると、一種の山脈のようにも見え、私の千葉県（最高峰、愛宕山４００ｍ）より高い山が多いようだ。最高峰は南淡路市の「諭鶴羽山、６０８ｍ」か。外にも５００ｍ級の山、多シ。ついに車外は雪もようです。バスのフロントガラスにもボタン雪が降りかかる。

「緑パーキング」、「榎列（えなめ）」、「陸の湊西淡」。高速を降り「志知」、「八幡」と通り、終点・海の傍の「福良」到着です。ここで下車。淡路交通のバスターミナルとなっています。すぐ傍に福良港です。12：30

○「諭鶴羽山（ゆずるはさん）」…登山道は5コースあり、瀬戸内海国立公園内で、特別地域に指定された自然の宝庫。巨木多いとのことです。

「道の駅ふくら」「うずしお観潮船のりば」「足湯」「淡路人形座」「福良マルシェ」それにレストラン。その一つの店に入り「あなご丼」を食す。（1，100円、少々固かった）バスセンター経営の淡路交通は、バスセンター敷地内に25台以上もの大型バス駐車中。淡路島には昭和30年代半ばまで、鉄道が走っていたが、廃止。今、淡路交通の社名で、島内の路線バス・高速バスで経営を持ちこたえている…という。港周辺を散策して1：30。いよいよ淡路島でのてくてく歩きスタートです。慶野松原を目指す。福良築地（交）、南淡庁舎前 、（バス10本／日）、100m程左側に幅5m程の道ありてこちらには古い民家多いが旧道か。

〈福良港〉

東本町♀で旧道に入る。「壇尻・倉庫」（山車小屋）、と社です。福良口（交）福良中学…「ダメダメ絶対ダメ！麻薬・覚せい剤」「神は心を見る」「祝日には国旗を掲げよう」「南淡地区の汚水マスの絵… …橋と渦潮」です。道路沿いの花壇まで渦巻型です。八幡(交)左折して県道31号線へ。この辺りは広々としており淡路島では珍しい平野のようだ。左折時に反対側先頭車にミニパトが居たのに、これに気付かず赤になっても平気で右折した軽が見事にサイレンを鳴らされ捕まった。道端で中年のオバサンが盛んにペコペコ頭を下げていた。賀州八幡社にお参り、浩宮様参拝碑あり。（令和となって天皇陛下に即位された）

八幡北（交）左に「ミニイオン」〃イオンは年中無休7：30～23：00〃とある。両サイドに乾燥した畑（田んぼ）が広々とひらけている。玉ねぎか、ネギか？そんな中、田んぼの中に屋根と骨組みだけの小屋があっちこっちにも…何だろう？作物は「玉ねぎ」であることがわかった。ほとんど水がないのに育つのかなあ。緑の道しるべ。賀集公園、志知中島♀（らんらんバス）。淳仁天皇大炊神社の大理石碑（右）。左の山裾には大きな寺が二つ並んでいます。「水なしでも野菜を育てる南淡路かな」

○淡路のたまねぎ：広く知られた淡路のブランド品。糖度が高く香りも優れ、特有の辛味も薄く、繊維もやわらかい。一枚の田んぼで夏は米をつくり、米が終わると同じ畑で玉ねぎを作るのだそうだ。田んぼのアッチコッチにある屋根と骨組だけの小屋で、収穫した玉ねぎを乾燥させるのだそうだ。（慶野国民宿舎のオバアさんの話）

山路川橋10ｍ、佐礼（され）屋（らんらんバス）三原、志知（しち）小前♀、志知（交）、西路（交）左折。新川5ｍ（にしじばし）。橋の四隅に大きな鬼瓦。西路（にしじ）中、西路北（交）。右も左も乾いた田んぼ。水路は堰から。左・Ｓｅａｐａ・コメリ・ショッピングセンター。県道31号線湊（交）です。右手に民宿花円あり。左・産業会館、旧西淡庁舎前。（コミュニティバス、らんらんバス停）右折・御原橋、ここもまた四隅に鬼瓦です。シャチもあるよ。

みはら川、海と港が近く幅も広い。川幅１００ｍ。橋などに瓦がふんだんに使われていた。

○淡路瓦：淡路瓦は４００年以上の歴史を持ち瓦づくりに適した粘土を利用し、耐久に優れた強く美しい「いぶし瓦」であるのが特徴です。

県道31号線沿いに瓦工場が多数あった。また、淡路島は「線香・お香」の国内生産の70％を占める一大生産地です。県道１２５号線（明日歩く）沿い近くに「淡路瓦体験・安富白土瓦」もあります。松帆（交）西淡中学（西）。慶野松原の標識。左折して海の方向に３００m足らず進むと「慶野松原国民宿舎」に到着。16：30。海が近く風が強いなぁ。

止まっているとブルブルする程寒い。それでも宿の傍の駐車場を抜けて浜に出てみる。視界が一挙に開け目の前に播磨灘。冷たい風が10m以上吹き寄せる。立派な松並木がゴウゴウと鳴っており、浜に寄せる波は何かに怒っているかのように荒れていた。

○慶野松原

国の名勝地指定。「日本の渚百選」「日本の夕陽百選」「快水浴場百選」に指定され、南北2.5㎞に及ぶ白砂青松の砂浜です。夏は海水浴場、キャンプでにぎわう。浜沿いに数万本はあるという松林・大木も多い。「鬼塚」「プロポーズ街道」「いぶし瓦をあしらった散歩道」あり。和風の宿で畳10帖の部屋にぽつんと1人。自分で布団上げ下げ。夕食は食堂で、10人程の合宿学生と一緒。おいしかったよ。一泊2食で9，０００円弱。夕刻、部屋の窓から下の駐車場に目を落とし〝ボー〟としていたら大きなタヌキがヨコヨコと横切っていった。風がぴゅーぴゅー鳴る夜でした。

淡路島を訪ねて…2

慶野松原↓洲本

平成29年3月8日（水）　俄か雪、みぞれ、晴れ間

国民宿舎↓西松帆三叉路↓三原川水系倭文（しとおり）川松島橋↓淡路島十三仏霊場第二番栄福寺↓掃守（カモリ）♀・（交）おのころ島神社↓倭文長田↓ほたるの里公園↓高速バス乗り場↓広田八幡神社前↓大宮寺↓南淡路市緑庁舎↓初尾川↓深池↓大野（交）↓桶戸野川↓池田校（交）ファミマ↓物部（交）↓8丁目商店街・5・6丁目アーケード街↓厳島神社・念法寺・お登勢の像↓洲本城天守閣↓資料館↓大浜海岸公園↓海月ホテル（ビジネス館6，０００円）

8：45〜16：35　＝8時間約25㎞

昨日は前半・高速道路バス車窓から淡路島全容を見つつ福良まで来た。（鳴門海峡傍）ファーストインプレッションとして想像外に山だらけ！だった。これは島の背骨に当たる山地を縫って造られた高速道路から見た印象だからか…。そして午後は福良から斜めに島を横切り播磨灘に面した湊地区・慶野までざっと10㎞余りを歩いた。一番の印象は「たまねぎ畑だ。カラカラに干からびた田んぼに稲作の裏作として栽培されていてその量は圧倒的でした。そして湊地区に至るまで平地で三原川を中心とした三原平野が淡路一番の平地で農業が盛んであることを認識。明けて今日（3／8）予報では「くもり・時々晴れ処により俄雨か雪」なぜか昨夜は胸に動悸を感じ2時間くらい少々不安にさせられた…。大事ありませんように、と今朝を迎えた。宿の朝食時間に合わせて8：45てくてくスタートです。今日は洲本を目指します。

松帆（交）（西淡中学入口）を左折。西松帆三差路♀県道125号線に出る。大きな水路。幅30ｍはあろうか。

三原川水系倭文(しとおり)川松島橋。左の水路に水門あり右へ川沿いを行く。海が近いせいか水満々。川向こうに松帆小。松帆橋♀県道125号線川沿いを上流へ進む。ここは南淡路市松帆塩浜です。右は三原川独田橋?脇田♀停留所名が裏面のみに小さく書いてある。〝所かわれば品かわる〟ともいうが、バス停名は歩道側にも車道側の双方に表示した方がベターと思うけど…。川を挟んで両側ともに民家まばら畑が目立ちます。堰(ため池)もみえます。右の川はすっかり水量が減りさらさら流れる程度の浅い川のようです。サギが小魚を狙って浅瀬を泳ぎ、アシのかたまりからコガモが4～5羽出てきて水面を渡っていきます。岸辺の私には一匹の魚影も見つかりませんが…。右側岸辺にせんだんの大木とその根元にお地蔵様です。通りすがりの流れ者(私)から5円のお賽銭と合掌！左にレタスやキャベツ栽培もみられます。淡路島十三仏霊場第二番栄福寺（左）。乗合バスが後ろから追い越していった。狭い道路に大きいバス。小型バスにしたいのはわかっていても「まだ使える大型バス」のほかに小型を買う資金を節約しているのだろう。バス会社（ローカルの）事情も分かっていますよ。

川も細くいつしか分かれ、大きな集落住宅地に入る。道幅も広くなり、掃守（かもり）（交）。県道66号線と交差。右へ行けば「おのころ神社」方面。〈古事記や日本書紀の冒頭「国生み神話」に登場するイザナギ・イザナミの2神が海水をかき回して最初の島であるオノコロ島を作りそこで日本列島を創造した…という神話にまつわる神社〉左に行けば倭文方面。この交差点を直進。やや上り気味左カーブして山間住宅地へ。右カーブしつつもどると今度は直線道路。トラックが来ると止まらざるを得ず。やがて高架道（高速道路）をくぐる。ここにも三差路に「おのころ神社・右」の標識あり。工業団地方面との表示も。高速道路は左となって、倭文長田(交)。右側に日本最大といわれる鳥居。長田八幡宮の表示あり。長田橋5m、右に長田川ほたるの里公園があった。小川に面した綺麗な公園、というよりパーキングスポットとでもいおうか。立派なトイレありて、マイカー常に1〜2台寄り道している。この右側の小川一帯にホタルが乱舞するのだろうか。確かにほとんど民家もなく漆黒の闇ともなれば舞うのかも。これまでのところ淡路の道路端にはごみ捨てが多く感心しないけどホタルが舞うのかなぁ?トイレで用を足すとき、ふと天井をみたらなんとツバメの巣があり。すきを見て親鳥が入ってきた…。「倭文(しとおり)朝市場」開催のお知らせ看板あり。おやおや道端の草むらにツクシ出ていますよ。春なんだなぁ〜。ゆるゆるずーっと上りです。山の中です。小さな畑には動物除けの電気柵がある。倭文土井。右傍小川の源流なるもゴミだらけ。残念なり。左土手の先に「淡路ふれあい公園」とある。(0.5㎞)土井谷口♀。どうやら小さな峠越えか左、上に高速道路あり。左、上に上がってみる。階段あり。傍の駐車場に車を置いて階段を上がれば、徳島方面行き「高速バス乗り場」が利用できる。昨日バスで通ったルートだ。左上部に高速道路を感じながら県道１２５号線を下って行きます。道も広く良くなって前方が大きく広がって見える。宮ノ下♀広田八幡神社前(交)。立ち寄ってみる。左に入って行く。

神社に通ずる階段の一段一段に、「交通安全の石段」「願い事の石段」「家内繁栄の石段」「幸せの石段」「長寿の石段」と夫々表記されていた。隣に大きな大宮寺(だいぐうじ)。淡路四国八十八ヶ所7番の霊場でさつきの花の名所。天明志士の碑あり。広田梅林５００㎡の敷地に2種類の梅の木３００本余りあり、古くからの梅の名所として名高い。11:28広田(交)で国道28号を突っ切る。県道４７３号で洲本へ向かう。「ひろげよう子育てで支える地域の輪」。南淡路市緑庁舎(右)花時計がありました。広田♀みやかわ橋15ｍ(流れ５ｍ)。初尾川、淡陽信用組合。ここは南淡路市広田広田(ひろたひろた)です。「広田(南)淡路信用金庫」。左、広田小学校中学校…「南淡路市・洲本市組合立」とある。珍しい!!

左ずっと遠くに、この街を見下すような、見守るような富士山形の姿の良き山がずっとついてきています。麓に千光寺を抱える標高４４８ｍの先山か?(或いはずっと手前の２７８ｍの感応寺山かしら?)気になりました。前田橋〝ダムの放流に気を付けよう!〟とある。ここから山間の谷筋から少しくねって登ります。右、土手に堰があるらしい。土手に這い上がると半分に水量の減った大きな池です。その左にもう一つ並んでいた。

右に深池。(干からびている)うずしお建売分譲地・798万円より!と看板あり。3階建て洲本観光バス。潰れた?バス廃車?洲本ゴルフクラブ(右へ)。この県道は幅4~5mの狭いけどまっすぐな道。大野(交)、気になる名山はまだそびえてこちらを見下しているよう。〝ダマネギの皮茶〟。「洲本タクシー(エエ仕事しまっせ!の看板)」左。赤坂団地、ルーテル協会。右、鮎屋の滝(ダム)。右、桶戸野川、宇原県住、川沿いに分譲住宅など増えてきた。ヤマトの配送センター(ドライバー不足、募集中!の看板)池田橋(交)左へ行けば洲本インター。右、ウェルシア。左手のファミリーマートで休憩。店外のベンチに座りリュックからテルモスを出してインスタントコーヒーを入れて飲む。ここでミス、忘れ物した。一服したベンチ傍にテルモス忘れた。(愚かなことに千葉の自宅に帰着してから気が付いた。ドジ!ドジ!!1.3万円もした舶来の冬期登山用の自慢のものなのに…トホホ…)〝いつかどこかでポカをやる僕のてくてく〟

12:45山あいで拾った棒を杖にして春めきつつある洲本の街に入っていく。右には野球場?河津桜の並木。御前大明神(右)、物部(交)、市立清雲中学。右、マルナカ物部店。中島(交)右折、僧の橋、物部橋(20m)、サンタナカ(八百屋)、右手前、前方急な山の上に城が見える。あんなところにお城が!!「責めるより、許す心と思いやり」8丁目商店街。(半分くらい閉まっている)これよりアーケード街両サイド商店、7.6.5丁目商店街とアーケードは続く。いやあ!なかなかの商店街ではないか。6.5丁目と進むにつれ営業中の商店は多い。ウームさして大きな街でもなかろうに、洲本はなかなか頑張ってきたのだなぁ。アーケード内に休憩所、広場、観光案内カウンターあり。ベンチに腰を下ろし、先ほど買った1個100円のイヨカンをむしゃむしゃ!アーケードから出て右折。厳島神社にお参り(10円)…「神頼み　そんなに頼むか　その額で…」(読み人知らず)

○巌島神社

島内では通称「弁天さん」と親しまれ、幸福の神として、家内安全、交通安全、商売繁盛、安産のご利益を受けに参拝客多い。境内には稲田氏の祖先をまつる稲基神社、庚午事変の時代を生き抜いた一人の女性、船山馨の名作「お登勢」の碑があった。11／21から三日間の弁天祭は淡路最大の祭りだそうです。

○庚午事変（稲田騒動）

洲本の市民ならだれでも学ぶという地元で起きた事件。淡路を含む徳島藩は幕末時、佐幕か勤王かで揺れていた。藩主峯佐賀斉裕は将軍家斉の第22子。その筆頭家老稲田家は陪臣であったとして一級・低い身分（士以下の卒）におかれ俸禄も低かった。維新直後稲田家、及び家臣は士族編入を求め、徳島藩からの分家も含め新政府に求めた。このことが原因で藩直臣の反発を呼び、いわゆる庚午事変が勃発した。稲田家は15人死亡。自決２人などの犠牲を出した。事変後の１８７１年以降、稲田家家臣、家族は順次北海道へ向かうも１８７１年８月和歌山県周参見（すさみ）沖で83人行方不明。また、北海道に渡った人々も厳寒の地で厳しい苦難に遭遇。船山馨の小説「お登勢」には苦難の人々が描かれ近年「北の零年」として映画化された。

洲本警察、裁判所、年法寺前を通り大浜公園右折。「ホテル　夢海遊」の裏手からの登山道に入る。カシ、シイ等の常緑樹がうっそう。城（洲本城）のある三熊山は暖帯林などの植物の宝庫という。急傾斜だが立派な道を息せき切って20分。山頂天守閣（昭和3年復元の模擬天守閣）へ。眼下に広がる洲本港、市街など誠に絶景でした。しかし風当たりがすごく寒さで縮みました。〈１５８５年に賤ヶ岳七本槍の一人、脇坂安治は豊臣政権下洲本城に入り、24年間在城の折城の修復につとめたほか、九州攻め（１５８７年）、小田原攻め（１５９０年）、朝鮮出兵（１５９２年）に出陣した〉洲本市は城下町としての趣も残っている。洲本市立淡路文化資料館は内容が充実しており、資料館前の道路の反対側に洲本城代をつとめた稲田氏公邸（向屋敷）跡もあった。大浜海岸に面した海月館のビジネス館に16：34着。入館前に付近の「ファミマ」でコンビニ弁当「かつ丼」を480円チンしてもらい、水割り（缶）おつまみ購入して投宿。窓から見ると波打ち際まで70～80m位しかない。寄せては引く波の音を聞きながら疲れた体を癒しつつまずは充実した一日を感謝しつつ就寝しました。

（今からおよそ60年も前のこと、私が千葉県館山一中在学中、同学の目鼻立ちの美しい女子生徒がこの洲本の中学に転校していった…なんて古い出来事があったっけなぁ）

〈三熊山山頂の洲本城〉

淡路島を訪ねて…3

洲本→津名→東浦ターミナル

平成29年3月9日（木） くもり時々晴れ・小雨

洲本・海月館ビジネスホテル→バスターミナル・岩田康郎銅像→洲本川（つり橋）→炬口漁港→水の大師堂→厚浜→平安浦（交）→宝生寺（ほうしょうじ）→岩手神社→塩尾♀→津名漁港→淡路ワールドパーク（右）→志筑明神→志筑バスターミナル→佐野港→柏原→御井の湧き水→釜口→仮屋→久留麻（クルマ）→東浦組合事務所→東浦ターミナルパーク（16：05）〜〜〜明石海峡公園〜〜〜岩屋〜〜〜新神戸洲本海月〜東浦ターミナル〜バス東浦ターミナル〜新神戸・・バス利用疲れた、時間かかりすぎ

8：15〜15：40 約7時間30分 26km

絶え間ない潮騒にいつしか眠りに入り、そして夜明けを迎えた。今日はよい天気になりそう。窓外の海も穏やかに見えます。宿が部屋の冷蔵庫に用意してくれたサンドの朝食セットを取り出し、味気もなく頬張りました。本館は上客、ビジネス館の客は〝ついで感〟がありあまり嬉しくなかった。さて地図を広げて、今日の大まかなルートを指でなぞってみる。2泊3日の淡路の小さな旅も今日でお別れか。昨夜WBC世界野球・日本VSオーストラリア戦、日本はサヨナラ勝ち…これもよい眠り薬となりました。8：15宿を後にする。海に沿って少し行き、漁協角を左折して、また、右折（県道）。マルナカショッピングセンター（左）。海岸通り（交）傍に「岩田康郎・銅像」がある。どんな人だったのだろう？

その昔、寺田筋の北、洲本川に「千草川と樋戸野川」が合流するあたりを三合というが、洲本川は、流れを南に振って港に流れ込んでいた。洲本川の土砂が堆積して大型船の入港が出来ず、たびたび洪水を起こしていた。当時の町長「岩田康郎」は流路を北側に付け替えることを決断。１９０２年から大改

修を実施。この完成により旧洲本川跡に紡績工場を誘致・「鐘淵紡績」が進出。1909年には第2工場も進出。そして続く拡張により国内最大級の紡績工場が完成。後に淡路市出身の井植歳男の三洋電機も進出することとなった。(洲本近代化の父)

海岸通り(交)を直進。左側は広大な「バスセンター」「図書館」「イオン」「医療センター」など大型施設が広い敷地に進出している。この辺一帯は往時・鐘淵紡績などの大工場のあった敷地だという。時代は変わって近代的施設に変貌していた。「洲本バスセンター」の広さ、設備などローカル都市の施設としては「破格の充実」とみた。何故だろう?

●淡路島

明石海峡から鳴門海峡までザッと70㎞ある大きな島で、洲本～福良間23.4㎞に1925年淡路鉄道が開通した。電化も実現、地域発展の原動力となったが、1966年(昭和41年)に廃止。それ以降、島には鉄道はない。フェリー航路充実の他、高速道路開通。両端の橋も開通するに及び、高速自動車交通の時代となった。そして陸上の公共交通の柱は、阪神や四国と直接結ぶいわゆる「高速バス時代」到来となった。

そして現在、福良・洲本・東浦には、南あわじ市、洲本市、淡路市の夫々の市を代表するバスターミナルがある。地元の「道の駅」・「ショッピングセンター」などと近隣し、「交通アクセス・商業活動」の拠点（昔の鉄道駅を中心にした繁華街のような）を成している。鉄道廃止後の町の中心（核）造り…の一つの見本だと感じた。

県立淡路医療センターを左に見て進むと、洲本川河口にか架かる大きな吊り橋（約１５０ｍ、州浜橋）を渡る。右手はもう海です。

橋を渡って水産センター傍を過ぎると右手・炬口（たけの口）海水浴場。左から国道28号が迫り合流。炬口北（交）、右手は第一種炬口漁港です。（やや！早くも小雨模様になってきたぞ）帽子・ブレーカー着用！左手に、山が迫る。石ケ谷♀（淡路交通　1本／1時間見当）左、水の大師、大師堂あり。国道28号は洲本市街を離れてずっと海岸線をぬって進む。（右下、寄せる波、点々と漁師民家）左は山裾、右がけ下は海…異常気象時通行規制区間ここまで。それにしても結構、車の相互交通量が多い。歩道というほどの歩道もなく、大型トラックなどの風圧もすごく、恐怖感ずる…。「車線引き、残った幅があれば歩道です」（読み人知らず）…。折角の景色もオチオチ見ていられない。厚浜南♀、入江に差しかかり穏やかに。また、民家店舗も集まっています。喫茶カプチーノ（左）気持ちよさそうな店です。厚浜♀、今川焼、たこ焼き、たい焼き、いい匂いが流れてきた。

カプチーノ12号店〈流行る店には理由（ワケ）がある！〉右側すぐ、道路傍まで海です。砂浜ありだが、白というよりは〝茶色い砂浜〟に近い色。厚浜北♀、民宿2～3軒、「海賊焼き！」だって、どんなものかしら？先程からゴロゴロっと聞こえる。春雷の音です。黒い雲のかたまり、まだ離れています。左に五色・安平（アイカ）方面をわける。平安浦（交）。

　右手に海を見て国道28号を進む。洲本市から淡路市域に入る。大阪湾が右手に広がっている。七福神寿老人・宝生（ホーショウ）寺（左へ２㎞）。

シーガイヤ海月（右）、岩戸橋20ｍ、右・海と砂浜。また、異常気象時規制区間へ、岩戸神社、左に洞窟あり。左・山側は高さ50～１００ｍもあろうか断崖絶壁、右は5～10ｍの崖下が青い海です。なかなか凄いところ。でも歩道がガッシリしており安心ＯＫ。振り返ってみると海岸線が（伊豆や紀伊半島のように）右崖から左海へ、幾筋もの山波が半島のように。急激に海に没している。あの黒い雷雲も今のところ遠くの空にわだかまっています。前方数キロ先の海岸線にホテル・マンション・工場…のような大きな建物が見えてきました。左には大きな大理石の鳥居があります。塩田（交）左県道４６９号線が分かれます。塩尾♀、右側は入江なのか水路なのか入り込んでくる。その海側に陸地があり、ヤシの木の林、なんと観覧車もあります。どうやら、塩田新島というらしい。〝淡路ワールドパーク・オノコロ〟、津名漁協塩田支所（右）、塩尾（交）、国道28号を歩いている。右側・道路そばに漁師の家か、漁協の作業場か、ワカメらしき海藻が香りをプンプンさせながら幾重にも干してあります。「志筑（しづき）明神」（交）、右・巨大モスラのようなもの?あり。志筑（交）・両サイド歩道完備の気持ち良き道路です。

　右側の島のような「埋立地」を志筑新島（しづきにいじま）と称するらしい。志筑港の中心のようだ。「志筑中央東（交）」、「津名港ターミナル西（交）」に到着、10：42。それなりのバスターミナルになっている。念の為、岩田方面行バス時刻表を見ると出たばかり。次は11：36との事なので、てくてくウォーク継続。10分足らずのいっぷくのあと、さあもうひと踏ん張り！とリュックを背負う。

「淡路ワールドパーク（ＯＮＯＫＯＲＯ）」２０１３年3月リニューアルオープン〈ジップラインアドベンチャー・
　海の見える足湯・立体迷路・それに大観覧車あり〉…これが遠くから見えたのだ!!

○淡路富士

今回参拝しなかったが、千光寺の記事をパンフレットで読んでいたら、昨日慶野松原から洲本に向かって「てくてく」歩行中、左奥に形の良き山あり。あれは「先山」かしら?と…思いしが、その通りであると確信したのでここに記す。…標高448mのこの山は「淡路富士」とよばれており、淡路きっての名山だという。この山の山頂に淡路西国三十三ヶ所巡礼の第1番札所「先山千光寺」が在る。本尊は千手観音で、7間四面の本堂・六角堂・三重塔などの伽藍が配置され淡路を代表する霊場として信仰を集めている(真言宗)……とのことでした。

津名地区の海岸線に塩田新島、志筑新島、生穂新島(いくほにいじま)の三つの埋め立て地があり、夫々、観光、工場、漁業、行政の機能を果たしていて淡路市の中心と認識しました。宝珠川の橋を越え(志筑大橋)、石神(交)、左奥に津名高校。そして津名中♀、この辺りでバス停ベンチで一息入れていたら、〝横山やすし風の土方のお兄さん(オッサン)〟が寄ってきた。〝あんた、どこに行くのかね?そこで待っててもバス来ないよ。そこのバス停へは、朝・夕一本ずつしか来ないよ。学生さんのバス停さ。バスに乗るんやったら、もうひとつ海側の通りに大きなバスターミナルがあって、そこから出てるよ!〟とアドバイスしてくれました。

(ここからバスに乗ろうとしたのではなく、たまたまあったベンチに腰かけていたのだが、しかしオッサンのいう通り粗末なバス停には一本しか書いてありませんでした)お礼をいうと〝イインヤ、イインヤ。気ィつけてナァ〟…と照れていました。いかつい面体でも親切でやさしい人だなあ…と感謝!!…「知る人も無き一人旅、他人の善意が身体にジンジンとしみるぜ…」立派な「津名港ターミナル」がありました。総ガラス張りのターミナルビル。場内には「高速バス、路線バス発着の電光表示」を見ながらの広い待合室、案内カウンター(常駐)があり、軽食も可、フェリー発着案内もある。地域が町のへそとしてターミナルを整備することをいかに重要視しているか…実によく体感しました。東浦までまだまだ13～14㎞もありそう。再出発、とにかく東浦をめざして、行けるところまででも…歩け！歩け！ターミナルから右折するように進み橋を渡り、淡路交通の車庫、市役所を右手に見て左折（津名大橋）更に大谷（交）で右折（国道28号）、大谷♀、スポーツセンター♀、生穂（いくほ）南♀（交）で右手旧道（？）を往く。漁協の表示（右）をみて生穂川の橋を渡り進む。右・佐野新島運動公園ボールパークあり。両側・古い民家目立つ。佐野漁港。キンセン花がまっ黄々、見事に咲いています。柏原♀すぎ、その先国道28号と合流。左・のしかかるような崖で右下には海迫る。歩道あるかなしか、交通量も多く身体と心、半分緊張しつつ行く。佐野小井♀。「御井の湧き水（左奥）」：まぼろしの名水」古事記によって伝承された由緒ある岩清水。奈良時代に皇室で使われ御料水であった…と伝えられる。小雨模様となってくる。今歩いている道は国道28号であり、四国街道であり、淡路東浦街道ともいうらしい。石釜口漁港、野田♀、砂浜はわずか。家増えてくる。左、妙勝寺。また、左山裾、右下に海。左上に巨大な観音様（世界平和大観音像：30ｍ位あるか）・六重の塔。雨降りで気がめいります。屋外広告物禁止区域、南の町　、右・仮屋漁港、勝福寺、白い鳥居の右は大阪湾で、海岸沿いは仮屋漁港、左は東浦中。左、伊勢久留麻神社。久留麻（くるま）、絶え間なき雨がこたえます。気力失せ気味。東浦総合事務所。左、西念寺・松帆神社の表示。（行ってみる気力なし）浦（交）・（橋）・浦川渡る。通りはすっきりした立派なものです。右側に「道の駅　東浦ターミナルパーク」、「中浜猫美術館（市立で12階もあり総ガラス張りの大きな建物）」が現れた。東浦ターミナルに着いたのだ。雨に濡れると身も心も疲れる。雨に降られるとメモ取れぬ。3月上旬の氷雨にグッショリ濡れると心がいじけてしまいました。15：40あと4㎞程先のウェスティンホテル（淡路夢舞台）までとの気持ちはスッカリ消えてしまった。

　今日は終盤、大分アタフタとしたな。東浦まであと13㎞を意識しすぎて急がなきゃ！という焦りがあった。途中から冷たい雨模様で。やんだり、強く降ったり…でこたえたなあ。一人でてくてく…はもっとノンビリ寄り道もして…が本来なのに。今日のうちに帰る…という気持ちが背景にあったからだ。私のペースだと、もう一泊すべきだったかも知れない…と少し後悔した。東浦のおみやげやさんから孫達に宅急便手配した。ここから高速バスに乗り帰路に付きます。

東浦バスターミナル16：05発・新神戸行高速バスに乗る（930円）国道28号を行く。右下方に浦港・大磯港を見る。「本四海峡バス（株）大磯営業所」大磯（交）、私的に整備したものかバスターミナルあり。左側、淡路夢舞台ゾーン。大きなウェスティンホテルの玄関までバス乗り入れる。裕福そうな三人のオバサンが大きなバッグを持ってイソイソと乗り込んできた。このエリア一帯「国営淡路島・明石海峡公園」…国営と称するだけあって実に整備が行き届いている。公園の中を走っている雰囲気です。鵜崎♀、警察、岩屋中学をすぎ、淡路インターにクネクネ上る。トイレ付きの気持ちのよい車両で、明石大橋にかかる。ほんの短いのべ3日間だったが、淡路島に別れを告げた。橋にも海にも、後方の島にも間断なく細い氷雨のカーテンが降りていました。

心残りの3点についてメモで追加しておきます。①大橋②震災記念館③高田屋嘉兵衛

①淡路島には唯一の自動車専用高速道が走っている。「神戸淡路鳴門自動車道」で全長89㎞あって島を縦断している。北東側の端は「明石海峡大橋」で神戸市内（舞子）・本州と直結。一方島の南端は「大鳴門橋」により鳴門ＩＣを経て徳島県（四国）と直結している。

◎大鳴門橋

１９８５年（昭和60年）６月に開通。全長1，６２９m、中央支間長８７６mの吊り橋。２階建て構造で上部は6車線の自動車専用道。下部は新幹線規格の鉄道のためで、現在は上部の自動車専用道4車線が供用されている。（道路2車線と鉄道2車線を追加できる構造になっている）「天下のうず潮」を眼下に大渦・小渦の奇観を眺めながらのドライブが楽しめる。「てくてく日本一人歩き」ではいずれ近いうちに「四国海岸線一周」の際、その第一歩は、淡路島を経て、徳島県から始めることとなる。

◎明石海峡大橋

神戸市垂水区と淡路市岩屋の間に位置する全3911mの吊り橋。吊り橋の規模を示す中央支間長、（塔と塔の距離）は1991mで世界一を誇る。主塔の高さは海面上約300m。（東京タワー333mに近い）水深があり、潮流の激しい海峡に橋梁技術の枠を集めて建設された。阪神淡路大震災には（1995年1月）当時、未だ建設中であったが、大きな被害もなくすぐれた耐震性を証明することになった。

②震災記念館

1995年（平成7年）1月17日午前5時46分。淡路島北部を震源として発生した兵庫県南部地震で「阪神淡路大震災」は、マグニチュード7．3、最大震度7を記録し、死者6，434人不明者3人、負傷者4万4千人…戦後最大の被害をもたらした。淡路島北西部ではこの地震によって野島断層（後に国指定の天然記念物）が地表面に現れた。断層は江崎灯台付近から南は富島地区まで海岸線に沿って約10㎞にわたって続き断層に沿って山側の斜面が1～2mも右横にずれ、50～120㎝隆起した。淡路市（旧北淡町）では北淡町震災記念公園を建設し、防災のための啓発活動を進めている。

③高田屋嘉兵衛（嘉兵衛記念公園・顕彰館・歴史資料館）

洲本（バスターミナル）から県道46号線をたどり播磨灘側に面する五色町都志にたどり着くと右手スプリングゴルフ場西隣に「ウェルネスパーク高田屋嘉兵衛記念公園」がある。司馬遼太郎小説「菜の花の沖」の主人公高田屋嘉兵衛の業績をしのぶ記念館がある。（今日なんとか…と思いしも淡路島を東西南北もれなく。寄ることはできなかった。残念也！）

1769年・淡路・国津名郡（現洲本市五色町都志）に出生。兵庫（神戸）に出て樽廻船の乗組員に。後に（1796年）1，500石積の辰悦丸を建造し、独立（高田屋）。蝦夷地との交易を始める。箱館に支店開設。

国後（くなしり）、択捉（えとろふ）に航路をひらき蝦夷地御用定雇船頭となり豪商に発展。ロシアの南下政策・緊張高まる中、水、食糧補給のため国後島に上陸したロシア軍艦ゴローニン艦長を幕府役人が捕らえた。翌年（1812年）艦長救出に来航した副艦長リコルドにより航行中の嘉兵衛は捕らえられる。後にゴローニンの解放と日露和解に至る周旋に嘉兵衛尽力、これを実現。この間の嘉兵衛の努力と功績は両国の間で高く評価された。59歳没。…（「兵庫県の歴史散歩」と「地元パンフレット」による）

おまけ（雑記）

・淡路の名物は「玉ねぎ、御線香に淡路瓦」ということを今や私は知っています。
・パトカーが止まっている目の前で違反をし、ピッピッピッ、ハイ一万円となったドジなオバサン！人間だもの。
・ネギだろか、聞けば「名物のタマネギよ」と農婦・胸を張った
・啓蟄に出てきた虫が鳥にくわれた（鳥にとっては虫解禁日？）
・夕まづめ、国民宿舎にタヌキが散歩す　君は今頃どうしてる？
・遠くなり近くなったり鶯と口笛吹の私の二人連れ。
・暗くなったら燈台さんお仕事ですよ
・暮れると寝て、明けると歩く山頭火の心爪の垢ほどは知る。
・フキのトウ、見れば天ぷら・ごまあえ浮かぶ旅の空。
・淡路島にも住める平地ありて13万人もおりますよ。
・夏は米、冬は玉ねぎと同じ畑で2回作るよ南淡路の人は。
・レールはなくとも町は栄える、淡路がお手本。
・おすすめの　ご当地料理は高くて、てくてくには喰えません。
・何やかにや　とにかく無事にていったん帰ります。ソーロング！フエアウエル！アウフビーダーゼーン！
サヨナラ!!

「てくてく日本・一人歩きの旅、時々山登り」ここで一服!!

平成29年4月9日（日）　くもり時々晴れ・小雨

浅間嶺（奥多摩）　880m　CCBバスハイク

約11㎞（歩）＝4・5時間（日帰り）

あきる野市檜原街道～（バス下車）～払沢ノ滝入口～（歩く）～滝往復～時坂峠～峠の茶屋～浅間嶺山頂～浅間高原～上川東～（数馬の湯）

千葉中央バス主催のバスによるハイキングツアー、約4か月ぶりの参加です。千葉中央バス（ＣＣＢ）は、バス車両数１００両超ぐらいの中小バス会社です。今からザッと20年も前、私が同社社長を兼務していた時期、増収対策として考え出したのが「自前のバス＋従業員による山中同行」により千葉県内の３００ｍ内外の山歩き…をしようと企画実行したものでした。〈今後は元気なお年寄りがますます増え、「健康志向が高まる時世」を踏まえたもの〉で、想像以上の反響と人気を呼び、今日まで続いているものです。（もうすぐ満20年になります）完全リタイヤした私は、一市民として参加・応援しています。私の趣味としての山登りは、〝単独行〟で通してきましたが、ここ10年、自らが高年齢（今73歳）となるにつれ「たまには人任せのプランに参加し、おしゃべりしつつ山を楽しむ…↓若いころならこうしたスタイルは堕落した、神聖なる山を汚す者共」…と或る種軽蔑していたのだが、いつしか自分も70歳を越えるような齢となり、人生観、山登り観も大いに丸みを帯びてきました。山を愛するオジサン・オバサン仲間とワイワイ・ガヤガヤ、上ったり下ったり、弁当食べたり出湯に漬かったりして日がな一日健康的に過ごすことの意味や有難さがわかってきました。

さてさて今回は、奥多摩の浅間嶺です。北秋川の流れと、南秋川の谷に挟まれた尾根歩きです。北側には北秋川の谷の向こうに御前山～大岳山の山波です。南側は南秋川の谷を挟んで笹尾根、その上に丹沢、そして富士の嶺です。コース中危険な個所もなし、行程も無理のない初心者・ファミリーＯＫのルートです。今日はバス２台で計70人の大人数です。主催者側が用意したお世話係（同行案内人）は５名です。下山すると、山あいの出湯入浴付きです。参加費用全て込み６，０００円です。

参加70人のうち女性45人、男性25人です。この男女比は、もうここ数年女性が断然優位です。美術展も音楽会もフィットネスもプールもオバサンが圧倒的です。連れ合いのお父さんは一体今頃どうしているのかのう！

バス下車、みんなでラジオ体操などの準備体操。班別にスタート。まず払沢ノ滝往復です。15～20分で滝とご対面。なかなか見事です。昨日は西風の荒れ模様でその分水量多し。落差30ｍという。二段となっており、上段は木の枝などで少し見にくいが、さわやか感充分でした。（あづまやがありました）そして登山口まで引き返したら、本ルートのハイキング開始です。ゆるやかに、春うらら、皆さんまだ元気におしゃべりです。林道を二度横切り、新緑・芽吹き咲いている足元のスミレの花たち、どれもこれも話題の種、時坂峠です。往時の生活道路の峠を越えます。シーズンなら開いている茶

〈払沢ノ滝〉

店を左にみて凍る戸沢。源流の水（村の飲料水の水源）も飲めました。タチツボスミレ、イカリソウ、チゴユリ、エンレイソウ…詳しいオバサンが教えてくれます。「花の名を聞いて忘れて山歩き」そして、カタクリの群落はおみごとでした。〝盗掘禁止〟の悲しい立て札、腕につけた高度計で８００ｍ近い松檜帯から雑木林になり徐々に視界も拡がる。三ツ葉つつじ（紫）も咲き始めています。２時間15分程で浅間嶺山頂展望台（９０３ｍ）です。思い思いの休憩場所で夫々お弁当、お茶、ミカンなどで昼食、談笑しています。それにしてもオバサン達はたくましい。男（ジーサン）組はサッパリ、口も動かない。気持ちのよい、歩き易い落ち葉のルートを歌をうたいつつ1時間15分で下山しました。バスで移動。「数馬の湯」では、五右衛門風呂に入りました。体調不良・怪我人もなく、まずは春本番の楽しい山歩きの一日でした。

○雑感（ホロ酔い気分・バスの中）

・山深く間伐の仕事する人はその日その日が山登りして山下りして暮らしてます。
・あんなに山奥の高台に住む人あり、お年寄りかその代限りの一軒家になるのかなぁ。（昨今〝ポツンと一軒家〟のテレビ番組あり、撮影隊が行って、皆で、テレビで、楽しんでもよいものなのか）
・一日ハイキングで山歩きしたからって何なのさ。↓「女房は達者で留守がいい」…と留守番亭主の独り言。
・この世には耕す人々と、耕さない人々がいて耕さない人の方がうるさくて、金持ちが多いんだってさ。
・私は源流でくんできた清水で水割りをこさえて帰りのバス車内でうしろの席でコソコソチビチビやってます。香りでバレました。
・渋滞ノロノロも気分によっては許せるときもあるんだ。…「対向車の渋滞眺めて上機嫌」（読み人知らず）
・二度と来ることもないだろう浅間嶺が雨でも降らしそうな雲の傘被りだんだん遠くなる。
・山の「温泉施設」利用客の男女比逆転で、女子トイレも大幅の改造中でした。

向山↓乙供（レール）↓野辺地（レール）↓下北↓民宿パーク下北

平成29年3月30日（木）

向山駅↓県道10号線↓第二みちのく有料道路↓サンクス角（交）県道8号線↓旧渋沢邸↓みさわ駅↓古間木三号橋↓三沢公園↓青葉温泉↓大きな池↓姉沼川↓姉戸大明神↓右・三沢墓地↓小川原駅↓耕面不倦の碑↓道の駅小川原湖↓湖畔↓上北駅↓県道8号線に戻る↓二ツ森橋↓左・セイワ↓平沼（交）↓乙供駅～～野辺地～～下北駅↓田名部川↓市立図書館↓総合病院↓本町（交）↓バスターミナル↓田名部小↓民宿パーク下北

11：20～15：55　4時間30分約21km　レール　野辺地～下北
16：50～18：00　1時間10分約4km　16：01～16：48

今回4泊5日の「てくてく一人歩き＝青森への旅」に性懲りもなく出かけます。そのスタートは青い森鉄道の向山駅となります。（去る2月5日に前回、向山にて終了させたので…）深雪の3月は避けました。東京駅7：36はやぶさ号です。4：30起床、6：19最寄りの稲毛海岸駅乗車。東京駅7：00過ぎともなると、平日、この巨大な都会の駅はもう沢山の勤・学の人々で混雑です。全く凄い一極集中です。新幹線新青森行で進行左側窓側、全て予約済。相当混雑と思いきや、乗り込んでみたら、なんと進行方向左・窓側のみが埋まっていて、他の座席はガラガラ。さすがに大宮で半分位埋まったが、指定席全体を通して50％程度の乗車率か。（やはり新幹線No1は東海道…客の数がちがう…と実感。JR東海がホクホクの理由だ）左車窓から雪をかぶった高い山々がみえる。雪やら雲やらで真っ白。3日前、大田原高校生を中心に雪崩に巻き込まれ8人死亡、怪我人多数の大惨事があったばかりだ。続いて安達太良山（あだたらやま）です。こちらも同日2名が雪崩で遭難した。東京では桜も開花！というのに高い山では大量遭難です。隣席の20歳代の兄さん、盛んに問題集を開いて予習しています。その兄さんは仙台で下車、資格取得試験だろうか。受験ガンバレ！仙台で多くの人々が下車。しかし、乗車してくる人も多い。仙台駅はさすがに大都市だ。並んで座ったら2人の間の「細い席のヒジカケ」はどちらの人優先でしょうか…お互い仲よく譲り合いで！という阿吽の呼吸で…かしら。車内販売のお姉さん、「笑顔絶やさずが売り！」のところ車内混んでくると、どうしてどうして、すれちがう客の間を強引とも思わせるテクニックですりぬけて行くよ！突然通路側から私に「スミマセン、トイレはどこでしょうか？」との老婆の声。目線を上げた私の目とバッタリ。みるからに田舎の年配者。言葉で教えてさしあげたが、教えた私が不安となり、結局席を立ちババさんの後を追い、トイレまで誘導、折戸の扱い、出てくる時のやり方、多分面食らう筈だ！と手取り教えてあげた。無事用を足せたとみえ、5分後にワザワザお礼に来ました。（小さな親切…でもチト恥かしかった。御節介が過ぎたかなぁ…）八戸駅に到着しました。

　私はここで下車。青い森鉄道に乗り換える前に、構内駅蕎麦で「かき揚げうどん」４００円を食す。ウマシ、ウマシ！腹をつくって、２両のワンマンカーに乗り込む。11：04発、三つ目が目的の向山駅。２月の時に駅舎ミュージアムで知り合ったレールマニアの兄さん居るかしら？残念、今日、閉まっており、いませんでした。ドアにメモをはさんでおいたよ。11：20、てくてく、いよいよ開始だ。ドンヨリくもり空、雪はなし、肌寒し、進行方向（レールの）右側

〈みさわ駅〉

の道路をレールに平行して歩く。ほどなく右前方へ行くと左からの県道10号線と合流し高架道をくぐる。「第二みちのく道路」です。なおも県道10号線を進んでコンビニ、サンクス角を左折。（県道8号線）左にレールが見えてくると、渋沢公園、旧渋沢邸との標識（左）がある。古牧を過ぎ、十字路で左へ、みさわ駅。左折して駅へ。大きな立派な駅（前ページ写真）。

西口と東口あり。東口駅広、広くて真新しい感じです。立派で広いが、バスや人影が見えない。駅舎を後にする。古間木（ふるまぎ）三号橋（15m）、先程の十字路に戻って左折。正面、（高台にに瑞泉寺あり）（コミバス）ミーバス♀、あり。高橋製材所、右に三沢公園標識。坂上って右カーブして坂上がる。左折すると下り。道端に大きなフキのとう。右、あおば温泉（県内初の釜湯）…とある。右手に大きな溜池あらわる。道路端と溜池の間の土手にフキのとう。坂上がって、清水町♀、広い通りに出た。県道8号線か。

ここは猫又。左カーブ下り。左側には葦？原と田んぼ。右側は湿地、荒地（ミニ日光の戦場ヶ原みたい）が続く。上り坂、三沢市民の森公園（右）、西駒♀、姉沼川20m。右手一帯台地に防衛省を表わす黄色杭が点々。米軍三沢基地ということらしい。右側の土手（人の手もやたらに入らないと見える）に私が今まで見たこともないようなフキノトウの大群落です。一つ一つの花がデッカイ。しかも神秘的にさえ思えて、フキのとう（花？）で感動したのは初めてでした。（水芭蕉やザゼン草などと共通するイメージを持ちました）〝フキのとう〟が大きい…ということは大きな蕗になるのだろう…秋田蕗？坂を下ると視界も開け、左手にレール、30連結はありそうな貨物列車が行きます。レール近くの小川の流れは姉沼に流入する姉沼川。水は左から右に流れています。（流れは小さいが良きせせらぎです）ずっと真っ直ぐ、ダラダラ上っては下る。左、ラブホテル〝アメリカ〟。右、姉戸大明神。

今歩いている道は県道8号「八戸～野辺地線」。右、「米軍三沢基地・東北防衛局」との標識。時折、耳をつんざくようなキィーンというジェット機の轟音！厳しいねえ、基地を抱える町は…。左に「こがわら(小川原)駅」。(駅名は、こがわら、湖の名は〝おがわら湖〟でした)

駅は無人、トイレもなし。10分休憩してスタート（13：25)、公衆浴場あり、右手に姉戸川温泉。県道を外れて右手の〝東北自然歩道〟へ。「下砂土路土地改良区」〝耕面不倦〟の大きな石碑（右)、砂土路川橋（15ｍ)。水路みたい、水満々です。右手に広大な湖が見え隠れ。坂を上って、小川原湖(おがわらこ)公園入口（右)。

今日はじめてのコンビニ、ローソンあり(左)。道の駅「小川原湖」、「湖遊館」、「旭町」♀、〝いで湯の里・東北町〟、小川原湖畔まで歩く。目の前に鏡のように静かな、しかし小雨にけぶるかのような広～い湖があった。波打ち際には小舟も係留されている。小さな桟橋あり。誰～も居ない。まだまだこんなに寒い時期の午后、静かなものです…。この小川原湖は県内一の大きさの汽水湖で、シラウオ、ワカサギ、シジミ貝などの漁が盛んといわれます。また、「玉代・勝世姫」の姉妹伝説もあります。

春先から夏にかけて、桜まつり、地引網などの外、花火大会、秋まつりの催しも多い…。湖畔に「大塚甲山」の歌碑あり。「上北町駅」は、周辺に集落民家多し。6：20～14：10まで駅員が居て、その時間内は待合室のストーブも焚いているとの事。小雨も降る中、うすら寒く15：00だ。どうしようか迷ったがもう一駅分、頑張ってみることとし、駅舎を背に県道8号線（交）まで戻り左折した。右手に湖をチラチラ見つつ急ぎ足で進む。高瀬川（七戸川）に架かる一ツ森橋80ｍ程を渡る。右側は小川原湖に注ぐ三角州のような地形に思えた。左のレールとは離れて里山を切り分けるように緩やかに上る。山坂の雰囲気が満ちてくると、両サイドに残雪が目立ち始め、忘れかけていた今日はまだ3月のうち！を思い出す。残雪は多くなり右の土手、左の林は雪景色といって過言ではない程だ。道路を横切る小川は左から右へ。雪解け水を受けて迸るように流れている。ただ黙々と、また、山間部の心細い、薄暗い道を焦るように急いだ。左カーブの下り坂を進むと国道394号と交差。レールも左から接近。なおも県道8号線を進むと左側に「乙供（おっとも）駅」の表示。霙（みぞれ）のような細かいアラレ？が降る中、やっとこ駅着。（無人）（16：11）

実にタイミング良く「おっとも」から2両編成のワンマンに乗る。すっかり残雪モードの窓外景色を見つつテルモスの熱い湯を飲み、板チョコを頬張った。次の駅「千曳（ちびき）」の前後はそれなりに山間地区、標高もあるのか、こんなにもあるのか…という程の雪です。長いトンネルを越え、出ると左の国道沿いとなり、雪もまた減って、下った所が野辺地だった。（16：22）大湊（下北）行きまで40分ある。改札を一旦出る。待合室に駅ソバ「パクパク」の表札。そこのオバサン（売店）からオバサン手作りのオニギリ120円とノリもち120円を購入してパクつく。「…てくてく歩き廻ってます…」でオバサンびっくり、話し弾む。結構なまってました。（田舎のズーズー弁ってこんなにも丸くて優しい言葉だったのかしら）

17：02発（下北半島）大湊行、ディーゼル2両に乗り込む。合計50人。（意外に多い！）駅を出ると複線電化の青い森鉄道線と分かれ、ディーゼルで半島へ…終点・大湊駅一つ手前の下北駅に17：58着…それまでの車窓風景を記す…野辺地を出てしばらく沿線両側、こんなに家があるのかという位、民家が続く。ひとつの驚きだ。雪まだら→全く無くなる。左すぐ海、野辺地湾が広がる。20年位の若い松林、延々と、続く。松林の中を切り裂くように…進む。とにかく海沿いを真っ直ぐに進む。車内アナウンスで松林を紹介していた。「海、松林、畑、笹、雑木」それに風力発電の巨大な羽も多い。とにかく、あのマサカリ型の半島を走っているのだ。松林、檜林を切り裂いてディーゼル（2両）が行く。スピードも出ています。途中、「陸奥横浜」は住宅集積の立派な町ですが大湊線「むつよこはま」は、駅もホームも哀れを誘ううらぶれた姿だった。自動車交通に完敗ということか。海岸線とレールと国道279号が平行、国道279号は「むつはまなすライン」「田名部道」という。ようやく大きく左にフック型に進むと、うす暗くなった下北駅着。夕のとばりが下りて不安な心をかかえながら地図を見て、3人に3度程尋ねて真っ暗になった中、街中を勘を頼りになんとか1時間強ガンバッテ、今日の宿「民宿パーク下北」の灯りを見つけた時は、人知れず涙ぐんだもんだ。宿のオカミも心配していたという。こんな時、もう少しで！もう少しで！と思い電話の一本も入れなかった事、反省しました。私の「てくてく日本・一人歩き」は、日本一周を一人で歩き通す…をモットーに一つの決心を以って旅している。けれどもあくまで自分の趣味として実行しているので、旅先で想定外の悪天候、体調等に依ってはレール、バス、タクシーなど急遽、最低限利用する事もありと思っている。今日の「乙供駅～野辺地」間（疲れ、残雪、日程、）は、そんな考えでレール活用しました。

また、今回のてくてくルートについて、「八戸～三沢～野辺地～浅虫～青森～浪岡～弘前…と、辿るのを基本ルート」としているのですが、陸奥湾を囲むようにして突き出ている大きな半島：下北半島、津軽半島をどうするのか。訪れるか否か思案したのですが、本州一周のてくてく歩きのルートから外れたものとするが、折角近くまで訪れて来ている事もあり、下北半島は大湊線で下北までレール利用で行き、現地散策。津軽半島については、津軽線で（外ヶ浜）蟹田までレール利用で行き、現地散策する事にしました。それから4月3日には、奥羽本線の「川部駅」から五能線利用で五所川原までレール利用で行き、現地散策する事に決めました。いわば「てくてく歩き、一筆書き一周のおまけ」というイメージで、自分に自分で妥協いたしました。

民宿パーク下北↓ 下北（レール）↓野辺地↓小湊（レール）↓（青森泊）

平成29年3月31日（金）くもり

民宿～バスターミナル・ホテル群～田名部（たなぶ）川～総合病院～合同庁舎～下北駅～埋立地～（下北駅）～～野辺地～八戸学院野辺地高～家の上～馬門（まつかど）っ子～藩境～狩場沢駅～国広～清水川漁港～小湊駅～～（青森泊）
民宿～下北駅8：15～10：00　1時間45分＝4km
11：20～16：20　5時間＝20km　計5時間45分＝24km

昨日は真っ暗となった18：00下北駅下車、すぐ宿目指してやっとこ19：00過ぎ宿着。この民宿、一泊二食付きで6，150円（素泊まりなら3，500円）飲み代込みです。ベットあり、個室。「トイレ、洗面、風呂は共同」、「歯ブラシ、ヒゲソリ、ネマキ」なし。「BSは見えないテレビ」と廊下にある漫画本で全て。夕食は、陸奥原子力関係の仕事人の3人と一緒。魚おいしい。小さい帆立の味噌汁、とびきり美味しかった。帆立貝焼き…夕食も朝食もおいしかった。宿の50歳がらみのオバサンと意気投合。それもそのはず、世間は狭い。息子さんが千葉市に仕事で居住していると分かってから親戚のようなもてなしを受けた…。だからローカルの民宿利用は外せない！

今日は下北の霊場、恐山参りを…と思ったが、調べてもらったら、5／1以降にならぬと積雪のため、道路は封鎖されたまま。バスの便もない…という。昨夜は暗くてわからなかったが、外にはまだおびただしい残雪です。窓から臨める山々も雪景色です。一か月は来るのが早かったのだ。

今朝は６：00起床。朝食を済ませ、おかみとひとしきり雑談し玄関でお互いの写真を撮ってお別れ。８：15宿を後にした。

天気はドンヨリ。真冬並みの体感温度。寒いブルブル。国道２７９号に出て下北駅を目指す。右、土手高台に第一田名部小。青い森信用金庫。松屋デパート。みちのく銀行。バスターミナル。（下北交通のバスタクシーの専用ビル）ターミナル建物等の施設老朽度を見れば、経営の大変さが見て取れます。ガンバレ！地域の公共交通‼ニューグリーンホテルなどホテル３～４軒あり。二級河川田名部川にぶつかり、右折する。右手、川の上流ずっと奥に頂は雲の中だが、型の良い雄大な雪山が見える。消防署、本町〒、ＪＲバス東北の〒もあり、下北交通と競合路線だ。ニトリ、三八五観光。恐山まで15㎞（右）とある。むつ総合病院。8階建ての大きな病院です。合同庁舎、ケーズデンキ、レンガ造りの立派な図書館。外周をなす花壇、植え込み、さつき、ツツジに木の板でスッポリ囲ってありビックリ！これが雪害対策のようだ。名無し大きな交差点左折。１００ｍもあろうか、田名部川にかかる大きな橋を渡る。プラザホテル、そして下北駅。（９：18）列車は発車時刻まで1時間はある。陸奥湾沿いに造成した埋め立て地突端の日本原子力機構近くまで歩いて往復した。（３㎞）雪が間断なくふる中三菱マテリアル、太平洋セメント工場の先でそこからは進入ストップ。突き出た岸壁から目の前に迫った入江対岸の大湊方面とその背後で大湊港にのしかかるように形の良い雄大な雪山。暗い灰色の雪雲に頂上付近を覆われた景観は美しさというより、人を寄せ付けぬ厳しさで私を、威嚇していた。

〈下北駅〉

後で分かった事ですが、大湊港の背後にのしかかるような雄大な山は、「釜臥山（かまふせやま）878m」と称する。宇曽利湖を中心に八つの峰が花開く蓮のうてなに例えられ、釜臥山はその一山を成している。慈覚大師円仁により開かれた恐山（恐山菩提寺）の開山期間は、5／1～10／末、入山料500円。釜臥山は標高878．6mあり下北の主峰といわれ、展望台、遊歩道が整備されている。（航空自衛隊のレーダーもあるとの事）

8：20、民宿「パーク下北」のおかみに見送られて歩きはじめ雪の舞う中、下北駅まで戻ったのだが、10分程、真新しい感じの待合室で一服。見渡すと14～15人も乗車するだろうか。その中に母と娘の親子連れが2組。見るともなく見ていると、娘の方はどうも新調したスーツ姿のよう、先程から母親の方が窓口の駅員とヤリトリしている。切符も買ったようで何かと荷のチェックもしている。フト！思い当たった。これは故郷を巣立って都会に出ていく娘と、途中まで（新青森駅かしら？）同行する母親…いわば巣立ちのシーンらしい。思えば明日から新年度の4月1日。この2組の母娘にとって、今日は特別な日に違いない。皆でエール！を発声してあげたくなりました。涙ぐみそうなシーンでした。傍観者風のオッサンは私ぐらいのもので、他の人々（地元）は、夫々自分の生活のためか他人のことを気にする様子もありません。

ホームに出て電車に乗り込む前、すぐ近くにいた25歳位のイケメンの兄さんと話す。なんと、千葉県柏近くの下総基地に赴任するという。大湊の自衛隊から千葉に転勤だそうだ。これも奇遇としかいいようがない。清々しい好青年でした。10：26、2両のディーゼル出発。昨日は暗やみ、今はくもりで雪模様だ。厳父のような釜臥山が雄大です。右手に海を見つつ、松林の中を延々と走る。たった2両ではあるけど利用者もそれなりにあり、ガタビシしているけど、大湊線は貴重な役割を果たしているのだ。

11：13野辺地駅着。下車して、てくてく本番スタート。今日も駅売店のオバサンから手造りオニギリ2個買った。頭にうろ覚えの地図で駅舎を背に歩んで10分。何か変だ。民家の玄関脇で掃除のオッサンに念の為尋ねた。〝国道4号は、反対側です。線路の向こう側です〟、とズーズー弁で教わる。みんな親切なんだ。また、私は先入観で失敗しました。県道208号で踏切を渡る。ビワ野（交）右折し国道4号に入る。（1㎞、15分の無駄）左、八戸学院野辺地西高、跨線橋、レール渡る。東京・日本橋から696㎞地点。〝一億の心に灯せ、無事故の灯り〟右手いつとはなしに野辺地湾の浜が見えています。小さな堤防も見える。国道の歩車道の境に3m程の紅と白、交互に塗った棒が一列に続く。積雪期の目印か。ここは〝家の上〟馬門っ子(まっかどっこ)。字が読めず立止まっていたら、通りがかった中年の先生らしきオッサンが、「まっかど小学校です。今年で創立123年になります」と教えてくれた。左、まっかど観光ホテル、馬門温泉入口♀（10本／日、十鉄バス…十和田観光電鉄バスの略）奥州街道の名碑、右手に「県史跡・藩境塚」（…塚は高さ10mの盛土塚が四つ、「津軽側に二つ」、「南部側に二つ」。1600年代、弘前藩と盛岡藩で境界紛争があり、幕府の裁定により決着をみた。）があった。一服です。

ここから平内(ひらない)町です。700㎞地点。（東京から）狩場沢♀、ホタテの活売店が並んでいる。海は右手20m程で届く。左に狩場沢駅あり。無人。↑これ、青い森鉄道のロゴマーク、綺麗な待合室。（4畳半ぐらい）跨線橋も青色です。トイレなし。（1：55）下り電車から2人降りてきました。細かい氷雨が降っています。上口広♀、右に神社、白鳥飛来地の看板、口広。右、清水川漁港です。下りてみる。対岸に下北半島みえる。旧道を辿る。ホタテのオンパレード。狩場沢・清水川地区は往年からホタテの水揚げが多く活況を呈していたという。今は見た目、港はやや広いが閑散としていた。国道4号に戻る。東平内中学・小学校（左）。平内町漁業協同組合清水川支所（右）、国道両サイド、間断なく民家が続いているのだが、人一人見ません。清水川駅、左上にあった。無人です。トイレなし。駅広は広いが何〜にもなし。青色の跨線橋がやたら目立った。…清水川漁港を歩いていた時、町内放送で「今日、午前8：00前、国道を熊が歩いているのが目撃された…云々…」と流れた。エッ！

熊。あっちこっち残雪だらけというのに、早くも！しかも国道…ビックリ仰天です。国道4号（奥州街道）に戻る。県道123号線を左にわける。川を渡って左、よごしやま温泉看板、堀替川、浜子地区、右手に入江と大きな図体の〝夏泊半島〟らしき盛り上り。国道4号線はレールを高架でまたいだ。右手は漁港。レールを跨いですぐ右へ県道9号線（夏泊方面）が分かれる。…夏泊半島：何か井上陽水の歌にでも出てきそうな響きを持つ夏泊…。下北半島と津軽半島は誰でも知っているが、両半島に抱えられた広大な陸奥湾の付け根部分にもっこり、大きく突き出ている、突端は椿山と呼ばれ、ツバキ自生の北限地（国天然）。7，000本以上のヤブ椿が咲く初夏に全山赤い花で覆われるとのこと。椿山の麓に椿神社あり。また、半島付け根に流れる小湊川河口に雷電宮がある。相撲の話ではなく、祭神…「わけいかずちのみこ・別雷命」とあり、平内地方の総鎮守として古くから信仰を集めてきた…と伝えられる。また、国の特別天然記念物として、「小湊の白鳥、及びその渡来地」としても知られる・（浅所海岸）。そして進むと左に夜越山公園、更に青森東高、小湊川の橋渡る。（川の流れ30m、橋80m）。左、やや遠くΩのような変わった形の山が目立ちます。小湊（交）右折し、小湊駅に向かう。平内町小湊駅到着。（構内に旧、引込線4～5本、赤サビていた。無人）（16：20着）今日の「てくてく」はここまでとする。予約宿のある青森駅までレールに乗る。16：32青森行2両ワンマンに乗車。17：05、青森駅着。駅前ビジネスホテルに投宿となった。

今日の行程の関りで、少し付け加え記します。

・下北・田名部神社

盛岡藩から社領百石与えられ、旧田名部町と周辺34ヵ村の総鎮守として尊崇。祭礼は8／18。下北地方最大の祭り。北前船によって伝えられた京都祇園祭の流れを汲むといわれ豪華絢爛な山車が市内を練り歩く。野辺地から下北に通ずる国道279号は別名、「田名部道」とも称す。

・下北・円通寺

一泊した「民宿パーク下北」を出て、駅方向に国道279号を辿ると田名部川にぶつかる。交差点を中心に手前左側に田名部神社、橋を渡って、むつ市出身映画監督、川島雄三の碑が建つ徳玄寺、その左手近くに円通寺があった。円通寺は1871年（明治4年）、戊辰戦争に敗れてこの地に強制移住させられた会津藩の藩庁となった。会津藩改め斗南（となみ）藩3万石は当時3歳にもならぬ継嗣松平容大を擁し、辛苦にみちた藩政を開始した。

・旧斗南藩史跡

「民宿パーク下北」を出て、駅方向に行き右牛高台に神明宮がある。その交差点を左折し、進むと県道6号線にぶつかり、更にそのまま進み、赤坂Ⓟ、和泉町Ⓟを過ぎて、15分位で「斗南ケ丘公園」「斗南藩史跡」がある。ここは戊辰戦争で敗れた会津藩は領地を没収され、三戸、二戸、陸奥国北三郡に3万石を与えられ移った。その後、海運に目を付け田名部町円通寺に藩庁を移した。当地での開拓は不調となり多くの人は去ったが、踏み止まった中から陸軍大将・柴五郎や東京帝国大学・山川健次郎総長が出た。

柴五郎については石光真人の名著「ある明治人の記録（会津人柴五郎の遺言）」がある。

「…伏するに褥なく、耕すに鍬なく、まこと乞食に劣る有様にて草の根を噛み…」に続く内容は涙なくしては読めません。

・下北半島

昭和18年生まれで、千葉県に生まれ育った私にとって（不勉強極まりないが）下北半島は、はるかに遠く、どれ程の人が住んでる所か、という大変失礼な認識だった。来てみて、成程、人口密度は低いものの、むつ市（下北、大湊…）・横浜町中心に想像以上に古い時代から、漁業や海運で栄えていたのだ。最も重要な漁業が中心で、これに海運と交易が加わり、いりこ、干しあわび、昆布、更には木材にヒバ（ヒノキ）を求め全国（エゾ地、東北、北陸、瀬戸内、畿内、東海）から廻船が出入したという。廻船問屋の中には豪商も珍しくなかった…という。とにかく大きな半島です。

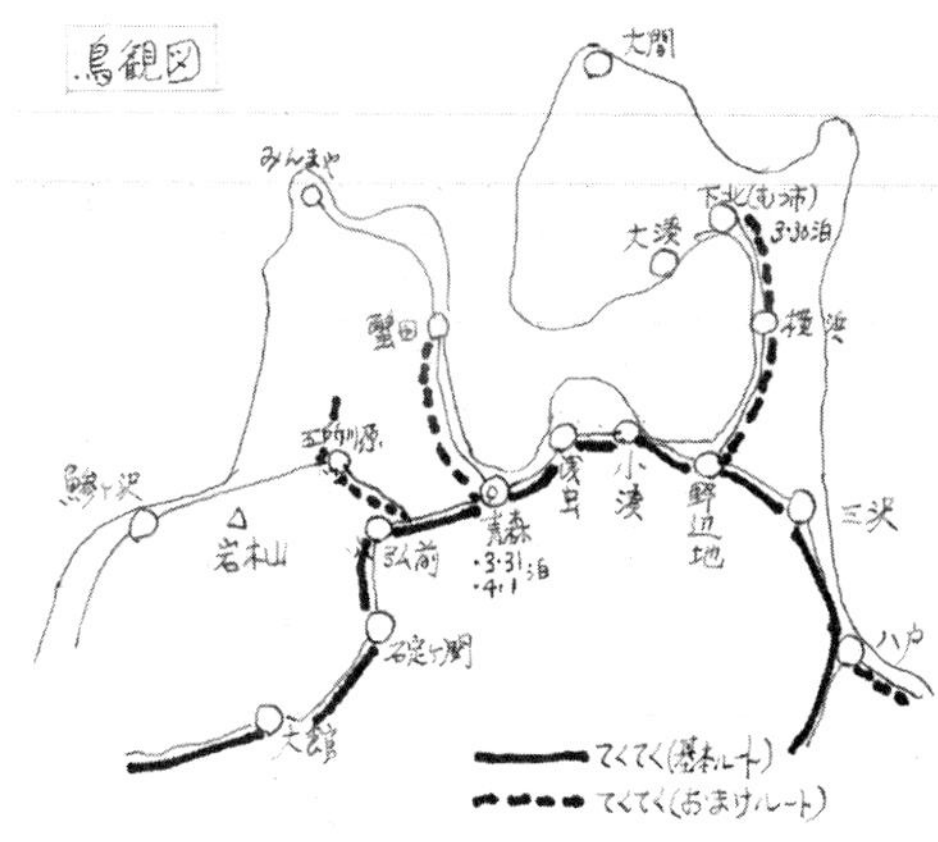

（青森）…小湊↓西平内↓浅虫温泉…青森…蟹田散策↕青森泊

平成29年4月1日（土）

青森～（レール）↓小湊駅↓歴史民俗資料館・平内町役場↓小湊（交）右折国道4号へ↓西平内駅↓西平内中学↓夏泊入口↓土屋↓青森ほたての里・ほたて大橋↓浅虫（交）↓浅虫温泉駅↓青森駅↓蟹田↓港↓観瀾山公園↓長楽寺↓蟹田駅～（レール）↓青森（泊）

8：30～12：00　3時間30分　＝15km

（蟹田散策）1時間40分、3km　合計18km

青森市は青森県の県庁所在都市。人口は30万人超え。私が初めて青森の地を踏んだ（といっても2度程通過した程度）のは昭和38年高校卒業時の春休みに同級生と二人で1ヵ月ほど北海道旅行をした際に、上野発の夜行列車で終点青森でいったん下車したときだ。朝方、青森駅着の汽車車内放送で「あおもり～、あおもり～終点あおもりです。どなた様もお乗り換えで～す」と流れ我々二人はとんでもないところまできた。これから更に青函連絡船に乗るんだ、との緊張感に身震いしていた。今でもそれらしき雰囲気がよみがえってくるのです。その時確か人波は自然に連絡船埠頭に続くところ、私等はおよそ一時間ほど駅の外に出て青森駅近くの空気に触れたと思う。なぜか石炭色の街と黒っぽい人の波、大きな船…。活気を感じたというより、天候気温風土などにおののいていたのかもしれなかった。その時から数えればざっと55年も経っている。とにかく今も昔も本州最北端に変わりはなく、雪や寒風にさらされる。厳しい冬は長く、それだけに陽光あふれる春の訪れを迎える人々の心は暖国育ちの私どもとはとても違った感覚があるはずだ。ともあれ、今は平成29年の春だ。東北本線の黄金時代、道路網整備と自動車交通の発達、在来線の客減り、高速道路時代、そして新幹線の延長…。と変革が起きるたびに、人の流れも変わり、人口減少時代もかぶさって、一部の大きな都市を除けば、地理的条件、経済的基盤の弱さ等から「地方の時代」が叫ばれながらも今日、青森県の抱える課題は（都会的発想からすれば）誠に厳しいものがある…。

平成29年4月1日、新年度初めの今朝の天気は晴れ。空気は真冬の寒さかというくらいの4℃。（私にとっては）青森発八戸行7：52の鈍行に乗り、昨日の「てくてく終点」の小湊駅までレールで戻る。土曜とあって高校生はパラパラ。代わりに中年オバサングループが7～8人ウォーキングスタイルで乗車、はしゃいでいます。昨日足の裏の皮膚がふやけ、少々痛んだので今朝両足裏テーピング。「八戸～青森～弘前」とてくてく歩くに関し、大きく突き出た下北と津軽の両半島どうするか。歩きの一筆書きで両半島突端まで歩くのはさすがに気後れするものがあり。さりとて無視して素通りもままならず。結局、下北半島については大湊線。津軽半島については津軽線。更に川部から五所川原については五能線を夫々便乗することでむつ市、外ヶ浜町、五所川原市までお邪魔することにした。これらにとられる時間のため「てくてく本ルートすべて歩く」…の原則が一部崩れてしまった。自分自身に葛藤があったことを記しておく。青森～小湊レール６８０円也。小湊駅下車。駅から浅虫温泉方向目指して歩きます。

駅舎を背にして、のぼるように少し行くと右側に「平内（ひらない）町歴史民俗資料館」。ここに初代・高橋竹山資料展示室があった。私レベルのものでも、津軽三味線の名人「高橋竹山」の名は知っており関心を持って見学。

平内町小湊に生を受け、幼少期に失明。三味線を学び、旅芸人として流浪の旅を続けた。昭和47年、竹山を題材にした「かんばち」がテレビ部門で芸術祭優秀賞を受賞。一躍脚光を浴びた。平成10年

87歳没。
◎〝風雪院調弦竹山居士〟（以下、竹山独り言）
・祭りだけが楽しみだったんだな
・おらの子供の頃の記憶は全部祭りだ
・祭りの笛が聞こえてくると、じっとしていられない気分だった。
・…世間という学校からわたしは　人間を見る目をもらったと思っている…
・山では小鳥でさえ生きるのに必死で鳴いている。
その鳴き声にはみな意味があることを知りました。
いのちの音、心のある音、生きた音でなければ
聞く人の心に通い合わせることは出来ない…。
（・演歌歌手北島三郎の「風雪流れ旅」は「高橋竹山」を謳ったものと聞いております。）

「ご家中の松と欅」…松と欅の大木あり。しかも道の真ん中に！浄尊寺（欅の木）類稀なたくましい大木だ。右に夏泊ゴルフリンクスコースの標識。右：古くて大きな日光院、ひきち病院。左：内童子へ４㎞、スーパーサンデーイオン。福楽餃子店平内中央病院通り♀青森まで24㎞、スキー工場前♀、平内町藤沢♀、高速バス運行全国展開しているピンクボディのウイラーバスが二台通り過ぎる。この辺り全くの直線道路（奥州街道・陸羽街道）。右側に延々とシェルター。４ｍほどの高さ。下１ｍは吹き通し。これは冬季の豪雪や風雨（ヤマセ？）を除けるためのものではないか。春先になると外すのかしら。（少なくとも風雪から道路交通を守るためだ！）左：「**農魂は国を守る**」の巨大なミカゲ石の碑：平内西部土地改良区とある。ここは東津軽郡平内町。「西平内（にしひらない）

駅入り口」右へ。ここ717㎞地点。米内梅吉碑。10：10、流石というか国道4号上りも下りも交通量多く、特にトラックの迫力がすごい。たっぷり排気ガスを吸わせてもらっています。「バス停待合所」に入って座り、青森駅構内売店で買ってきた握り飯2個今食べています。待合所のごみ箱になぜか「大五郎」と大書きされていた…。「営業開始から（昭和12年〜）、80周年。これからも地域の足として頑張ります。 平内市民バス＝セイフティバス」→下北交通の決意表明ポスターが貼ってありました。

○県や市からから補助金を受けて運行しているバスだと思うが、今ローカルではマイカー増と人口減で公共交通（レール、バス）サービスが著しく低下しつつある。地理的環境を考えれば下北交通も〝経営大ピンチ〟は想像に難しくない。マイカー相乗り制度などのアイデアもあり、実証実験もされている。が、一人住まい、高齢化の中、お年寄りの移動手段確保に悩む地域、自治体は今や全国問題です。ガンバレ！下北交通！

平内町立西平内中学（左）、山口小学校を過ぎて大陸橋です。「漁業こそ大事な地場産業（県漁連）」平内中野バス停、夏泊入り口（右）、水産総合研究所（右）、土屋、浪打（左下へ）。長いのぼりから峠を越えて下りにかかると前方に海が拓けドンドン海辺に近づく。左手、山の中腹を2両の電車が行く。右手は海。真ん中ほどに丸くて浦島太郎を背に乗せた亀のような島。それに左やや遠く筆立てのような長方形の島も浮かぶ。4線右側（海側）には4〜5ｍあろうかという頑丈なシェルターが波や風を防ぐようにずっと続いており、シェルターの隙間から覗くしかない。左下に「青森ほたての里」「ほたて広場」「物販センター」など並んでいる。私はこれらの施設の上空を行くような高架線（半分は海の上）＝ほたて大橋？を進む。諸施設は旧道沿い…ということか。青森市浅虫（交）、左：水族館、右：浅虫観光ホテル、浅虫温泉のホテル群が国道沿いに並んで見える。海（陸奥湾）にはポッカリ赤い鳥居のある湯の島が浮かんでいます。

○浅虫温泉

一説に平安時代開湯の伝えもある古い温泉地。旅館9軒、民家2軒による湯めぐりの「麻蒸湯札」が発行されている。海水浴場(人工砂浜、サンセットビーチ)、ウインドサーフィン、釣り、ねぶた祭…など多彩なメニューあり。

日射しで火照る程だったり、氷雨も降ってきたり、暑かったり、濡れて寒かったりしたが、ようやく左に浅虫温泉駅をみて、到着です12：00。本来の主義からすれば、更に歩き続けるのだが、オプションとして青森駅から津軽線利用で津軽半島の蟹田まで足を延ばし、蟹田界隈を散策したうえで、今日中に青森駅まで戻ってきたいので、浅虫温泉発12：13の青森行に乗車します。駅構内待合室でバカに甘く良き香りが漂っており、尋ねたら売店で発売しているポップコーンを炒る香りだという。腹の虫がグゥーというので出来立てを一袋１５０円で買い、車内で食べることにした。（雪や嵐の悪天候でもなく、また事故・体調不良も特に無い中で、日程ヤリクリの中で「浅虫温泉～青森駅間は「てくてく歩き」せず、レールで通過したことを白状しておきます）

浅虫温泉駅を出ると、「第三セクター（青い森鉄道）」は青森港近くを離れ、駅間距離短いながら「のない、やだまえ、こやなぎ、ひがしあおもり、つつい」と進み、広大な貨物ヤードも過ぎ、いわゆるデベソで青森港と連結する青森駅に入って行きました。青函トンネルで新幹線が函館まで延びた今、往年の賑わいは大幅に減じたと思うけど、それなりに落ち着いた駅風景を感じました。そして13：06発、津軽線三厩行に乗り換え。あぶらがわ・つがるみやた・おくない・ひだりせき・うしろかた・なかさわ・よもぎた・ごうさわ・せへじ・そして下車駅、蟹田駅到着です。13：50（約45分間の乗車、駅間距離短い）

「青森市と津軽半島突端三厩を結ぶ道路」は、陸奥湾側を国道２８０号（バイパスは蟹田止）が。又一方日本海側の「弘前～五所川原～十三湖～三厩には国道３３９号と、二本の国道が走っている。蟹田は外ヶ浜町蟹田であるが外ヶ浜町は、間に今別町をはさんで二つに分かれているようだ。さて、蟹田駅で降りて広場に出るとすぐ右手に物産市場の建物「ウエル蟹（カニ）」がある。（愛嬌のあるネーミングです）ここから歩き始めて国道280号にぶつかり左折。およそ2㎞先の観瀾山公園を目指して歩く。国道の右側100mも行けば海です。御世辞にも元気のある商店街とはいえないにしても、郊外チェーン店等がない分地元らしい店が出ています。（地元スーパー、精肉、お菓子、食堂、旅館、床屋さんなどです）蟹田川にかかる橋を越えると、蟹田（漁）港です。右側の海際に出て進む。文豪「太宰治」は、この街を「風の街」と称したそうです。成程、海からの風が港に出たら結構吹いています。第一種蟹田漁港です。風の街川柳大賞↓〝はじまりは　風がめくった　1ページ〟小型船が多数係留中です。その中に一隻、400～500トンはありそうな大型フェリーも見えます。ここ蟹田は、下北半島、脇野沢とフェリーで結ぶ航路が出ています。（陸奥湾フェリー）港の一角がフェリー発着場で「風のまち交流プラザ・トップマスト」と称す高さ30mの展望台を持つターミナル施設がありました。1階に発券コーナーや物販コーナーなどあります。私はここで妻子などへのお土産を宅配手配しました。50歳がらみのカウンターおばさんと15分ばかりなんやかんやと話の花を咲かせたあと、この蟹田出身で京成電鉄で永年、観光バスガイドをつとめていた女性（今はリタイアしている）に電話を入れました。〝今日は、今弘前に用事で、きている〟…とのこと。私が蟹田まで歩いてきたよ！と伝えたら驚いたのなんの…。都会からはるか遠く離れた自分の故郷に、ある日東京にある会社の元上司が突然何の断りもなく来たとして、懐かしさはあっても半ば当惑してしまうのが普通だな。迷惑に思うこともあるかも…勝手に盛り上がっていた自分を大いに反省しました。（相変わらず私はそそっ

観瀾山・太宰治文学碑と蟹田漁港（フェリー発着場）

かしい）

「トップマストと海水浴場入り口」そばの国道反対側に観瀾山館跡のある公園の小山に登れる。（高さ70ｍ足らず）観瀾山にもアイヌの城塞があったとのいい伝えもあり、幕末には異国船対策の砲台もあったという。大正12年（１９２３年）ここを訪れた「くにの宮くにひさ王」が観瀾山と命名したとのこと。また、太宰治が「津軽」を執筆中、N君と登った小山とされ、展望台に大岩に刻んだ文字碑があった。ほかにもいくつかの文字碑（句）あり…「呑んで呑んで男は風になる」、「夜が明けてカラス段々黒くなり」、「大声のカアチャンがいる風の町」、…私も負けずに↓「風うけて松がザワザワ威嚇する」、「蟹田とは北の果てだと友はいう、老いたる母を思えば悲しと」

回り込んで公園を下る林道で80がらみの老婆が山菜の竹の子を藪に入ったり出たりしてとっていました。（熊に取られぬうちに…といっていました）来た道国道２８０号を歩いて駅に戻る。青森行電車まで35分ほどあり。ガランとした待合室ベンチで仰向けに寝転び居眠りしていたら肩をコツコツ。思わず起き上がると、先ほど訪れたトップマストの売店のオバサンが笑って立っていた。勤務終えて三つ目の「よもぎ田駅」まで帰るという。3両の電車（始発）に乗り込む。遠くから大きなリュック背負ってきた私に何かと質問攻めでした。降り際に何もないけど…といって手提げからポテトチップスを2袋私にくれました。旅先の人の情けは身にジンジンと沁みました。17：00少し前に青森駅に戻りつきました。北海道新幹線開業まではこの在来津軽線と海峡線（青函トンネル）を使い、「白鳥」などの特急が走っていたとのことです。それが新幹線開業で特急もなくなり静かになり寂しいけれど、冬、各停列車の待ち（追い抜き）の時間が大幅に減ってそれはそれで助かったとのこと。また、30両も連結の貨物列車が津軽線の一番の収入源かも…。との話も伺いました。駅前東横インに投宿。隣の店のノレンをくぐり、「ホタテカレー、ホタテステーキ、熱燗」で今日の疲れ一日分を胸に収めました。（今日も一日いろいろあったなぁ～）また、新しい思い出の種が私の胸の中に幾つも蒔かれた一日でした。

青森↓新青森↓浪岡↓川部……弘前（泊）

平成29年4月2日（日）晴れ

青森駅前ビジネスホテル〜ベイブリッジ〜森林博物館〜西上古川♀〜陸橋〜あすなろ医療センター〜新青森駅〜新城駅前〜競輪場〜羽門村・羽州街道〜ECOプラザ青森〜鶴ケ坂3号橋〜大釈迦北口♀〜大栄小〜浪岡入口〜道の駅浪岡〜浪岡駅〜北常盤駅〜常浪大橋〜常磐バイパス入り口〜川部駅（レール）〜弘前駅（泊） 6：00〜16：25＝10時間＝37㎞

今朝はこの4泊5日の旅で一番の好天のようです。但し、朝0℃…ブルッブル。昨夜ビジネスホテル部屋のテレビでプロ野球巨人の阿部がサヨナラホームラン！（勝った時だけの巨人のファンです）早く出たいのでビジネスホテルのサービス朝食はパス。コンビニで買っておいたコッペパン＋野菜ジュースで済ます。今日が勝負と思い、宿を6：00過ぎに出る。（小一時間で青森市街を散策ののち、浪岡を経て弘前方向にどこまで歩けるか、です）

【昨夕5：00過ぎ青森駅広場に面したひとすみに小さな八百屋…リンゴ屋あり。私はここ20年欠かさず1日1個のリンゴを皮ごと食べる習慣があり、この店で3個買った。この時期のリンゴはそろそろ当たりはずれのある季節なので1個100円と安いので手に取って眺めていたら店の親父が出てきて「うちのリンゴはどれ一つもはずれはない。あまり触るな！」と来た。「イヤ、私も20年来毎日リンゴを食っている。4月ともなればはずれもあった経験から触ったのだ！」と返す。そうしたらなんと親父「こちとらこの場所で50年もリンゴ屋をやっているんだ。否なら買わなくてもいい！」と来たもんだ。…私は親父さんの顔つきを見てこの親父本気だと悟り、〝悪かったよ〟といい本当なら一つでもよかったのだが、三個買ったという次第。宿で食べたが成程芯までうまかった（残した一個冷蔵庫に入れ翌日歩いて昼頃食べたら味が落ちていた。保存方法によるのかもしれないと思った。（どこかの雪室から出してくるらしい））このりんご屋信用できる。…駅前でビルに囲まれて頑張っています。】

駅前通り（新町通り）を行き、1丁目（交）で右折。４００m程進み、国道7号セレクトインホテル（交）を左折。国道7号を行くと左に青森県庁続いて青い森公園、裁判所など官庁街、リッチモンドホテル、国道柳町（交）左折。２００mも進むと、右手に大きな寺がある。少し立ち寄ると常光寺・正覚寺・蓮心寺・蓮華寺と並んでいた。通りに戻って港の方向へ直進。警察署先の（交）を左折。（直進すれば青森港です）右手に停泊する大型船が公園越しに見える。観光物産館（アスバム）が右手。ハイカラな大きな建物です。朝日が射し、ほぼ快晴です。大きな吊り橋の上です。（青森ベイブリッジ）下が海の上を行くようになると雄大な景観です。右手に青森港が展開。右手前方近くに大きな客船。これが八甲田丸かな。左手下にJRと青い森鉄道の広大なヤードとホーム、駅舎です。そして右手はるか遠く、なんと三角錘のとがった雪山。一目で岩木山と分かった。神々しい美しさです。橋上の車道わきに立派な歩道があり、散歩する人、ジョギングする若者が目につきます。みんな気持ちよさそうに見えました。（7：20）

さて国道7号へどういくか。ベイブリッジが平地となり、沖館川を渡る。ベイコート（交）左折。国道280号に入り、左折して川を渡り、森林博物館前を通る。（古い建物です）みちのく銀行（交）右折。上古川♀（市営バス・弘南バス）で右折、国道7号に出た。しばらくこれをまっすぐだ。…と思ったが、西上古川♀、西滝♀の先で国道と別れ左へ。県道２４７号線に入る。（鶴ヶ坂千刈線）左に行けば運転免許センター。さらにあすなろ学園（もっと左に行けば医療療育センターへ）右手に巨大な長方形の新幹線駅、「新青森駅」です。畑の中に忽然と造ったか。はっきりいって駅周辺はもっと建設ラッシュか…と思いきや閑散としています。駅舎に寄ってみる。駅前施設などは超近代的でした。戻って県道247号線進む。右手レールの向こうに青森西高♀。右、西部市民センター、そして新城橋渡ると右手、奥羽本線・「津軽新城駅」です。50連結もあろうかという長い貨物列車が悠々と行きます。平岡大橋こえ、高架線くぐった。左にバス営業所、左手奥に競輪場があるらしい。陸橋でレールまたぐ。（電化単線？）土手も田も残雪おびただしい。「戸門見通り♀右から国道7号接近。歩いてきた旧道（県道247号）から国道7号に入る。

旧道はさすがに車はパラパラだった。国道7号はゴーゴーとトラック走る。戸門村です。右、白砂採取場。（山の崖を削っている）465．1㎞地点。（ヤヤ！数字が徐々に減ってゆくぞ！起点はどこ？）山間の高速道路みたいな道です。左、青南商事、ECOプラザ青森、大きなリサイクル施設です。青森RER。大袋川15m、鶴ケ坂3号橋。左下を見下ろすと、谷間にレンガ色の大きな建物と県道247号線（旧道）？が見えます。鶴ケ坂からの旧道左から合わさった。左にレールと平行です。チェーン着脱トラック塀（へこみ）に座り、一服。昨日蟹田のオバサンに貰ったポテトチップスをリュックからゴソゴソと出し、パリパリ頬張る。日頃見向きもしなかったポテトチップスがこんなにもおいしいとは！そういえばあの「田中ようき君」も山でパリパリやってたな！普段の飲食を反省。たかがポテトチップスだが。オバサンありがとう!!右4㎞、県民の森・梵珠山、大釈迦北口♀。（国道7号を外れて歩いています）北大釈迦（交）、右、大栄小…一面の雪景色です。1～2mはあろうか。（いつの間にか駅を過ぎた）徳才子♀津軽自動車道くぐる。（浪岡入り口）左手遠く高い雪をかぶった連山あり。…八甲田連峰か。幾峰ありて右端にひとり三角のとがった山…大岳？高屋敷♀。杉沢の先で右折して道の駅によるべく国道7号へ。

そして右側に道の駅「なみおか」。空はずっと晴れたりくもったりです。浪岡といったら元大関貴ノ浪のふるさとかしら？交通量の多い国道を向こう側（右側）に渡って道の駅へ。一休みしたいと思ったが駐車場いっぱい。

人も多い。腰を下ろして休むべきところなし。トイレだけ借りて早々にスタート。新浪岡橋超える。左側に奥羽本線浪岡駅が丸見え。左手遠く八甲田山系。五所川原方面への県道を右に見送って進む。右手丘の上に大きな病院。（青森病院らしい）一直線ルートとなる。どこまでも。左田んぼ・左側のレールを超えて遠くに雪の八甲田の山々。右はずっと頑丈なシェルター・よほど右からの風雪が強いのだろう。右側に住宅点在するもよく見えない。左側の広々とした平野、雪山を見ているとこれが津軽平野の一部か…と思う。右手のお岩木山は上半分雲をかぶって見えません。弘前まで15㎞の表示。ややへカーブ。旧道（羽州街道）と交差。そのまま国道7号を進む。浪岡下十川（しもとがわ）。右、少し離れて熊野神社、淡島神社の標示。ローソンのある交差点で一休み。

正面お岩木山がまた雄姿を見せるも薄雲でぼやけて見える。左、1㎞近くあるが、北常盤駅方向、右も左もリンゴ園となる。木によっては白い花を咲かせており、家族総出？で脚立などを使い手入れをしている。私は秀麗なお岩木山に吸い取られるように眺めては歩きつつ頑張ります。常浪大橋、藤崎町バイパス榊（交）、右に五所川原方面分ける。国道を往く車ごとにパコパコ音がします。何の音？わかりました。国道道路の舗装（コンクリート）が10ｍ単位見当で敷いてあり、そのわずかな切れ目をタイヤが通るたびにパコパコ音を出して

〈奥羽本線「川部駅ホーム〉

いるのだ。（スピードが速いとパコパコパコ、遅いとパーコパーコパーコと聞こえたのでした）唐糸御前公園（右）白鳥飛来地の表示。左の方にレールが走っているはずだが全く見えない。今日は川部駅で精いっぱい。疲れました。常磐バイパス入り口（交）で左折する。（右へ行けば国道３３９号で藤崎町役場～五所川原方面、まっすぐは国道7号）川部駅を目指す。ようやく田に水を引き始めたか、そこに白鳥が。白鷺にしてはとても大きな白い鳥が多数田んぼにいます。両側田んぼ、時々民家や町工場、殺風景な野中の道をガンバル。1.5㎞近く直進して道なりに右折。ようやく線路が見え、もう一度曲がると川部駅でした。16：25着。17：19発弘前行に乗車。川部駅は五能線が分岐して五所川原鯵ヶ沢（あじがさわ）方面電車の起点（終点）です。川部駅ホームに「JR五能線、終点駅」の大きな立て看板ありました。川部駅舎は木造平屋建て、送迎のマイカーらしき軽乗用車が5台駐車していた。二つ先が弘前駅なので17：27着。寒くなってきたので宿に入る前に外食。東横イン隣の〝日本海〟に入り、「熱燗、海の幸盛り合わせ…」で3，０００円也の夕食をぱくつき、ほろ酔いでホテルにチェックインです。足はどうして疲れるのだろう。やはり「体内のエネルギーの元」が、歩くにつれ消耗し減るからだろう。足も含めて身体が疲れる…という事かしら。…それでは身体にガソリン補給しなくちゃ！となるわけか。

◎常光寺・正覚寺・蓮心寺・蓮華寺…4ヶ寺が並んでいるが、江戸時代「世町」と呼ばれた区域。「常光寺」は曹洞宗・青森開港後に布教。17世紀半ばに檀家数百。昭和20年青森空襲で焼失。「正覚寺」は浄土宗。１６２８年建立で青森市内で最古の寺院ということです。境内の観音堂は津軽三十三観音の札所の一つ…ということ。「蓮心寺」は浄土真宗。17世紀半ば建立。明治天皇の東北巡幸での行在所（あんざいしょ）となった。「蓮華寺」は日蓮宗。17紀半ば建立。水戸光圀愛用の茶釜があるそうです。

◎中央埠頭入り口海浜公園（聖徳公園）：「7月20日海の記念日の碑」あり。明治9年に明治天皇が船で青森を訪れ函館を回り横浜に戻った日を記念したもの…という。

◎八甲田山と雪中行軍：青森駅から国道7号を浪岡方向に歩いて行くと右手に岩木山を仰ぐが、左手遠くにも雪山連山が見えてついてくる。1，500m級の峰々を総称して八甲田山系というのだが、この山群を厳冬期に登山行軍した大量山岳遭難の大惨事あり。明治35年（1902年）1月下旬青森陸軍第五連隊210人中199が遭難死した。弘前三十一連隊は無事。日本の山岳史上最悪の遭難と伝えられている。山好きの人でなくとも、映画「八甲田山」等により広く知られている。てくてく国道を歩きつつ左手に見える八甲田山系の峰々を仰ぐにつけても思い出さざるを得ない。（市内幸畑に「八甲田山雪中行軍遭難資料館あり。また、山の麓の深沢（馬立場）に第五連隊の後藤房之介伍長の銅像もある…。今回のてくてくでは訪問せず）…「八甲田山、死の彷徨」新田次郎著の作品あり。…〝神は我らを見捨てたか〟名セリフも浮かんでくる。今は亡き高倉健や三國連太郎の名優も！

◎八甲田丸（青函連絡船新旧交替）：八甲田丸は昭和63年（1988年）青函連絡船として最後の運航（青森↓函館）を行ったメモリアルシップとして雄姿を青森港に今もとどめている。一方、長期間の工期と巨費を投じて全長53．9㎞の青函トンネルが完成。1988年から鉄道（スーパー白鳥など）が営業開始。と同時に、青函連絡船はその役割を終えた。私は昭和38年連絡船最盛期だった頃に、北海道旅行のため人波に押されるようにして青森港から乗船した。そのレールのスーパー特急も平成28年（2016年）北海道新幹線開業により、在来特急も姿を消した。…津軽海峡の選手交代！…〝上野発の夜行列車降りたときから…♪〟（石川さゆりの名曲で謳われし風物は今や遠い昔…）

（弘前）…川部→撫牛子→弘前→五所川原（散策）…弘前（散策）

平成29年4月3日（月）

弘前〜→
川部駅→高架螺旋状広い通り→五能線踏切→船場（交）7号へ→平川→つかの桜街道→ガンバレ太郎・青森県看板→北和徳工業団地入口（交）→神田北側（交）→7号と別れ県道260号線へ→総合保健センター→（宮川橋超えて）→郵便局前（交）左折→イトーヨーカドー→弘前駅前……①
〜（川部駅経由）→五所川原駅（散策②）〜→弘前駅（弘前城散策③）→弘前駅・青森駅経由帰京

①川部〜弘前　1時間50分　約9km
②五所川原散策　1時間　2.5km
③弘前市内散策　2時間　5km
合計　約5時間ウォーク　約16km

都合で一日短縮して急遽帰ることとなった。今回のてくてく、今日が5日目です。今日は昨日の「てくてく」の終着川部駅までレールで戻り、川部〜弘前までてくてく歩いてきます。これにより青森〜弘前間は「てくてく」で繋がる。そして＋αとして（弘前から川部までレールで戻り）更にレールで川部から五能線で五所川原に行く。五所川原駅周辺を短時間ながら散策したら（せわしいけれど）また、レールで弘前駅に戻り、弘前市街（城を中心に）を散策。そして今夕、今夜のうちに帰京する計画です。

5：30起床。ビジネスホテルの部屋の窓からなんと純白の金字塔、お岩木山が朝日を浴びて赤く輝いているではないか。思わず寝ぼけ眼ながら合掌し、今日一日の無事を願った。ビジネスホテルのサービス朝食は名物〝せんべい汁〟です。有難くいただいた。8：05電車に乗る。川部まで200円。ホームの発車メロディは〝津軽三味線〟でした。旅情をそそられます。3両トイレ付きです。弘前駅改札付近では駅長さんほか、多数のJR駅員が出て挨拶と共にティッシュを手渡ししていた。JR民営化30周年だそうです。もうそんなになったか…。なぜか旅姿の私には3個もくれました。(裾すり合わすも他生の縁。助かりますよ！)そして列車に乗り、昨日通った川部駅で下車。さあ、歩きます。今朝は駅に誰もいない。高校生に道を聞く。(国道7号に出るにはどう行くのじゃ？)左にレール沿いに少し行くと高架道路にぶつかる。これを階段で上り立派な道に出た。(県道110号線)行く方向正面に「おいわき山」です。川部から分岐した五能本線踏切を渡る。4両の電車が「ふじさき」方面に上っていくのが見えます。舟場(交)を左折。国道7号に出ました。すぐに一級河川「平川」の平川橋を越える。川幅ざっと200m(流れ80m)…ゆったりした風情ある川だ。この川はもう少し流れていって津軽地方第一の岩木川に合流するようだ。河原は大雑把半分は残雪です。これより弘前市内とのことです。「つかの桜街道」の始まりです。「街路選百選」に入っているそうで、国道の両サイドの歩道に見事な桜の大木です。(右と左の歩道と分離帯の3列に)圧倒的です。「ガンバレ太郎、青森県」の大看板?分離帯にも一連の桜の大木は珍しい。北和徳工業団地入口(右)…お岩木の裾野に工場らしきもの一列に点在。神田北側(交)右、岩木山左、撫牛子(ないじょうし)駅方向。桜並木終了。(1．5㎞はあったか)国道7号とわかれ国道7号をくぐります。北大通(交)、弘前警察署前(交)、労働福祉会館。土淵川にかかる宮川橋(15m)総合保健センター、弘前郵便局前(交)、を左折。右にイトーヨーカドーを見て500mも行くと、弘前駅でした。川部駅下車して歩き始め国道7号経由「ないじょうし駅」付近を通り、1時間50分、約9㎞位の短いてくてくでしたが、あこがれの津軽平野を歩かせてもらいました。風雪の舞う津軽の自然は居住している人にしか分からない厳しさがある…と思うけど半面、お岩木山のような名山を抱える故郷もまた、何物にも代えがたいものかと思います。それにしても「りんごの花咲く頃の残雪豊かなお岩木山の津軽平野」はたとえようもなく美しかった。

折角の「てくてく旅」のオプションとして、11：19発ディーゼル川部経由五所川原駅までレールで行きます。５００円也。（発着までピエデ・フランスでパンとコーヒーで一服です。こちらは５９０円）・川部↓・ふじさき↓・林崎↓・板柳↓・つるどまり↓・むつつるだ↓・五所川原駅

ディーゼルの車窓からですが、感じたところを少し書き留めておきます。

●五能線（五所川原〜能代）は川部を出ると、五所川原まではまっすぐ北上。岩木山は基本的に左です。右は山を越えて青森方向となります。リンゴ畑の中を疾走します。また、左側にはつかず離れず岩木川が付き添うように流れ、沿岸流域は津軽平野ということになります。（岩木川は白神山地の雁森岳に源を発し、岩木山からの流れも吸収。平川も吸収し、弘前市、五所川原市、そして津軽市から十三湖を経て日本海にそそぐ全長１０２kmの津軽の人々にとっては母なる川だそうだ）

●箱型住宅がやたら目立ちます。積雪対策、雪下ろし対策、概して古民家的なもの少なく、大層なお金はかけない新しい箱型住宅も多い。下北でも津軽でも…。「岩木山。リンゴ畑。古い民家」というイメージとは違うなぁ…。

箱型住宅

片流れ

〝お岩木と津軽平野〟…これ程唱にうたわれ、日本人の心に沁み込んだ原風景は日本広しといえども他にはないのでは。「リンゴ追分」、「津軽平野」、「りんごのふるさと」、「津軽じょんがら節」、「かえってこいよ」、「岩木山」…等々、冬、春、夏、秋、冬、…優しさと厳しさ…と耐えて生まれる美しさ…。

●藤崎界隈

商店、民家が一番集まっており、イオンもある。町を抜けると「全面リンゴ畑とお岩木山」の目の覚めるような絵にかいたような景色です。絶景です。折よく「岩木山の真っ白な姿、リンゴ畑に過半を占める残雪。咲き乱れる白・または薄ピンクのリンゴの花。そして所々雪解けで地肌が出て雪解け水を集めたような、徐々に水を張り始めたような田に写っている逆さお岩木さん！」一年で一番 美しい季節到来のようです。リンゴにも幾種もあると見え、満開の木もあれば、これからの木もある。上に伸びる枝を刈って、横に枝を伸ばした古木たち。素直にまっすぐ伸ばされつつある比較的若い木…などなど。

軽トラックで乗り入れ、２～４人くらいがあっちこっちで枝切りや受粉などの作業をしています。おいしいりんごはこういう土地でこうして育てられ収穫されるのだ。ありがとうございます。一個１００円ではもったいない!!

●林崎、板柳

一面のリンゴ畑は続く。私は信州長野に古い友人がおり、房州（千葉）の私は「海の若芽」を贈り、彼から信州リンゴを30年来相互贈答している。だから教科書で青森が一番とは聞いていたけど、感覚的にはりんごは長野が一番！と思っていた節があった。でもこうして青森県津軽地方のリンゴ園を目の当たりにしていると、名実ともにりんごは青森が一番なのだ！と実感させられました。この圧倒的なリンゴ畑の波を見てしまったからは…。

収穫したリンゴの冷蔵倉庫かしら。灰色の頑丈な大きな建物が幾棟もある。〝つがるりんご市場〟などとも書いてある。板柳は駅らしい体裁の駅舎です。民家も多い。春先になっても、初夏になっても、我々がりんごを食べられる仕組みは、あの巨大な倉庫のおかげかしら！

●鶴泊、陸奥鶴田

鶴の飛来が見えてくるような地名です。お岩木は左やや後方へ。弘前、板柳、五所川原…は丁度左手お岩木山を軸にして半径15㎞前後離れて回転してきたようなイメージです。なにしろ優雅な上に独立峰ですから。夫々駅の周辺にそれなりに民家の集積あり。また、列車の利用でも夫々の駅で少数ながら必ず乗降が見られます。「人影も見えず民家も見えず、バス停程度」の駅は五所川原まではありませんでした。

五所川原駅12：12着。

JR（五能線）五所川原駅の駅名の由来…（駅の説明板による）…岩木川が大変曲がりくねって五ヶ所に河原ができたので五所川原になった…言々とありました。駅舎は横長、二階建て（レンガ、モルタル風）駅広はゆったりです。駅舎に相対して左側に五所川原〜津軽中里間を走る津軽鉄道の駅（津軽鉄道本社・津軽五所川原駅）がありました。本社建物は風情充分でこの会社の風雪を感じさせました。駅舎を背にして市役所方向を目指して歩く。右手に市役所を見るとすぐに、岩木川の川原に出た。川幅は河川敷を含めて200ｍ以上もあるか。流れもざっと100ｍ幅。たおやかな良き流れです。乾橋のたもとで右折し、「立佞武多（たちねぷた）の館」に

〈五所川原駅・左は津軽鉄道本社〉

着き、入場料600円で入館。400円で〝りんごソフト〟舐める。

●立佞武多（たちねぷた）

ビル7階に匹敵する高さ23m重さは19トンあるそうだ。明治後半からあったそうだが、大正年間に町中に電線が増え、小型化。更に大火などで姿を消した。平成5年に資料等発見され再生を目指す。そして平成8年復元。平成10年から市街練り歩く。例年8月5日大祭実行、ねぷた…災いを払い流す（農村の素朴な七夕行事の要素から）勇壮豪華な祭りへ。私は会館鑑賞のみでしたが、地元の熱い思いは伝わりました。

●津軽鉄道

全長20．7km（五所川原〜津軽中野）所要45分で走る。その昔は半島の木材輸送で栄えた。今は観光要素を取り入れ、12月上旬〜翌年3月下旬のストーブ列車。8月上旬の真夏のストーブ列車、風鈴列車、鈴虫列車などのイベント盛ん。何よりも本州最北端のローカルで堂々と運行継続に頑張っている姿には本当に頭が下がりました。

五所川原から戻る車窓で見るリンゴ畑にまだまだ残雪多く、雪解け水でリンゴ畑はぬかるんで見える。この雪はきっとりんごの育成に大きな役割を果たしているのだろう。また、各民家の日の当たらぬ隅で2m〜4mの残雪のデブリも多い。だが長い冬を終え、今は待ち望んでいた春の訪れです。ほんの短い滞在だったが13：20発の列車で一旦弘前に帰らざるを得なかった。（14：07）

弘前市街の一部散策です。駅舎背にして県道をまっすぐ弘前城方面へ。駅通り♀、中央通り2丁目♀、土淵川の「徒橋」をこえ、百石町。そして右手に由緒ありげな弘前教会。お濠にぶつかり左折。追手門通り東（交）。この周辺には文明開化の波に乗り、独特の洋館が多数造られたという。とんがり屋根、煉瓦造りなどノスタルジックな景観多数。…青森銀行記念館、旧市立図書館、旧東奥義塾外人教師館、藤田記念庭園などなど。前を通り写真を撮っただけ。更に市役所から左に入れば、禅林街に35を数える寺院。少し離れた東南側にも〝新寺町寺院街〟と称し、20を超える寺院が集中して存在している。

弘前大医学部、県立弘前高校傍を駆け抜けるように歩き、城見物です。津軽統一を果たした津軽家初代藩主、為信が1603年に計画。二代信枚（のぶひら）が1611年に完成させた。初めて直接見た私の印象は、意外にこ小ぢんまりしたお城と天守でした。石垣工事のため、平成27年10月、本丸の内側に曳屋され、5年がかりで元に戻すそうです。桜の古木、松の古木、そしてそれらの並木。風雪に耐えて生きてきた姿は真に弘前の宝です。100円の循環バスもありました。歩いて見学・お参りしたきところ多数あるも、不肖、私事急用のため、弘前駅発16：21の電車に乗り、17：01新青森駅着。17：22発の新幹線に（はやぶさ30号）乗車。20：32東京帰着となりました。

○おまけ（青森県の3大ねぷた祭）…〝ねぶた〟と〝ねぷた〟に大きな違いは無いようです。

三大夏まつり	場所	期間	見どころ	メモ
五所川原立佞武多（たちねぶた）	五所川原市	8月4日～8日	高さ23m重さ19トンもある大型立佞武多。1998年から復活	青森県内にはほかに27台の山車の出る「八戸三社祭り」やむつ市の田名部まつりなどもある。
弘前ねぷたまつり	弘前市	8月1日～7日	大小約80台の勇壮な山車が練り歩く	
青森ねぶたまつり	青森市	8月2日～7日（前夜祭あり）	最終日には海上運行と花火大会もあり（横長型）	

弘前↓石川↓大鰐温泉↓ながみね↓碇ケ関

平成29年5月8日（月）GW明け　晴れのちくもり

弘前駅前〜貴船神社〜堀越城跡〜弘前大橋（平川）〜道の駅ひろさき〜鯖石〜鶴ヶ鼻トンネル〜大鰐駅〜高速バス停〜長峰駅〜福島橋〜唐牛北口〜古懸入り口（交）〜碇ケ関・道の駅〜碇ケ関駅…（弘前駅までレールで戻って泊）

11：10〜16：43＝5時間30分＝21km

3／30〜4／3ののべ5日間で青い森鉄道「向山駅」〜JR線「弘前・五所川原」を歩きましたが、今回は5／8（火）〜5／12（土）の延べ5日間をかけて「弘前駅前〜森岳駅」を歩く予定です。京葉線稲毛海岸〜東京駅6：32新幹線乗車。新青森からは奥羽本線で弘前まで直行です。通して約13，000円也。（30％Less）進行方向左も右も窓側座席は満席です。やむなく通路側席です。東北新幹線「はやぶさ函館北斗」行は結構混雑します。特に私にとってのささやかな新発見！それは「東京〜仙台間」よりも「仙台過ぎてからの方が混雑する」ということです。仙台という町の存在感。それに東北新幹線と在来線との格差…。そんなものが新幹線利用に拍車がかかっているようです。（在来の東北本線は新幹線開通後は長距離移動には役立たず！感があるようです）

前回から1ヵ月以上経ち、5月ともなると車窓から見る山岳風景は大きく変わりました。冬期〜早春はドンヨリくもりがち。時折風花も舞うのも稀ではなく、山々は雪に覆われ、列車も山間部に差し掛かると、結構な雪景色だったものが、今日は概ね晴れ空ということもありますが、高山もよく見え、地肌も3〜4割。明らかに残雪期の山岳風景です。レール沿いの山間にも雪はめったに見られなくなっていました。9：51新青森着。9：59各停弘前行（奥羽本線）3両に乗り換えた。座席ほぼいっぱい位のお客さんです。晴れ高曇り、さすがに風は冷たく感じます。電車内の吊り下げ広告、天井側面（R部分）の広告もほとんどなし。今の各停列車には広告媒体としての価値がないという評価なのか。わずか2枚、吊り下げポスターあり。北海道医療大学、新潟薬科大学、夫々学生募集広告です。これらは確かに沿線高校へ通う学生の電車利用は際立って多いので媒体価値あり！ということなのだろう。

○車窓から見える景色：緑というよりは新緑の黄色と芽吹き。桜は八重は満開。山桜もまだ咲いて見える。一つ一つ停車していく駅のホーム。往時の繁栄が浮かぶ長～いホーム。それも今は三分の二を余して短い3両列車が停まります。そんなことを感じながら外を眺めていると電車は「撫牛子（ないじょうし）」を過ぎ弘前駅到着です。

モダンな駅ビル地階の駅蕎麦にたちより、わかめ蕎麦４８０円を食し、隣の観光情報センターに寄ってから、11：10てくてくウォーク開始です。駅舎背にしてホテル傍を通り４００m行き左折３００mで右折すると県道２６０号です。左折して進む。中央松森2丁目♀、取上（交）、「貴船神社（右）公園」、私の背のずっと後方にはまるで真っ白な大鷲が空に向けて飛び立ちそうな姿で屹立している「岩木山の雄姿」があります。駅からざっと1㎞も来ないうちに繁華街もなくなり、普通の郊外田園風景です。高架橋で複線電化奥羽本線のレールをまたぎます。高みから振り返り、お岩木山に向かい思わず再会の礼をしました。

大清水♀（弘南バス）。右・赤い鳥居の稲荷神社。名無しの大きな交差点、門外（かどけ）十字路♀。左、門外熊野宮、なかなか厳かに見える。門外（交）、ちとせ橋50m（川10m）。右へ行けば弘前りんご商業協賛組合の大きな倉庫群あり。左、茶色のひらたいホテル「ボヤージ」、堀越♀。左、近くを国道7号。正面、熊野神社、赤い鳥居を過ぎ堀越城跡です。一服。小さな堀もある・12：30。城跡を囲む杉林の間からお岩木山の白い姿…。

県道260号線から国道7号に出る。たかしょう橋15m（流れ10m）、平川にかかる弘前大橋（200m程もあるか？流れは40m程）・平成24年完成の新しい橋。左前方遠く残雪の八甲田山群がたおやかに浮かんでいます。平川市域に入る。岩館（交）。右、岩木山・白神山地方面。左、黒石、平川方面。八甲田連山真横（左）となる。

春仕内（交）、道の駅ひろさき。少し一服。オロナミンC飲み、リンゴ（王琳）一個100円購入。皮ごとバリバリ齧り、残った芯を屑箱へ。あーおいしかった。（右側に「石川駅」あるも寄らず通過）「インター石川」通過。左に力士外ヶ浜「平賀ノ浦弥太郎の大きな石碑」5mもあろうか。ここは石川、新潟まで422km（進むにつれてだんだん数字が減ってくる）小金崎（交）♀。「大鰐町、湯のまち・ワニカム」の看板。〝振り込むな！電話の向こうで笑ってる!!〟鯖石（交）、左角に古～い石碑。判読不能。上鯖石、この辺りから今までずっとバックグランドにお岩木さんが付いてきたが、低山にさえぎられてもう見えません。左側に、やたら水量と勢いのよろしい水路出現！田んぼの引水かな。いつの間にか平地から山に囲まれた谷間の道です。道端にはイタドリ（だと思うが）の若い茎を摘んだ跡がありました。確かスカンポなどと称し、でも放っておくと1m以上にもなり、繁茂していたことを思い出します。…根茎はその名の由来で鎮痛剤にも用いたとか。（イタドリ、オオイタドリ）鶴ヶ花トンネル、歩道幅約1間あり、大変結構。長さ250m位。鶴ヶ鼻（交）、右下に見下ろすように大鰐温泉です。消防分署前（交）、JRバス東北と大鰐交通の高速バスの施設あり。…バスの施設としては出色です。飛び込むようにして一服です。但し施設は立派でも無人です。（今や、どの産業、どの商売においても、コスト削減のターゲットは人件費だ！反面・施設システムが導入されそれらに対応が弱い年寄りには生きにくい…）14：38。

・大鰐温泉

およそ８００年前に開湯。弘前藩主も湯治するほか庶民にとっても湯治場として賑わってきた。7月の丑（土用）の日近く、丑湯祭りを含めサマーフェスティバルが開催される。弘前鉄道大鰐線がトコトコ弘前から通じている。駅や車両、レールなど見ていると頑張っているなぁ～とエールを送りたい。（往復切符＋鰐ｃｏｍｅ入浴・買物券セットで1，０００円!!）（サウナ・露天風呂・家族風呂・軽食可）

「蔵館跨線橋」（下、単線の電化レール、奥羽本線）左・「国交省、大鰐除雪ステーション」ファミマでオムスビ1ヶ１１０円チンしてもらい食す。今歩いているあたり、左にＪＲ線、そして国道7号。右そば平川の流れです。レールはまた複線になった。（目の錯覚か、ＪＲ線この先もずっと単線になったか…と思うと複線だったりします。上下線が別々に離れているのか、ＪＲ経営上全線複線だったものを部分的に廃線にした結果なのかどうか一見の私には不明です）平川は20～30ｍ幅の流れでトウトウとしています。雪解け水が合わさって流れ下る様は何か生き物が成長してゆく過程のたくましさを感じます。良き川です。

羽州街道（長峰付近）を説明した大理石の碑と看板あり。（写真参照）弘前からここまで歩いてきた過程で（平野から山地に入る過程で）前方右遠くに高さ５００～７００ｍのやや平べったい尾

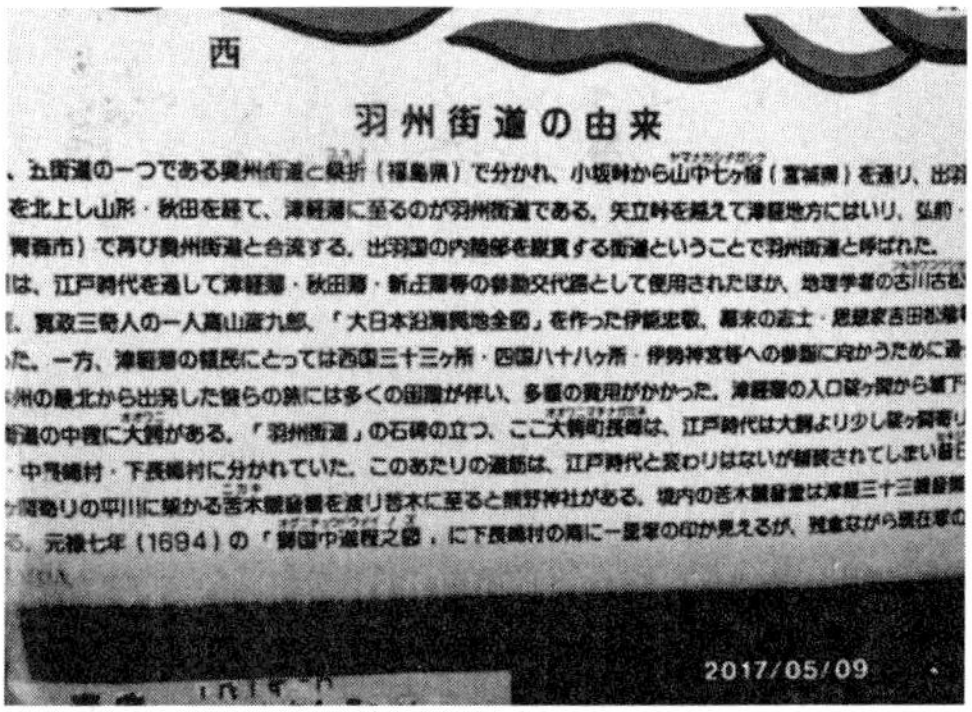

〈参勤交代路・津軽の領民が、伊勢参り・四国参りなどでも通ったという〉

根が延々と連なっていた。それらを長峰と称したのだろうか。国道7号＝羽州街道は、（岩木川の支流を成す）平川の流れに沿い山間に入ってやがて矢立峠を越えることになります。長峰北口♀、観音橋（苦木観音・津軽三十三観音の一つ）、この辺り平川の流れ50ｍもあろうか。左側に長峰駅です。無人で駅舎と呼べるほどの建物無し。ホームに待合所あり。複線・跨線橋付き（綺麗に清掃されごみ無し）15：30

右、大鰐町立長峰小（真ん中にイチョウの巨木あり）九十九森♀、駒木入り口（交）。左に国道４５４号を分ける。道路脇に除雪したものかびっくりするほどの残雪の山！でもほこりをかぶって真っ黒け。水量たっぷり、平川にかかる福島橋約80ｍ。右手にずっとついてくる低山ながらの尾根、本当に長い。「湯の里、雪の里、リンゴの里、大鰐へまた来てね!!」ずーっと緩やかながら上り勾配が続いています。（南津軽郡大鰐町さようなら）、唐牛北口♀・集会所・農協。ようやく、ダラダラ坂も終え、やや下りとなる。碇ヶ関陸橋、またいだレールは依然として複線。左、平川の立派な流れ。平川地域となる。古懸（ふるかけ）入口（交）。左に赤い橋。この豊かすぎる水はいったいどこに吸い取られ、細くなるのでしょう？「道の駅、碇ヶ関」です。その奥にＪＲ駅舎あり。

16：43道の駅施設内の喫茶でおいしいコーヒーをいただく。コーヒー好きの私は平常時一日最低でも5～6杯いただくがてくてくにでるとさっぱりご無沙汰。我慢するにも身体に良くない！香りが漂ってきたら我慢しないのだ！碇ヶ関の立派な立て看板の後ろに（なんだろう欅か）大木が若葉を茂らせています。千葉を朝早く出て、ようやく17：00。今日のてくてく店仕舞。今日はこれから電車で（３２０円）弘前まで戻り、駅前ビジネスホテルに泊まります。明日の朝、またレールで碇ヶ関駅にきてここから先てくてく再開する手はずです。奥まった少し高台に駅舎あり。木造平屋建てのローカルらしい建物です。出札窓口に60歳がらみのオバサンがいます。少々砕けて〝弘前まで、ハウ　マッチ!!〟と尋ねたら笑いながらいきなり〝サンキュウ　ベル　マッチ３２０円よ！〟ときたもんだ〝オヌシヤルナー〟打ち解け、15分くらい雑談。「碇ヶ関は平川と合併したらいいとこみんな持ってかれて一層寂れたよ。駅で15年も手伝ってきてるけど、さみしいよ!!」という。私が明日の9：00前にまたここへ来るよ！といったら、「明日は遅番だからお客さんに逢えないよ！」と体をくねらせシナをつくりました。（このオバサンに幸あれ！）

17：11、山陰（やまかげ）に日が隠れるころ、レール発車しました。↓ながみね↓おおわにおんせん↓石川町↓弘前。石川町から高校生が50～60人どやどやと乗り込んできました。立ったままの学生もスマホ、スマホです。…ソフトバンクもNTTも儲かるわけだ！

・堀越城跡

1336年、曽我貞光が堀越楯として築城した。のちに津軽為信（大浦為信）がここを拠点にして津軽平定を成し遂げた。そして大浦城（現、弘前市賀田）から、この地に移り2代藩主信枚（のぶひら）が弘前城に移るまで17年間、津軽氏の本城であった…という。今は建物は何にもなし。私は（区画割りの石に座り、看板の字を読み、わずかに往時をしのんだ。（熊野宮の境内あたりが本丸だったらしい）

・碇ケ関関所

野内（のない）（青森市）、大間越（深浦町）と共に津軽三関の一つ。大館方面から羽州街道経由で津軽に入るには碇ケ関を通らねばならなかった。矢立峠を越え、下りにかかると、峠下の番所として折橋番所、船岡番所、大橋番所などがあったという。弘前藩主の参勤交代路となり、江戸参府の最初の宿泊所（御仮屋）にもなっていた。町奉行が派遣され、その備えは三関のうちでもっとも厳重であったと伝えられている。それにしても〝**津軽藩から江戸への参勤交代**〟なんて気の遠くなる話だ。また、津軽領民が伊勢参り、四国参り等、辿り着くだけでも…。私のこの「てくてく」なんてそれらを想えば大袈裟に人に語るほどのことでは無いなぁ！

碇ヶ関➡湯ノ沢➡矢立峠➡陣場➡白沢➡大館

平成29年5月9日（水）　くもり時々小雨

碇ヶ関（道の駅）〜朝霧橋南側（交）〜古懸不動尊〜高速入り口〜あいのりあんちゃん〜船岡橋〜追分橋〜湯ノ沢駅〜あいのり温泉〜日暮橋〜道の駅・矢立峠〜新矢立橋〜赤湯温泉〜日景温泉入口〜今度渡橋〜陣場駅〜長走風穴〜国交省矢立除雪ステーション〜白沢路線橋〜白沢駅〜芝谷地湿原〜商人留（アキヒトド）〜そばや〜釈迦内（交）〜神明社〜大館国際情報学院〜踏切わたる〜大館駅〜ビジネスホテル着

8：30〜16：00　7時間30分　＝30km

昨夕は弘前駅前のビジネスホテル傍の居酒屋日本海で夕食でした。「おまかせ弘前メニュー＋地酒熱燗」2，500円也。疲れた心身にしみとおり、堪能しました。ビジネスホテル2階の部屋といわれ、もっと上の階にしてほしい…と希望をいうと料金アップせずに14階のダブルベットの部屋に変えてくれました。おかげで窓から夕と朝、雄大なお岩木山を拝むことができました。プロ野球巨人菅野4連続完封ならず負け投手!!さて明けて今日9日。くもりのち15：00頃から雨に…との予報です。どこまで天気が持つか。それまでどこに行きつけるか。

6：30のビジネスホテルのサービス朝食をとり、7：53発秋田行に乗車。（ホームでは津軽三味線に見送られた）3両ですが、まさに高校生電車です。立ち席も体が触れるほどです。すっかり曇り空。岩木山もぼやけて見えます。何か肌寒い朝です。体調悪いということもなく、今日も一日しっかり歩こう。オドロキ!!石川駅で150人はいたかという高校生、ここでドッとあらまし下車です。残ったのは1両に座席パラパラ。ガランドウです。東奥義塾高校生だと思う。（この学校は西南戦争後の自由民権運動の高まりの中、津軽共同会の母体となった旧藩校、稽古館の流れを受けた学校かしら？）碇ヶ関駅到着、下車。昨夕のオバサンは居なかったけど、「よくきたね、碇ヶ関」の幕に迎えられ８：30てくてくスタート。

平川にかかる十六夜橋、小中学校、公民館を左に見て、右には「明治戦役記念」の大石碑。そして鮮やかにも可憐な大輪ラッパ水仙の群落。通りの両サイドには民家や商店らしき建物も続き、往時はそれなりに盛んだった…と思わせます。朝霧橋南側（交）、左に橋があります。ダラダラ上りが続きます。左、古懸不動尊。右そばに水あり。明治天皇お休み所。（ミニ公園、巨木、碑あり）番所（ばんどころ）橋80ｍ、流れ20ｍ。左２００ｍ程の上方に高速上町♀。平川の河原に黄や白の見事なラッパ水仙。咲き乱れています。シャクナゲ、タンポポ、アケビつる、高山高原の〝お花畑〟みたいです。アケビはどうも栽培しているようだ。きちんとした竹棚に枝止ひもでゆわいてある。新潟まで４０９㎞。折々、りんご畑も現れます。「りんご栽培の極意の一つは枝の選定にある」と悟った。切り下した小枝が一束、二束転がっています。高速入り口（交）。この先ずっと民家も乏しい。山間地を行く。左上に高速道路。右に平川の流れ、その向こうにレールです。ドライブイン〝あいのりあんちゃん〟（右）。左を流れる急流に〝津刈川〟の標識あり。これを渡る（船岡橋）30ｍ。羽州街道の大きな標識と小屋付きバス停。20～30㎝程に伸びたふきのとうの先っぽに10個以上のタンポポの毛のような白い花。「少年に良い友、良い本、良い遊び」鹿角方面への国道２８２

号を左に分ける。右下に渓谷流れるせせらぎの音。陽にキラキラ輝く新緑。それにコザクラのような白い野の花。うっとりする美しさです。追分・追分橋。右手にオオシマサクラが20～30本。花のアーケードみたいに花弁が私の顔に降ってきました。渓流合流して右へ湯ノ沢駅。寄らずにまっすぐに進む。

9：45大館まで22㎞、エッ、まだそんなにあるの？〝歴史の道・羽州街道・矢立平・湯ノ沢入口〟（右へ）。私はまっすぐ湯ノ沢橋を渡る。峠らしき左側手前に一列15軒ほど並んでシャレた造りの家々あり。但し、驚いたことにすべて廃屋です。草が生い茂っている。何がどうしたら全部こうなるのかしら。右8階建て「あいのり温泉ホテル」これも廃屋です。現実の厳しさを目の当たりに見る思いです。その隣に平屋のホテル（旅館）は営業しているようです。日暮橋。〝阿闍羅路（あじゃらじ）優しく走ろう！〟峠の道傍らに20ｍに渡って黒く汚れた残雪あり。道の両サイドはまるでお花畑です。亜高山帯になるか。関東でいえば1，500～2，000ｍの山に咲く花々です。一つ一つ名を記せないのが残念です。これより大館市域へ。大館市長走。右、大館矢立ハイツ、ホテルみたいに立派。と思ったらここは「道の駅　矢立峠」でした。右側に舗装された広場、バスの回転場所、始発場所かしら。道の駅にしては何もないなぁ～。小さな無人の待合施設、こざっぱりしているが全く味気なし。お土産などの物産店は？ホテルのような建物の中かしら？

矢立峠と相馬大作事件

矢立峠は大館城下と弘前城下を結ぶ羽州街道の最高地点（２５８ｍ）で、青森県・秋田県の境界を成している。昔から林業の盛んな秋田県の中でもこの一帯、美林地帯で秋田杉の学術参考保護林が設定されている。また、この峠を舞台に「盛岡藩士相馬大作事件」があったという。本家南部氏をことごとく軽視する津軽氏に対し義憤やるかたなく、弘前藩主（9代、やすちか）が参勤交代の帰路この峠を通過するのを待ち伏せし、暗殺しようと企てた。免許皆伝の腕を持つ相馬大作であったが、謀議は事前に発覚。（弘前藩主は今でいう五能線沿いで弘前に帰城）大作は半年間逃亡したが、１８２１年10月、捕らえられ、江戸小塚原刑場で斬刑された。（待ち伏せ場所は峠より12㎞南下した岩抜山であった…とも伝えられる）…講談、浪花節でも語られているとか。

小綺麗な待合所で休憩していると、乗合バスが広場に入ってきた。折り返しの大館行だ。〝バス乗れば楽ちんだなぁ〜。折しも小雨もパラパラ落ちてきたことだし…〟心は揺れる。だが時間はまだ歩くにたっぷりあるし、まだ歩ける気力もあり…よって10分後折り返し出ていったバスを見送る。（乗客０でした）シヤシヤ雨も気にするほどでもなく、10：30、峠を後にして立派な舗装道路（国道７号）を谷筋目指して下り始めた。全くの山峡。景観は早春から春たけなわへ。たまに残る残雪のデブリ。クネクネ下る。赤湯橋、矢立温泉。右にやや小ぶりの旅館廃屋、一部見事にぺしゃんこにつぶれている。赤湯温泉、日景温泉入口♨。（温泉は休業中とある）

この山中の街道沿いには出湯が随分とある。夫々小規模で宿も１〜３軒ほどかしら。オフシーズンだからか長年の栄枯盛衰なのか…ひなびたといえばそうだが潰れそうにも見えました。下内橋。ツクシニョキニョキ、イタドリビンビン。春の草花めでつつ…。いい加減下っていくとようやく民家、集落が見えてきた。「今度渡橋（こんどわたりばし）」だって！まじめにやれ！左に旧の橋か、赤錆びた鉄筋コンクリートの残骸見える。廃橋と小さな流れ。ラッパ水仙の黄色が点在し、これは自生で咲いているらしい。ともかく今日歩いている街道沿いは道端も土手も民家の庭先もラッパ水仙（黄・白）を中心にタンポポ、芝桜、フキノトウ、ツルバラ系…とにかくやたら花が咲いている。大袈裟にいうと「１０００m以上の山中に見かけるような高山植物街道」の風情です。とっても気持ちいい。…これは考えてみるに…春を待ちわびるこの地方の人々の心の現れ…ではないのか。晩秋から４月の初めまで雪に閉じ込められし人々の春を待ちわびる心。雪に耐えて春、花開くものへのあこがれが少しの空き地にも春咲く花々を長年にわたって育ててきた成果ではなかろうか。さもなくば、こんなにも道々、家々に花が咲くものでしょうか。

陣場駅無人11：12。引き込み線があったらしい。「見捨てられし　茶色のレールにタンポポの花」…ひょっとしてその昔スイッチバックでもしてたか？（根拠なし！）（ＪＲ線＝奥羽本線・は矢立峠の下を長いトンネルで抜けてそして陣場駅に至る）多茂木♀、鳳凰高校行バス一時間に一本。右手、下にカーブしながらレールがトンネルに入っている。（上り線？下り線？）

「長走風穴」前♀↓左手国見山（４５４ｍ）の中腹１６５ｍ地点。もろい地層から風化により崩落した岩石が堆積。空間ができていて、地上と地下での空気の対流が起きている。冷気が噴き出ている…。今日、今、外気19℃。風穴内０℃と表示。すごく涼しい。この冷気の吹き出しにより、周辺は「長走風穴高山植物群落（国天然）地」となっている。ゴゼタチバナ、コケモモなどのほか、エンレイソウ、セリバオウレン、チゴユリなどが群生している。（風穴館も見学。事務所内には係員がいました）また、歩き出す。しだれ桜、コブシなど満開です。廃車センター。なんと数百台はガラクタがあります。レールは単線。（実は右手の山腹にＪＲ松原トンネルありて、レール走っている）国道７号はまっすぐ。両サイドは田んぼ。おやおやレールがあつまり複線となりました。小茂内（おしげない）。レールまたいだ。

そして左手「白沢駅」無人。待合室に70歳前後のおばあさん一人。見るからに田舎の日焼けしたオバーサン。この人なかなか饒舌でした。私が濡れた身体を拭いていると話かけてくる。電車が来るまで30分以上も間のあるレールには乗らず、私と一緒に大館まで歩くといい出す。また、この地域は年々人も家も減り暮らしにくい…とこぼす。〝町が壊れていくのがよーわかるよ「限界集落」とはうまいこといったもんだ。住んでいても無駄だよ！といわれてるみたいさ…〟と通りすがりの旅の私の胸にぐさりときました。（結局降り出した雨にオバアサン歩かなかったけど…）13：10オバアサンとサヨナラして歩きだす。…見た目は、さえない田舎の老婆に見えしも、話してみると、まだまだしっかりしています。私の安易な先入観を恥じました。

右は川の遊水池のような湿地帯。水仙、タンポポ、フキノトウ…。色とりどり咲いている。長面袋。第一日照工業工場（右）、北陽中学入口（市立、右）、「芝谷地湿原（右）（国天然）」↓低地湿原、ノハナショウブ、モウセンゴケ、トキソウ、ミカキグサなどが見られる。折しも今日は小雨降りしきるあいにくの天気。湿原は霞んでいて遊歩道を歩く気になれず。傍らの休憩舎でポツンと雨宿り。〝熊出没に注意〟の看板には気になった。〝日本ザリガニ〟目撃したら連絡を！のポスターも。止まぬ雨。しびれを切らせてまた歩き出す。商人留（しょうにんとどめ）。ダンプに泥かけられる。道端の蕎麦屋に逃げ込み、ハンバーグライス＋ビールで気を盛り立てる。小雨の中進む。チューリップ、芝草、スズランの可愛い花増える。左は釈迦内へ。〈左に進めば獅子ケ森（２４７ｍ）の麓に大館郷土博物資料館あり。花岡事件、花岡鉱山資料あり。前庭には「小林多喜二文学碑」もあるかという。更に旧長木村地区まで足をのばせば、日本一大きなフキ「秋田蕗」の原産地を経て小坂町へ…〉すぐ右折。駅方向へ。村社、神明社（なかなかユニークで立派です）明治天皇行在所の碑。釈迦内羽州街道を歩いている。右へ行くと「大館国際情報学院」へ。大館駅構内を右に見つつ（引き込み線等多く長い線路橋見える）踏切を渡る。渡って右折すると、横長の広場と駅舎です。16：00着。駅周辺商店街はひどくすたれている。一方４００～５００ｍ離れた国道7号沿いや、県道2号沿いには郊外店、ホテル等が進出して賑わっています。駅から5～6分離れたビジネスホテル（ロイヤル）に投宿。素泊まり5，７００円。コンビニ弁当（夕食）。明日朝のパンとジュースをコンビニで購入。疲れた足を曳きずり宿に入った。（秋田県大館市、ロイヤルビジネスホテル泊）

大館↓下川沿い↓早口↓たかのす↓前山

平成29年5月10日（水）一日雨降り

大館駅ビジネスホテル～長木川～国道7号～餅田橋～下川沿駅入口～川口（交）～北部木材センター～小林多喜二生誕の碑～早口駅入り口～田代大橋～山瀬小前～小畑勇二郎碑記念館～糠沢駅入口～道の駅・たかのす～綴子新橋～新関～前山駅…（レールで大館まで戻り泊）

8：10～15：00＝7時間＝26km

およそ足かけ4年前、日本の海岸線をたった独りで歩き抜いてみようと決心してその第一歩を踏み出した頃と、千km、二千kmと歩き繋いできたこの頃では、変わる風物を見聞するたびに受け止め方も少しずつ変わってきていると思う。このメモ（記録）の内容も「果たして行けるかどうかの不安感」が先行していた1年目あたりは何時にどこへ到着、幾時にどこに行く、何があった…ということをメモすることで精いっぱい！を思わせる内容から、段々、「どのみち、予定に近いコース日程で何とかなってゆくものだ」という開き直りというか、慣れるというか安定感を持てるようになってくるにつれ、今少し地域に密着して、歩けなかったところ、見学できなかったところ等にも興味が広がるようになり、夫々の小旅行を終えて一旦家に帰ってから写真、パンフ参考図書などで、もう少し詳しく知りたいと調べてみるようになった。自分の残り人生を考えれば初めて訪れた地域であっても、正直、二度と訪れることもないかもしれぬ…と思ってみると、せっかく汗水たらして縁あって訪れた以上、その土地土地の人々（先人や今暮らす人々）や風土（山や川や谷や海や木々、生き物…）に今少し掘り下げて勉強し、触れてみたい…と思うようになりました。それ故自分で書いて自分で後で読めなくなるような米粒のような字の文章がどうしても長くなってしまいました…。昨夕、疲れながらも到着した大館の街についても、その歴史の深さから何か触れずにすまされない、と思うこともあり少々付加してみます。

・秋田犬

江戸時代、藩の奨励により、武士の間で闘犬が盛んとなった。より強い犬種を求め、土佐犬との交配も進んだなか、純粋の秋田犬は絶滅寸前まで希少化した。その後、純血種保存の機運が高まり、1927年、秋田犬保存育成協会が結成され、繁殖に努めた。大館駅前ロータリーに（大館生まれの）忠犬ハチ公像がその仲間とともに銅像としてたっている。…不肖、我家でも犬好きで、スピッツ、黒芝、赤芝と飼ってきたけれども秋田犬は憧れはあっても手は届かぬ高嶺の花だった。堂々且つ颯爽たる日本犬だ。

・小坂鉄道

大館駅前から国道7号方向に数分進むと（ビジネスホテル、ロイヤルホテルに向け歩いていくと）廃線になったレールの踏切を渡る〝旅人は皆、この鉄道は何だろう。どこまで通じていて、いつ廃線になったのか?〟などと思うだろう。帰宅後調べてみると、明治41年から2008年まで営業されていた私鉄だった。秋田県の誰でも知っている特産は「杉などの森林資源、金や銅などの鉱物資源、それに米」ということになる。この鉄道も当初は日本三大美林の一つ長木沢から秋田杉を運び出すため開通。全長22.7㎞もあった。1994年（平成6年）に旅客営業廃止。残った小坂精錬所輸送も2008年に終了し全廃になった。小坂鉄道花岡線も鉱山閉鉱により、昭和60年廃止。今は赤さびた鉄路が残るのみです。栄枯盛衰を物語る一つの寂しい現実です。

・小林多喜二

「蟹工船」「不在地主」などの作品で知られる小林多喜二は大館市川口で小作農・兼日雇労務者の家に生まれる。新進プロレタリア作家、共産党入党…。1933年2月。築地署にて特高警察による拷問で死亡。てくてく5／10の行程中、JR「下川沿駅」前に「小林多喜二誕生の地」碑がありました。

さてここからようやく今日の大館駅前からのてくてくスタートです。５：00起床。外を見ると小雨模様。ガックリです。見える景色は灰色で朝の華やかさもなく、ただシットリと濡れて見えます。コンビニオニギリ、パン、ジュースで朝食。15分で終わる。朝のスタート時から雨合羽です。今回不注意から雨帽子と雨用リュックカバーを忘れてきました。〝いれたはずのものがない！〟はままあることです。てくてく途中の店で買おうと思う。ものがどんどん増えるなぁ…。だから今回忘れてきたまま何とか工夫できぬか…。それに今朝は歯茎が怪しい。痛み始めています。ホテル近くの空き地でか、キジがグアッ！グアッ！と鳴いています。８：10ビジネスホテルを出てスタート。

清水一丁目♀、沼館入口♀、レールのガード（花輪線？）くぐる。長木川側道橋（右の高速に沿う）長さ１００ｍ流れ30ｍ趣のある良き川です。まっすぐ息切って進みます。片山町３丁目右折で国道７号へ。イオンジャンボショッピングセンター（左）♀、雨強まる。桂桜高校前（ケイオウ）、周りの風景を落ち着いて見られぬ。雨具のフードを下ろして足元を見て歩く。視界狭くなり歩きづらく危険でもあり、急がず歩く。餅田♀、「一日30本はあろうか」・秋北バス・秋元タクシーによる運行です。〝すてきだね　ひびくあいさつ　広がる笑顔〟山田渡入口♀（交）、餅田橋、長さ１００ｍ流れ30ｍ、歩車完全分離。「川口小・子供守り隊活動中」（いつでもどこでもどこからでも、子供を見守る　笑顔がうれし）…千葉県松戸市内で、子供見守り隊役員が子供殺人事件を起こし社会を震撼させたが、この地では粛々として雨降りの中、子供を誘導しておりました。右、「下川沿（しもかわぞい）駅」立ち寄ってみる。

電車が着いたのか高校生がぞろぞろ。無人？私は待合室でお菓子ポリポリ一服。30歳で拷問死したプロレタリア作家、小林多喜二の碑あり。また、国道７号立花（交）へ戻る。左は見渡す限りの水田です。右手には一段高台に民家。〝あきたこまち〟の田んぼかしら?水田も水路も水満々。大館の地酒〝北鹿（ホクシカ）〟の大看板。太さ5㎝・高さ1m・葉の大きさ80~100㎝ほどもあろうか、ジャンボな「フキ」がニョキニョキ秋田蕗でしょう?傍らの土手でジーサンがしきりに何かを採っている。〝こんにちは!何採っているんですか?〟腰にかごを付けたまま振り返り中身を見せてくれた。ワラビ、ゼンマイ…だそうです。

下川沿跨線橋。右手後方500m程に立ち寄ってきた駅が見える。左、比内・大館工業団地。右、山田（川口交差点）旧羽州街道とよじれながら行く。右に北部木材センター、「小林多喜二誕生の地」碑あり。横岩入口、左、早口駅へ。名無し（交）。右、山瀬ダムへ。田代大橋（川は30m程、橋は田んぼもまたいで130mくらいある）山瀬小前♀（立派な待合室あり。5台ほど可能な屋根付き駐車場も）そのベンチに座ってリュックから出したオニギリ2ヶぱくつく。（タカナ、マグロのオニギリ＋水筒の水ごくごく）岩瀬（交）。生涯学習の先駆者、小畑勇二郎（連続6期知事を務めた）の碑あり。谷地ノ平団地♀、田代老人福祉センターと棟続きに立派な「小畑勇二郎記念館」が建っていました。早口橋（早口川橋80m、流れ40m良き川良き流れ）左、100mほどにレール併行す。レールの左側少し離れて大きな川が流れていそう（米代川?）、坂地入口（交）、みのり台。左下レールとなる。大巻♀、中岱（ナカタイ）入口（交）。「もしもしピット」左、〈国道7号の一部をバスベイのように切り込んだ駐車場。走行する車両が携帯電話を使いたいときに、ここに駐車して、通話休憩するスペースで、国道事務所が設置。通話可能〉長坂新丁♀（ここにも立派な待合所あり）1日20本運行。

雨降り続きここでも一休み。道路沿いの八重桜今や満開で散った花弁が積もるほどで怪しい美しさ。新潟まで370㎞の標識。ダラダラ長い坂を霧雨浴びながらブツブツ一人で文句いいながら、ヨイショコラショ、雨にも負けず風にも負けず、宮沢賢治のように頑張ります。里沢♀、坂もいつか下り気味となる。八重か山桜かピンクもあれば青白く美しい夏目雅子のような花弁が折々降ってきます。この美しさに小雨も忘れます。ただハラハラとハラハラと…下りに足取りも気分も軽くなり、「津軽平野！」「望郷酒場！」を誰はばかることなく声に出して口ずさみつつ。糠沢（交）、今の気温・13℃の電光表示あり。肌寒いわけです。右に大岩（羽州街道と読める）糠沢バス停にサイクルアンドバスライドの施設あり。バス停まで自転車、ここに駐輪してバスライド…ところが折角の施設なのに駐輪は一台もなし。（なかなかうまくゆかないものです）糠沢駅入口♀（左へ）駅までまだ1㎞近くあるのでは。この辺りレールと国道7号とはだいぶ離れつつあり、国道7号は山すそを一直線です。左に国道105号（鷹巣バイパス）を分けて進む。鷹巣病院（左）、そして道の駅「鷹ノ巣」に到着。雨帽子でない帽子ビショビショ。リュックカバーの代わりにビニール袋をかぶせたが、効うすくリュック本体も濡れる。雨合羽を着ていても結構汗まみれでビッショリ。雨も降りしきっている。物産センター軒下のテーブルに雨合羽類を脱いで身体を拭く。寒さを感じるので、何か温かいものを求め店内レストランへ入る。カレーうどん470円の熱々を食す。元気モリモリ戻る。売店で3軒分のお土産宅配を手配す。16，000円也。いくつかの施設があるも、降りしきる雨の中、人もまばらで寒々としています。〝世界一の大太鼓の街〟です。12：20～13：15休憩した。道の駅と鷹ノ巣駅は2～3㎞離れている。ここは北秋田市で鷹巣はその中心市街地という。北に大河、米代川。西に（米代川に合流する）阿仁川が流れ、河岸段丘、河岸平野に発展した町のようだ。

道の駅を後にし、またトボトボと歩き出す。名無し（交）左へ、北秋田市役所3㎞とある。綴子橋手前を右に行くと八幡宮綴子神社があって（500m先）境内には、樹高50m、胸回り直径9．5m、樹齢700年の「千年樹」もあり、「抹香の木」「縁結びの木」等したわれている…という。（交）、（橋）を過ぎて進む。新関♀。

「雨に打たれ　我慢も恨めし　国道7号」左カーブも二度三度、右上に100段以上あろうかと思われる急な階段が見える。由緒ありげ。ひきつけられるように寄り道。少々枯れた雰囲気。それなりに厳かだ。（しらかみ神明社？）依然として雨やまず。左、前山（まえやま）駅。左折して駅へ。一口でいうと何もない寂しい無人駅。桜のはなびらが散って濡れた広場一面にくっついています。軽自動車が一台入ってきました。14：48駅着。汗をぬぐいながら駅舎の時刻表を見上げる。なんと15：02だ。開けたリュックを慌てて閉めて入ってきた電車に飛び込む。410円で大館駅まで戻ります。一日ずぶ濡れの哀れな一日。その割には一日頑張りました。よくやったと心の中で自分をたたえてやりました。

○秋田内陸縦貫鉄道

今日てくてくで歩いた「鷹巣」と「角館」を起点、終点とする全長94．2㎞の第三セクター鉄道です。確か10年ほど前、うちのカミさんと二人でガイド付きで沿線の森吉山登山をしました。単線で途中、随分長いトンネルあり。（5697mの十三段トンネル）下山途中、大規模なダム工事が行われていた。今日は大館へ戻る途中、鷹巣駅で角館行発車ホームを見たら、1両のディーゼル運行でした。存廃問題がくすぶっていると聞くが、頑張れ！とエールを送ります。同駅ホームに大太鼓があった。

〈前山駅・桜の花びら〉

前山（まえやま）↓三ツ井↓豊根↓雛形↓東能代↓能代

平成29年5月11日（金）　くもり時々晴れ

（大館からレール）前山駅（国道7号）〜今泉新町（交）〜今泉〇工〜今泉緑地〜薬師山R〜小藪〜きみまち阪（交）〜道の駅・きみまち〜きみまちトンネル〜一級藤琴川（琴音橋）〜三ツ井高架橋〜沢口・二ツ井トンネル〜二ツ井大橋（米代川）〜石切入口（交）〜駒形橋〜富根入口（富根駅）〜シェルター〜国道7号降りて鶴形駅〜菅江真澄の道〜桧山入口（交）〜桧山川橋〜国交省事務所〜東能代駅〜明治町（交）〜県立松陽高校〜駅前（交）〜能代駅

9：10〜16：30　7時間20分　＝28km

昨日は雨にたたられ（二日連続）苦しいてくてくでした。その割には前山まで進むことができた。雨の中だとアッチコッチ寄り道する気も薄れ、ブツブツ文句をいいながらも歩みを休めず、また、メモとる回数も減る…などで足は結構進むということか。

投宿したビジネスホテル・夕食で外に出る気にもなれず、（ビジネスホテル・1階にある）ホテルレストランで済ませた。これがよかった。「定食スタイル＋生ビール」で1，000円ぽっきり。レストランの賄いのオバサンの話「泊まってその上夕食もとってくれたのだから1，000円止まりで考えていますよ。生ビールはおまけのような気持ち」という。そのまま素直に受け止めました。更に客が少なかったせいか私のテーブルのそばに腰かけて世間話にも乗ってくれました。旅先ではどこに心和むシーンが待っているか…わからないものですねぇ…（先入観は時として本物を見損なう？）…私より年下なのにどこかお母さんみたいでした…。

〜今朝の地元テレビのニュース〜

「秋田県の人口がとうとう１００万人を割り込んだ。少子高齢化の中、ふるさとのこれから生きる道、活性化について」を声高に報じていました。一昨日、小雨降る白沢駅、待合室で一緒になったおばあさんがもらしていた言葉（あちこちの村や部落がだんだん壊れていくよ…！）が思い出され、気の沈む思いになりました。…（この齢で私に何か役に立つことあるかなぁ〜）昨日は静岡で30℃、東京27℃、大館は雨降りで20℃。寒かったなぁ。また、昨日県内の大仙市で山菜取りのお年寄りが熊に襲われ大怪我のニュース。警戒を呼び掛ける放送も、二度三度と聞きました。秋田行3両電車に乗る。平日の朝のラッシュ時だが、1両に30人程度です。昨日のてくてく歩きの終点、前山駅下車。9：10今日のてくてくスタートです。

国道7号（羽州街道）に出て左折。左にレール。その向こうに米代川が接近しています。今日は、昨夜の雨は上がっているが、霧がかかってぼんやりしている。【平成29年7月末　梅雨がらみの大雨で能代川が氾濫↑後の事ですが…】

今泉新町（交）、「大館能代空港」への道を左に見送る。今泉（交）、雪解けと昨日の雨のせいか悠々と流れる米代川の水は茶色く濁っています。大堤下（交）、今泉♀（一日五本・秋北バス）。八重桜の花吹雪です。湿った道路などあっちこっちに花模様。右手に由緒ありげな小さな鳥居と池。大堤とはこれか。遊歩道あり。大看板あり。↓〈ふるさとがぐっと近づく日沿道（にちえんどう）、二ツ井〜たかのす間、早期開通。北秋田市〉薬師山パーキングで一服。半そでシャツに着替えた。〝ゴミ拾う心が未来をひらく〟駐車場傍の茂みでおばあさん山菜を採っています。左腰にカゴをぶら下げ、頭に手ぬぐいをかぶって…。（車は通り過ぎるけどここなら熊から安全に収穫できる）…という意味のことを話していました。

【山菜の種類は4～5種類あるそうだが、代表的なものは根曲がり竹、ゼンマイ、ワラビ、だという。特に「根曲がり竹の竹の子」は味もよく高値だそうで、小遣い稼ぎには貴重とのこと。私もかつて信州戸隠山縦走中長野の同行友人がこの根曲がり竹の竹の子を教えてくれ、これを採取して。避難小屋で、鯖缶でみそ汁を作った際の具に、その竹の子を入れ、食した時のおいしさは忘れがたい思い出となっている。…おばあさんの話では、夫々秘密の場所があり、一人山に入ることが多く、この頃じゃ熊に出くわすリスクはあるにしても、この季節山に入る…自分で採って売った分イイコズケイになっからネ…。】

薬師山パーキングからは大下りです。大平山（２２８ｍ）の山腹を下る。ここから能代市域に入る。両サイドに背高70～80㎝の大きなフキ、それに巨大化したイタドリの葉っぱ。その上にも道路にも、しだれ桜（？）の花びらが一面散り落ちていてうっとりしてしまいます。〈フキ：秋田名物の秋田蕗は背高１ｍにもなるそうです。背高70～80㎝はミズブキが多いらしい。関東で通常見かけるフキは30～40㎝〉小つなぎ橋、山また山。緑また緑。山は大下り、私の腹も下り気味！小繁（交）、左へ森吉方面。きみまち阪（交）、道の駅きみまち・（左前面に米代川）「ふたつい（道の駅）」との看板あり。歴史資料館、自然公園など川の流れを見下す位置に一体整備されている。結構な賑わいです。「ナナクラ（七座）山・米代川ハイキングコース」の標識。この地方の大河が大きく蛇行している景勝の地です。「キミマチトンネル（５１６ｍ）」でたら米代の広い河原と鉄橋が右手に、左斜め前方「白神山地」方向の標識。橋の上から見渡せば、人工物のほとんどない自然のたおやかな川の流れ。余裕充分の河原。右から一級河川の（支流の）藤琴川が合流。川幅は１００ｍ（流れ80ｍもあり）こちらも雄大どちらが本流かとでもいいたげだ。藤琴川の源流域は「世界遺産・白神山地」です。１１５８ｍの駒ヶ岳から滴り落ちた甘い水（多分）かしら。レールとやや離れ左下方には大きい集落二ツ井町です。まっすぐ二ツ井高架橋（英語でオーバーブリッジ）とある。トンネル手前の右手台地に大きな社あり。白神山地は標高は取り立てて高山というほどではないが、5～6百m～千m超えの峰々が緑の青で幾重にも広がっています。日本海と地続きで豊かな水が海に流れ込んでいるのでしょう。「沢口」、「二ツ井トンネル（東）」637m二つのトンネルとも結構長く、トンネル内の車のゴー音はすさまじい。健診の「脳ドック」並みです。心臓ドキドキですが幸い片側に20㎝ほどの段差付きの幅1.5～1.8m歩道があり、まずは安全！ただしトラックの風圧はすごいよ。私はトンネルの壁に蜘蛛みたいに張り付くのです。

左、二ツ井。右、梅内（ウメナイ）「藤里町は白神山地」のPR看板（藤琴川上流の街）。種梅入り口（交）、種梅川橋（20m）、「二ツ井西トンネル」644m、〝トンネル通過は気力負けせぬことじゃ！と自分にいい聞かせ〟出たら二ツ井大橋です。米代川にかかる川幅200m、流れ100m恵みの大河。橋の半ばにへたり込んで、川上、川下を眺める。橋を渡り、更にレールを高架で越えた。〈秋田県民の総力を挙げて高速道路完成を！（日本海沿岸高速道路を）〉の大看板。切石入口(交)。右へ大林♀（一日八本）、羽州街道を左から合わせた。右側20mでレールです。駒形橋20mすぐ先左、高台に芭蕉の碑？富根入口、紫モクレン満開です。富根駅は国道7号の右100m。但しこちら側は田んぼで駅に行けず、反対側に回る。無人駅らしい。左、エース工場。国道7号の右側防風防雪シェルターが直線道路に延々と続いている。高さは3m近くあるか。頑丈な鉄筋造りのようで横に青いテープのような桟が渡してある。それほどの強風雪なのだ。道路を守っているということか。雪国は大変な費用も掛かる。単調一本道を歩む。〈背筋を伸ばし、精出して歩きんしゃい!!と頑丈なフェンスが私を後押しする〉

両サイド林の中を行く。山菜取りのまた、オバアサンと立ち話。「おめえさん、どっからきたのか？」土手の茂みで鎌で刈っている。〝インギョ？〟（なんだか聴き取れぬ）を採っているという。イタドリもフキも食べれるけど、この時期ではもう不味いという。食用になる山菜は結構あるものなんだ。「鶴形」の標識あたりから道幅狭まり、歩道分の幅無し。時折の大型車にはずいぶん気を使いながら進みます。国道7号から見当付けて右下の田舎道に降りる。右手田んぼ、左手土手になり、小さな（2m）祠の中に奇妙な藁人形が安置されている。金刀比羅さんの入口にあたる位置…。厄除けの地元手作りの〝ナマハゲ〟らしかった。鶴形駅ホームが目の前に。ドン詰まりまで行ったが海蔵寺という大きな寺の前で行き止まり。こちら（南）側からは駅ホームには入れない。ブツブツ呪文を唱えつつ…700～800m戻ります。

〝この街の子等へ笑顔で長寿かな〟菅江真澄の道（羽州街道）です。迂回（もどって）して踏切を渡る。傍に康甲塚あり。左の駅舎（無人）の前を通り過ぎ、国道7号合流まで進む。桧山入口（交）。県道4号線（羽州街道）が左に別れる。左カーブしつつ進むと「かいらげぶち」（交）で右に県道64号線を分けた。右にレールを見つつまっすぐ進む。桧山川橋80m、能代5小（右）「慣れた道　思わぬ危険　かくれんぼ」雨降ってくる。しかも強く。ザックカバーを付け雨具上衣を身に着ける。煩わしい。国交省事務所前（交）。

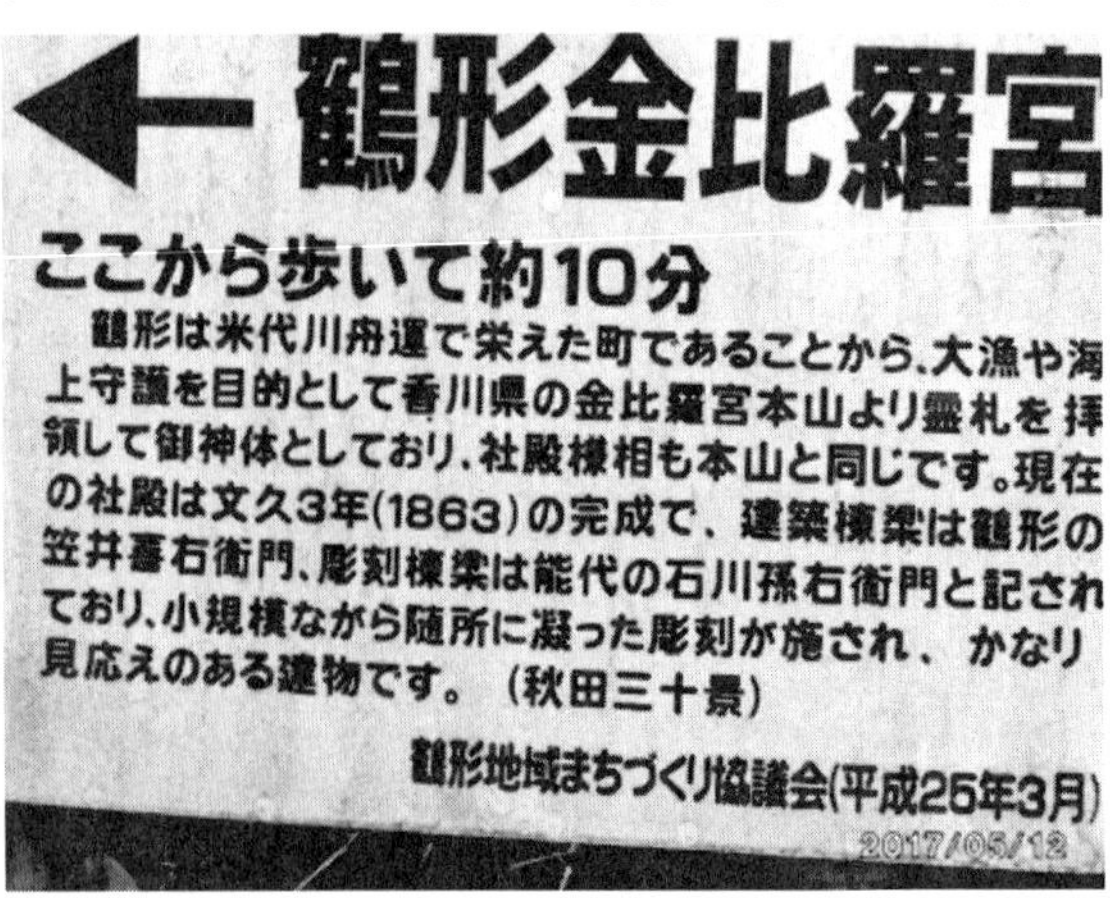

右、東能代中学校庭。(廃校になったか?) 機織轌ノ目(ハタオリソリノメ)♀、そして「鷹ノ巣」以降久しぶりまともな駅です・東能代駅。ここは既に能代市街の一端という雰囲気。奥羽本線はここからカーブして八郎潟方面へ進むが、この駅から能代駅を経て秋田白神、深浦、鯵ヶ沢、五所川原、川部、弘前までの五能線が分岐します。東能代駅15:15通過。

五能線の山川の県道を能代駅めざし更に進む。二ツ井浄水場。500m以上離れて左側国道7号、その沿道に郊外店舗が並んでいる様子が見えます。こちらの通りは店舗0。レンガ工場♀、左、報恩院、明治町(交)、ここで見当付けて左折。左にハローワーク、秋田保険病院、能代松陽高校(県立)。右カーブしつつ出戸(交)で右折。県道205号線を行く。文化会館前(交)、駅前(交)右折。右折すると能代駅と対峙した。前面広場中央に松数本配置し向かって左塔の上に怒ったような二匹のシャチが睨み合っていました。駅前角に年輪を重ねたような大栄百貨店あり。2階、3階は店じまい?1階のみテナント営業。駅前商店の盛衰を象徴していました。それなりに風格を感じる駅舎、駅広でした。16:30着。

○米代川

秋田県北地域を国道7号沿い能代に向かう道は秋田県内第二の大河、米代川に沿って歩いてきた感が強い。東から西へ岩手山中から花輪盆地、大館盆地、鷹巣(たかのす)、能代を貫流するように概ねゆったりとこの大河は流れ、多くの支流を抱え、古代から経済流通の柱として物資や人を運ぶ役目を果たしてきた。流域に鉱山、木材の宝庫があり、鉄道・道路の陸路が発達しない時代、日本海側への輸送はこの米代川の舟運に頼ってきた。ゆったりと流れるさま。今は行き交う船もほとんど見かけなかったが、悠揚迫らぬ川の流れは黙してかつ歴史を語っているようだった。(全長136㎞)

○風の松原（能代海岸砂防林）

てくてく朝のスタート前、能代駅から西に延びるバス通りを約1.5㎞（25分くらい）歩くと、サンウッド能代前のバス停に着く。ここはいわゆる松林の入口です。風の松原案内所が山荘のような雰囲気でありました。（開館は９：00から）広大な林の中を散策しなかったのは残念でした。東西１㎞、南北14㎞面積が７００ｈａもある日本最大級の松原の入口です。「日本の〇〇百選」に６種も選定されていて、地元では６冠達成！と称しています。…後でまた触れたいと思う。（松林入口からタクシーで宿に戻った）

〈“鶴形・金刀比羅山入り口”にあった「ナマハゲ」？〉

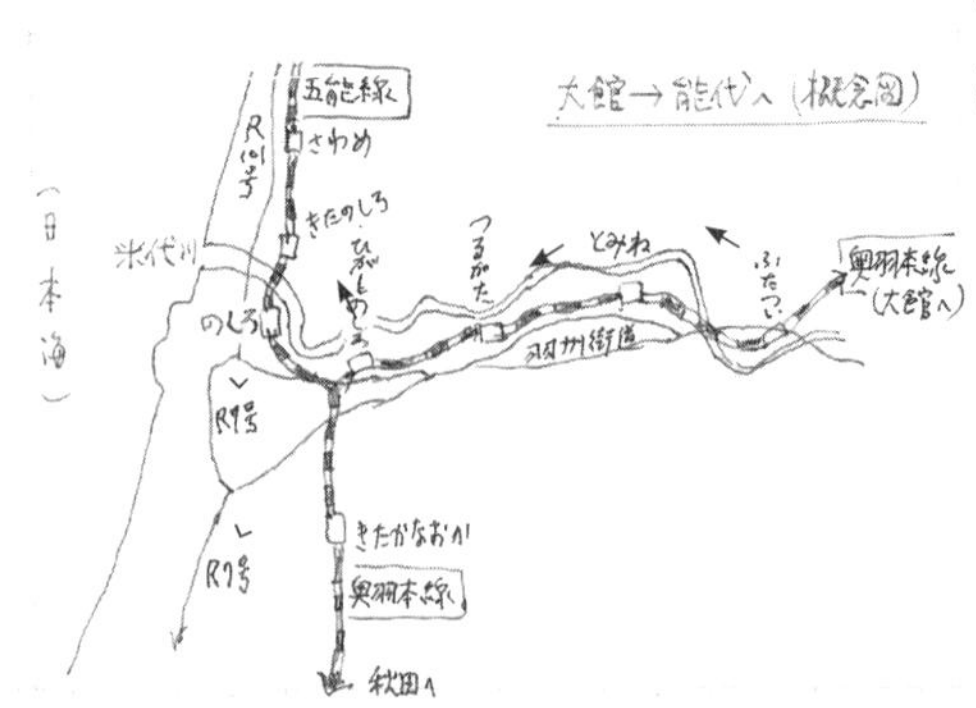

能代→北金岡→森岳…帰京

平成29年5月12日（金）

能代駅（西口ビジネスホテル）～県道205号線（大間越街道）～豊祥岱（ほうしょうたい）（交）～県道210号線～秋田県自動車道（7号）をまたぐ～逆川～ガソリンスタンド～能代山本広域農道～三種町～白神カントリークラブ～練習場～基盤整備事業記念碑～黒瀬里塚～金岡農園～（左へ）北金岡駅～外岡（交）～堀切（交）～前谷地区♀～森岳駅

6：00～7：00風の松原2km散歩
7：30～10：55　3時間30分＝15km（計17km）
11：30↓秋田12：24（レール）

昨夜は駅西口から5分ほどのところにあるビジネスホテル（タウンハウス素泊まり6，000円）に投宿。駅前案内所等で〝参考に！〟と渡されたパンフ類にベッドで目を通した。パンフから学んだ2点をメモします。

○風の松原

一つ目は「風の松原」のことです。広大な面積に砂防林としてのクロマツは約700万本もあるという。能代市街地傍〝風の松原入口案内所〟近くで出会った散策の年配者によると、〝目に見える範囲内だけでも300万本はあるだろう〟という。荒れ果てた砂丘だったこの地に植林を始めたのは1670年頃から。マツ、グミ、ネムなどから始めた。以後廻船問屋や商人が黒松植林に尽力。特に秋田藩郡方砂留吟味役・栗田定之丞他が尽力し、1833年頃にようやく原形の松林の姿が実現。今では能代海岸砂防林は「21世紀に引き継ぎたい日本の名松100選」・「21世紀に残したい日本の自然100選」・「森林浴の森日本100選」・「21世紀に引き継ぎたい日本の白砂青松100選」など六つの100選となり6冠達成中。てくてく歩き続ける中各地の海岸、渚の代表的松林も見てきているが、例外なく立ち枯れ、松くい虫、酸性雨の影響で被害を受けており、「枯れる→伐採→松の植林」を繰り返す方法に私心ながら「どうしてどこもかしこも松なのだろう?松以外ではだめなのか?いずれは松くい虫にやられるのに?」とかねがね疑心があった。あの「3．11」の大津波では地域自慢の松原が全滅してしまったことも記憶に新しい。景観の美しさ（白砂青松）は確かだが、防風、防潮、それに大津波でも生き残れる樹種はないのだろうか…?と。

○〈栗田定之丞の碑〉

1767年秋田藩士（高橋茂衛門）の三男として生まれ、14歳の時、栗田家の養子となる。31歳の時藩の砂留役を命ぜれらる。当時秋田藩では海岸地帯の飛砂被害に頭を悩ませていた。田畑や家屋が砂に埋もれ、村を捨てる住民が後を絶たず、藩の財政にも影響を与えていた。砂留役として赴任した定之丞は、このすさまじい飛砂の害から村と村民を守るためには、北は八森から、南は本庄由利地方に至る海岸線をなんとしても緑地化しなければならないと考え、大内田村の老農（袴田与五郎）らの協力を得て、松の植栽に着手した。しかし飛砂の猛威は予想をはるかに越え、植栽作業は次々と失敗し、その完成も危ぶまれたが、ある時、村民が近辺の砂に半分埋もれた古草蔓の陰に育つ野草を見つけて、寒向法を思いつき、定之丞に上申した。まず、藁束を風よけとし、その陰にグミや柳の木を植え、それが根付いてから松を植えるという方法が功を奏し、徐々にではあるが、緑地帯が生成され始めた。赴任以来約18年間寝食を忘れて私財を投じてまでの努力が実を結びやがて広大な砂防林の形成を見るに至った。今の私たちの生活があるのもこうした先達の努力の結果であり、当地域では、定之丞記念碑を立て、定之丞の後継者として長年尽力した「賀藤景林」にちなんで能代公園内に景林神社を建立し敬愛している。また、秋田市内、雄物川沿い・雄物新橋近くに「栗田神社」あり。

○秋田の杉

二つ目は、能代は旧来から「木都」と称されたほど、林業（製材業）が盛んであった。司馬遼太郎氏（街道を行く）によれば、秋田藩は、日本有数の「杉材の産地」、「鉱山（鉱物資材）」、そして「米」の三大産物により恵まれた財政下にあり、特に木材は東方の産地から大小の河川を通じ米代川河口港から大阪に回漕され現金化された。木材について、江戸初期渋江内膳という家老は「国の宝は山なり。山の衰えはすなわち国の衰えなり」と公言していたという。能代は昔から様々な貨物の集散地として栄えてきた。米代川の奥地に豊富に茂っていた天然秋田杉も伐採された後、筏で米代川を下り、能代に運ばれた。1889年（明治22年）に井坂直幹が林産商会能代支店長として能代入りしてから製材に関し大胆な改革を行った。機械製材を導入し、秋田木材株式会社（秋木…しゅうもく）を設立。秋木の発展とともに能代は大発展を遂げ、大正時代の教科書にも「東洋一の木都」と紹介されるまでになった。（市内に「井坂記念館」「能代木材工場総合展示館」がある）（…秋田県の歴史散歩、他より）

さて本日は今回の4泊5日「てくてく」小旅行の最終日です。午前中「てくてく継続」して森岳駅まで歩きます。そこで「てくてく終了」としてレール利用で秋田に出て、秋田新幹線で帰京します。そんな予定を念頭にまずは、ビジネスホテルタウンハウスミナミ、5：00に目覚め。風の松原の雰囲気だけでもと、松原まで散歩しようと6：00前、宿を出て駅前通りをまっすぐ海岸方向に進む。約25分ほどで〝風の松原案内所〟に着いた。ここから園内には様々な散策コース、アスレチックなどあるようだが、中には入らず、周辺30分ほどの散策で入口でUターン。途中タクシーをつかまえ、早々に駅近くのタウンハウスに戻った。取り急ぎコンビニのパン、バナナ、コーヒーで朝食とし、身支度をチェックしてイソイソと7：30にはビジネスホテルをスタート。

空はドンヨリ曇り空です。駅に入る道を左に見て直進。片2～3車線はあります。行き交う人もまばらです。カア！カア！とカラスの鳴き声が聞こえています。樽子山♀、北高前（交）、校舎らしきもの見当たらず。イチョウ並木です。まだ小さな若葉ですが、一斉に吹き出しています。ラッシュ時だが歩行者はなかなかいない。今日は土曜日でした。中和通り♀、出戸（交）。この交差点を直進し、「もんたの坂（碑あり）」を上りつつ、反対方向からくる車のサイズを目見当で数えた。駅方向50台中軽自動車25台で小型車割合は半数にも上る。二中前（交）。左、小山の上に由緒ありそうな善光寺です。高さおよそ1ｍにもなる六地蔵夫々表情の違いと帽子にエプロンかぶっています。豊祥岱（ホウショウタイ）

〈善光寺・六地蔵〉

交、まっすぐ。すぐ左「栗田定之丞」の碑（風の松原の基礎を作った地域の偉人）左に（明らかに「木の街能代」を意識したか）木造づくりの第四小学校。木の香りがしそうな校舎です。

いつしか商店、住宅は途切れ、両サイドたっぷり水を張った水田風景です。お百姓さん、早くももう田に入っています。軽トラをあぜ道に止め、トラクターを駆使しての田植えです。この県道210号線、まっすぐおよそ1.5㎞を進む。広域農道っぽい雰囲気。歩道は幅4～5ｍもあり、車道も立派だが、車は時折通るだけ。道を間違えたとも思えぬが、道の良さに加え車の少なさ…。「左、大瀬。右、浅内。まっすぐ森岳」の表示を見て一安心。右手能代南中学校。〝力を合わせ未来をひらく〟（志位さんのこぶしポスター）山間を切り開いた新道？ダラダラと続くおお上り！2㎞以上に渡ってコンビニ無し。自販機も無し。ただ汗が噴き出てきます。高架で高速（国道7号？）の上を越えました。

ここは県道210号線。三種町に入りました。逆川です。「金光寺、能代線」。産廃物処理場など多数。右、いなほ化工…。どこもそうだが、山間に入ると産業廃棄物工場や焼却場などが出現します。中には汚い水や臭気を漂わせているケースもありました。……故・山本周五郎の「町奉行日記」の一節を思い出しました。小説の中で「…人家に厠が必要なように、人間が集まって生活する以上、そこには必ず不浄な場所ができるもの…言々」少しジャングルっぽい雑木帯を切り分け森を抜けると〝もう熊の心配はない！〟との思いが心に湧いてきて、雑木帯は終わりました。自民党山本町支部。右角に土塀に囲まれた旧家らしき大きな家あり。白神カントリークラブ(右)。池あり。左、墓地と産廃場が入り組んでいます。右はゴルフ練習場。ゴルフ場やめたのかコース工事中でした。「お女郎クモが俺見て逃げまくる。ケムシも一緒にグニャグニャ逃げる」いささか気持ちよくない道です。下り気味の右手に大きな石碑「みんなの偉大な協力と努力がこの光輝く美田を切り開いた…県営担い手育成基盤整備事業、金岡地区」とある。巨大な碑です。草むらに光るものあり。コンパクトな巻き尺が落ちていました。9：30下りとなり、右側に広大な田んぼが展開。これが開拓された水田か。五本松♀、左へカーブ。左側に「黒瀬里塚」の碑（大理石）・右へ羽立1．8㎞。黒瀬バス停・ポールは折れ、丸板吹っ飛び壊れています。一日三本のバス停壊されたまま…。

まだまだ薄ピンクの八重桜満開です。右手に何だろう?大きな農園でした。果物生産即売却!金田農園「りんご、栗、庄内柿、なし、なつめ、プルーン、ブルーベリー、アケビ、こくわ…」なんでもあります。りんご園は垣根を通して覗いてみると、りんご花盛りでした）おいしいりんご、安くお分けします！の表示もある。（この時季冷蔵もの？）左方向は「北金岡駅」へ。申塚（右）、ウグイスのほかにカッコウの鳴き声。これ本物です。生です。（私の住む千葉のマンションでは7：00になると時報を告げるカッコウが流れますが…）やはりカッコウは緑豊かな高原でなくちゃ…外岡（交）ここで左から来た「能代山本広域農道線」と交差。右折してこの立派な広域農道を行く。（右、鵜川。左、金光寺）この辺りの水田一枚の面積は広大です。農家も出城のような広壮な民家です。堀切（交）左折。歩きやすい歩道出現。10：40前谷地♀、奥羽本線の踏切を渡る。そして右に回り込む。駅広に連なる公園の一角に着く。こぎれいな駅舎がありました。森岳駅です。但し誰～もいないガランドウです。日中は有人みたい…。でも今はだれもいなかった！〃風に散り　吹き寄せられし　花びらよ　我はすくいて　空に舞わせる〃〃立夏すぎてなお花弁（はなびら）優しい羽州路をゆく〃

今回のてくてくはここまでです。11：34の各停電車で秋田駅へ。秋田着12：24、840円也。実家などへのお土産宅配手配。秋田駅新幹線口では〃秋田おばこ〃が歌と踊りと三味線でお出迎え。現地でしかも目の前で、おばこ娘が歌い奏でる民謡には何か旅の私の心にこみあげるものがジワっと湧いてきました。秋田～東京～稲毛海岸：新幹線代5，570円、切符7，100円。計12，670円（三割レス）ありがたいことです。…弘前駅からの〝津軽三味線〟・秋田駅での〝秋田おばこ〟♪いずれも私の旅心に確かに沁みましたよ。…

今回は5／8（火）～5／12（土）4泊5日：弘前～大館～たかのす～能代～森岳・約122㎞の旅でした。矢立峠越えはまだ残雪あっちこっち。山懐の出湯では朽ち果てし建物目にすること2～3度。東北山間地の美しさと暮らしの厳しさ、裏と表だった。それにしても、集落も村も人口減により壊れつつあるを実感。津軽から北秋田にかけて、春を待つ人々の心を、山や野や沿道に咲く花々が私に教えてくれました。〈耐えて待つ。準備して待つ。きっと来るから〉

「東京一極集中・大都会集中の弊害」が語られてからすでに久しい。大きな改革を進めないといずれかの時、時代に必ずや「更に進む都市化が都市を滅ぼす」…という輪廻を思い知らされるだろう。

その密集性ゆえに都市の優位はすでに揺らぎ始めている。

地球規模で進む人種差別、格差への抗議も環境汚染の問題も、「人類が新しい環境条件の出現とその必然性を肌で感じ始めている証」…として指摘する学者が多くなってきた。

令和元年から三年にかけて、人類を襲った新型コロナウイルスの猛威は、前述のことと「決して無関係では無い」と学者も市民も田舎のオッサン・バーサンも高校生もいい始めている。

森岳→三種川→鹿渡→鯉川→八郎潟

平成29年6月3日（土）雨

森岳駅～三種川～林崎～里塚～森岳小～高架橋ＪＲ越える～高架の下くぐる～国道7号～糸流川～ＭＡＸバリューショッピングセンター～じょうもん土笛の里（かど駅左へ）～鹿渡川～鹿渡（交）（右・大潟村、左・琴丘森岳ＩＣへ）～道の駅「ことおか」～鯉川～三倉鼻公園～奥羽本線（ＪＲ）越える～三倉橋高架橋～五城目街道分岐～八郎潟駅

12：00～16：05　＝約4時間　＝18km

梅雨時期をむかえ、本格的雨シーズンに入る前に「てくてくのワンクール…」を今月前半に、済ませようと思い4泊5日の予定で出来れば新潟あたりまでと見当を付け出掛けることにしました。一日目の今日は、レール（稲毛海岸～東京駅～秋田新幹線経由、奥羽本線森岳まで）で森岳入り。それから「てくてく…」よって今日は半日ウォークです。

ＡＭ３：30起床５：15電車に乗る。東京駅で５１０円のノリ弁と２８０円のコーヒー（ＪＲ構内店と新幹線車内のコーヒー高すぎる。コンビニでは今どき１００円でおいしいコーヒー！が普通。新幹線車内３００円なんて気取ってないで安くして欲しいぜ!!）を購入。車内に持ち込みレッツゴー。（６：32、はやぶさ）東京は快晴。だが秋田地方の予報は「くもり＋雨」。初日から雨装束の覚悟です。車窓から遠くに富士山。（雪は3月の3～4割）西上州の山々・御荷鉾（みかぼ）山、赤久縄（あかぐな）山、稲含妙義（いなふくみょうぎ）、榛名、男体山…ずらり見えました。福島あたり、晴れ間あるもくもり空、それでも安達太良、吾妻とみえ、一の関あたりでは栗駒山も確認。そして一面のくもり空へ…残念!!それにしても秋田新幹線は盛岡から秋田間は在来線（盛岡～大曲は田沢湖線、大曲～秋田は奥

羽本線）を活用しているので新幹線というよりは〝上等の車両による特急気分レベル〟です。同区間１３０㎞余で1時間30分以上かかる。途中停車駅も従来の特急と大差なく、地元民からしたら新幹線と名が変わり、車両は変化したが相当の値上げ!!感がある…という人もいます。でも地元の悲願で実現したことですから…。（反対方向の新幹線同士の通過待ち合わせもあるよ）

マ！とにかく大曲（レールは本当に大まがりでスウィッチバックといったらよいか）で20人程下車。角館で下車５人。２度目の「列車行き違い」の為一旦停車。そして秋田駅着。10：51発東能代行（奥羽本線）・２両ワンマンに乗り換え。２両で60人位の乗車です。そして森岳駅下車。ほぼ12：00です。パートのようなオッサン（駅員）が居ました。森岳というからこの付近にしかるべき、山があるのかな?と質問。〝３００ｍくらいの山ならあるよ！〟との事。（あとで地図でチェックしたが、この近くに２００ｍ以上の山はなかった）雨が降っています。合羽、スパッツなど雨装束で12：05てくてくスター

もりたけ駅（奥羽本線）

トです。
西口というべきか、長方形・平屋駅舎をあとにすぐT字路を右折。ＪＲを右に見て少し進み左折、ぶつかった街道（信号）を右折。確か羽州街道と標示あったよ。そして大きな池を前にして左へ行けば五城目方面、右へは鹿渡、右へ行く。池は「惣三郎提」というのかしら?右カーブしながら上り坂、レールを高架で跨ぐ。今度は左カーブで下り気味にガンバルと高速高架の下を抜ける。上の高架道は国道7号バイパスで「秋田自動車道」との表示があった。土砂降りとなりました。

雨降りの中では、地図を見るにしてもまわりの景観を見るにしても、合羽＋帽子で視界は狭く満足に確認できない。まして、肝心のメモ取りが思うようにいかず、ノートは濡れてしまうし、ただただ道を誤らぬよう気を付け足元を見つめ歩くしかない。そのうえポイントでの写真も撮るのが大変億劫となる。休憩すべく場所もなくどうしても黙々と歩くことになる。（雨なら雨の良さも！と思うけど…情けない）県道２１７号線を歩いている。（駅を出て少しして、川幅40ｍ、流れ20ｍ程の川を越えたがあれは三種川というらしい）歩道のある良き道を行くと右後ろから来た国道7号に合流。糸流川、糸流橋20ｍ、流れは15ｍ、程のなかなか粋な名前の川です。…（一筋の糸のように流れていたよ）
右側、雨降る中、なにやら大河らしきもの見えたが霞んでいて定かではない。八郎潟の大干拓工事で生まれた水田が拡っているはずだが見えません！顔を上げると雨粒を浴びてしまう始末です。トホホ…。ＭＡＸバリュー、イオンのショッピングセンター、この店先で少し休む13：30。アメなめて水を飲んで、また、歩く。「縄文の土笛の里」・歴史民俗資料館。ずぶ濡れで入館することもはばかられる気分。鹿渡（交）、右に行けば大きな橋があって大潟方面か。左は県道37号線とインター方面。まっすぐ進む。どうやらＪＲ鹿渡への道は見落としたらしい。左にＪＲ、右に水路？その間に国道7号（羽州街道）を20分も歩くと左側に「ことおか（琴丘）の道の駅」が出現。左に入って近くに観光資料館があり。そこに寄る。〝水も滴るいい男・風〟に入ったつもりだが、係員はヤヤあきれたような顔！通常はマイカーで来て、こざっぱり風の人が多いのだから無理もないでしょう。時候の挨拶みたいな言葉を交わして、関係のパンフレットをもらう。雨も止まず、この先の行程も見えぬ中、ゆっくり休む気にもなれず、また歩き出す。（そうだよね、こんな日にずぶ濡れで歩いている男なんて…少し怪しいネ）

鯉川…という表示あり、左のレールぐっと近くなってくると、「鯉川川」という表示と川が現れた。（鯉がやたら多いのかなぁ～と初歩的な感覚で流れをのぞき込む…）「三倉鼻」の標示出てくる。アレレ！このあたり左側に「こいかわ駅」があるはずじゃが…またまた見失う。もともとこの地方ではＪＲ奥羽線の駅（特に無人駅）のウエイトはあまり大きくないと見え、駅（方向）の標識は見すごしやすい。その上この雨、通り過ぎてしまったのだ。無人駅舎で誰はばかることなく小休止取れると思っていたのに…。少々落胆します。右に「三倉鼻公園」あり。左に線路を越えると天瀬川方面らしい。国道7号は左へ大きくカーブして、ＪＲ線も高架で越える。（三倉橋高架橋）橋の上からの遠望に期待。しかし小雨模様。煙って見えぬ。見えぬ！見えぬ！見えぬ！ほほを濡らす雨つぶ！イライラ積もります!!ガソリンスタンドのある交差点、左に県道２２０号を分けました。「夜叉袋」をすぎ、夢中にて歩く。商店らしき民家増えた。と思い歩き続けると、なんとヒョッコリ、「八郎潟駅」前に出た。今日はＰＭスタートだし、鯉川まで行ければ良しとしよう！と心の中で思っていたが、雨の中キョロキョロすることもなく、休憩すべき場所とタイミングもとれぬ中、黙々と歩き続けた結果「八郎潟駅」までたどり着いたのでした。そのかわり沿線を楽しむこともなかった。…「気が付けば八郎潟の雨の中、ションボリ佇む濡れ鼠一匹…」16：05やっとこ八郎潟駅です。16：15発秋田行　16：48秋田着、ビジネスホテルへ。（今宵の予約宿）

～今日の雑感いくつか～

・今日は半日ウォークだったが、完全雨装備の中、ろくに休まずよく歩き続けた。雨降りという一つの障害物歩行の中での感想です。山歩きでも時として雨の中登行はよくあります。状況にもよるけど、深い森林の中、霧の中…趣を感ずることも時々あった。なのにこのてくてく歩きは、通りすぎる車などに気もとられ、気安く話しかける人として無く惨々だったなあ。…わがままきままな旅の雨にぬれてゆく。（山頭火）余裕がもてなかったなぁ。

・森岳駅を出て、しばらく歩いて〝北緯40度の街〟との標識があった。確かＩＧＲ・東北新幹線「沼宮内駅」にも表示あったたな。

・沿道にアカシアだろうか、雨にも負けずに白い花をふんだんに咲かせて私を出迎えてくれました。

・森岳～鹿渡～鯉川～八郎潟と南下するルートの右側は絶えず八郎潟沿いとなり、雄大な景観を見つつ…というはずであったが、ほとんど見ることあたわず、右手にあるはずの広大な水田地帯は、私と大潟村を隔てる幅数百ｍもありそうな「東部承水路」が延々と続くばかりだった。

・道の駅「ことおか」では「三種、縄文土笛の里」にちなみ、土笛作りが体験できるという。また、町観光協会の話によると、三種町はじゅんさい〟生産量日本一の街という。国道7号沿いに「じゅんさいの館」がある…。(今回寄らず)。〝じゅんさい…独特のヌメリとツルリとしたのど越しが絶品だ！という評価です。千葉県市川市真間に「じゅんさい池」というポイントがあり。近くのレストランで食した経験あり。（…ヌルヌルした水草で不思議な食感だった…との思い出あり）

・八郎潟と大潟村

八郎潟はかつては琵琶湖に次ぐ日本第二位の（汽水湖）湖だった。フナ、ボラ、ワカサギ、エビ、アミ、シジミなど魚介類が豊富な漁場だった。水深が浅いため、古く（江戸時代）から開拓計画はあった。特に第二次大戦後の日本の食糧事情の中で、干拓が計画され、1958年に干拓工事着手。そして8年後の1966年に完成。潟面の76％が陸地となった。一部は残存湖、調整池として残った。（南側の船越水道にある防湖水門で海と遮断され、調整池は淡水化した）またこの大干拓地には、1964年、大潟村が誕生し、入植者は600戸近くまでに上った。（今回6／4早朝、八郎潟駅に戻り、八郎潟外周の水路まで行ってみた）…まっ平の水田というか、水面が広大に広がり、目を遮るものもなかった。（遠くは霞んでいた）大潟村は日本稲作のモデル地区との構想で進められたが食生活の変化、米自由化の波などにもまれ、余剰米対策、減反政策という難問に見舞われている。（秋田県歴史散歩）

「街道をゆく（司馬遼太郎）」にみる八郎潟干拓。

…日本にあっては米作りこそ正義だったのである。あるいは倫理でもあり、宗教でさえあった。敗戦から5〜6年たって八郎潟を国営で干拓して米を作ろうという考えが起こった時、…「だめだ米作万能の時代はやがて去るだろう」と予言した人は、経済学者のすべてを含めても、誰もいなかった。誰もが飢えの記録をもっていたし、米はタカラモノだという伝統の信仰を持っていた

…たとえ貧しい国であっても、米だけは不自由なく食べられる国であってほしい。八郎潟の干拓はこのような貧乏国の伝統と展望の中から生まれたものである。…「大潟村」という政府が巨億を投じて造成したこの新しい大農場はその存在そのものが歴史の皮肉にもなっている。

干拓に着手（昭和33年）し、干拓が進む一方昭和30年以降、米豊作が続き、昭和38年ごろから、生産量は大きく伸びた。一方食生活の変化等で需要は減り始め昭和40年代になると、〃米余り状態〃となり、「食管会計赤字」に悩むようになった。干拓地に入居者を迎え、それも、皮肉にも第五次の入居者を迎える頃、政府は食管会計の泥沼に入りつつあった。（街道をゆく　No．29）

八郎潟↓五城目町↓潟上市↓追分↓土崎

平成29年6月4日（日）雨

秋田駅前ビジネスホテル……レールにて八郎潟駅へ
八郎潟駅↓大潟橋↓八郎潟駅前↓竜馬大橋（馬場目川）↓大川歩道橋↓大川三差路↓今戸（交）↓浜井川↓飯塚小関↓国道7号昭和バイパス↓道の駅昭和↓元木山運動公園↓大清水↓小泉潟公園↓金足追分↓追分駅↓中野3区、2区、1区↓島合川橋（巨大ゴジラ）↓堀川1区、2区↓上飯島駅↓北港入り口↓村社飯島神社↓相染新田踏切↓土崎神明社↓土崎駅
8：05〜9：30　1時間25分＝4㎞　10：05〜16：30　6時間25分＝20㎞　計24㎞

平成29年8月の毎日新聞記事に触れておく

農水省（農林省）は主食用米が余り、価格が下落しないように昭和45年から減反で需給調整。毎年11月に翌年度の作付面積の目標を策定し、各都道府県に配分する仕組み（農家への所得補償の補助制度含む）を半世紀近く運用してきた。少子高齢化や食生活の洋風化などで生産量の約9割を占める主食用米の消費量は年間8万tペースで減少してきている。ただ政府目標を守った農家に補助金が出る今の制度では現場の創意工夫が妨げられている。農水省は国が需給調整の旗ぶり役から下りることで農家の経営感覚が磨かれ、農地の集約や大規模化が進むなど、国内農業の競争力が向上するシナリオを描く。それが「収入保険」↓「平成30年度米（まい）」から国が全国生産数量目標を策定し配分する生産調整（減反）制度が廃止されるに伴い、農家の収入を安定させ不安解消につなげるためにも「災害や農産物の価格下落による農家の減収を穴埋めする新制度「収入保険」につ

いて平成30年の予算概算要求で531億円を計上する。…自民党案を公表した。

…TPPなど新しい国際間の自由貿易協定が締結される中、国内農業の国際競争力を高める為の〝米作り版の改革〟

…食管制度から約50年変革の時代が来たのだ。

さて5：30起床。前夜コンビニ購入の「おにぎり、パン、ジュース」で朝食。

7：29発のレールに乗り、8：00八郎潟駅着！まずは八郎潟湖（干拓地）にあいさつ代わりに湖畔まで行ってみる。八郎潟外周にあたる「外周の水路」まで歩いて25分かかった。2㎞弱。細い雨降る中ではあったが、膨大な広さの水田が橋の先に果てしなく見えた。もっとも遠くは霞んでぼやけていた。でも目の前の大きな水路から先は昭和30年以前は湖だったのか…と思いつつも、雨の悪天候のせいか今も概ね水浸しの大空間のようにも見えた。…今回6月3日からのてくてくは三種町→大潟村→五城目町→八郎潟町→井川町→潟上市と市、町、村を歩いているつもりなのだが、チェックしている地図によっては、いわゆる平成の大合併前後により大きく異なっている。（この辺り、私の記述ミスがなければよいが…）

…八郎潟駅傍まで戻り、10：05　国道7号に沿うようにてくてくを継続する。昨日までは雨でひどい目にあった。今日はその昨日よりさらに天候悪し！との予報。寒さ対策も少しは強化したが何しろ「大雨洪水警報」が発令されている中のウォーク。できるだけルートと離れすぎず、場合によっては2駅相当ぐらいでもいいと思い歩く。「BOX型の精米機」、玄米を「精米代30㎏300円（低温精米、残米0）」と表示されている精米自販機にお金と共に投入すると精米となって出てくる?竜馬大橋（英語：リョウマ　オオハシ　ブリッジ）橋100m、流れ80m茶色の濁流がドクドクと流れていた。馬場目川。これより五城目町へ。

> ◎五城目町
> この街の歴史は古く、すでに一千年前から存在したという。埣浦（そつうら）↓五十目庄（いそめしょう）↓五十野目村（いそのめむら）町のシンボル森山（325m）がそびえ、スズムシ群棲地の北限だそうだ。山頂からは、その昔、米や木、木材の輸送路として活況を呈した馬場目川（ばばめがわ）が八郎潟の残存湖にそそいでいるのが見えるという。五城目の朝市は鹿角、横手とならんで県内三大朝市として知られ500年の歴史がある。…（秋田県歴史散歩）

そういえば今朝早く八郎潟駅に着いたら、同じ電車で高校生（部活らしき）が7〜8人カバンにローマ字で「GO…JOWME」と読めたイニシャルあり。大川歩道橋（交）、大川小（右）、ゲーテ研究者の大きな碑あり。（右）大川三差路（交）、「バスで行こうよ！秋田中央交通」♀、「美人を育てる秋田米！」の大看板。…この先幾度かこの巨大な立看板を見る。間断なく降る雨です。めずらしや公衆電話BOXあり。シメシメとばかりBOX内に入り、ここなら安心濡れません。不自由ながらもメモを書く。今戸（交）、左1㎞で井川役場・左方向〝歴史民俗資料館〟。浜井川橋（70m流れ50m）濁っています。

　ここは南秋田郡井川町浜井川♀。アレレッ！ドブからネズミがチョロチョロ歩道へ。20m程追うもまたもぐって溝へ。〝ネズミといえども一期一会〟なんて思い親近感を催す。またもや緑の公衆電話BOX。そして中に入りネズミのこともメモしました。左レールすぐ傍、なんと小雨を振り払うような超モダンな駅〝井川さくら駅〟中央高く時計台がありました。

潟上市に入ったよ。左カーブします。左に大ショッピングセンターあり。ニトリ、アルペン、ベルン、ミツミデンキ…なんでもあるよ。田んぼの中です。飯塚小関（交）、国道7号を行く。ガソリンスタンドでレギュラーガソリン１２９円／ℓとある。今どき千葉なら１１０円台です。（フルサービスとしても5円以上高値だな）国道7号昭和バイパス山あいを削って一直線の上り下り、陸橋二ケ所、二ケ所目は下に池。湖畔で傘さして釣り人三人（好きなんだねぇ）。ドドーン、馬鹿面して釣り人を眺めていたら、ダンプカー2台爆進してきて私に強烈な泥のシッパネ…泣きたくなるよ！でも泣かないさ。道の駅が左にある見当なのに見つからない。一服入れたいのに。「石川理紀之介遺跡」を示す道標あり。……令和4年1月10日現在、レギュラーガソリン１５１円30銭／ℓ（千葉市内）

【石川理紀之介ってどんな人？】

明治時代の農村指導者。「大久保駅」から歩いて30分?、山田集落のほぼ中央に屋敷があり、背後の山中腹一帯などの「石川理紀之介遺跡となっている。１９１５年没するまで（71歳）種苗交換会創設、2県8郡49町村の経済土壌などの「適産調べ（てきさんしらべ）」で７３０余冊の著述を行う。農村の更生、農民の救済、農業の発展に尽力し、県内では「農聖」と呼ばれている。理紀之介自ら農民に生活の手本を示そうと単身入山し、起居を共にした。「寝ていて人を起こすな」生涯貫き通した信念の碑も建っている。

「寝ていて人を起こすな」…私の中学一年時の教室の壁にこの言葉を書いた紙が額に入れられ掲げられていた。子供心に意味の分かりにくい言葉だなぁ〜と思っていた記憶あり。

↓自分が行かないで人を動かそうとしてもうまくゆかない。まずは自分が率先して模範を示せ！という意味。

（自分は横着して寝たままでありながら他人を起こすようなことをしてはならぬ）

左に高速道路。「昭和道の駅」は左方向へ。元木山運動公園、土手の上の公園に行ってみる。そぼ降る小雨の中屋根付きベンチで一服。風にあおられた雨粒が私にかかる。誰もいないグラウンドが目の前です。おにぎりを食し、テルモスのお湯を飲む。6月初旬といえど雨に濡れるてくてく…肌寒いよ13：00。追分までまだあと７〜８㎞はあろうか。右へ国道１０１号をわける。右へ国道１０１号を行けば、日本海に大きく突き出た男鹿半島巡りができる。鉄道も走っている。（男鹿線）魅力充分！なれど日本を一回り出来たらきっと来るからネ…！

〈男鹿半島へは今回足を延ばさなかったが、これから先秋田も過ぎ海岸線を歩き続けたが、右側日本海に目を移し、更に後方を見たときこの半島の西端近く、富士山型の高山がすっきりと、まるで海に浮かぶ島のようにずっと見えていた。恐らく男鹿三山と呼ばれる真山（５６７ｍ）、本山（７１５ｍ）、毛無山（６７７ｍ）の雄姿ではなかったか。（寒風山は３５５ｍ）〉大清水（交）♀、立派な屋根付きのバス停。こんな小雨の日は本当にありがたい。小泉潟公園の案内板でてくる。県立博物館もの標識あり。佐藤乾物で一服（干物くさいなあ）。どうやら左に走る道の向こうに県立博物館、小泉潟公園があるらしい。男潟と女潟も。レールを陸橋で越える。（今歩いているのは国道7号だが、羽州街道の標示もあるよ）左側に「農高」の文字見えた。（金足追分、天王跨線橋）そして左側にＪＲ「追分」駅がありました。駅舎まで行ってみる。ほどほどの駅広あり、駅は平屋建て、緑基調のカラー。ここは男鹿線の分岐駅＋奥羽本線。駅舎は小さいが、跨線橋（コンコース）は駅舎に比べれば巨大です。東西道路も兼ねているのかな。駐車場の自転車（30〜40台）が雨に濡れていました。タクシーは3台待機していました。有人。待合室には高校の学校祭ポスター①五高祭6／16〜17：県立五城目高校、②中央祭6／24県立中央高校…が並んでいました。

中野3区、中野2区、中野1区、夫々秋田中央交通のバス停、回数平日30回、土休15回。田舎のバス路線としては多客路線です。島合川橋10m、右巨大なゴジラが吠えている。〝何でも買います〟〝父ちゃん呑んだら母ちゃん乗せるな〟「臨港十字路まであと15分」の電光標示あり。（但し車で！だよな）堀川2区、堀川1区♀、飯島橋50m（流れ20m）新城川橋の標示もあったよ。

7号線更に進んで飯島北♀、左側にレール近づく気配、上飯島駅前♀（交）、左近くに駅の筈だが、「上飯島駅」あれれ！駅舎はどこかなぁ〜。よくよく見ると人が1人2人出入りしている建物の陰に回ると、確かに幅1．5m位のホームと畳1畳ほどの小屋あり。こりゃ究極の無人駅だ。それにしても秋田方向のホームがないなぁ。目を凝らしてみると、ずっと先（80mくらいか）に、やはり極端に狭いホームらしきものあり。これじゃ駅舎はないわけだ。北港入り口（交）・これを右へ行くと秋田港（土崎港）の一角に出る。火力発電所やエネルギー製油所などの大工場がある。北港入り口（交）から国道7号は片側2車線の立派な姿に。少し先の飯島三差路分岐で国道7号と別れ左の土崎方面

〈土崎神明社〉

（旧道？）の静かな道へ。ガラリと様変わり、車激減！ついでに商店もなくなった。左に「村社飯島神社」の碑。砂山♀、右50ｍ程の位置に国道7号平行。県道２３１号線横切る。相染新田踏切。何線？トラブルのときは連絡を、連絡先秋田貨物駅へ…とある。港中央5丁目♀、旧、新町の表示あり。駅入口♀（交）で左折、湊城跡、〈土崎神明社【写真・県社、土崎神明社】↓中世秋田氏居城跡。江戸期に廃却。港町の総鎮寺、曳山行事盛大↓土崎神明社の曳山行事は平成28年、ユネスコ無形文化財に登録・「祝」ののぼり旗あり〉16：30やっと土崎駅到着!!よく頑張りました。雨中のてくてく頑張った。（誰か褒めてくれないかなぁ…お前さんは偉い！と…誰もいません）

（一年たってのこと）

追記　平成30年8月23日

今年（平成30年）の夏の全国高校野球１００回大会で秋田金足（かなあし）農業高校が決勝進出、準優勝という快挙を成し遂げ、公立校、しかも農業高校の偉業ということで、秋田県はもとより、全国的に金足高フィーバーとなる大ニュースがあった。今思えば昨年6月の「てくてく歩き」で私は八郎潟から秋田に向かう途中秋田市内に入ってから国道7号に「金足農高入口」のバス停があり、金の足…縁起がいい名だなと思い、近くの同校正面まで歩いていった。石川理紀之介の記念碑「寝ていて人を起こすな」の文字も読んだ。金の足とは「てくてく」を支えてくれる自分の足のことのようだ…と勝手に合点！したことを思い出す。

今回の「カナノウコウ」の快進撃がなければ思い出すこともなかったはずなのに、野球記事（新聞）を読み進めると、あの小雨降る去年てくてくで通りかかったあの高校なのだ…！とわかり驚いたのなんの！

「霜白く　土こそ凍れ　見よ草の芽に　日のめぐみ…」で始まる同校校歌のもとあのグラウンドで鍛えた成果があの快挙を生んだのだなぁ～と。

土崎↓臨海十字路↓雄物川↓下浜↓道川

平成29年6月5日（月）　小雨・くもり

（秋田駅↓土崎・レール移動）

土崎駅↓臨港十字路↓湊大橋前（交）↓市立体育館↓臨海十字路（大橋）↓トンネル・勝平ハマナストンネル↓南浜（交）↓雄物大橋↓桂浜海水浴場↓本敬寺前♀↓下浜海水浴場↓下浜駅↓下浜工業団地↓雪川橋↓上新谷↓緑ヶ丘↓秋田中央病院（山の上）↓道川駅

9：30〜16：00　6時間30分　＝28km

前川駅からレールで秋田駅に戻る。久保田城跡：県民会館・中央図書館・東海林太郎碑・穴内の柳と蓮・御大典記念碑・弥高神社・胡月池・三の丸・一ノ門など散策　＝2km　合計30km

昨日のことを少し記します。肌寒かった。日昼12〜13℃でした。少々厚着したのだが、着すぎるとムレるし、始末が悪く、我慢の1日でした。途中で、〝スキーのストック〟を拾いました。なんで道端にこんなものが…。まだ十分使える。それを拾って歩いてみました。結構足の運びが楽だなぁ。私は山登りでは「ストック1本派」ですが愛用しています。なるほど。街中を歩くにも有効だなあ〜と感じましたが、町なかでは〝杖を突くジーサン〟のイメージもうれしくないかな…とも思いました。約2kmほど使いましたが、〝万が一〟落とした人が拾いにくるかもしれぬ…と見やすい道端にもどしました。相変わらずメモに使うボールペン、インクが十分あるのに書けなくなり、3本ほど使い回ししているのですが、少しイライラします。キチンとインクが使い切れるよう「ボールペンの会社」は大々的に改善して欲しいなあ。昨夕、16：30土崎駅に到着しました。秋田行（宿泊予定の）の列車が、タッチの差で発車でした。〈〝ドンピシャ乗れる時もあればタッチの差でのがす事もある〟

マァこれが人生というものだ〉…な～んちゃってネ。乗りのがしたおかげで、駅舎内にある駅ソバのおばさんと長々としゃべりました。〝天玉そば、４３０円也〟をツルツル頂きながら、ヒマそうな店のオバサンと話した。〝そりゃ昔は駅前などはもっと賑やかだったさ。今は人も工場も出ていってしまい、店仕舞いの商店も多く、こんなに変わるもんかな〟と嘆く。（私は、現役時代・勤務していた会社で、この土崎出身者の後輩がいたのを思い出し…この周りに〝三浦〟という大きな家があるはずだ。土崎祭りには随分、羽目をはずした兄さんがいたはずだが…ともちかけてみた、―が案の定、残念乍ら、この辺、三浦さんは沢山ある。思い当たらないなあ…申し訳無さそうにオバサン。そりゃそうだよネ…）

土崎の祭り

土崎駅から、国道7号方面へ１００ｍほどに（左）、土崎神明社（昨日てくてく歩いてきた）があり、境内一帯がかつての湊城跡だという。確証となる（室町時代の）証拠は発掘調査でも出ていない。が、１５９９年、檜山安東氏の実季により築城された。しかし完成3年で廃城となる。更に安東実李は常陸国へ転封。かわって入部した佐竹義宜は１６０４年に久保田城を新築して移った。湊城は廃却された。⇓同所に新たに勧請されたのが「土崎神明社」のはじまり。「土崎明社祭」の曳山行事は2日間に亘り盛大。（私は当地出身の後輩から、祭礼の映像を納めたＣＤを譲られた。本祭は毎年7月21日で、偶然私の誕生日と同日なのだ）

土崎湊

室町時代、安東氏の支配下にあり海運で栄え、北国七湊の一つに数えられ江戸時代湊城が廃城になった後も江戸、京、大阪の商業圏とつながり雄物川（旧・雄物川・秋田運河経由）を下ってくる商業の積み出し湊として、また、秋田藩20万石の物資集散地として栄えた。

土崎の大空襲

1945年（昭和20年）8月14日、132キのB29による猛爆撃にさらされ12，000発の爆弾投下される。250人死亡し、多数の負傷を出した。土崎港の周辺13ヶ所に慰霊碑・塔がたつ。

私は戦争の悲惨さや平和を尊び大切に思う心に、人後に落ちるとは思わない。日本の軍国主義に大半の責めがあったことも承知している。そうであっても「土崎」もそうであるが、日本各地の主たる都市が、アメリカ軍の爆撃にさらされ、罪なき市民が無差別に殺され、勝利国である米国が、正当な戦争、正当な行為としていることを私は心底では理解していないし、許さない思いも強い。そのアメリカを、骨も抜かれたように崇め、アメリカの核の傘の下で平和を享受している日本の姿に忸怩たる思いを抱いている一人なのです。

JR秋田駅と土崎駅間の山側に広大なJR車両センターがありその大きさに驚く。また、JR秋田貨物駅からは、臨海鉄道・南線と北線が、秋田港（土崎港）・工業地帯に伸びている。（貨物の）秋田港駅もあり10本近くの貨物専用レールがある。苫小牧・新潟・敦賀にフェリーも発着している。

〈南に下れば瀬戸内ありて、風光明媚は折込み済も、夥しい工場地帯に驚き、北に上って八戸へ着けば、漁港に加えて臨海工場地帯にも感嘆す。少しく日本海を下って秋田に着けば、土崎という街がありて、秋田県を背負うかのような生産工場あり。列島は細長き地形ながら、南へ行っても北へ行っても農業あり、漁業あり、林業あり、そしてたくましく生産活動を続ける工場もある。誠に初歩的な認識で恥ずかしいが、歩いて歩いて山を越え、川を越えて来てみれば、私たちの国や民族の足跡が、今更のように改めて愛しく思えてくるではないか…〉

さあ、やっとこ本日のてくてくです。

９：30、てくてく開始。土崎駅舎を背にして、小雨ふる中を進む。左手に神明社を見つつ、二つ目の（交）消防署入口・左折、国道7号を行く。港西３丁目♀（幹線なのにバス2便／日だけ？）、臨港警察、臨港十字路（土崎）右へ行けば港、左へ行けば、秋田中心市街（市役所）方向へ。右手に巨きな煙突、モクモク煙はいてます。数本あって石油精製工場、自動車工場などなど…。いすゞ、日産、クボタ、右手工場の合間から川（海？）が見え、その向こうに緑地帯が見えます。疾走するトラックにしっかり、泥水を浴びました。走り去る車に文句の一つもいえず、口の中でブツブツ呪文を唱えます。（あのトラックに罰が当たりますように…）湊大橋前（交）、青少年交流センター♀（回数、グンと増えた！）右、秋田中央交通臨海営業所の大きな車庫、バス多数。左、市環境部の建物、市立体育館前♀（交）、左手にローマの神殿風の巨大ドーム…これ体育館…市立の？…超立派にみえる。また、バス停待合所も凄い。丸いピンクの屋根、見たことないよ…でも傑作です。『ヤマダ電機「他店価格に徹底対抗した上で更にポイント進呈！だから元気値引きだけより断然お得。あなたのくらしに丁度いい!! Ｆｏｒ ｙｏｕｒ ｊｕｓｔ!!』儲けるって…こんなにまでせなあ～ならんかいのお～。ケーズデンキも隣にあるよ！（ここまでに、たびたび八ツ橋という地名あり…あれ、油田の八橋と関係ありか？）臨海十字路（交）。左へ行けば県道26号線で県庁、市役所、秋田駅方向、角に「秋田魁新報社」のスマートなビル。これを右折、すぐ目の前に大きな河と立派な橋。旧雄物川（秋田運河）にかかる臨海大橋だ。２５０ｍ程もある。川は水満々です。渡って少し進むと前方にトンネルです。「勝平はまなす」トンネルというらしい。トンネル前で反対側からこちらに向って青年が自転車でゼイゼイやって来た。お互い立ち停まって、話ス。

沖縄からの天久（アメク）君。大学生。北海道を目ざす自転車の一人旅…という。〝スタートして、今日が確か56日目です〟…と真っ黒に日焼けした顔。目がギョロギョロ…立派な奴だ、男の中の男だ！…きっとひと角の男に成長するだろう。あげるものは残念乍ら…金と思ったがリュックの中、簡単に取り出せるリュックのポケットにあるオレンジ2ヶあげた。彼に幸あれ‼と祈ってバイバイ。「勝平はまなすトンネル」をくぐる。トンネル内涼しい…！トンネル出て振り返えるとトンネル上の小山に風力発電のプロペラがゆったり廻っていた。雄物川と旧雄物川（運河）に区切られた日本海の陸地（デルタ地帯？）は広大で、北半分は工業地帯、南半分は自衛隊基地やゴルフ場になっているようで市街地に較べればゆったり雄大な景観です。

右・割山・左・向浜（南浜・交）。前方右手に風力プロペラ増えてきた。先程のトンネル名にハマナスと付いていたが、今歩いている大きな道路（国道7号＝秋田南バイパス）の歩道にエンエンとハマナスの花。それもピンク（紅がかった）と白の2種。気高くて美しい花だ。ハマナスといえば〝知床旅情のハマナス〟を思い出し北海道に行けば…と連想するが、秋田でおめもじとは、認識不足でした。可憐さに誘われてハマナスの実に触れたらチクリと刺されました。もっと圧倒されたのが、あかしやです。この国道の更に右、海岸線あたりに「あかしやロード」という道があるが、この国道7号沿いにも「あかしやの密林！」ともいいたくなる程多く、この時季白い花が咲き乱れ、歩道に散った花びらがジュータンのようです。（裕次郎の唄ではないが）アカシヤは北海道の花かというイメージがあって、打ち砕かれました。（山歩きが好物な私はナナカマドと愚かにも混同。誤解しそうだった）

左は住宅地！密集した分譲地。右は海が広がり。風力発電機13基も確認。動いているのは10基。それにしてもあんなにゆっくり、のんびり廻ることで発電になるのだろうか。きっと見えないところに大↓小のギヤがどっさりあって発電にかかわる歯車はすごいスピード回転しているのだろう？などと小学生レベルの空想です！やや下り気味に進むと視界が拡がり、雄物大橋＝雄物川です。ワァッ広いなあ、大河だ！とつぶやく程の広大さです。右手３００～５００ｍくらいで河口で海です。それにしても橋の長さ４００ｍもあろうか。水の流れは海水も入り込んでいるのか２５０ｍぐらいの幅か、左手、上流方向も雄大な眺めです。橋の中間地点で思わず腰を下ろし休憩です。〝雨あがる〟です。雨ぐもも一緒に大河が流してくれたのかな！清々した気分。遠くに人工物も見えなくもないが、この空と河の流れと森の緑の圧倒的な眺め。…古人は「五月雨を集めて早し最上川」とか「五月雨や大河を前に家二軒」などと詠んで、本来春先から梅雨期の旅は困難も伴う中、旅情はひとしおだったと残している。浅学非才の私にはどうしようもない静かな感動を湧き起こした大観でした。惜しみつつ橋をこえ進む。

この辺はどこだろう。本庄まで32㎞との表示。国道7号の高みにさしかかる。途中、右手歩道傍でオバアサンが山菜とり、ゼンマイとり・なぜかオバアサンが多い。右手下、少々の民家、湿地帯もあり。そして遮るものもない日本海が１８０度展開。右手後方、水平線に三角の山が浮いて見えた。島がある筈もなく、男鹿半島の本山中心の三山か。（寒風山は低いから…）それにしても富士山型の美しいシルエットです。地球の丸さを思わせる大海原は静かで、なぜか船の一隻も見えません。宇宙も丸い！の実感がありました。ウグイス、ホトトギス等、差し込む陽光にあわせ小鳥が鳴きはじめました。姿が美しいわりにグァッグァッと啼くキジ。右下浜田小あたりか、左手、小高い丘のような山があり、電波塔か5本も山頂近くに建っています。地図で見ると左手小山一帯は池のある大森山公園のようで、その一角にＮＨＫ、ＡＡＢなどの送信所や中継所が在る！ということでした。右手、スッキリ続く海岸線には保食神社、小学校等あり走るバスも見える。老人ホーム入口♀、桂浜海水浴場、ここは秋田市下浜、長浜。本荘まで27㎞。長沼♀（秋田中央交通15便／日）。高安森♀、下浜海水浴場。（地図では桂浜…）右手一帯海一望で砂浜が続く海水浴場ということか。今、歩いている国道7号バイパスの右手（海側）にはずっと、アカシヤ、松などの防風・防砂・防雪の植林が続いています。国道の下に川が1本。（見落としそうです）境川と称して「桂根藩境跡」のあるところです。左手からJRが迫ってきたようです。桂根駅です。今歩いている国道7号は地図によると別名：「酒田街道」「羽州浜街道」「おけさおばこライン」とも称するようです。高安森♀、下浜海水浴場と進めば、突然左に下浜駅です。14：15、運悪く電車は14：03発車。行ったばかりでした。

次の駅「道川」まで頑張ろう。7～8㎞先見当です。左、下浜工業団地。下山（交）。右下は浜です。茶色っぽい砂浜のようにも見えるが良き浜です。高架橋下くぐる。すぐ右に巨大な3本羽の風力発電機。間近かに見ると、実に巨大なものです。雪川橋・13m程の小さな川です。右100m程で海か。またもや風力発電5機。上新谷♀（羽後交通7本／日）。右下、海まで200m余。

右手、海岸沿い。一斉に植林作業継続中か。1～2m程の育った区画もあれば、植えた苗ばかりもある。それがタタミ20畳位かに、棚で整然と区画され、風砂を防ぐ為か徹底した頑丈さです。その15～20畳位の広さの区画が浜一帯に無数に拡がっている。砂浜への植林がいかに大変か、実感させられる。マサキ・グミなども見受けられました。勝手♀、「レール・国道・砂浜」と互いに平行しています。さすがに足うら、指先が疲れでしびれてきています。「くもり・時々陽射し」天候は回復してきています。勝手川・勝手橋30m程。緑ケ

秋田・千秋公園（久保田城跡）

丘♀、左、小山に大病院：あきた病院です。左手を貨物列車がゴウゴウと行きます。全体が40両位か。荷台だけでコンテナの無いもの30～40％。エコの輸送機関だが、稼働がイマイチか。それでも「1両とか2両で1時間に1本見当の旅客輸送」より、もしかしたら収支が良いのでは？と思えてくる。そしてやっと道川駅でした。15：58着。16：01秋田行に間髪飛び乗る。320円の切符、コーラ1本手にして今晩の宿泊地秋田駅まで戻る。

○秋田市街・千秋公園散策

今日のてくてく歩きは、土崎駅前からはじめ、主として国道7号を海沿いルートで歩いた。よって秋田中心街は、かすめる程度となったので、疲れてはいるが秋田駅に（道川から）戻ってから、日暮れまで千秋公園を中心に歩いてみた。

〝秋田といえば佐竹の殿様と秋田城〟などと空想するのだが、佐竹義宣が1600年の関ヶ原の戦いで態度不明確の立場をとったので、常陸国水戸城54万石余から1602年出羽ノ国、秋田へと国替えさせられた。後（1603年）に久保田の明神山に築城し、以後久保田城は明治維新までの260余年間、秋田藩主佐竹氏の居城となった。〈尚、市内には秋田城跡：市内寺内大畑周辺（護国神社入口♀5分）があるが733年当時我が国最北の軍事基地があり764年頃から秋田城と呼ばれていた。鎌倉時代初期頃までは、城かくとして機能していたが今では外郭跡一帯は高清水公園として整備されている。…佐竹氏とは無縁。（秋田県歴史散歩、平凡社風土記）〉

千秋公園の名の由来：秋田の「秋」に長久の意の「千」を冠し長い繁栄を祈ったもの…とされている。（命名者・漢学者・狩野良知）

秋田駅を背にして西口に立ちポポロードを進む。三差路を右折、広小路通り左に。すぐ右に公園入口右折。堀を渡って公園へ。左・県民公民館。右・中央図書館（明徳館）。何やら場違いな曲が流れてきた。なんと東海林太郎の碑（左）がありそこから、名月赤城山、赤城の子守歌、国境の町…が自動放送されていた。まわりには子犬散歩のオバサン以外誰もおらず。整然とした公園に流行歌が流れる違和感！ベンチに佇み、しばし聴くともなく聴いていると曲の良さもあって違和感が取れました。（秋田市出身の歌手で「胸像」や東海林太郎・音楽館もあった）池にピンクの蓮の花。「穴門（あなもん）の柳と蓮」、「からす、めじろ、山雀、つばめ、なきしきり、さくらは未だひらかざるなり」の牧水の碑。10ｍ余の「御大典記念石碑」。「弥高神社」お参り（県社）、「胡月池」には千葉県千葉市検見川からの大賀ハスの巨大な葉が浮かんでいた。（花はなし）一の丸跡、表門…久保田城跡は、標高20ｍ程度の小台地一体が城祉公園だ。山上広大、老松、桜多く。清々しい憩いの場です。秋田市街の中心に広大な敷地を占め、深い歴史と緑豊かな大公園を有することはどれ程街の品格向上に資していることだろうか。…公園を抜け市街の周辺を歩いたのち、外食をし、駅そばのビジネスホテルに投宿。それにしても今日歩いた「おけさおばこライン」でのハマナス・浜昼顔・アカシヤの花々は印象深かった。とりわけ広大無辺ともいえる日本海の果てしなさは…。

羽後の砂浜に、「海と空が全て」の浜に佇んで人々はこれまで何を想ってきたのだろうか。北前船は見えただろうか。高田屋嘉平の船も目撃しただろうか。この浜には北朝鮮からの工作員も忍んできただろうか。漁船の姿もなく浮かぶ小島もなし。ただ膨大な海を目の前にどんな夢を人々は抱いてきたのだろうか…。

ただ果てし無い海のかなたに、何が在るのか渡ってみようとは思わなかったのか…などなどと。

道川→北緯39度30分→羽後本荘

平成29年6月6日（火）　くもり→雨

秋田駅…レール…→道川駅

道川〜荒磯橋〜島式アイランドパーク〜グーチョキ・パー〜北緯39度30分〜松ヶ崎八幡神社入口〜跨線橋〜折松八幡神社〜親川〜日露友好公園〜深沢公民館〜風力発電（新型）〜三川道路公園〜栗山〜由利本荘防災公園〜こよし川（本荘大橋）永泉寺〜羽後交通本社〜ふれあいマイロード〜駅前ビジネスホテル

9：32〜17：00　7時間30分　＝30km

6月6日（火）今日は晴れか。うって変わって暑さ対策だな！という青い空。秋田駅から、昨日のてくてく終点の道川駅まで電車です。そこから、今日の「てくてく」は約23km位先の由利本荘市の羽後本荘駅を目指します。〈予定の宿は駅前ステーションホテル・（5，190円）が予約済みです。昨夕は「極めつけ秋田比内どり丼と熱カン1，700円の夕食で一日の疲れを癒しました。秋田駅は西口中心に繁華で、東口方面はビジネスホテルぐらいで静かなものでした〉

都合で9：03酒田行に乗車。車内には広告ポスターの類、殆どなしですが、「新潟薬科大学・学生募集」のポスターがつり下がっており、ここまで来ると新潟の臭いもしてくる…と感じます。車窓から高い山は見られませんが、三カ月程前なら雪で真っ白なはずの里山も今や新緑で輝いています。昨日はゆったりだけど廻っていた風力発電のプロペラも今日はダラリとダラシなく垂れて見えます。9：30道川駅前の国道7号を歩き始める。少し進んで目線を上げ前方を見てビックリ！何と残雪豊な鳥海山の雄姿が前山の上に悠然と見えているではないか。感激した。（今日は良き事ありそうだぞ）

左手、土手の上にモダンな岩城みなと駅がすぐ傍に見える。岩城ＩＣ入口（交）、荒磯橋20ｍ（流れ７ｍ）、右手１００ｍ程で海です。20分も進んだ頃、左上・支所・右手に道の駅。（手前にオートキャンプ場）「道の駅岩城」に続き、「海に突き出た埋立地」と「コンクリート橋」で結ばれている。「漁港をもつ島式アイランドパーク」…珍しいレイアウト。道川漁港を右下に見て、跨線橋でＪＲを越える。新鶴潟♀、ここは由利本荘市岩城二古。岩城中学入口♀、食品スーパー「ホーマック」（左）。日建リース秋田工場。ラブホテル「グーチョキパー」（本日空室あります）…。松ヶ崎・亀田ＩＣ左へ。左へ行くと亀田城跡があるらしい。道端に巨大なコケシ型の案内塔あり。てっぺんに城（亀田城？）をのせ、シロサギが四羽、羽根を広げて休んでいる…。天鷺村・亀田城・ワイン城…大書きしてあった。右側・広大無辺の大海原・今日は前日より波静か。漁船も貨物船も全く見えぬ。やや右手後方を振り返りつつ見るとはるか遠く、またもや洋上に島のようなもの男鹿半島先端の本山あたりが霞んでいる。道すがら何機も風力発電機を見たが、これも実は大中小とあるらしい。この岩城地区でみるのは概して小さく、大きいものに比べて１／３位か…と思う程小さい。小さい方が同じ風速でも速くクルクル廻っているように見えます。

左・ドライブイン。〝北緯39度30分、東経１４０度2分〟とある。右に小さな燈台あり。はなれ山♀、松ヶ崎バス停傍に家五軒、松ヶ崎八幡神社入口（左）。この先国道３４１号線と交差。亀田方向への国道３４１号線を横切り直進国道7号を進む。新衣川橋20ｍ（流れ10ｍ）。松ヶ崎陸橋、右下に松ヶ崎の大集落、漁港、テトラ。（日本海側でみるのは久し振り）砂浜が拡がる。折林八幡神社、「十連長根」（とづれながね…）の店。

ここで12：00。突然電柱のスピーカーから正午を告げる村の音楽流れる。道路反対側の畑道に背負いカゴしょったジーサン、私の方をジロジロじっと見ている。そして見ながら歩いている。私も歩きつつ、大きく手を振る。するとジーサン、手に持っていた大きい鎌をグルグル振って応えてくれた。（…どこのヨソ者か！とみていたらしい）芦川橋５ｍ♀、親川♀、向村♀。

○亀田（国道３４１号）・天鷺村の広告塔があまりに目立っていたので、てくてく終えて帰宅後調べてみた。

元和９年（１６２３年）、信州川中島より転封された岩城氏の〃城下町・亀田〃とある。

また、地元発行のパンフには、亀田藩を現代に蘇らせた史跡保存伝承の里「天鷺村」には、復活させた城門のほか、歴史館・資料館・美術館…等があるという。

このあたりの地形のパターン

私のてくてくは「松ヶ崎・亀田」から、羽越本線沿いの内陸ルートを採らず、国道7号を直進し、いわゆる酒田街道（羽州浜街道）を日本海を常に右手に見ながら南下した。歩を進める左手は海に迫る山すそ。右手はすぐに日本海。街道沿いには、およそ数軒ずつの民家。多少の平地が拡がるところには漁業中心の集落…という構図。芦川をこえ、親川を歩く頃、時に左手の斜面に建つ民家は、殆どが丸太・板・竹など高さ５ｍを越える柵や塀で家自体を囲むように防御。「日本海からの暴風・暴雪・高波など」から、特に吹き寄せる冬将軍に備えています。立ち話をしたお年寄りの話では、春先から秋までは、それ程の大風も少なく、むしろ海風で涼しく暮らし易い。けれども冬は全く厳しいよ…。（参照・２７３頁の写真）国道に並ぶようにしてＪＲ線が通っているが、すぐ傍の土手には実に多くの花々が咲いており、とりわけ〃ニガナ・タンポポの類？〃の黄色い花々が美しい。浜昼顔、ユリ（カンゾウ？）も多く、心がなごみます。所々に陽当たりの良い斜面に墓地があって「花々の中にニョキニョキ石塔が立っている…」という感じです。素朴な無数とも思える墓を見ていると〃花に囲まれ、暖かい陽射しを浴び、海を一日中眺めて…良かったネェ〃と話しかけたくなりました。（お墓に）きっと冬はともかく海に面して花々の咲くこの位置に海で命を落とした家族の霊を弔いお墓を建てたのであろうか。
〝ひとり生えの草皆花となりにけり〟 子規

小屋川♀傍に小さなお堂があり、水が引いてありました。お堂の中に、白いエプロンを着せられ、頭に白いハチマキ姿の大人の地蔵様四つと子供と思わせる小地蔵も四つ、祀ってありました。冷たい水を飲ませてもらったお礼を込めて10円ずつお供えしました。

（書き記す順番が前後したが）、右側の海に突き出るような平地に「夕陽の見える日露友好公園」があり、碑や案内看板、ベンチがありました。

昭和7年、「露・漁船遭難」・松ヶ崎海岸に漂着。住民は半鐘を鳴らし救助に当たる。1人死亡、3名助かる…この事件、救助活動の史実を記念してこの慰霊碑が建立され、毎年慰霊祭が行われている…と伝えていました。「空ひとつ、海ひとつ」の曲が作曲された。〝山川異域・風月同天〟という言葉がなぜか私の頭をよぎりました。

（異国に流れ着く船あわれ、人あわれ、～人やさし、～里やさし♪）

深沢公民館を過ぎ進むと展望スポットあり、7～8人が車を止め展望を楽しんでいた。左手に（山側）新型の風力発電機？10～15m位の高さ20本程、グルグル廻っていた。左手山側ラブホテル‥（シーサイド‥休憩2，500円、泊5，500円）（海岸ストーリー‥休憩2，400円、泊6，000円）とある。三川道路公園（右）。ドライバーの為の「もしもしピット」・車駐車用の大きな切込みあり。このもしもしピットは秋田～象潟間に13ヶ所設けられている…とか・ドライバーの携帯電話対策です。

左・鳥海プラント、セメント工場、栗山♀、入会地分割記念石碑。（3mもある大きい！）正面・鳥海山の雄姿。上三川♀、のっこしを頑張って越えると本荘方面をみる。圧巻鳥海山、およそ6～7割は雪に覆われている。

山麓の風力発電プロペラが10～15機廻っている。絶景です。「暴力を許す心にスキがある。（警察）」スーパーグランマートで、リンゴ、トマト、オレンジを買う。外のベンチでトマト3個食ス。まことにうまし、うまし！800円。車検場入口♀、由利本荘総合防災公園、屋根付グランド建設中、平成30年3月完成予定。左・バカデカイ工事現場、マリーナ入口♀、田頭♀。

国道7号を南下し、子吉川（一級河川・本荘大橋・250m、流れ100m）を渡る。海に近いが堂々たる川です。左、国交省、鳥海ダム工事事ム所、右・川の流れの海側に風力発電のプロペラ10キはあるだろう。廻っていました。水林（交）左折（国道7号とわかれ）する。国道105号を市街方面へ。スーパーのある交差点をすぎ、永泉寺入口を左折し、左側にある永泉寺山門で一服。…〝旧くていかつい山門はなぜか心が和みます〟

永泉寺

本荘藩主・六郷家の菩提所。この山門は1863年頃11代藩主により建造された。高さ8mの楼門で二重の総ケヤキ造り。木組みの確かさ、彫刻の精巧などその技工は高く評価されている。

山門傍から二つ先の信号を左折すると、警察署（右）、ホテルアイリス（左）、もうちょっと先に羽後交通本社があった。社長さんに挨拶！と思いしが留守であった。引返して中央公園（交）を右折、再整備された通り

日本海からの（特に）冬の暴風・塩風・暴雪に備えた防風雪棚

を進むと市役所から本荘公園に至る。参考図書・パンフによるとこのあたりが「本庄城（鶴舞城）の跡」にあたるという。１６２２年以降六郷氏が城主となり、江戸時代を通じて六郷氏２万石の城下町として栄えた。ふれあいマイロードは国の事業認定を受け、城下町通りにふさわしい見事な街路に（無電柱化も）なっていました。本荘公園の山の上から池ごしにみる鳥海山はまさに絶品でした。陽が長くなったものだ。

ＰＭ７：00になってようやく陽が沈んでゆきます。今日は一日、鳥海山と一緒で幸せでした。また、駅近くの〝カダーレ〟はユニークな建物の物産センターで、男女高校生が学校帰りか、テーブルの上にノートなど広げて勉強していました。（学生が大切にされているなあ…という印象）今日の宿は駅前のステーションビジネスホテルです。素泊まり５，９６１円也。コンビニ弁当ですます。道中で買ったフルーツたっぷり食ス。由伸・巨人、11連敗。（菅野でも勝てぬ！）

○「弥彦線北三条駅」、「北陸本線美川駅」、「ＩＧＲ巣子駅」、「奥羽本線・新庄駅」、それに今日の「羽後本荘駅近くのカダーレ」の例に見る如く、駅舎の一部、駅隣接施設の一部、または駅傍の公共施設の一部…の部屋を改修して地域市民のサロン風のスペースとし、下校時高校生が一人、またはグループで勉強している姿を見かけている。人口減、利用者減に悩む鉄道では今や、高校生の利用は貴重であります。中・高・大の学生を如何に扱うか。これからの地方再建での一つの鍵かもしれない。高校生を大切にする自治体や地域の政策はきっと学生の心に沁みてやがて（近い将来都会に出たとしても）、ふるさとに回帰してくることにつながるだろう。

世の中がどんなに近代化しても、人は農業、漁業等を完全に捨てきることはないばかりか地方回帰への兆候すら現れている。移住してくる人々への受け入れメニューの充実と受け入れ体制を整えることだと思う。鉄道活性化も含めた地方創生をＪＲに頼りすぎるのは失敗の素。肝心の要は「地元自治体と地域住民の構想力と熱意」

が鍵で、一例を挙げれば手始めとして〝徹底して高校生を大切にする街造り〟などはどうであろうか。大雑把な感覚だと、人口５万程度のローカル都市でも公私あわせば3校程度の高校がある。毎年3〜4月には、一学年２００人以上在校生があるとして、毎春3校で６００人以上が卒業する。そのうちの半数以上が進学や就職でふるさとを離れる。いわばこの「人口減少システム」にフォーカスをあて、一旦出て行った若者に、いつでもあなたの故郷は君の帰ってくるのを待っているよ…と名実共施策を張りめぐらせる…街づくりです。

○難しく考えるのをよそう。ヒントは〟鮭の心〟にあるのかも知れない。

鮭は必ず生まれた川に戻ってくる。

戻ってきたくなる何かがある（あった）から戻ってくるのだ。

生きものは戻ってくるに値するものがあれば必ず戻ってくる。

さあこれから先は知恵較べと実行力次第だ。

焦りは禁物だが、急がねばならぬ。

由利本荘市　↓西目↓仁賀保

平成29年6月7日（水）　くもり

羽後本荘駅前↓水林♀↓海士剥（アマハギ）↓道の駅西目↓県立西目高校↓西目駅（左）↓西目中学↓上出戸♀↓高速にかほ出口（左）↓郵便局前（国道とわかれる）↓にかほ駅

7：50～11：30　3時間40分約15km

さて本日は6月7日の〝本荘〟の朝です。

地名としては「由利本荘市」だが、JR駅名は「羽後本荘」です。JRの駅名では全国他の地方に「ほんじょう」という駅名があるので、〝羽後〟と付いたのでしょう。昨日はやっと天候に恵まれたと思いしに、今朝はどんより曇り空。しかも下り坂との事です。今日は今回4泊5日の5日目で、午前中中心に〝にかほ駅〟まで歩いたら、今日のうちに千葉にかえります。

由利高原鉄道（鳥海山ろく線）

このローカル線は、羽後本荘駅と（鳥海山麓の）矢島駅までの23kmを結ぶレールで、起終点も含め12駅あります。通称おばこ号とも称されている。1985年、国鉄から第3セクターのローカル鉄道として再スタート。かわいい車両、〝ユニークな駅などもあり、気動車ですが地域の宝物と親しまれている。頑張って経営を維持しているなぁ…と感心させられます。オバコ娘姿のアテンダントも居るよ！

8：00に駅前ビジネスホテルを後にして、昨日海沿いの国道7号から駅に向かって歩いてきた分、それを戻り、再び国道7号に出ました。水林♀、左、本荘由利総合運動公園。正面に風力発電プロペラ見える。左、由利森林管理署、左、地方卸市場。風力プロペラは右後方へ8機ゆったり回転しています。

海士剝（アマハギ）♀、アマハギ橋20ｍ、流れ10ｍ、鳥海山がモロ正面です。

鳥海山

深田久弥氏選定による日本百名山の一つです。標高2，236ｍあり、この山より北に北海道の大雪山旭岳2，291ｍをのぞけば、これより高い山はありません。秋田・山形の県境にそびえていて、象潟富士ともいわれ姿の実に美しい山です。この山は古代から噴火を繰り返す事で溶岩の層がいくつもつくられた水を溜め込み易い地層です。これに対島暖流からたっぷりと水蒸気をもらった冬の季節風がぶつかって、大量の雪や雨をふらせ、地下に浸透した水から湧き水や川となり麓を潤し、海を豊かにしています。

私はもう40年以上も前、30歳くらいの時、単独でツェルトテント活用で心字雪渓から登り、翌・山頂へ、そして鉾立へ下山した事があります。残雪とその雪解け水の傍に咲く花々にうっとりし、男性的な岩山の絶頂から西北？の方だったか遠望した時の、象潟の弓なりの広大な眺望が忘れられなくなりました。この地方にとっても、ハイカーに

〈鳥海山〉

とっても、心に沁みる素晴らしい山です。

「盛岡から見た岩手山」「五所川原・弘前からみた岩木山」そして「由利本荘・にかほ・酒田から仰ぎみた鳥海山」全て絶景です。東北名山絶景ベストスリー！

今は右手の風力機なぜか廻っておらずダラリとしている・ソコソコ風はあるのに。「道の駅西目」です。…ひまわりの咲くガーデン。「象潟富士」ｏｒ「出羽富士」ともいう鳥海山の眺望。店を覗くと、西目特産のりんご「わい化りんご（木を低くして育てた）やはたはた」…等。

上豊栄♀、右に秋田県立西目高校・松林の中に良き環境で・良き雰囲気の校舎みえます。左にゆくと西目駅、そして鳥海方面です。「西目わいかりんご・きのこの里・西目」の大看板。西目浜山♀、５００ｍ程歩いて海岸線に出てみる。古い看板に「白砂青松海岸百選」と読めた。成程、広大な砂浜が展開。プカプカ・サーファーの姿も目撃した。海水浴にはチト早いか、でも良き浜です。

左手、ずっと奥へ小山の松林、その上にどっしりそびえる鳥海の懐に白い竹とんぼ（いや、風力発電プロペラです）がなんと、ズラッと、およそ20本もあろうか、ヒラヒラと舞っている姿が印象的です。鳥海は水の外に、風のお恵みもあったか。出戸（でと）、西銘カントリーパーク総合運動施設、西目中学（右）（交）。潮騒の丘・ニュータウン♀、右下に西目漁港・近いのだが見えない。寄り道しなかった。この辺から、海岸線近くを縫っていく。40年以上も前に、鳥海山頂から見下ろしたあの弓なりの広大な海岸線を、70歳も過ぎたこの年齢で…海岸線を一人でリュック背負って、てくてく歩くことになる…なんて!!右・聖徳太子神社。上出戸（かみでと）♀、右下は急坂となり民家ひと皮で海。テトラが点々、延々、そして小さな堤防も。小さな船溜りを守っています。左側には斜面を耕したような小さな畑が続き、花盛りのジャガイモ、タマネギ、ニンニク、キャベツ、キヌサヤ…なんでも有りだ。家で消費するだけを多品種作る！というところか。てくてく歩く私も、「ジャガミ込んで作業する老婆」にも気付かず、「案山子」が突如動いたか…と驚いた事もあった。

（この辺で西目町ともおさらばか。西目町案内看板より）

（街の東・北・南の3方を鳥海山の支脈に囲まれ、街には「由利仲八郎政春」の居城跡「浜館公園」や男鹿半島を望む「望海の丘」や西銘海岸・松原がある。自然の豊かさと潤いのある生活・美しい街をめざし「全町公園の街」をキャッチフレーズにして街づくりを進めている…）

由利本荘市よ、さようなら！「プリーズ・カム・アゲイン！」の看板。左へ行けば田高（タコー）へ。いつの間にかレール右手へ。高速の仁賀保出口です。ゆるやかな起伏もこたえます。国道7号・街中方向へ下っていく。郵便局前（交）を右折（国道7号とわかれ）駅に向かう。11：25「にかほ駅」着です。そこそこの「街がまえ」です。駅広ゆったり。但しマイカー2～3台、タクシー1台、あと人かげなし。駅舎は少々大ゲサにいうと、「ローマの神殿風」でビックリです。廃れたとはいえ、JR駅はドッシリとしているのもよろしい。本日のてくてくは、8：25→11：25＝3時間約14㎞でした。「にかほ＝仁賀保駅」から各停に乗り秋田まで戻り、秋田新幹線で帰京なのだが、にかほ発は10：30のあと13：25までなし。それでは有効に時間を使おう…と汗だくの体を冷やそうとビールを買おうにも店（売店）見当らず。駅前に〝おかしや〟〝おみやげや〟あり。そこのオカミに尋ねたところ、「寿司屋でランチをやってます」と紹介された。日本中、都会は別にして、ローカルでのJR駅前は、今や利用者の大幅減で閑古鳥。通学時の高校生は目立つけど他に多少の通勤者あるという程度。通学生にしても大半の生徒は下校時、電車を降りても、マイカーのお迎えで帰宅。路線バスは成立たない。あるとしても、各施設をグルグル廻るコミュニティバス…ぐらい。駅広は広いのだが、悲しいぐらいガランとしている。駅前通りも商店街といえるものも、もはや成立していない。「にかほ」に限らず…です。

駅から3分の〝笹井寿司〞の暖簾をくぐる。入ってみたら先客2〜3人居た。私はカウンターに座り1，100円のすし定食と生ビールを頼んだ。1，600円也。これが意外においしかった。ボリュームもOK。68歳のマスターとカウンター越し、すぐ仲良しとなる。一人旅にあこがれ、ワンボックスカーで時々出かける、という。マスター、私をうらやましがる。話し盛り上がり1時間以上も話し込む。てくてく一人旅でも、予期しないときに意気投合してしまうことあり。…マスターに、〝上から目線〞で説教じみたアドバイスをしてしまった。…「70歳すぎたら好きな事やれ！足こし鍛えておけ！一日1万円の旅費を貯めよ！」―な〜んてネ。

おみやげやの老夫婦も楽しくて優しい二人でした。特に人のよさそうなオジィサンは、スッカリ、尻に敷かれ、(店を）キリモリしているのは、おばあさんの方でした。18，000円もおみやげ買ったせいか。ドリンクはくれるし、グイノミまでくれました。握手して、バイバイして、もうじき電車が来るので駅に逃げこみました。(……結婚するとき、これまでの一般論として、「4〜5歳下の嫁」を取る傾向が多いけど…これだと老後どうしても爺さんの方が先に呆けて、尻に敷かれてしまうなぁ…これはどんな原理を反映しての習わしなのでしょうか）…老いては尻に敷かれるが良し！負けるが勝ちとオジイサンの高笑いが聴こえます。

今回の4泊5日のてくてくを、大雑把に振り返ってみる。

私のてくてくは〝海岸線近くを歩く〞をモットーにしているけれども、まさかの不慮の事故（体調を含め）に遭遇しないとも限らない。そんなとき緊急避難時、最も頼りになるのが最寄りの鉄道（JR）の駅です。また、

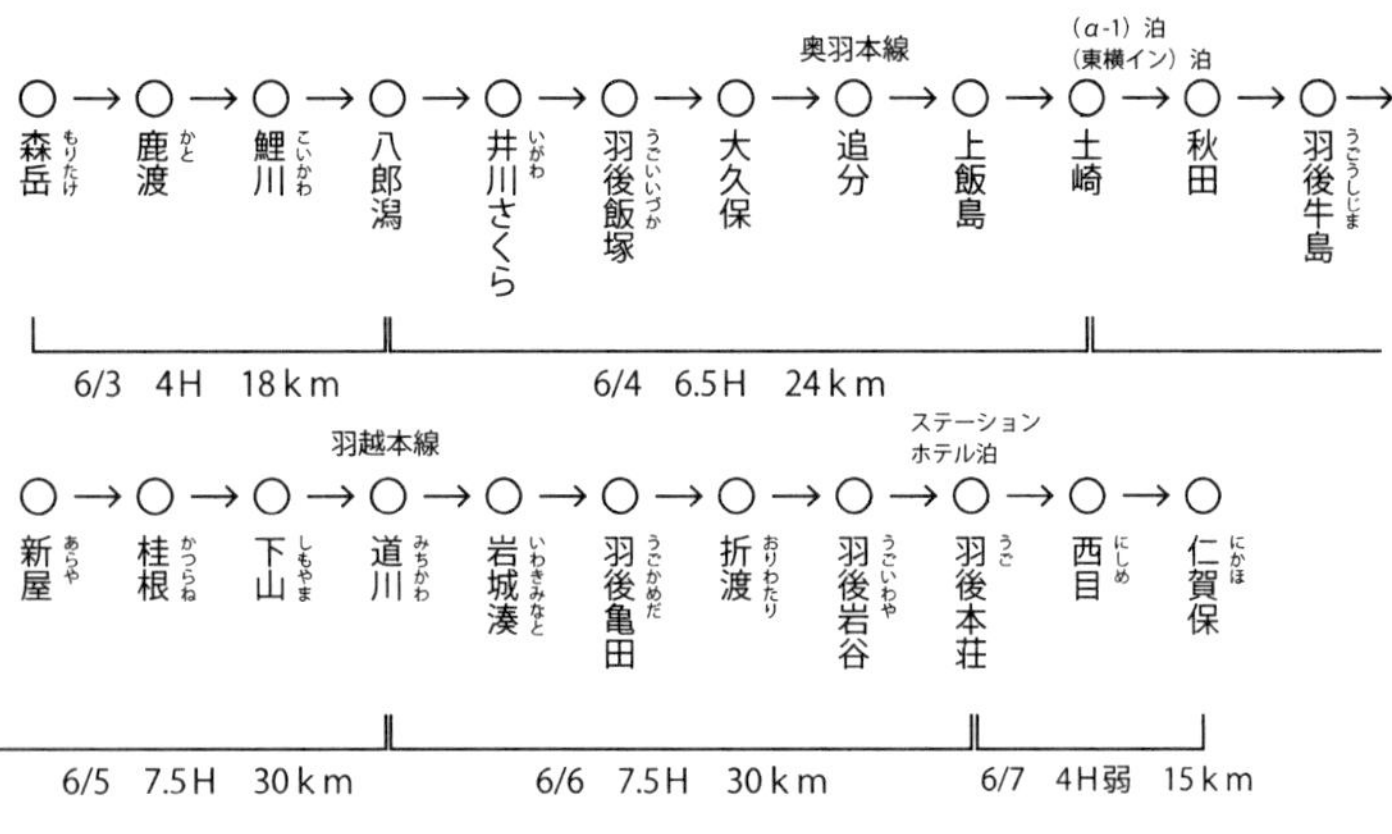

今は古びた無人の駅舎でも気兼ねなく休憩（軽食、着替え、トイレ、一服…）でき、旅続行には駅（施設）は重要ポイントです。

また、適当な今夜の宿が見付からぬ時もレールに乗って、付近の大きな町にある宿に移動も便利です。駅が開設されて幾十年、中心として栄えてきた駅（街）が、どんな境遇にあるか、今の姿を見てみると、その変遷に胸うたれる事も多いです。

今回６／３、４、５は雨にたたられました。完全雨具装備下の歩行（周囲を見廻したり、メモ帳開いてメモしたり、写真とったり…等々）は、なかなか煩わしくて大変です。がしかし一般論として５日以上も晴れ！という事もなかなかない事なので、覚悟をして歩くことしています。今回、この５日間雨が多かった事もあるけれど、気温が例年より４～５℃低く、汗をかいた体でも、休憩したり、夕方になってきた時は、寒さでガタガタ震えました。晴れれば半そで半ズボンもＯＫ．シトシトと降る雨の中では軽装では風邪を引きそうでした。

～以下とりとめのない雑感をもう少し～

○秋田市街から、海近くの雄物川大橋を渡ってから南下した際、

道沿いに咲いていたハマナスの紅・白、アカシヤの白、そして

浜昼顔（5日間ずっと）思わず歩を止めたユリ、カンゾウなど花々の美しさ忘れ難し。（何度でもいうよ！）
○広大な日本海。姿は見えねどはるか向こうの陸地が朝鮮やロシアとすれば、そちらからみた海は、〝東海〟と呼びたがるのもわかる気がする。（巨大な湖のように思えるといった朝鮮側の人…）…日本人は当然「日本海」と称するが。
○途中ですれちがい、少し会話したあの沖縄からの自転車の青年。北海道まで行くんだ、といっていたが、果たしてあの軽装で、50日も100日も続くのだろうか（無事に）と願わずにいられない。…天久（アメク）君、頑張っているかい。
○「城・公園」が在るという事は日本では「素敵な街の一つの要件」だな。…一藩一城とか戊辰戦争、廃藩置県などで随分と城を壊してしまった。…随分もったいない事した仕置だった。時代が変わるとはそういう事なのかなあ。
○また一つ由利本荘市なる街を知りました。駅近くの物産センター内のカフェで勉強していた男の子よ。努力は嘘つかないよ！
○下を向いて暗い顔した雨の日のてくてく。ハマナスの真紅の花が目に入り、アッと目覚めた。雨に打たれながらも赤く咲くハマナスに気合を感じたものです。…雨なら雨の生き方あるさ！っと。
○こんなにも浜昼顔ってあっちにもこっちにも咲いているものなの。…強く自己主張するでもなく自然体で咲いていた。そういう人って居るよ。
○「何にも無いな！といっておもしろくないのではなく、何も（見るべきものを）見てないから見えないだけなのだな」（見えないものでもあるんだよ…かねこみすゞ）。（しあわせはいつも自分で決める…あいだみつを）。
○日本海に古ぼけて苔むした顔を向けて幾百・幾千と立ち尽くす墓石たちよ、海に消えたる主の多さよ。

○水平線のかなた、うっすらポッカリ浮かんだ島…ウーンあれは島にあらず半島の男鹿三山かと幾度思ったか。
○見渡す限りの大海原に一隻の漁船も見えず、お魚にとって今日は行楽日和です。
○三本の巨大な竹トンボのようなプロペラ、あんなにゆっくりで本当に電気がおきるのかなあ。間近に見たら巨大でブーンブーンと音を立てていました。（やっぱり〝騒音〟というのも一理あるな）
○大きいプロペラがゆっくり廻るだけだが、かくれて見えぬところでタービンは猛烈に回転している事でしょう。
千葉県銚子市沖で始まった〝洋上風力発電機（風車）〟は一基で出力2，400キロワットだそうです。〝原発〟一基はおよそ100万キロワットです。同等の出力を風力で得るには、洋上風車400基にもなる。原発がなかなか捨てきれないわけです。でも洋上風力一基の出力は一万キロも可能だそうです。（令和2年8月毎日新聞）
○崖を削ったような小さな敷地に、板や竹でぐるっと囲み、そんなにまでしてこの地に住むわけは？〝先祖からだで…〟…と。
○秋田新幹線の秋田～盛岡間は、「ある日、奥羽本線が新幹線に化けました」熊と衝突したこともあるよ。地方が元気になる不可欠の投資なのです。
○仁賀保駅前・おみやげ屋の老夫婦。話し込んでいるうち、私の旅のメモ帳のぞいてビックリ仰天してたな。だって、アリのような、あまりに小さい字でギッシリメモしてあったから…。書くときは不思議に小さい字も書けるけどあとで読み返す時、書いた自分でも字が小さすぎて拡大鏡を使うありさまです。本当なのです。

〈ＪＲにかほ駅の雄姿〉

仁賀保(にかほ)→金浦(このうら)→象潟(きさかた)

平成29年6月24日（土）　晴れ時々くもり

仁賀保駅前～TDK立志寮～午(ご)の浜～白雪橋～下黒川♀～（右）金浦漁港～勢至公園～白浜記念館入口～TDK秋田スポーツ公園～鳥海グリーンライン入口～（右）金浦駅～左・物産センター～（左）県立にかほ高校～（左）象潟天然記念物～右・象潟道の駅～蚶満寺～象潟駅

13：45～16：47＝3時間＝13km

半月程前、仁賀保から千葉の自宅へ帰るルートは、迷わず羽越本線で秋田へ、そして秋田新幹線で帰京した。今回出直しをして仁賀保駅から歩き始めるに際し、同ルートでレールの切符を！とJRに問うと、満席で切符とれず。それではどうしたものか…と思案し、苦肉の策で山形新幹線新庄から陸羽西線で最上川沿いを「余目」に出る。そして羽越本線で北上して「にかほ」下車とせざるを得なかった。よって「仁賀保駅前」から、てくてくを開始したのは、13：45となってしまった。今日の歩きの工程は、そんなわけで「金浦を経て象潟まで」となり、今晩の宿泊は、レールで羽後本荘駅前のステーションホテル…となるなど複雑なプランとなりました。

昨日（6／23）小林麻央さんが34歳・乳がんで亡くなりました。悲しさ、寂しさを告げる報道が流れていた。「大学も企業も一流・容姿端麗・名門梨園の妻・子宝にも恵まれ申し分ない人生！」そこに大きな悲劇。だが旅立つ始末も見事でした。（私は容姿も学歴も良縁にも恵まれず、何も無い！なのにあの人は素晴らしいものが全部そろっている。うらやましい！人生はそれ程単純ではなく、明日はどんな人生が用意されているかわからぬではないか、「トウモローイズアナザアデイ！」だ。…今朝のスポーツ新聞）麻央さんに何の落ち度もないのに、世間様にはいろんな人がいてさまざまな人生を送っている。
私は、今日も明日も明後日も歩きます。オギャーと生まれて20歳過ぎまで学生、卒業就職して70歳過ぎまでサラリーマン時代、そして今自分の人生三毛作の3期に入ったと自覚し、何歳までの人生であるのかわからないけど、それまでを「歩くこと」に決めました。日本中の海岸線をめぐり、通りすがりの小さなお社（神社仏閣）に10円のお賽銭を献げ、ささやかな感謝を表わして歩く。山にも森にも海にも川にも田畑にも街にも村にも、風にも雨にも雪にも……一揆を興して銅像になった人にも、戦死された昔の英霊の碑にも、本当にささやかですが謝意をもって頭を下げます。なんでそんな事をお前はするのか……まもなく、後期高齢者といわれる歳になるとしても特段の能力を持ち合わせぬ私…に…とって…、歩いてお礼参りをすることに決めたのです。歩いて、歩き疲れて帰ったら、調べて書いて納得するのです。早く亡くなった人、歩きたくても歩けぬ人、あれが足りない、これが足りないと嘆く人も私も含め結局のところ「命は大海のひとしずく」にすぎない…と納得したいのです。

13：45「にかほ駅前」スタート、駅舎背にして左へ行く。すぐ右手におみやげ屋、前回このおみやげ屋の老夫婦と仲良しとなりドリンクやグイ飲みもいただいた。のぞいてみたが姿見えず。大沢川・きようでん橋7ｍ。このあたり左を見ると、雪をべったり残した鳥海山が双耳峰を極立たせ、まるで尾瀬・燧岳山頂を仰ぎみるようです。左にＴＤＫ立志寮、おみやげ屋のおかみが話していたが〃仁賀保市といったらＴＤＫです〃〃ＴＤＫ城下町です〃と強調していたのを思い出す。京田♀平森（交）左へ1．3㎞でＴＤＫミュージアム。国道7号を歩いています。右0.5㎞「午（ご）の浜」、左・ハイタッチ、右・いちゑ（料理屋）。三森入口。新潟まで215㎞。大分減ってきたぞ。白雪橋・川35ｍ流れ20ｍ。小さいけどいい川だ。（上流にダムがあるらしい）芥田（交）、ここは黒川。下黒川♀右手に風力3機あり。1機のみのんびり廻ってあと2機止まっています。信号3色たての表示です。左・黒川、右・金浦漁港。まっすぐ国道7号を進む。

右も左もダイワ工業。左、白瀬記念館入口。（白瀬南極探検隊記念館）シルバー色のトンガリ屋根。金浦駅から西へ３００ｍのところに浄蓮寺がある。この寺は日本人初の南極探検に成功した白瀬矗（のぶ）中尉とヨット白鷗号で世界一周した白瀬京子の生家（２ｍ程の石柱碑あり）だそうです。…（京子は白瀬中尉の弟の孫）

白瀬中尉

１８６１年生まれ。18歳陸軍入隊。１８９３年（明治26年）から千島探検に参加。足かけ4年、島で孤島生活。日露戦争従軍、中尉となる。１９１０年。木造帆船で1行27人で南極探検へ出航。

１９１２年辛苦のすえ南極大陸に上陸。極点には達しなかったが、「大和雪原」と名付け、大歓迎の中、帰国。

しかし探検後の白瀬は借金返済の為苦しい生活となり、１９４６年、間借り先の愛知県挙母町の魚屋さんの一室で死去。南極探検の白瀬中尉と知る人もない、寂しい葬儀だった…との事。（秋田県、歴史散歩）

記念館の前に島を浮かべたような公園があり、「2人のりカヌー」が練習していました。ＴＤＫ秋田スポーツセンターの看板もあり。

右・「勢至（せいし）公園」…秋田県最南部に当たるにかほ市は、県内ではもっとも温暖な地域で、県内で一番に春が訪れる。サクラの開花便りはこの勢至公園から…となっている。近くに観音潟（池）もある。公園内群生するタブノキは県指定の天然記念物になっている。（司馬遼太郎は、この先の蚶満寺を訪れ、タブの大木のあるを見て、もともと南国育ちのタブの木がなぜこの地にあるのかしら…と驚いたという。公園内や蚶満寺に限らず、この地域の海沿い近くでは、タブの自然林をよく見かける程、温暖だ…との事です）西中田跨線橋でJRをまたぐ。鳥海グリーンライン入口。酒田まで43㎞。左・日本海高速道(交)。右・金浦駅へ。右・丸大機工。左・消防署。赤石川橋・流れ15ｍ。左・物産センター・にかほ陣屋。左・県立にかほ高校へ。ここは、にかほ市象潟町中谷地。左「象潟天然記念物」へ。右・「道の駅象潟」。寄り道して一服。ヤキトリ3串400円也で買い、歩きながら食べました。おいしかったよ。左・蚶満寺に立ち寄る。入館300円也。

蚶満寺（かんまん）と九十九島

「奥の細道」で最北の目的地の頃の象潟は、松島と並ぶ景勝地であった。（約2，600年前…鳥海山からの「噴出・泥流」で覆われた一帯は、その後海水の浸食により、多数の岩島が分離して残り、大小多くの潟湖が出来、八十八潟・九十九島と呼ばれていた）

元禄2年（1689年）にこの地を訪れた、松尾芭蕉は「松島は笑うが如く、象潟は小感（うら）むが如し、寂しさに悲しさを加えて地勢魂をなやますに似たり」と評し、また、潟の畔に咲くネムの花が雨に濡れそぼった情景を、中国春秋時代の美女西施にたとえて「象潟や雨に西施がねぶの花」と詠んだ。ところが芭蕉訪問の115年後1804年にM7！の象潟地震が発生。海底が2．4m隆起したため、象潟は一夜にして陸地化して小丘や沼の点在する湿地となった。

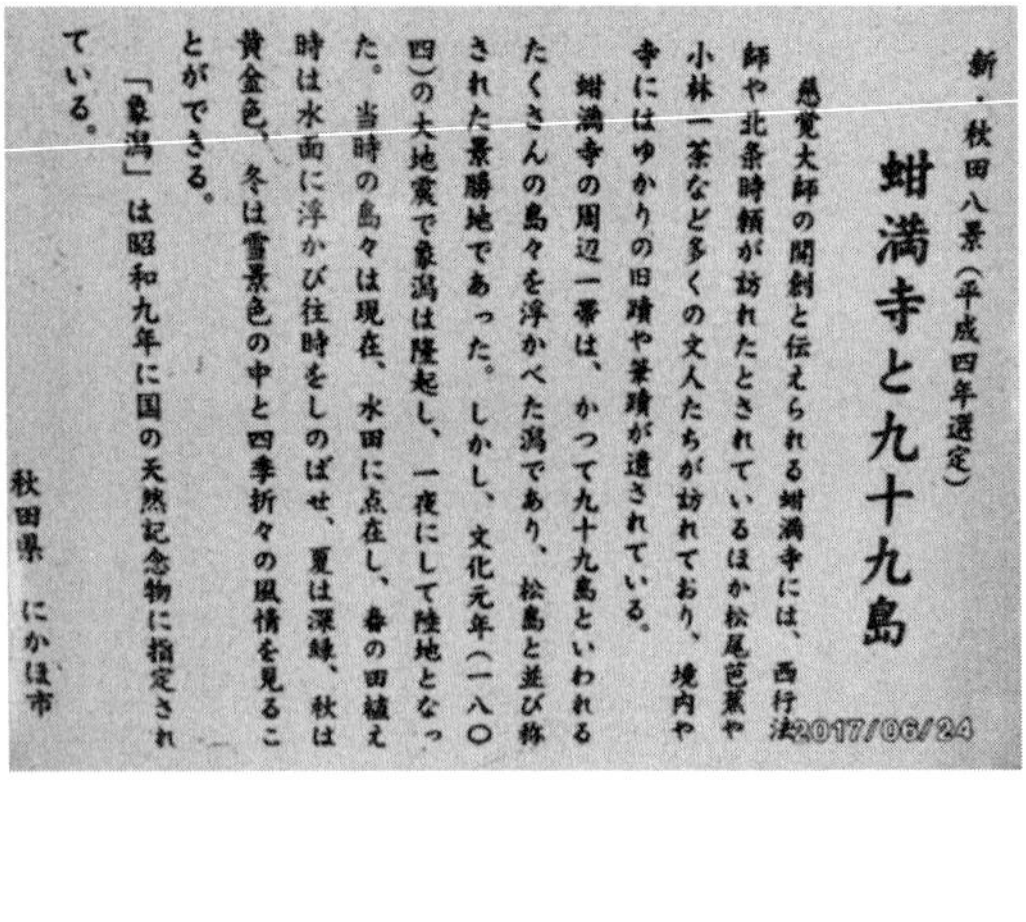

国道7号を南下してくると左側、近くに蚶満寺の標識。そこへ行ってみると、山門・本堂・タブの大木・芭蕉の句碑…が拝観出来た。

西行法師歌桜の跡（きさかたの桜は波にうづもれて　花の上漕ぐ海士のつり舟）大きな岩の上に立つ西施（女性）の像あり。同じく大岩に立つ芭蕉の立像もあり。山門への参道かたわらに高札あり『天然記念物、象潟」とある。象潟には小林一茶も来ている。１７８９年一茶27歳「象潟や嶌がくれ行刈穂船」。樹齢1，０００年を越える「タブの大木」・地震も海も見て生き延びたご神木？バナナによく似た「芭蕉」の大きな青々とした葉がスクスクと繁っていました。ＮＨＫみんなの歌（芭蕉布）で歌うあの（沖縄の）芭蕉の葉っぱだ。芭蕉の深川の居宅に芭蕉の株を植えた（弟子の李下）、それがよく繁り〝芭蕉の庵〟と呼ばれ、いつしか一風変わった芭蕉という俳号となった…と伝えられている。

国道7号に出て一投足で象潟駅だった。平屋の平べったい長い駅舎、ロータリーに時計塔あり。駅広は十分広く、マイカー、タクシー、コミュニティバスが停車していた。17：12、各停で羽後本荘駅に戻り、駅前ステーションホテルに投宿しました。

〈バナナかな？否・「芭蕉」です。〉

象潟↓小砂川↓遊佐↓酒田

平成29年6月25日（日）　くもり↓小雨

> 象潟～市役所入り口～村社諏訪神社～うやむやの関♀～浜田♀～JA秋田上浜支所～上浜駅～川袋♀～大須郷♀～小砂川大橋～三崎山旧街道の碑～十六羅観岩～女鹿（交）～湯の田～鳥海ブルーライン分岐～出羽夫婦岩句碑～吹浦駅～月光橋～月光川～遊佐駅方面（わける）～県道60号をまっすぐ～Bブロック偶数！～坊主新田～9地蔵・日向川～城跡～本楯駅～鳥海小～上曽根～河川国道事務所～鶴舞園～酒田駅
> 8：17～17：30＝9時間＝41㎞

今日は羽後本荘駅から羽後本線で象潟まで電車。象潟から「てくてく」です。本荘駅駅舎の上はるか東の空に4：36、日の出です。低いなだらかな山並みの上です。どうやら悪くない天気か。ビジネスホテルを出る直前、「7：02長野県南部震度5強の地震発生！」とのNEWSです。天気予報はくもり。7：41発酒田行（3両）に乗る。乗車していた学生は金浦駅でほとんど下車。今日は南下するほど天気は下り坂？各駅ホームで流している鳥の声〝ピィー、ピィー、ピィー、ピッピッピ〟これだけ多くの駅でも同じ鳴き声を流されると何鳥なのか知りたくなる。（本荘駅員は知らなかった）象潟駅員：（自信なさそうに）「確か〝いかる〟というでないか」との返事です。それから3年経った今、私はあれは「さんこう鳥」ではないか…と思っている。

8：17身支度チェックしてウォーク開始。駅前十字路♀、大看板に「にかほ市と松島町は夫婦です。…奥の細道に由来して…」が在った。右「金病院」♀、市役所入り口（交）〝視野角調整信号〟。ここは象潟町荒屋妻。真正面に鳥海山。浜山♀、（1日バス6本）ここは上孤森。左手のレールと平行。歩いている道は国道7号で〝酒田街道・羽州浜街道〟とも称するらしい。線路と歩いている国道との間に20ｍ幅内外の雑草地やら畑のようなものが続いている。レールを背にした畑のような草地。バアサンそっくりのカカシがあるなぁ。なかなかよくできている。と見過ごそうとしたら突然カカシが動き私の方にちょこんと頭を下げたから驚いた!!本物の畑仕事中のオバアサンでした。これで二度目です。慌てて頭を下げて手を振って通り過ぎました。（大変失礼しました）立石（交）♀、左カーブして下って大カーブ…。

村社、諏訪神社（左）うっそうとした神社森です。神社内をレールが横切っている…。おかしみのある風景だね。他所にもあったよ。境内を電車が横切っている形。なぜこうなるのかな。踏切を伴っているので、境内でもチンチン鳴るのです。右側（道路反対側）に大きな石碑五つ。白糸橋、橋の上から上流を見る。鉄橋があって、その上はるか優美に鳥海山が裾野まで墨絵のように…。滑滝のような小川…。ウ～ン良き眺めじゃ！ふと目を転ずると、傍らに〝パフィームラブホテル全日均一2，490円〟の大看板。ぶち壊しだ！…「ラブホテル、1度も行けず、チャンスも無くて…」（読み人知らず）1㎞先にもしもしピット秋田県内国道7号歩いてきてこの〝もしもしピット〟が15～16ヶ所もあって感心しました。（運転中の電話ダメだよ。そのかわり駐停車場を造ったからね…）「うやむやの関」♀、（有耶無耶の関）関の跡。大白院（左）、花環が20本以上も並ぶ今どき珍しい葬儀。（都会の私から見れば）右へ下っていくと「関」へ。右、生コン工場。県境まで8㎞、酒田まで33㎞。（エッ！そんなにあるの）浜田♀、左マメトラ（株）古ぼけて見えるが大きな工場。農機具の工場らしいぞ。西中野沢♀、（小さい沢）民家（農家）の瓦、断然黒光っている。「大丈夫？かくにんしなくて渡っても（小4）」「JA秋田しんせい上浜支所（低温倉庫）」左、洗釜へ。左、坂の上30ｍ程にプレハブ造りの上浜駅。

９：30（かみはま駅）。「秋田県内最終ガソリンスタンド」の看板。歩いている国道の反対車線側を白装束、黒の袈裟、そしてミノ笠をかぶった坊さんが歩いてくる。私の方を見て、なんか少し頭を下げたように見えた。私は笑顔で手を振った。坊さんも手を振ってくれた。意外でした。私は（脱線して）投げキッスをする。坊さん白い歯を出して笑いながら通り過ぎていった。（汚い格好で大きなリュック背負って歩くあわれな私に親近感でも持ってくれたか）坊さんに幸あれ！上浜跨線橋越えた。右下に上浜小です。左手小広いところにローソン。背後に思わずハッと息をのむ鳥海山の姿。ローソンで１００円カップコーヒーを買い、コンビニ裏の土手に上がって座り込む。〝おいしいコーヒーとモロ対面の名山〟慣れないことだが手帳に思わずデッサンする。川袋〇ト、ここは大須郷。右手に石の灯篭あり。坂の高身から斜め後ろ振り返ると象潟あたりから弓なりの美しい海岸線と砂浜…見事な景観。50〜２００ｍ幅もある浜です。松林です。大須郷〇ト、鳥海山は逆光です。

「住民の切なる願い。〝日本海沿岸東北自動車道・山形〜秋田県境１７㎞の整備促進〟」の大看板。（開通したら更にレールの利用者減るだろうなぁ〜）右下にレール、そのまた右下に大海原です。右下に「小砂川（こさがわ）」・小砂川橋１００ｍ（ただし水の流れあったかな？）羽越本線小砂川跨線橋。レールは単線です。ここから下り坂。右下小砂川漁港。漁港というより入江のようにも見える。波打ち際から投げ釣りの人２人。それにしても浜に打ち寄せられたゴミの量もすさまじい。流木まじりの中にプラスティック容器、空き缶、ゴミ、ゴミ…。高台から見下ろしているのでわからないが、大陸側から流れてきたごみも多そうだ。ごみさえなければ海岸は雄大で美しいのだが…。10：55

ドライバーへ〝居眠り運転・ぼんやり運転・勇気をもって一休み〟秋田県から山形県域へ。三崎山旧街道の碑「プリーズ　カム　アゲイン」、右・三崎公園です。ここは山形県遊佐町です。酒田まで26㎞「歓迎！遊佐（ユザ）町へ　よぐ来たの〜」右に戦没者碑。右側タブの木の密林です。（司馬遼に見せてあげたい）右・三崎公園100mとあっては行ってみよう。（三崎↓不動崎・大師崎・観音崎の三岬を合わせて三崎という。ここからの夕日は絶品と地図に書いてある）右手に細い道を辿ると、緩やかな上りの三崎展望台。左にも展望広場と散策路。左廻りで岩のゴロゴロをぬって歩くと岩石帯を一周して国道7号沿いの三崎神社傍の広場に出た。成程。複雑な海岸線と日本海が美しい。展望台のベンチに20歳前後の独りの兄さんがいて、ギターを奏でていました。トイレもあるよき散策路です。三崎神社前の広場に数台のマイカーの他に旗をたてたリヤカーがソフトアイスを売っていた。40歳内外のオバサンからアイスを買う。300円。赤・白・黄色の3色ソフトをトンガリの中に入れてくれた。休みの日だけ出店だそうだ。ペロペロ実においしかったよ。国道7号の山側には先程標示があった「三崎山旧街道跡」がある…との事です。

〝三崎山・奥の細道〟という説明名板あり。

松尾芭蕉が「おくの細道」の旅で、今に残る「三崎の古道」を門人・曽良と越えたのは、元禄二年六月十六日（1689年）であった。かねて心にかけていた象潟を訪ねる為、前日酒田を出立したものの（私のてくてくとは逆歩き）激しい雨に逢い、やむなく吹浦に一泊し、翌日雨であったが芭蕉は象潟への期待から雨にもめげず、むかし「有耶無耶の関」があったというこの難所を超えていったのである。木など生い茂る昼なお暗いこの細道を病弱の身ながら一歩一歩踏みしめていった様子が今も眼前に浮かぶようである。象潟の景勝にふれる目的を果たした芭蕉が再び酒田に帰るため此処を通ったのは2日後の十八日であった。この日は快晴で鳥海山が美しく姿を見せ、西からは快い海風が吹く日であったという。
芭蕉らは行きとは違って足取りも軽くこの峠路を通っていったのではなかろうか。…遊佐町「三崎山・奥の細道より」

断崖絶壁、ハマヒルガオ、カンゾウ、カキツバタ、イソギク…白ピンク、黄色、紫など色とりどり咲いていて、浜のお花畑です。私は山歩き好きで、高山植物の花園には随分お目にかかっているが、波濤あらう断崖にも赤・黄・白・橙の花々が咲き乱れる海（崖）の風景は、自分としては礼文島以来でした。紺碧の海、前方（右手）、海中に緑の島が見える。名勝を堪能しつつ国道7号を…オットット、反対側にラブホテル。左へフック気味にやや下り気味に進む。このあたり女鹿の浜かしら。それにしても青い海・岩礁・砂浜は美しい。但しおびただしい流木・ゴミも山となって手のつけようも無い程打ち寄せられています。女鹿(めが)（交）で左へ行く国道7号と別れ国道345号を右へ行く。国道7号すぐに女鹿駅があるようです。滝の浦♀、海沿いの国道、後付けで拡げたか、浜の上に張り出した歩道をズンズン進む。投げ釣りのオッサン二人気持ちよさそう。私は5分程・歩道にへたり込んで見学。…「見ているときには釣果あがらず、いと憎し」

島崎♀、三上神社（左）、島崎によき広場あり。潟の田♀、右・道路際の木造旅館・廃館のようです。「潟田・漁村センター（右）」これも廃屋か。右下釜磯、左に鳥海ブルーラインをわける。右下・青い海、小さい砂浜、岩礁…。右側はゴツゴツした岩石、そこかしこにお花畑…ハマヒルガオの小宇宙です。あっちこっちに咲いているユリ…ダイダイ色・6枚の花びら・ゴマをまぶしたような模様・そして花片同士の間にスキマあり…これは「スカシユリ」だ！（海辺の岩場に咲くという）そしてイソギクと間違いそうだが高尾山（東京）でも見られるキリン草とは似ていて少々異なる「ベンケイソウ」が群落で咲き乱れていた。（黄輪草属・ベンケイ草）…花にこだわったのは、高山のお花畑にも負けぬ海辺のお花畑に出会ったからです。（それにしても野の花の正確な名を突き止めるのは難しく学者さんに任せましょう）十六羅漢岩です。詳細は次ページの写真の通りです。海に突き出た、荒波も寄せる奇岩怪石に自然の岩形に応じて釈迦・文殊・普賢他一六の羅漢仏像を彫刻。この日も岩石をぬって付けられた小道を散策する人も多かった。国道7号を海側からオーバーブリッジで山側に越えると広場に出る。そこは売店や休憩施設もあり公園を成していた。施設に小綺麗な公衆トイレがあり出入口の内側の壁に手を伸ばせば届きそうな位置にツバメの巣があった。

ピッピピッピッとやかましい。見上げてみると4～5羽のヒナが黄色の小さな口を一斉にあけてないている。「顔じゅうくち！」という可愛らしさ。観光客の人気者です。ツバメは人の出入りで却って安全！と身をもっての体験のようです。また、歩き出す、下り気味に行く。右手下に海がひらけて、すぐ近くの磯に「出羽夫婦岩」と句碑が見える。吹浦川河口の岩と砂のデルタ。「小さな岩山に紅い鳥居」それと、もっと小さな10ｍも離れているか「更に小さな岩」とがナワで結ばれている。鳥居がなければ単なる岩だが…。「あつき山や吹浦かけて夕すずみ」見下ろすと（右手）吹浦河口を中心に堤防で海岸線も区切って、かなり広い漁港です。港は広いが船舶はその割に少なく見えた。港の更に南側には、なだらかで広い松林と砂浜が展開します。更に下っていくと川際となり、月光橋（吹浦川）を渡る。川上方向（左）を見ると2本の川が土手を伴なった浮島のような地形をはさんでいる（2本の川が合流している）（月光川と滝渕川？が合流して吹浦川か？）相当立派な川です。駅の跨線橋が見えます。吹浦駅、左へ上がれば女鹿に戻り、右へ下れば羽越線遊佐駅。海側から見える駅はその周辺に見るべき程の街もなく寂しそう。「鳥海温泉郷（ユラリ）。」国道３４５号を行く。月光川を渡る（西鳥海橋）、国道両側、田んぼとなる。見通しもよくなる。左・山崎・高瀬小方向、ますます両サイド田んぼ。広大です。高瀬川橋20ｍ（流れ7～8ｍ）右下に5ｍはあろうか〝大理石の石碑と松〟。左・北目・高岡方向、見渡す限りの稲田です。目を凝らせば、軽トラックを小道にのり入れた農婦（夫？）が田に入り、稲と稲の間に生えた雑草を小さな機械でとっている。（こんな機具もあるんだな～）

京田（左）、右・富田・県道375号線・左に行けば遊佐駅方向です。まっすぐ、そねた橋（再び月光川）、幅70ｍ・流れ30ｍよき流れです。左・350ｍ程に駅が見えます。白と黒の羽を付けたカモメサイズの鳥多し。中にはツルくらいのサイズもいる。斜め左方向、遊佐の駅に7両の黄色と橙の観光列車滑り込んできた。そのはるか上に、残雪の鳥海山です。しばし見とれる。国道345号を左にわけ県道60号線（酒田・遊佐線）をまっすぐ進む。60歳過ぎに見えるオバサンが一人で小型トラクターを操って畑を耕しています。〝農家の嫁〟という言葉が頭に浮かぶ。安倍総理の〝一億総活躍〟も頭がよぎる。農家の嫁さんは、はるか明治の頃から（或いはそれ以前から）実質男女共同参画社会で苦労を重ねてきた…。きっと何を今更…と心の中に思いがあるかも知れない。（ご苦労さまです…と私も心の中で思う）ひたすら両サイド田園の中に伸びた道を進む。15：04

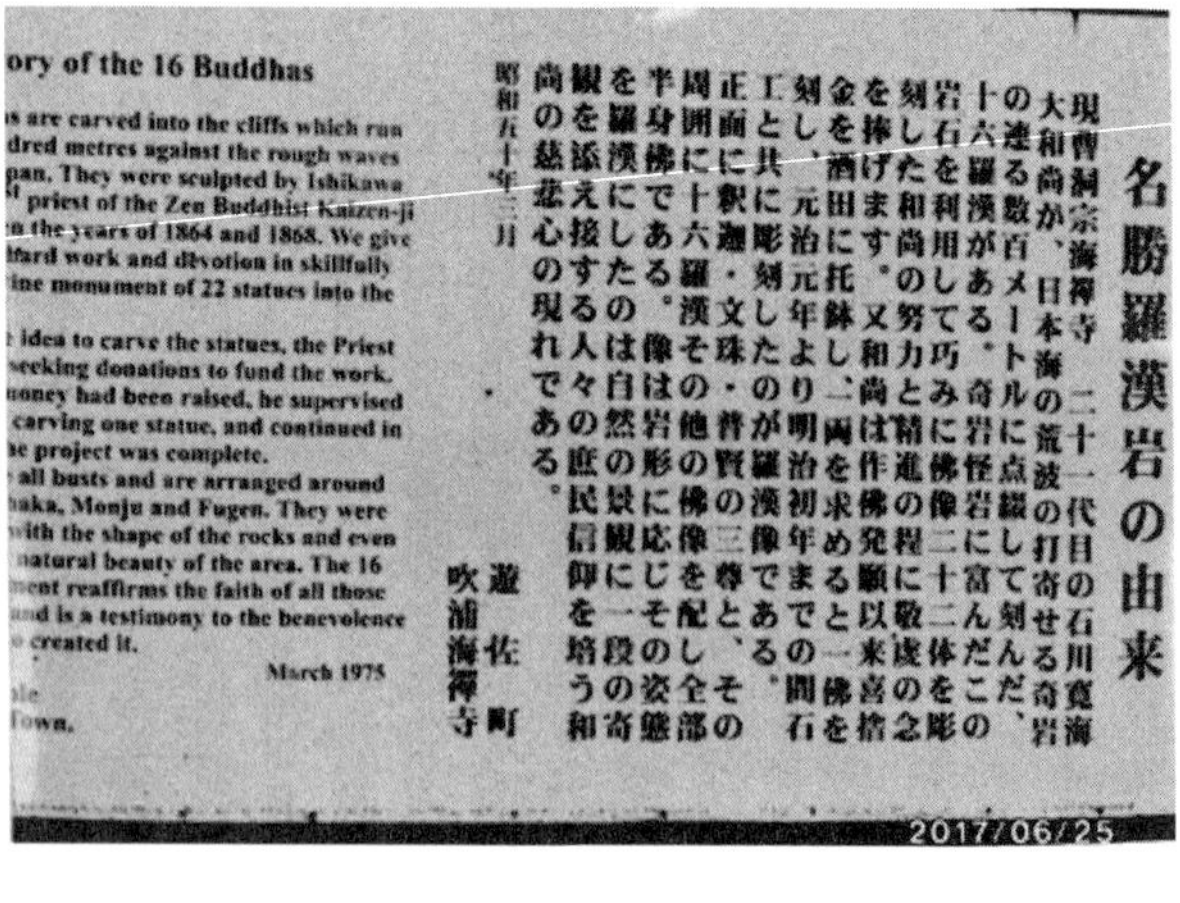

「Bブロック偶数日程」…道路沿いの田の入り口に赤字の建て札、幾箇所にも…これ何？田に水を入れるルールかしら？こんなに広大な水田に必要な時に充分な水を確保するのは容易ではない…と想像する。昔のような水不足・飢饉・争い…を経験と工夫であみ出してきた「公平に水を得る」ためのルールなのかしら。立ち止まって振り返ると残雪の鳥海山が全容を現し〝どうだ！水は隅々まで行き渡っておるか！〟と見守っているようにも見えました。なぜだかこの時、疲れでバテ気味の私も〝よお～し〟という気がわいてきました。「坊主新田」たんぼに百羽以上のカモメ？田んぼで何をついばんでいるのかしら。昨今、ザリガニ・ドジョウ・カエル・ヘビなどめっきりいなくなっているのに。左・金山の表示、右側・道沿いに草田川（水路？）、ようやく民家が増えてきた。神社・寺が増えてきた。交差点を越えて水路と別れる。右側・橋のたもとに3段の石組の上に大きな常夜燈？があった。そして、その右手、背後にはるか鳥海山を背にして9体のお地蔵さんがあり、ハッとしました。一番目と九番目は大きく（両親を表すのか？）挟まれた7体は頭一つ背が低い。9体ともアゴひも付きの赤い帽子、首から腹にかけても赤くて大きな金太郎の腹巻のような布をまとっている。9体を守るように石の堅固な柵で囲まれています。美しく思わず頭の下がるありがたい気分になりました。日向川80m・大正橋150mとうとうと流れている。400m程上流にJR。まっすぐ進み踏切横切って民家の中進むと三差路、正面に城祉。新田目（あらため）城祉か。（堀と土塁の一部現存・城域の一部は本楯小学校…廃校？城跡の隣に大物忌神社あった）アラタメ城で

〈9体の地蔵と鳥海山〉

した。右折して5分で本楯駅だった。今となっては哀れというべきか小屋のみの駅です。駅前農協・そして米倉のような古い倉庫群がドッシリと並んでいる。（使ってない？）

商店もなし、人っ子一人いません、少々休憩し、城跡前を通り右カーブ、左・鳥海小、県道59号線突っ切る。庭田♀・寺・神社ズンズン進み、上野曽根（交）で国道344号とぶつかり右折。曽根・中野曽根・牧曽根と進むも疲れた足、「本楯」で終わりにすればよかった…と後悔しつつ、ベソかき乍ら歩く、やがて高速の下をくぐりました。俄然、酒田の市街地の臭い。ガンバレ小田君！国道事務所・上安町・酒田署（交）の国道7号横切る。郊外店多くなった。県道42号線（酒田港線）、マックスバリュー、東泉町、大陸橋でJR（羽越本線）を跨ぐ。左側に酒田中心街のビル群、泉陸橋、泉公園（右）、交差点左折して駅方向へ。県道42号線、泉町、酒田駅から港へ伸びる臨港鉄道（貨物？）を高架でこえる。御成町、市営美術館前♀、庄交バスターミナル入口、（本間）美術館前♀、右に本間美術館と鶴舞園。

ここで左に折れ、専門学校前、〝「α－1」ホテル〟JR酒田駅着　17：30やったあ！倒れ込むかのように駅の待合室一番奥に座り込む。ビジネスホテル、ホテルイン酒田駅前¥5，250。

水田に乱舞していたカモメ風の鳥…田んぼで草取りのオッサンに話しかけて聞いてみた。（千葉から歩いてきたけど）アレはカモメかネ?…（ズーズー弁で聞き取りにくい）〝カモメ、ウミネゴともいうしカモメにしては黒が多いしな。土地によって呼び方が違うし、けど、ここは海からザッと4㎞だ。カモメも来ているよ。まあウミネゴダッペさ!!〟いい親父だ。昭和20年生まれだって。「私は18年生まれ」といったらトタンに顔をくずし、アンタも頑張ってんネ！気を付けて行げや…と見送ってくれ、しばらくこっちを見ていた。手を両手でふりまくりました。

「冬来れば母川回帰の本能に目覚めて愛し鮭のぼりくる」（酒田市南遊佐村出身歌人　斎藤勇作）

酒田↓日和山公園・港・国道7号…県道112号線↓鶴岡

平成29年6月26日（月）雨

酒田駅前〜八雲神社（交）（↕本間美術館）〜総合文化センター〜泉流寺〜浄福寺〜光丘文庫〜日枝神社〜日和山公園・六角燈台〜貨物ターミナル〜健康センター〜実生橋〜山居倉庫〜県道112号線〜出羽大橋〜公益文科大〜南洲神社〜錦町（交）〜コマツ工場（交）国道7号〜高速と交差〜十五軒・広野〜赤川（おばこ大橋）〜猪子（交）〜青山（交）〜本田（交）〜国道112号へ〜道形町（交）〜レール渡橋〜奈良館（交）〜サンロード・山王町・銀座通り〜丙申堂〜鶴岡公園〜駅前α―1ビジネスホテル

8：15〜17：15　＝9時間＝35km

昨日は、後半小雨模様となったが大事に至らず。一方、遠方の視界ははっきりせずのマイナスはあったが、それでも何故か鳥海山は雲か霞か、たなびき全容はなかなか拝めない中、常にその一部は見守ってくれるが如く、バックボーンとなって一緒に歩いてくれた。美しい海岸線と合わせ幸せな一日だった。

○〜鳥海山・飛島ジオパーク〜

〈ジオ（地球）に関わるさまざまな自然遺産〉例えば地震・岩石・地形・火山・断層などを含め、自然豊かなパーク（公園）を指す。山や川をよく見て、その成り立ちに気づくことに始まり、生態系や人々の暮らしとのかかわりまでつなげて考える場所。ヨーロッパと中国を中心に世界ジオパークネットワーク加盟の質の高いジオパークが120地域ある。2016年3月現在、日本では8ヶ所が認定されている…。（地域に様々な恵みをもたらしている一方で、長い歴史の中、噴火や地震などにより災いをもたらしているが…）

さて今朝は雨降りで、雨装束でのスタートです。昨夜コンビニで買ったパン・オニギリ・ジュースを食し、元気を出して、8：15スタートです。駅舎背に駅前通りすぐ西成町（交）、右折300m程で本間美術館に着く。早朝＋雨降りで中に入らず。あの日本を代表する（もと）大地主の本間様関連の美術館等です。〈昭和22年全国に先駆けて開設された。豪商本間家4代光道が建設した清遠閣を本屋とし「庭園は〝鶴舞園〟」「茶屋は〝六明盧（ろくめいろ）〟」から成り、美術品としては国指定重文3件、県指定文化財18件を所蔵。大正14年10月東宮昭和天皇が行啓・宿泊された時に詠まれた「廣き野を流れゆけども最上川　海に入るまで濁らざりけり」は山形県民の歌になっているという。〉外観を一覧したのみで、元の交差点に戻り、駅前からの県道41号を少し辿ると、雨にけぶりながら寺院等の建物続く。図書館と一緒の総合文化センター、東隣りに泉流寺があり、寺門入口すぐ左に酒田発祥に関わる人物を祀った徳尼公廟と三十六人衆の碑が立っていた。そして日枝神社（山王社）の赤い大鳥居に突然出くわし、目が覚める思いでした。鳥居の奥に貫禄充分の山門（随身門）。そして本殿。（私のお賽銭は大きな寺院でも10円です）とりまくうっそうとした緑の木々、そして霧雨の中で見渡す風情は格別です。誰の目もはばかる事なく深く一礼。（酒田の町をお守りくださりありがとうございます…という気分）そして少し進めば日和山公園です。昨日は日曜で出店屋台もあったようで、今朝は無人。山道も数多く

〈日枝神社〉

の屋台も濡れそぼっています。

日枝神社

先人、ここに街を開き鎮守　日吉山王大権現を祀る。以来四百九十年、風砂を除け砂のうを積み松林を経営して境内とす。神仏両殿を祀り山王両宮と称せし時代を経て明治に至り日枝神社と改称、県社に列せらる。街の繁栄と社会の安寧を祈り、ここに祖先の偉業を称う…平成九年、日枝神社。

●雨にけぶる出店近くに芭蕉像あり。その前方（左手）に常夜燈あり。立派な高台（台座）の上に在る。（紀州の船頭らが航海の安全を山王社に祈願して建立した。高田屋嘉兵衛の名も見つけた）

●羽黒山（涼しさや　穂の三ヶ月の羽黒山）、月山（雲の峰　幾つ崩れて月の山）、湯殿山（語られぬ湯殿にぬらす袂かな）芭蕉一行は三山巡礼を済ませ、内川から舟に乗り赤川に合流。そしてその下流で鶴岡の東（赤川）を通り、赤川から最上川（当時）に入り日和山下に着き上陸。この際、芭蕉が登ったであろう坂を今でも芭蕉坂と呼んでいる…という。公園内を少し北に登ると（公園南西隅）河村瑞賢庫址碑（くらあと碑・銅像）があった。

●1672年（寛文12年）瑞賢は酒田港を起点とする下関～瀬戸内海～大坂経由で江戸に達する西廻り航路を開発した。また、江戸等に送る幕府領米を火災や洪水から護るため、この日和山に大規模な米置場（庫くら）を創設（7万俵余を貯蓄）。瑞賢の西廻り航路開発後、最上川舟運のさらなる隆盛とともに酒田は飛躍的に繁栄し、「西の堺、東の酒田」といわれるようになった。…と伝えられる。

日和山公園はおよそ30m程の高台となっており「日本の都市公園百選」に数えられ、公園及び周辺には北前船や西廻り航路にちなむ史跡が多くみられます。銅像から戻って常夜燈そばから南へ少しで、日本最古の木造灯台＝「六角堂」があった。「酒田燈」ともいう。燈台を見て、またもと来た常夜燈の傍から展望広場へ行った。眼下に酒田港の埠頭・最上河口、船舶が見えたが雨にけぶっていた。その広場の傍から、いわゆる〝芭蕉坂〟を下って港のほとりの県道42号線に降りた。左に行く。少し先で県道42号を左に見送り直進。港はすぐ右だが、道路の両サイドは船場町1丁目が左、右が2丁目と分け、様々な漁業関連町工場がある。二つ目の交差点。左へ行けば市役所。右手、新井田川にかかる橋（実生橋）を渡り山居（さんきょ）町に入る。橋を渡ってすぐ左（川沿い）へ入ると程なく右側にいわゆる「山居倉庫群と欅の大木並木」が目に入った。黒っぽい（白壁がくすんだ？）三角屋根の倉庫が連続して12棟、うっそうとした欅の大木とその枝、これらが相俟って雨降りの中薄暗いトンネルであるかのようでした。

明治26年（１８９３年）に建造された米の保管倉庫で現在も農業倉庫として活躍。新井田川沿いに黒板と白壁造りの2棟が立ち並ぶ姿は巨木となった欅並木とあわせて美しい風景となって観る人に感動を与える。

〝米を敬い、労働を導き、倉庫を愛する人間育成をめざす〟（１８９３年設置の綱領）見事な四十数本の欅と倉庫群の景観はＮＨＫテレビ小説「おしん」にも登場し、その名は全国区的となった。（観光パンフレット）

新井田川の橋を渡らず左折して進めば３００ｍ程で市役所。ここを右折して１００ｍ程の左手に〝本間家旧本邸〟がある。寄り道しなかったけど、本間家とは…。

●本間家の出目は、神奈川（相模）愛甲郡本間村との事だが、約４５０年前永禄年間に佐渡（越後）から酒田に移り住み、初代本間原光が新潟屋として進出。米・大豆・小豆・染物・薬…を扱い、且つ金融・両替も営んだ。３代光丘は勤倹力行、非凡な才能を発揮し、困っている多くの人や近隣諸藩をも救った。光丘の功績には砂防林の造成、飢饉に備えての貯蓄、藩財政立て直し、貧民救済などがある。光丘の基本理念は「有るところの物は無いところへ、無いところには有るところから…」であった。日本有数の大地主であり大長者でもあり

１８０６年の長者番付で全国16位であったという。（山形県の歴史散歩）
県道３５３号線にもどり進むと国道１１２号と交差。これを右折して市営体育館前♀右に見て上り気味で、最上川にかかる出羽大橋を渡る。さすが大河です。水は茶色く濁っている。京田川橋も含め延長８００ｍもあったかしら。川と川の間の緑地に（右手・河口方向に）ゴルフ場がありました。（最上川カントリークラブ）〝広き野を流れゆけども最上川　うみに入るまで濁らざりけり…県民の歌〟の銘あり。
橋を越えてコンビニのある交差点で左折し県道３５５号に入る。この「県道３５５号と両サイドの景観」は、新しい酒田の自慢のストリートか、車線・歩道・植栽・いずれも田舎の道とも思えず。…かんぽの宿、東北公益文科大、出羽遊心館、市美術館などが右側に。左側には国体記念体育館、土門拳記念館（酒田市出身の写真家、彼の全作品約7万点を収蔵・展示した写真美術館）、南洲神社などが並んでいました。緩やかに左カーブして国道7号にぶつかる。右折して国道7号（酒田バイパス？）を行く。コマツの大工場、交通量グッと増えた。10：30。国道歩道に並んで更に〝農耕車以外立入禁止〟の立派なレーンあってこれは農耕専用。見渡せば、西側は広大な水田が拡がっており、農耕車専用レーンがあるのもよくわかる。
新井新田口♀（庄内交通の鶴岡行バス10本／日）立派なバス待合所あり。奥井いなほ地下道、高速インターくぐります。中村口♀、15軒♀、広野（交）、広野♀、コンクリート造りの立派なバス待合所に入り、6月も末だというのに、歯をガチガチさせオニギリ2個パクついた。寒いよ〜。雨は弱くなったり、強くなったり間断なく降る。たしか、左手5〜6㎞離れて羽越本線が走っていたはず。「余目」見合いの位置にいるのだろうか、今は。（ベソかくな！小田君）15分程休みまた歩きだす。酒田市興産（交）、まっすぐやや右カーブ。赤川です。かかる橋は「おばこ大橋」。ちっとも赤くないけど良き川です。橋３００ｍ、流れ１００ｍ（芭蕉一行はこの赤川をかつて出羽三山の方から舟で下ってきたのだな）やや下り気味に行くと大ショッピングセンターです。（ニトリ・ドンキ・青山・セブン・ココス…最後にドーンとイオンゾーン。ゾーン内は車で移動？）こんな巨大なショッピング街が出来たら酒田や鶴岡の旧市街の商店街もたまらないねえ。ミニ風力2本、大風力発電プロペラも動いています。資本の論理・弱肉強食！イオン三川ショッピングセンターを左後ろにして国道7号のまっすぐな道を行く。イヤになる程まっすぐ。歩道は右下にあったか。気付かず国道7号の路側帯をゆく。ダンプに抜かれると風圧すごいぜ。３～４㎞頑張る。興屋（交）で左に見送った県道３３３号線が旧道だったか。赤川沿いの県道３３３号線には郊外店など賑やかのようで、広告塔や３～４階の建物など並んでいる様子が遠目でわかる。歩いてきたよき道は新道（？）で国道7号バイパス。水田の中を切り裂くようにまっすぐ。何～にもありません。13：00高架下で一服。頑張ると汗ビッショリ。5分も休むと寒気（雨やまず。気象予報士君！雨止まないじゃないか。いい加減な予報で高給取りとはケシカランと八つ当たり）三ツ町から鶴岡市域に入った。反対車線側には「三川町に入る」との指標あり。

鶴岡の街・ビルの集積が近づく。国道7号は右へ、私は直進で国道１１２号に入る。左に県道３３３号線沿いの店舗群近づいてくる。「新潟まで１４８㎞」、本田（交）、〝噛むことは生きること〟（歯医者の看板です）月山も鳥海山も今日一日お預け！左右は水田・枝豆畑…。（交）の右側倉庫に〝鶴岡市日本国〟と大書きあり。（私のカラオケ仲間のイクチャンから突然携帯にＴＥＬあり…明日のカラオケ大会欠席するとの事）左・鶴岡二中、道形町、羽越本線レールを鶴岡跨線橋で越えた。右カーブ、道なりに下って鶴岡の繁華街です。ホテル奈良館の十字路（右へ行けば鶴岡駅真正面）を左折し、鶴岡公園方向へ行く。日吉アーケード街…瀬戸物屋、ローソク店、布団店…スズメにパンくず与えているジーサン、身なりは哀れっぽいが幸せそうにも見えました。

信号右手に山王日枝神社・鳥居・池です。（県社）

朱色の鳥居と本殿・太鼓橋も朱色、樹齢３５０年の巨木欅アリ。和算家阿部重道門人達による「算額」もあった。芭蕉句碑もあるぞ。「珍しや 山をいで羽の初茄子」ここは鶴ヶ丘総鎮守三社の一つとか。

日枝神社の十字路を右折方向へ。郵便局（右）前を進み内川に架かる大泉橋を渡る。（銀座通り？）本町一丁目で右折、内川（千歳橋）を越えると、右側に「旧風間家住宅」とある。旧風間家住宅＝丙申堂（へいしん）に大枚400円払って、覗いてみました。なかなか凄い！

風間家とは？

風間家は18世紀後半、越後から鶴岡に移住。鶴岡城下で呉服・ふともの（太物）屋を営み庄内藩の御用商人となり、幕末には鶴岡第一の豪商となり、更に明治に入り貸金業に転じ酒田の本間家に次ぐ大地主となった。現在のお屋敷は7代目幸右衛門が住居と営業の拠点とした建物。創建年の（明治29年）干支（えと）にちなみ、「丙申堂（へいしん）」と名付けた。約4万個の石を屋根に乗せた。「杉皮葺石置屋根」が特長です。奥に、来賓の接待や集会の場として使われた旧別邸がありました。（→本間家も風間家も結果として地域社会、経済に功績を残したが、陰で、生活苦等から田畑を手離したり、

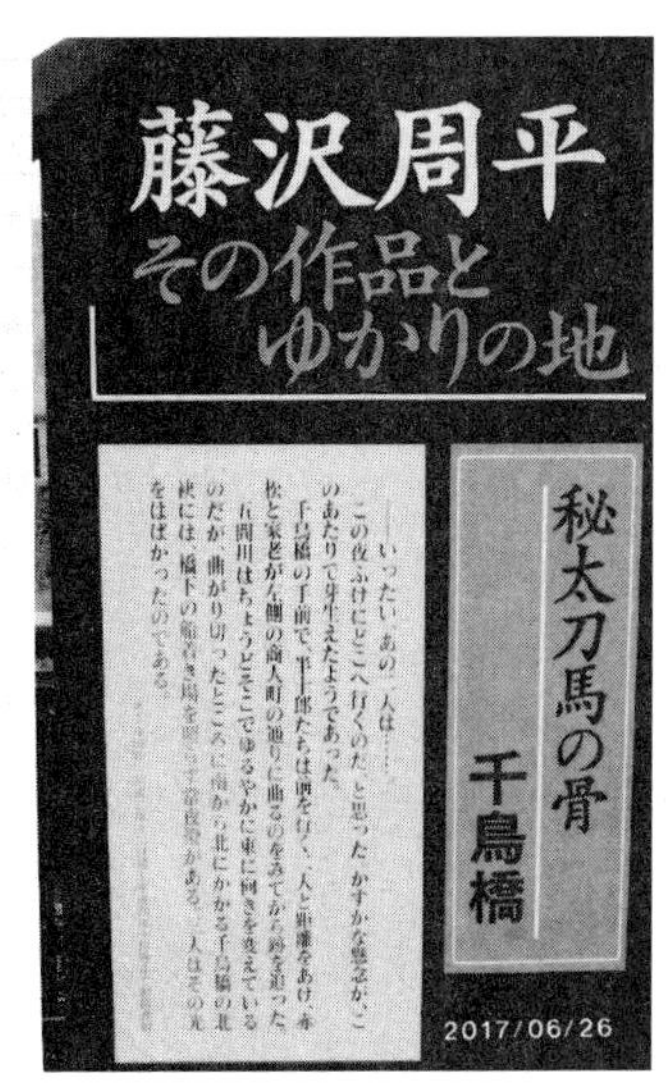

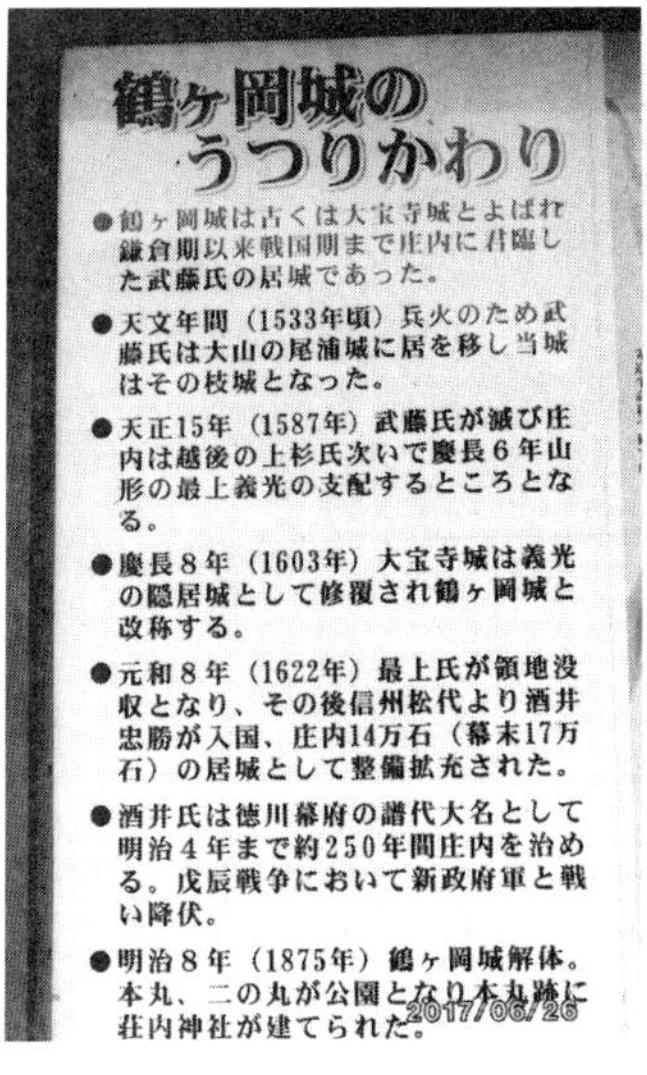

借りた金が返せずの例も後を絶たず。明治、大正時代での光と陰をもたらせた象徴的富豪の例といえまいか)
丙申堂を観て通りに出、西方向に少し進む。左は市役所エリア、真っ直ぐ正面が「鶴岡城跡=鶴岡公園」です。1590年(天正18年)の庄内地方は越後上杉領に属し、直江兼続により城の普請が進んだ。その後、山形の最上領となり、最上義光により更に城郭の整備が進み、1603年頃には鶴ヶ丘城と改称。1622年に至り最上氏改易により庄内は酒井忠勝に与えられた。本丸、二の丸、三の丸、大手門、西門、北門のそれぞれに城下町としての体裁も整った。しかし1875年(明治8年)城は取り壊され、本丸と二の丸跡が公園として開放された。本丸跡にある荘内神社は酒井氏初代忠次、二代家次、三代忠勝、九代忠徳をまつっている。公園内に高山樗牛・文学碑「文は是に至りて畢竟(ひっきょう)人なり、命なり、人生也」の碑外、多数あり。公園の外になるが、隣接の市役所そばに庄内藩の藩校致道館跡がある。東北地方では遺構が現存する唯一の藩校という。(致道とは、論語の一説・「君子学んで以てその道を致す」による)…てくてく続けていると一丁前の物知りになるなぁ。
疲れた足で公園内を歩き廻り、これらを観て、案内板を読み、メモし、写真を撮って進むと、一角に「藤沢周平記念館」がありました。今、日本の中年、高齢者そして男女を問わず最も愛読されている作家の一人が〝藤沢周平〟だと思う。この記念館は2010年(平成22年)に設立されたものです。320円を払って入館した。鶴岡市出身で、鶴岡・庄内の風土や人々の人情を織り交ぜながら、数多くの時代小説を残しており、数多くの作品は映画化されている。私事だが、文藝春秋社版「藤沢周平全集」全23巻を購入し、何か気分転換を図りたい時には任意の一冊を取り出し、読み返すのを一つの喜びとしています。日本人であることにささやかながら喜びを覚える作品が多いです。
今回のてくてく(6/24~27の3泊4日)での一つの楽しみは、この記念館を訪れる事でした。「周平のこころ」

を８００円で購入。本名・小菅留治、「軒を出て狗寒月に照らされる」…色紙に周平が決まって書いた自作の句だそうです。スズメにパンをむしって与えている病院通いのジーサンのそばのベンチ（公園内の菖蒲園）に私も腰掛け、先ほど買ったばかりの「周平のこころ」を4～5ページ読みました。〝あーあ、今日も一日頑張った甲斐はあったなー〟と心で納得して、今夜の宿、駅近くの「α－1」（素泊まり6，２００円）に向かった。

堀に沿って、鶴岡南高校、工業高校の辺りの曲がり角で道を間違え、駅とは反対方向に20分程行ってしまい、自転車の高校生に聞き、間違えた！と悟る。都合30～40分ロスです。やっとこさビジネスホテルに着き、一風呂浴び、着替えて外に出、近くの回転寿司屋さんで一本熱いのをつけて夕食とした。明日の朝は、コンビニのパン、オニギリとジュースです。

●贅沢な「てくてく」コース

「象潟～酒田～鶴岡」は魅力的なコースです。名山あり、美しい海岸あり、大河あり、尚且つ酒田・鶴岡という歴史的・経済的・文化的にもみどころ沢山でした。私の歩き続ける旅の中で出色の地域でした。ところが、今振り返ってみると、中身が濃かった所為か妙に、知らず知らず気を張り続けていたようです。ハッと気が付くと、次々と名所を追って「観光地巡りの旅」をしていたかのようです。畑でうずくまって作業する農婦・稲の草取りをするジーサン、行き交いつつおどけて挨拶を交わす坊さん。子どもの頃から馴染んできた花々の群落との遭遇。…そして元気よく挨拶をして通り過ぎる子どもたち。…私のてくてくでの感動の定番メニュー…とは大分違うものでした。もし、3泊4日で「てくてくの旅」をしようと考えたら、今回のコースはゴールデンコースでしょう。ただ、すでに足掛け三年。「てくてく」し、これからも続ける私にとっては、今はもう身体に沁みついた「てくてくのスタイル」は「何にもないといわれている町や野や山や海」を一人ショボクレテ、歩き続け独りごとをいいつつ「なぜなんだろう」「どうしてこうなったんだろう」…と自問自答しつつ歩き続けるに違いないだろうと思っている。

鶴岡➡大泉小➡羽前水沢➡由良➡三瀬

平成29年6月27日（火）

鶴岡ビジネスホテル～山形大（農）～平京田～小淀川～農協～中清水～新橋～羽前水沢駅入口～矢引川橋～由良峠～由良温泉～展望台～三瀬入口（国道7号とわかれ）～三瀬駅

7：05～11：20　4時間15分　約17km

5：00前起床、晴れ！ホテル9階からの眺望は良く、日が昇るにつれ、残雪豊かな鳥海山の雄姿が見えた。コンビニ購入のパン等で簡単な朝食、インスタントの熱いコーヒーも欠かせません。気持ちの良い朝、こんな日は思いっ切り早出とする。身支度整え7：05スタート。奈良館等の旅館（ホテル）の数件ある駅入口（交）を右折して（昨夕方、宿へ鶴岡公園から戻る際、間違えた）県道332号線を歩きます。最上町（交）を（ここを左折して進むと鶴岡公園、市役所です）真っ直ぐ。右も左も山形大学農学部の建物です。（農学部は山形市や米沢市ではなく、ここに在るのか…）青龍寺川と用水路を相見橋で越えます。綺麗な川（水）です。地図で見ると、右手の流れの先に高田・茅原・本田等の堰が目立ちます。この辺り、城北町、左、主婦の店、右、国道維持出張所、合同庁舎。更に進んで右手、ルートインホテル。〈このルートインホテルは、徹底して国道等の幹線ルートに立地している。通常駅付近などに立地するホテルが多いが、割り切って車旅行者の利便にかけているようだ。こうした（車利用前提の）ビジネスホテル、ペンション等が増えてきている。商店のみならずホテルも…〉左手にとても大きい赤い鳥居と本堂が見えます。（三宝荒神社かな?）平京田（交）、南岳寺⛩、名無しの大交差点（右手、整然とした道路、鶴岡ＩＣ方向）。小淀川⛩、山形自動車道の高架を潜った。小淀川（交）、この辺りまで駅から郊外店が続いていたが、田んぼが現れた。湯尻川（白山関根橋）橋80ｍ、流れ15ｍ。右手にとても大きな石碑。（かんがい排水事業完成記念の？）「挨拶で笑顔輝く大泉っ子」市立大泉小。（ちょっと昔懐かしい建物でした）右、農協産直館、マックスバリュー（左）（交）。白山（交）で右から来た国道7号と合流。（8：33）

○〝白山とだだちゃ豆〟について…上越新幹線下りで小出・長岡・三条から新潟と進むと車窓から広大な水田が見渡せる。よく見ると、米だけではなく「夏なら青々と、秋には葉も枯れた茶色の畑」があっちにも、こっちにも目立つ。何を栽培しているのだろう？…これが枝豆でした。鶴岡でも広く栽培されている。いわゆる「だだちゃ豆」とは、この枝豆の中で「香り、甘さ、旨さ」に優れている枝豆を指すのだという。鶴岡市白山（しらやま）の森屋藤十郎家の娘〝初〟が食味の良い変異種を発見。〝藤十郎・だだちゃ豆〟として特化栽培。鶴岡市白山の公民館前の庭に「白山だだちゃ豆の碑」があるという。（今回、農協前♀（交）で右折して進めば国道7号を越えた近くにあるが寄り道しなかった）

更に歩く。左に鉄鋼団地、下清水♀（温海温泉行　5本／日）、左、三森山、中清水♀、高速道（日本海東北自動車道）を潜ります。（鶴岡西ＩＣ）真っ直ぐ、上清水♀、高速を左手に見て進むと、大山川に架かる新橋（15ｍ、流れ5ｍ）を越える。鶴岡市水沢（交）、新橋♀、右後方彼方に残雪をまとった鳥海山が霞んで見える。もう、多分、見納めになるでしょう。「横光利一〝夜の靴〟の舞台となった地区」との案内板あり。（9：16）左、リサイクルクラブ・くるりん館。

さあ、ここが今口、一つの思案どころか。（今回のてくてく旅も今日中に千葉に帰ることもあって…）県道334号線をレールとあまり離れずに行くか、それともレールとは大部離れて国道7号で海岸沿いを行くか。

一時思案したが、国道7号で海沿いを進む事とした。右へ大きくカーブを切り、まずレールを陸橋で越えます。橋の上からは右手に羽前水沢駅が見えます。その隣にやや大きな工場（水沢化学工業?）、鶴岡から酒田方面、いわゆる庄内地方が一望のもとです。右にカーブして跨線橋越えていよいよ一直線の上りで前方の山間に向かって進む。小さい川だが大戸川、引川を超えます。大荒♀を過ぎグングン上り坂。折角の歩道に覆い被さる雑草…これを汗を流しながら刈り取り整備している作業員の方々に最敬礼！御礼をいいつつ進む。右に生コン工場、左にリサイクル工場（大体、街道が山あいに入り峠を越える前後あたり、生コン、リサイクル工場は定番です。他に、ゴミ焼却、火葬場等が…）、左にカーブ、始めの辺り、右へ県道３３６号線を分ける。（これを行くと加茂の港を経て、日本海岸沿い有数の温泉地・湯野浜温泉に通ずる）金山口♀、お釈迦様、荒倉口♀、凄い上り坂、汗滴り落ちる。ハア！ハア！ゼイ！ゼイ！左、古蹟・弁慶清水の跡、小さい社あり（弁慶大神）。「由良峠」を越えてグングン下っています。この国道7号、〝おけさおばこライン〟と称するらしい。右下へ、由良温泉分けた。右前方、海が見えてきた。右下、広場で老人らしき人々のゲートボール大会、マイカー8台停っている。（ゲートボールやるのにマイカーで来るのだな）由良温泉♀、由良中央口♀、右側に温泉地を見下ろす。また、上り坂、展望台らしきところで一服。由良漁港と港町、その先に白山島、白山橋、温泉建物。そしてアッと驚いた。遥か海岸線と海の上に鳥海山…ウーン、参った！良き眺めじゃ！絵はがきのようです。由良海岸は「渚１００選」の景勝地だそうだ。三瀬川・三瀬橋を越えると、目の前に釜谷トンネル。その手前に三瀬（さんぜ）交差点。ここで国道7号と分かれ左折、三瀬方面へ進む。豊浦小・中を過ぎ、駅までおよそ１㎞とある。「羽州山浜通　三瀬組・御本陣跡」（左側）↓今は坂本旅館のようです。駅へはこの先で右折すると１００m程で三瀬駅でした。御本陣前（跡）の通りは、羽前水沢で（先ほど、私が）右するか、左するかで迷った時、左へのレール沿いのルートを取れば、三瀬駅前を経て国道7号の三瀬（交）に合流する…ということでした。駅は無人です。駅舎前に桜の古木。（11：20）洗面所で手を洗い、顔も洗い、汗を拭ってひと息。今日の「てくてく」は三瀬駅までとする。このあと今回の3泊4日の旅を終え、千葉に帰ります。ここからレールに乗り鶴岡へ。更に酒田方面電車に乗り換え余目で下車。更に乗り換え、新庄へ。新庄駅で山形新幹線東京行に乗る。電車が来るまで少々時間がある。無人駅、客もいない。思い切って上半身裸になり、シャツ、くつ下も脱いで、日当たりに干し、私はホームに仰向けに大の字に寝る。曇り空になってきたが、まだ陽射しもある。とってもいい気持ち。これがローカル無人駅の醍醐味だ！流れる雲を見ていてつい、ウトウト…フト我に返り、あと10分で電車が来るぞ！着替えるものは着替えて電車を待つ。11：45、やって来ました。遠隔放送あり。3両でトコトコやってきた。三瀬↓水沢↓大山↓鶴岡着。一旦駅外へ出て産業会館ビル2階レストランで〝麦切り肉ソバ８５０円也〟食す。大いに美味でありました。妻子のところに宅急便の手配す。鶴岡からまた、電車（羽越本線）鶴岡↓藤島↓西袋↓余目下車。また乗り換え、新庄行快速電車（14：12発・陸羽西線）に乗り、車窓から左側最上川の流れ、遊覧船等を観つつ、新庄着。そして新幹線。車中で水割りを2缶飲みつつ、3泊4日の出羽の旅を振り返りつついつの間にか、白河夜船でありました。疲れておかしくなった身体の部品に水割りを流し込んだら、アラ不思議、頭と目が一時冴えたかと思ったら、朦朧としてきましたよ！何にも怖くないよ…なんてネ。酒田も鶴岡も本間さんも風間さんも周平さんも、もう友達だぞ…酒一合が百薬の長だと肌で知り。（新聞・川柳）

羽越本線「三瀬（さんぜ）駅」
誰もいないホームで裸で寝ころんだ！

三瀬(さんぜ)↓五十川(いらがわ)↓あつみ温泉

平成29年7月7日(金) 晴れたりくもったり

> 山形新幹線…(陸羽西線)…余目駅…(羽越線)…三瀬駅~国道7号~鎌谷トンネル~三瀬陸橋~鯵ヶ崎トンネル~小波渡~四ツ島灯台~新五十里川~五十川駅前~鈴漁港~名勝立岩~あつみ(温海)温泉駅
> 13:50~17:00 3時間10分=15km

今回4泊5日の予定です。山形県の海沿い歩きで、酒田、鶴岡、羽越線沿いは東京から見た場合アプローチは山形新幹線経由か、新潟(上越)新幹線か…という選択にぶつかります。前回のてくてくで三瀬終了とし、その際の帰京へのルートは三瀬→余目→新庄、そして山形新幹線でした。今回三瀬から「てくてく再開」にあたっては、山形新幹線経由で三瀬まで入ることにしました。新庄から陸羽西線経由余目、そして羽越線村上行に乗車し、三瀬へ。東京駅7:12「やまびこ号」~三瀬駅着13:45だったので、6時間30分ほどのロング列車の旅でした。三瀬到着までの各列車利用雑感を記しておきます。

●習慣とは恐ろしいもので新幹線座席に座って何気にシートベルトをしようとしてしまいます。(でもありません)

●(山形新幹線は)福島県と山形県の県境にそびえる1000m内外の山地を越えます。在来の奥羽本線を走るのでアレッと思うことが生じます。例えば・スピードは出ません。・車両が揺れます。・単線区間があります。

・行き違いの待ち時間があります。そんなにまでして(在来線を使って)新幹線を急いだのでしょう。秋田新幹線の盛岡~秋田間も同様です。(地元の熱意の結晶です)

●東北地方中心に全体を俯瞰してみると、(在来線活用も決断したおかげで)東京と東北各地を結ぶ新幹線は全ての県で開通しています。（青森、秋田、岩手、宮城、山形、福島）逆にいうと関東、東北、北陸で新幹線の通っていないのは、千葉、茨城、山梨位となりました。

●「福島〜新庄」、「盛岡〜秋田間」は従来あった特急が廃止され、車両のみが新幹線車両となっただけ！といえなくもないかしら。当然運賃料金もアップしたことでしょう。それでも新幹線を！と願った地方の住人の心は東京圏に住んでいる私などにはわからない…ということ。

●司馬遼太郎は「街道を行く」の中で…米沢、上ノ山、山形、天童と古格な城下町が珠を連ねたような街道（羽州）沿いに押し並んでいて壮観といい、〝壮観…縦一列の球をたどる〟と表現している。地図を見れば天童から更に東根、村山、新庄と珠は縦に連なっているとも思える。この羽州街道沿いは真に山形県というイメージに合致していて恥ずかしながら私は中学生くらいまでは山形は海なし県…と思い込んでいた。山形新幹線（今はもう開通20周年にあたる…新庄まで）という首都直通直結の武器を得て確かに大きな弾みになったように思える。「実際私も新幹線に乗れば…という〝簡単に行けるイメージ〟」で、（お祭り好きなので）米沢、山形、天童、村山、新庄それぞれの祭りを見るために夫々足を運んでいる。

●新庄で陸羽西線乗り換えで1時間強の、乗り換え時間を待ち、ここまで時間と競争するように走ってきたが、新庄で心のチャンネルを切り替えローカル線に乗る。そして芭蕉が通った奥の細道ルートとダブりながら、右手に最上川の流れに沿い進む。昔は舟運。今はその川を遊覧船が行くのが見える。これを行くと確かに日本海沿いの酒田や鶴岡に到着。「山形内陸との物資の往来」は街道と舟運で直結していたと理解できる。内陸山形にとって、酒田や鶴岡は全国とつながる港をもった玄関口であったのだ。

●6／26「てくてく歩き」で酒田から国道7号で南下し、鶴岡に向かったので「余目」には寄らなかった。今回乗り換え待ち時間を利用して「余目駅周辺を散歩‥平べったい緩やかな2階建て三角屋根の駅舎。駅前通りは短いけど左右に歩道と街路樹あり。駅舎背に右手、80年前からある米倉庫。これを改築した「6次産業化〝貸工房〟あり。（クラッセという）このなかの「やくけっちゃーの」のハンバーグは実においしかった！

13：50、本日のてくてくウォーク開始。（13：45三瀬駅下車）駅前通りを１００ｍも行き、県道３３４号（羽前水沢から山間を縫って越えてくるとここへ出てくる）にぶつかり左折。左、水森山スキー場。右、珍しや！古い家屋敷を土台から上を滑車に乗せて曳き、新しい土台に据える。いわゆる家ごと15ｍ程（同敷地内）移動させていた。5分立って見ていたが、10㎝も動いたかしら。慎重にゆっくりと行っていた。右手の「御本陣跡」を通り、国道7号にぶつかる右手に、気比神社を示す標識あり。

○この付近古代の昔から日本海海岸沿いのつながりを想起させる地名が多いという。

「気比神社」は越前（福井県敦賀市）の民がこの地に移住してきた際に敦賀気比神社勧請したもの。三瀬の「北野由良」は丹後の由良ノ浜から移住してきた民が故国にちなんで名付けた。また、由良白山島の「白山神社」は加賀（石川県南部）の白山権現を勧請したもの…と夫々伝えられている。三瀬の気比神社は気比大権限と称し、祭神に日本武尊を祀って「農と武の神」である。…二基の灯篭に左右の脇を固めて大鳥居があり、その先の森の中に急な階段、その奥に社殿でした。私の故郷、房総半島にも、四国や紀伊から、伊豆から（漁師によって）伝えられ、偲んで名付けられたという安房・白浜・勝浦・富浦など、数多くあることを想起しました。

突如けたたましいサイレン！「鶴岡市付近で震度6強の地震発生！直ちに避難開始してください‼こちらは鶴岡市防災広報です、これは訓練です…」一瞬驚きました。国道7号です。左折、すぐに釜谷トンネル（なみの花トンネル）183m。隣に歩行者トンネルあり。助かります。涼しいよ。ホオッと大声2～3度出してみる。私しかいません。〃大津波警報が発令されました。直ちに高台に避難してください！〃まだ訓練続いていました。三瀬陸橋、右下はすぐ海。小さな船溜まり。崖、岩、波、わずかな砂浜、しかし美しい。小さな港の海の上の陸橋を歩く。鯵ケ崎トンネル。トンネル内に柵のある2m程の歩道あって安心して歩けた。この辺りから国道7号（別称：おけさおばこライン）は左側は常に山が迫り、羽越本線のレールと一皮二皮の民家、そして右側には自然が作り上げた男性的景観が続き、今日は天候にも恵まれ美しい海岸線歩きです。

「こばと（小波渡）公衆トイレ」（左）、右：海、岩、テトラ、カモメ（鳴く声がやかましいくらい）です。小波渡♀、庄内交通一日五本。五本しかないバス停でもバス待ちの小さな小屋をよく見かけます。高い堤防に囲まれた小さいが頑丈な港です。その空中を小波渡陸橋で越える。波静か、釣り人が7～8人もいようか。平畑川、小さい川ながら左に10m程の滝が見えます。左、鬼の架け橋の碑。「堅苔沢漁港」（右）傍に四ツ島灯台。もしもしピット。「新五十川トンネル」396m（歩道あり）。トンネル出ると、新五十川橋。長さ80m、流れ40m。そして左側に五十川駅。五十川は上流で左右の500～600m標高の山々から小沢を集めている。国道345号まで沢を遡れば、そこにも気比神社あり。〃サケと鮎、清流の里〃がキャッチフレーズの「温海町五十川」です。

15：32「鈴」跨線橋（たいこ橋）、越えたら左に港です。お堂あり。鈴漁港♀、そして鈴♀。左に縁結び子宝地蔵尊。夫婦赤地蔵尊。お堂と石碑。「マルバシャリンバイ生息地」の碑。立石♀。お堂と鳥居。暮坪橋（下は入江）、「名勝立岩の地」看板。暮坪♀、暮坪棚田の碑：（山形県の棚田20選。1.7㎞先）右手に海に張り出すように巨大な…なんというか地続きの島というか。山高帽というか。高さは30～40ｍかてっぺんにびっしり緑の木々が生えている。（床屋していないボサボサ頭！）たていわ。米子♀、長喜屋前♀。頂きまで登れるのかなあ。

「これより温海（あつみ）温泉！」の看板。またしても海の上の陸橋を行く。左に浜沿いの家を縫うかのように旧道あり。乗り合いバスはそちらを通る。この海岸線、延々と小さな入り江、砂浜、岩礁の繰り返しです。旧道は忠実に波打ち際の民家と海岸線に沿って発達したが、その後の交通量、車の大型化などあって「小さな入り江や港」の空中に橋のような新道をかけている。何ヶ所もあり。これにより実質的に拡幅、短縮、交通安全に効果ありと見える。（また、陸橋等の施設が民家を高波からの防御！の役もなしているか？）左に旧道がちょっとした商店街方向に延びている。これを辿ると「あつみ温泉駅」でした。さすがに温泉駅と称するだけ

〈名勝　立石（たていわ）〉

あって、小商店街を成していた。駅舎と関連施設（待合所、案内所）もあり、今日のてくてくもここまでとしよう。17：00です。「〝まだきてくれのぉ〜。待ってからのぉ〜〟の大看板」五十川駅から5㎞はある…と思っていたが、意外に早かった。（それもそのはず、温泉地までは駅からまだおよそ2㎞も山間に入ったところにある…のだった）

今日は午後からのてくてくだったが、好天に恵まれ、途中気温25℃とか27℃の表示もあったが、美しい自然景観の中で気持ち良かった。今日のてくてく終了。ここからレールで今夜の宿、鶴岡のビジネスホテルに戻った。今日の歩きの戦果は3時間余り約15㎞くらいか。三瀬↓小波渡↓五十川↓温泉駅。

○草刈りおばさん

四ツ島灯台付近：私が歩いている国道7号のすぐ左に平行して草深い旧道（今や農道の雰囲気）があり。草刈りのオバサンが指呼の近さで作業中。モンペ・麦藁帽姿。鎌を入れた肩掛けのズタ袋…50歳代かしら…。周囲の景色とマッチング。道路一つ隣のオバサンと歩きながらの大声はりあげての会話です。〈…どこからぎ（来）たのかし？どこまで行ぐのかし？道幅は広いんだよ。後ろのとがった山が鳥海山だし。海に四ツ島が見えるでしょ！今のうちに草を刈っておくのがコツだよ。苦にならんよ。冬は風と雪。特に風だねぇ。夏は涼しくて作業が捗るし。5月、6月が一番好きだねぇ…〉よくケラケラ笑う健康そうなオバサンでした。自分もまた一つ元気が湧いてくる出会いでした。

福岡・大分地方で豪雨15人亡くなったのニュース!!（日本列島は、まん中を走る脊梁山脈から太平洋岸も日本海側にも夫々山が海に落ち込む地形多し。また、山脈から海までの距離は短く、集中豪雨ともなれば日本中どこでも鉄砲水が出て大水害が発生する。そんな宿命的な地形の国に我ら1．3億人が暮らしているのだ）

〈駄作十四句〉

「晴れは、短パン、半ズボン、頭はカチカチ山」「七夕や鶴岡の夜、回転寿司」「回転寿司いい気になると高くつく」「波渡(はと)の浜・五十川(いら)磯に百合の花」「波渡のオバサン、僕もあなたもお元気で」「塩焼けのジーサンは海みて独り言」「三つ聴いても一つ答える漁師かな」「よく見ればシワと目が笑ってる漁師さん」「ジーサンよりもよく喋る浜のババ」「奇岩に砕け散った白い波花」「落ちそうな崖に咲いてる白い花」「花みてトンネル、海みてトンネル」「浜昼顔、あの世の母さん憶い出す」「真っ赤なトマト丸かじり、これでもう一駅歩ける150円」「あつ美山や吹浦かけてゆふ涼み」（芭蕉）

・鬼かけはしの碑…元禄2年、松尾芭蕉は奥の細道行脚道中「…6月26日晴れ、潟苔沢の辺に鬼かけ橋・立岩、色々の岩組景地有…」と弟子の曽良による随行日記にあり。その所在は長く学界の謎であったが、平成元年に、実在していた事判明。街道の難所であったが元禄16年の地震で崩壊した…ということです。

あつみ温泉↓府屋↓勝木↓桑川

平成29年7月8日（土）晴れ時々くもり

あつみ温泉駅～巨大なこけし～小岩川駅入口～道の駅あつみ～早田陸橋～史蹟念珠関址～鼠ケ関駅～県境～中浜観光物産～黒崎～日本国登山口～大川橋～府屋（交）～府屋駅～碁石山展望台入口～国道345号へ～勝木（交）～勝木駅～新八幡橋～芦谷入口♀～白砂の里・寒川～笹川流塩工房～蓬莱山宝蔵寺～おうらいの里脇川～小さな駅～トンネル5へ～観光汽船～民宿発祥の地～桑川駅

8：21～17：10　8時間50分　約38km

7月8日（土）、鶴岡駅前のビジネスホテル「α－1」の6階部屋から北の方向に、ポッカリと鳥海山が浮かんでいます。視界を遮る高い建物がないので、全容が見える。2合目～5合目辺りにか、横一線の霞がかかっており、優しく神々しくさえ見えます。今日の予報は、晴れ時々くもり！暑くなりそう。パン、コーヒーの朝食を済ませ、支度をして宿を出た。土曜ということなのか、ロータリーにタクシーが2台ほど停車している外、バスも見えず、1～2人歩行者がいる程度。静かな朝だなぁ。と思っていたら7：45頃、3両の電車着いたら、なんと150～200人ほどの高校生がゾロゾロ駅舎から出てきました。私は8：00過ぎの電車に乗り、昨日のてくてく終了地のあつみ温泉駅に降り立った。身支度を済ませ、8：21、てくてくスタートです。駅を出てすぐ国道7号です。ウワァ！目の前に広がる海原、今日はまた、一段と波静かです。左手に「県道44号、余目・温海線」を分けた。（これを行けば温海川沿いあつみ温泉街に辿り着く）

（あつみ温泉・温海岳（736m）鳴動の際、温海川に湧きだしたのが起源といわれ、以来1000年以上枯れぬ庄内三湯の一つ。現在も河床が源泉の一つとなっている。20軒以上のホテル、旅館あり）

右手前方に、大きな島が見えています。粟島かしら。ウワォーッ！巨大なこけし（右）が建っている。10mもの高さあるか。「磯と香りと夕映えの地」（かまやざか）の標識看板。「黒鯛磯釣り発生の地」の標識看板あり。…ホンマかいな？「庄内高品質、あつみ豚」2mもあろうか、豚の模型もあったよ。（なんでも作るんだネ…？）

岩川漁協前♀（平沢行5本／日）、港橋（小さな港の上に架かった国道7号の新道）、大岩川（？）に架かる岩川大橋50m。（流れ10m、水は澄んでおり、サラサラ流れている）左山裾に旧道ありて、乗合バスも（民家一軒一軒にお元気ですか、といってるかのように）トロトロ走ってく。鵜、カモメ、海猫が岩礁に、波間に、テトラに休憩しています。（何気に、いいなお前たちは…と思う私です）羽越本線は、基本は複線だと思うが、単線ではないか…と思える区間があります。小岩川駅入口♀、（大岩川あって小岩川もあったよ）小岩川陸橋、左、舟だまり・港・200mの橋完全に港をひとまたぎ、右、「〝道の駅あつみ〟・〝物産しやりん〟」…〈とち餅食って・温海赤カブかじって・ソフトクリーム舐めて・絵はがき買って・地図も買って・トイレ用たして〉20分の休憩です。（10：00）早田（わさだ）♀、早田陸橋、公民館前♀、街道脇に「ウエルカム　ツウ　ワサダ」、「おはつきいちょうと親孝行の里・早田」の大看板あり。（今どき、堂々と〝親孝行の里〟と宣言するはアッパレじゃ!!）左側に「史跡近世念珠関址」の標柱あり、ミニ公園もあった。（江戸時代に「鼠ヶ関御番所と呼ばれた関所跡」当時鼠ヶ関番所（念珠ヶ関番所）と呼ばれ庄内五つの関所の一つ）右側には入江となっている大きい港が見える。国道7号と分かれ右（直進に近い）方向へ、マリーナ、長い堤防、鼠ヶ関港です。「念珠の松」を観に立ち寄る（念珠の松公園）。村上屋旅館の庭にあったものとかで全長27mもあるって。臥龍型という。（ウワァ！こんなに枝をねじ曲げられてもよく頑張ってるねぇー）鼠ヶ関駅で一服。駅広を出て左折した左側奥に「古代鼠ヶ関址・同関戸牛産遺跡」の標識。この関は「白河・勿来と共に奥羽三大関所の一つ」といわれる。義経記には「念珠の関」とあり、頼朝の追討を逃れて平泉に向かう途中、この関所を通過したといわれ勧進帳の舞台になった…との説もある（町・パンフレット）。伊吾野♀、大理石の碑。「山形県と新潟県・県境」左へ踏切を渡り（災害）避難道を上ると国道7号に出ました。村上市域に入った。右は海、天然塩手造り・白い塩販売！左、塩製造直販、右、船小屋、「中浜観光物産」、もくもくと煙が上っています。塩を造っています。黒崎♀、右手に広い砂浜が現れた。投げ釣り人一人、遠くへ投げては曳き、また、遠くへ。ガードレールにもたれ、遠目で眺めたが釣れないねぇ。（今日も坊主かねぇ…）

〃はまなすロマンの里〃岩崎（山北町）、左の旧道を行く。左に「日本国登山口」標識あり。何、何…そんな山があるんかいな。野良作業中のオバァさんに聞いてみた。〃左に入る広い道を行くと山に登り口があったねぇー〃という。（宿に着いて、地図を広げて見たら、あった、あった、５５４ｍ・日本国が。丁度山形と新潟県境に位置している。ざっと7～８㎞先、といったところか）大川に架かる大川橋１００ｍ（流れ40ｍ）あり、清流です。ここのところ左手の山や谷から海に入る川は、どれも清らかな水です。府屋（交）、山北支所（右）、綺麗な外観。その先右に入ると府屋駅です。府屋第2トンネル１９０ｍ、段差付１ｍの歩道あり。続いて府屋第1トンネル６９０ｍ、同歩道あり。いささか長くてトンネル内は行き交う車の轟音ですさまじい。出たら碁石山展望台へ15分とある。また、レールは右手となって、その右側が碁石海岸というらしい。「こんぴらの里・碁石」（右手）、国道7号と国道３４５号の分岐です。13：00、勝木（交）（がつき）、国道7号は左の内陸部へ。（羽州浜街道または出羽街道として）私は右折で海沿いの国道３４５号を行く。天気に恵まれたのは感謝するけど暑すぎます。汗タラタラです。勝木（交）、「日本海夕陽ライン！と称します」福祉センター前♀、左に勝木駅（がつぎ）、跨線橋でレールを跨いだ。すぐ左下にユーレイのような（失礼！）寂しい駅舎がポツンと見えます。二級・勝木川40ｍ程、新八幡橋80ｍ〝サケののぼってくる川？〟隧道85ｍ（名無し？）芦谷入口♀、右手ずっと海岸。それにしても島々に釣り人多し。釣り船が小島に釣り人を運んでいるのだろう。あっちこっち小島があり釣り人が。…やっぱり黒鯛磯釣りのメッカなのか。14：20、右手に大きな緑の島粟島。ざっと20㎞沖合だとか。この辺が一番近いのか、住民もおるそうな。

それにしても左手に続く国道沿いの崖は厳しいぞ。木々の生えた絶壁とでもいうか。そこに落石防止工事の人が張り付いています。ザイルを結び複数人数で作業しています。（ロッククライミングもあの人達ＯＫだろうな！）〝白砂の里・寒川（かんかわ）〟「蒲萄川・寒川大橋」海水浴場です。白い砂浜、３００ｍは続いているか。早くもビーチパラソル２本認む、夏模様です。蒲萄川、小さくても流れはあります。

右や左にしきりと〝笹川流〟の看板を見ます。…海っぺりなのに何で笹川流なんだろう。川に笹でも流す風習のことか、まさか、千葉・天保水滸伝の笹川繁蔵ゆかりでもあるまいし、などと無学というか無邪気というか、漠然と〝何だろう？〟と思いつつ歩いてきたが…そうではなくて、ここ一連の海岸線のことらしい…と悟った。…それが下写真の〝名

勝〃の石碑です。無学な自分を恥じました。松陰第1トンネル80m、笹川流れ塩工房で冷たいペットボトル2本購入。1本ゴクゴク。もう一本は魔法ビンへ。生き返りました。脇川大橋250m、完全に海の上を渡ります。脇川♀、蓬莱山宝蔵寺（左）「蓬莱の里・脇川」〃まーず、休んでげっちゃ！宝屋浜〃宝屋隧道600m、根込隧道600m、JRの駅があったのか、どこでやり過ごしたのだろう？それにしても随分、歩いたなぁ…。すると左に何やら駅が近そうな臭いがするぞ、旧道に入ってみる。民家がそれなり建て込む。すると跨線橋の無い小さな駅がありました。何駅かしら。駅舎までは行かず、時計とにらめっこ。グロッキー気味だけど、まだ陽は高いし…元気を絞って、更に歩くことにした。（今川駅だったかしら）

右側の岩礁、小さな砂浜、そして入江、打ち寄せられたゴミ、浜で簡易テントを張る若者グループ、ファミリーもある。中には私が歩いている国道345号の歩道の少し膨らんでいる場所にキャンピングカーを固定しキャンプとしゃれている若者…これは良くありません。当人達は浜へ行ったか留守です。この先、海に落ち込む山ひだ、デブリ、その間あいだに小さな入江、山のデブリにも名、入江にも夫々〇〇海岸の名。目まぐるしく景色は変わる。疲れてはいるが、〃今度はどんな浜かな？〃なんていつの間にか思っている私。

トンネル五つと浜…今川海岸、板見海岸、深浦海岸、眼鏡岩海岸、笹川海岸、桑川海岸…。海を行く遊覧船も垣間見ましたよ。何処から出航してきたのだろう？〃桑川港笹川流れ観光汽船〃による人気コースなのだった。「松島は この美麗ありて 此の奇抜なし 男鹿も この奇抜ありて 此の美麗なし」（頼三樹三郎）。汗ふきふき、水を飲み飲み行くと、観光地っぽくなってきました。港から遊覧船が出て行きます。民宿が多く、やたら目に付きます。〃今川〜桑川は新潟県内民宿発祥の地〃だそうです。商店が（珍しく）並んできた。すると左手に瀟洒な「桑川駅」でした。それなりに観光スポットらしい駅舎だ。「1階観光案内センター、2階レストラン」の物産館あり。

流れる汗を拭い、とりあえず買った缶ビールをグビグビ飲み干した。アーアッ、やり遂げたというささやかな気分です。とにかく私の実家などに宅急便を手配した。「笹川流れ夕陽会館」と称します。17：10着。とにかくよく歩きました。17：42、村上行電車に乗り、村上駅で下車。駅側の「トラベルイン」5，300円、食なし、BS見られず、フロントは人の好さそうなジーサンでした。（お互い頑張るね！とエール交換）

桑川↓村上↓中条

平成29年7月9日（日）晴れ時々くもり

村上駅…桑川駅～越後早川～柏尾～間島～海府産直市場～岩ケ崎🚻～峠の高見～茂助地蔵尊～魚付き保安林～三面川～観音寺～村上駅～県立村上高校～山居町～高速くぐる～田屋（交）～石川（二級）～岩船駅～道の駅「神林」～米蔵館～平林駅～平林城跡～荒川～河川敷ゴルフ場～県立荒川高校～坂町駅～県立病院～十文字(交)～三幸製菓～平木田駅～黒川小～工業団地～黒川橋～追分～市役所入り口～中条高校～ヤマダ電機～中条駅

7：45～17：30　約10時間近い　約40km

【笹川流れ：美しい海の代名詞といってもいい見事な景観を誇る延長11kmの笹川流れ。（羽越本線、越後寒川駅付近の海岸から桑川海岸の先まで）その名は岩の間を盛り上がるように流れる潮流を中心地笹川集落の名にちなんでつけられたといいます。日本海の荒波に侵食された洞窟や奇岩が絵巻のように続き、昭和二年に国の天然記念物に指定されております。遊覧船（桑川港発着往復40分）に乗って海上から望む景色は豪壮で粟島や佐渡島もはっきり見える…という】

【義経伝説：1186年、兄の頼朝に追われた義経一行は奥州平泉目指し、京の都から北上した。越後路を海岸伝いに馬を走らせ村上市馬下（まおろし）まで歩を進めたが、「笹川流れ」の切り立つ断崖にはばまれ、漁師の案内で海路で山形鼠ケ関へ上陸した…と伝えられる。】

桑川駅・笹川流れ夕日会館内のお土産売り場でハプニング発生!!

【私は千葉県内の親戚に2件の宅急便によるお土産を注文した。売り場カウンターは混雑していて、私の担当した女性が途中で入れ替わり、ほかの客も同時に扱っていたこともあり、店員は私の会計もし、応対し、支払いも済んだ。私も不注意で（待たされたこともあり）片手にソフトクリームナメナメで電車の時間もあり、店員の「ありがとうございました。またどうぞ」の声に送られ、ちょうどよく入ってきた電車に乗った。一駅過ぎたころ、〝まてよ、それにしては安かったなぁ…〟と思いつつ、反芻してみると、どうも5，000円相当分（1件分）未払いのままだったのではないか…。今夜のビジネスホテルについてからレシートの番号にＴＥＬ入れると、間違いには気づいておらず、追ってＴＥＬする！とのこと。翌日10：30頃、私のケイタイにＴＥＬあり。そしておよそ5，000円の商品とお金が合わないとのこと。…↓結局お互い平謝りしつつ、私は売店関係の口座に振り込みました。売店の女性は余程嬉しかったと見え、数日後私が旅から帰り千葉の自宅に居ると、関係の女性からほんの御礼！として郵便で10枚入りの絵葉書を送ってくれたのでした…。商品の一部代金を支払わなかった私…と、忙しさと手違いでミスをしたという売り娘さん…双方で謝ったという次第。お粗末の一席！】

- バス停の待合小屋によりかかり居眠りす。汗をぬぐいつつ海に浮かぶを粟島と知る。
- 遠く遥々あるき来て「笹川流れ」の意味を知る。
- 汗流し苦戦中に妻からケイタイにＴＥＬあり。〝北アルプスで遭難あったよ。あなた今どこ歩いてるの？気を付けてね〟…と。妻とは有難い者です。…我が亭主の生存確認！異常なし。
- 村上の祭りは7月の6、7日両日だったとか。一日違いで残念無念!!

さあ、今日も上天気とのこと。暑いぜ。朝のテレビでは、30℃超！とのことです。聞いただけでため息が出ます。雨よりはいいか…。と思うけど、昨日の炎天ウォークも結構効いたぜ。熱中症など心して歩こう。酒田行に乗車。（7：34発）昨日のてくてく終了の桑川駅に戻る。駅前の夕日会館売店はまだ開いていません。

7：50身支度チェックでスタート。短パン、半袖です。国道345号に出ます。目の前、静かな日本海は穏やかです。島越海岸、海水浴場です。さすがに海辺にも人はまばら。でも好天の日曜とあって、7月初旬とはいえ早い人は早い。もう磯釣りの人、2人程見える。左から、新保川が流れ込んでくる。この川を遡れば桑川と新保川にわかれ、新保川源流に852mの新保岳がある。（地図によれば）浜新保の先で左のJRはトンネルへ。右、岸から200～300mくらいか、海に浮かぶ小島のような小舟のような…よく見ると、なんと波もかぶってしまうような小島の上に完全に乗っかった（またがった）小舟（ボート）の上から、2人の釣り人が竿を出して釣りをしているではないか。岸から漕ぎ出し、大岩（小島）の上に見事固定しているかのようだ。執念の釣り！とでもいうべきか。人の住んでいる（通船もある）「粟島」がはっきり近く見えます。左手にトンネルから出たJRが平行しています。無谷川。そしてさらに早川。

早くも汗が噴き出てきて左手に駅あらわる。駅広はあるが商店0件。無人で小さな駅舎と自販機のみ。越後早川駅瓦屋根と赤い自販機と舗装していない広場・それでも私にとっては一服つけるには不足はありません。8：30過ぎ再スタート。駅から50mで国道345号、そして海。それにしても波静かでうっとりします。地元のオバサンの話では、冬の荒れた海はそりゃあ怖いくらいだ。と聞いているが、今のこの時季この静けさ、明るさ、信じがたいぜ！ミニ消防車がチリンチリン鳴らして通り過ぎて行きます。吉浦です。「アワビ、サザエ、タコ、モズク、エビ、イワノリ、イガイ、カキ、ナマコ、アオサなどなど、採る人は密猟者です。通報します」と野立て看板あっちにもこっちにもあります。要するに、海のものは何でも採っちゃだめ!!ということだ。でも磯や小舟で釣る人はオメコボシ！（私は房州館山の浜辺で育った者だが、中学校、高校生の頃〈50～60年前〉はタコ、イセエビ、サザエ、バッテイラ、ウニ、ワカメ…なんでも磯遊びして採り放題だった！ところがその房州でも今は漁協組合員でなければ採取禁止です）…結局資源が枯渇してしまったのだ。自由に磯遊び出来たあの時代はもう帰らない…。

新潟漁協岩船港支所。チンチン消防車行ったり来たりで2～3回往復しています。なんだろう！まさか密猟の取り締まりでもあるまい？「上海府コミュニティセンター（かみかいふ）」、市立上海府小（右）、「上海府地区看板」のそばで草刈りしているオッサンと立ち話。菅笠、手拭、長袖、マスク、脚絆…といった出で立ちで極力肌を出さぬようにしている。〝月に一度は刈っているよ！放っておくと道路にも延びっちゃ！って〟半分はよく聞きとれなかった。普川、大川とこえて柏尾海水浴場。「大地豊穣基歓：の縦一枚岩の碑」（4～5ｍはあったか）海水浴場駐車場。シャワー付きで一台1，０００円。能化山登山（３８０ｍ）案内看板あり。海ではあっちこっちと潜って漁をしている人が見える。（これはプロなんだろうね）アクアラング付け丸い丈夫そうな浮き輪とつながっている…。左に間島駅。旧跡「人跳山（ひとはねやま）の由来」の案内板あった。間島から村上方面バス一日2本。「野潟区キャンプ場駐車場、シャワー付き1，０００円也。」右、「海府（かいふ）産直市場（さざなみ）」ここで一休み。覗いてみると、サザエ（大）8ケで1，５００円也。1ケ２００円弱か、まぁこんなもんかな。右手に見えていた粟島は既に右後方に下がりつつある。（霞んで見えます）9：30本当に鏡のように静かで岸辺に寄せる波もおとなしい。海も空も青い！73歳にもなってこうした気ままな旅に今自分はある…と思うと幸せを感じます。ここは大月♀です。単線のレール越えた。（オヤ！また単線になっているのか？…後で調べたらもう一本のレールは〃村上トンネル〃と称し山中を走っているようだ）左に大きくカーブ。歩道の有る無しは気ままのようでもあり。突然無くなったり、現れたり…でその都度注意意識が欠かせない。（道路反対側にいつの間にか歩道が移っていたり消えたりその度、車に注意して横断します…）岩ケ崎♀、一日２本。但し外に各学校を循環するらしい通学専用バスあり。子供たちの為かバス停傍に大変立派な小屋があります。すぐ裏手に神社あり。〃立ち直り見守る心と導く寺〃とある。

９：55日昼になるにつれ、行き交う車両多くなってきた。峠の高見から村上湾一望。白砂青松の緩やかな弓形の美しい浜、瀬波海岸です。２km以上は悠にありそう。その彼方にニョキニョキホテル群か？あれは「瀬波温泉」らしい。あれほどのホテル群があるのか。突き出た小さな岬のように見える。左、吾茶屋、茂助地蔵尊。左右にあるうっそうとした林。〃魚付き保安林〃とある。右手目線の高さに吊り橋。左、大平入口。この辺までのおよそ２kmは山中アップダウンあり、歩道無くカーブから突然車が疾走して目の前に…いと恐し。下って「三面川（みおもて）」緑豊かな大きな川。二級、。瀬波上町（かんまち）（交）、青少年ホーム、跨線橋で羽越本線またぐ。「九品仏」（左）、肴町（交）、国道３４５号は直角で右へ、私は直進する。右に「即身仏海上人」・「観音寺」（映画、あみだ堂みたい）、駅前（交）

〈三面川（みおもてがわ）〉

右折して村上駅へ。11：25～12：05駅で大休止。下着の着替えなどして再スタート。県道に出て右折、左手に県立村上高校、少し進んで山居町2丁目（交）を直進し山居山断層見て下ると上助渕丸山（交）で高速をくぐりました。村上瀬波(交)で国道7号へ入る。新潟まで59㎞。田尾(交)、農業の店トントン。5mほどの石川(二級)渡る。右、高御堂。今宿（交）、右手に入れば岩船駅です。国道7号からよく見えます。九日市（ここのかいち）（交）、道の駅「神林（かみはやし）・(穂波の里)…採れたて野菜市」。神林で収穫された岩船米（こしひかり）が自慢です。地元の人がベンチで〝今日は飛び切り暑い！〟を連発していた。神林お米蔵館（岩船米）（左）。新発田まで31㎞（まだまだ）しばらく右側のレールと平行して進む。平林駅（14：30着）片面ずつのホームに夫々小屋があるだけの無人駅です。カンカン照りです。鳥海も月山も飯豊（いいで）も見えません。貨物列車がコンテナを40～50両引いてゴトゴト過ぎて行きます。（乗客減を貨物で稼ぐ）〝おはよう、こんにちは、あいさつは私の心の宝物〟（青少年市民会議)、国史跡・平林城前。説明看板あり。宿田（やずた）（交）。左、平林城跡千眼寺までは800m。平林（交）。やや!!大きな川だ。橋460m流れ100mゆったりたっぷり流れています。大河です。荒川のようでした。三面川より幅広く、河川敷が大きい。ポプラ並木で区切った河川敷ゴルフ場あり。三面川の方が神秘的です。

〈村上駅〉

村上市

村上市は日本海沿いの越後最北の城下町。戦国時代は本庄氏、江戸時代は村上氏や堀氏らの城主により城の改造と城下町の建設が行われ現在の村上の原型が築かれた。全国的にも珍しい城下町の四大要素といわれる「城跡」、「武家屋敷」「町屋」「寺町」が現存している。…今少し詳しく触れると駅舎を背にすると正面に見える小高い山が村上城跡です。（臥牛山（がぎゅう）135m）戊辰戦争時、城下が戦場になるのを避けようとして家老はじめ藩士が城に火を放ち焼失したといわれ現在では石垣のみです。しかしその石垣は大規模で現存するものでは県内最大の城下町。村上の最盛期は1648年松平直矩の時代が15万石だった。村上市は三面川のサケが名高く、河口付近は、魚類の保護、育成、繁殖のため保安林がサケを呼ぶ森＝「魚付き保安林」と称し、大切にされている。（明治30年以降）また、村上市の大きなイベントとして7月6日〜7日の「村上大祭り」があり〝おしゃぎり〟と呼ばれる屋台が19台練り歩く。また11月18〜19日には市内「岩船大祭り」もあって9台の屋台を先頭に朱漆塗りの「お舟」をのせた名物屋台も曳行される。

荒川（一級河川・水質調査結果で三年連続〈2003〜2005年〉日本一となった平成名水百選の川。鮎釣り鮭釣りができる）荒川ゴルフ場（交）を過ぎて、米坂線、（単線ディーゼル）を越えた。右にも左にも学校がある。右、市営プール、県立荒川高校。左、イオン・コメリ、郊外店増加。坂町（交）。右、300mで坂町駅。15：50。小田君ガンバレ、まだまだやれ！と自分を励ます。下鍛冶屋（交）、右県立病院、〝ようこそ山と川と湯の里関川村へ〟（清流荒川に沿って五つの温泉地があり、えちごせきがわ温泉郷をなしている）…関川村は看板はあったけど、米坂線に沿って相当奥に入ることになる。十文字（交）、国道7号と別れ右折し可能な限りレールに接近しレールを右手に見つつ（左折して）進む。左手に大きな菓子工場あり。（三幸製菓）そして右手に平木田駅。無人、水道・洗面無し。汚いトイレ（こんな駅もあるんだ）…ただし待合小屋あり。もう一駅分歩けぬか。挑戦した。

県道402号線を少し行くと変則的な十字路。これを右折して右も左も田園風景。田んぼを切り裂くような一直線の道。ひたすら歌を口ずさんだり、15分歩いて一服立ち止まったり、ブツブツ呪文を唱えたり右手に踏切を認めつつ交差点を過ぎ、ざっと3㎞近く頑張っただろうか。汗をふきふき朦朧としてくる。左手山ヒダが近くなってきた。やや大きな川。河原も広い。鳥坂大橋？胎内川です。橋の途中にへたり込んで流れを漠然と眺めつつそうだバナナがあった、取り出す。すっかり黒くなった皮をむき、頬張る。水をごくごく飲む。（リュックの奥にしまってある魔法瓶の冷水を！何故か一人涙ぐむ）左右に店が増えて小型のビルも2～3棟。若松町、二葉町、右手に胎内市役所です。警察署、中条高校（左）。左手、イオンショッピングセンター。市街の中心らしき本町。新栄町（交）、右折して中条駅に何とか着きへたり込む。17：30、本日のてくてくここまで。中条駅から三つ先の新発田駅までレール乗車し駅前のビジネスホテル（第一プラザホテル）（朝食付6，050円）にリュックを下ろした。18：10

○ビジネスホテル第一プラザホテル：朝食付き、広い部屋、コーヒー飲み放題、大型テレビ（BSも）。2階中華レストランもよし（ほろ酔い）セット10％オフで1，350円。熱燗呑んで夕食食べて…一日が報われた気分に。

○今日一日約40㎞のてくてく。新記録かな、歩き終え頑張った分、幸せ感があります。感謝します。でも正直やっとこでした。

○中条駅で新発田行電車に乗った。リュックから取り出した缶入り水割りをグビグビ…沁みたぞぉ。

○大きいリュックを背負い汗だくで歩き。トボトボと歩いていると畑をやっているオバアサン、浜から上ってきた漁師さん。こちらから挨拶すると会話に応じてくれる。（私がスーツ姿だったらこうはゆかぬでしょう…どうしてなんでしょうか。現役時代だったら、「ここにヒューマン・リレイションの真髄を悟った」なんていうのかな）

○「三面川のサケ、イヨボヤ会館」村上藩、江戸時代中期からサケの産卵を助ける工夫をこらして以来、明治に入っても旧藩士族により鮭漁が続けられてきた。三面川の河畔に立つ〝イヨボヤ（サケ）会館〟一帯はサーモンパーク（鮭公園）として整備されている。私もてくてくとは別に現役時代観光バス旅行時入館し、サケの生態を見学させてもらった。また、町の民家軒先にはサケの腹を割いて内臓を出し、細い棒で腹を広げ、軒下につるし、干している風物を何件も見学している。…イヨもボヤも魚を意味する方言、イヨボヤで高貴な魚＝鮭のこと（地元パンフ）

6/27　7/7　羽越本線　7/8　7/9　羽越本線

鶴岡　羽前大山　羽前水沢　三瀬　小波渡（こばと）　五十川（いらかわ）　温海温泉　小岩川　ねずがせき　府屋（ふや）　勝木（がつき）　越後寒川（かんがわ）　今川　桑川　越後早川　間島（まじま）　村上　岩船町　平林　坂町　平木田　中条

7/10　7/11　白新線

金塚　加治　新発田　西新発田　佐々木　黒山　東新潟　新潟

ここの海で！

〈究極の釣り師魂！〉

中条(なかじょう)↓金塚↓(道の駅)加治川↓新発田

平成29年7月10日(月)晴れ

中条駅前〜スケボー練習場〜舟戸川〜大峰山登山口〜金塚(駅)〜郵便局〜道の駅・加治川〜除雪ステーション〜館野小路〜加治川(加治大橋)〜大陸橋〜四阿屋(公園)〜本町二丁目〒〜中央商店街〜市役所前広場〜城跡公園・新発田城〜堀部安兵衛碑〜新発田駅ビジネスホテル

8:55〜16:50 実質7時間程度=20km

なかなか快適な一夜。寝つきは良い方だが、昨日は余程、体が疲れていたみたい。サービス朝食済ませ、身支度。8:23村上行電車に乗るべく駅へ。8:00前後改札付近にいると列車が着くたびに高校生の大群が下りてくる。20分間に400〜500人くらい降車してきたかしら。まことに地方鉄道は高校生様様。と、眺めていると、女学生、気分が悪くなったと見え、車いすで駅事務室に運ばれていった。今日もカンカン照りだ。舗装道路を炎天下てくてくやるようなコンディションではない。わかってはいますけど…。水分と休憩など心がけようと改めて思う。8:23村上行に乗車。240円。

8:42昨日のてくてく終了地点中条駅着。トイレ、水分補給、身支度再チェックして、8:55スタート。いざ!!約600m程で国道7号へ。ホウノ木?並木の多くの幹が縦割れでダイダイ色の薬を塗られていました。関沢(交)右折(国道7号へ)水沢(交)、「国際文化都市宣言」の10mもあろうか大看板。開志国際高校スケボー練習場(右)、星の宮(交)・(シャレた名前じゃないか)…長橋(交)、船戸(交)・二級舟戸川(流れ10m)、つつじが丘(交)、二軒茶屋(交)、新発田市域(城とあやめの街)へ。左、ため池、左、下坂町、下小中山(交)

左へ、大峰山登山口…とある。…なるほど地図を見ると4～5㎞山側に399mの大峰山あり。（桜で有名？）突然右側そばに金塚駅が出現。自転車置き場を左右にみて7～8段の階段上ると駅の跨線橋、ガランとした駅。近くに願文山（ガンモン）という山もあるらしい。（地図でみると大峰山の手前に248mの願文山あり）道沿いの郵便局でふと気が向いて千葉館山にいる姉（80歳）、妻（68歳）に絵はがきを出しておきました。（タマにはゴマを擂りましょう。それにしても郵便局内クーラーの効いていること。オオ、寒！）下横岡（交）、すぐ左に〝道の駅加治川〞あり。出店中の〝大坂さんち（作った人の名前）のトマト〞小5個260円買って傍らのベンチに座り、3ヶかぶりついた。ちんまりした道の駅だ。猛暑の時は「トマトの丸かじり」が最高です!!

10：40うんざりするほどよく晴れ上がっています。舗装された歩道上にさすがにカナブンも仰向けに転がって黒焦げ？です。「こんな日に歩く馬鹿はいませんよ」と自分にあきれる。加治川除雪ステーション。（こんな炎天下の7月でも冬が来ると豪雪になるのだなあ）工場の廃屋屋根の下で休憩10分。4両電車タカタカタカと通り過ぎた。館野小路（交）右、七葉中グラウンド。どうやら加治駅（右）は気づかず通り過ぎたか。大陸橋へ来ました。右下、小松方面へ。大陸橋地下道の日陰でまたも休憩。三日市コミュニティバス⁇大きな川です。加治川です。橋200m流れ100m、緑豊かな良き川です。上流側（左）を見渡すと大きい川が二本合流しているようです。遥か奥に高い山も見えます。気持ち良い橋にへたりこんで地図を広げます。（合流しているのは姫田川と加治川です）奥に控えし山々はあの東北アルプスといわれる飯豊（イイデ）連峰とその前衛の山々でした。（まだ残雪もあり、稜線には花も咲いている筈です。丁度今頃、若かりし頃、単独で縦走したが、懐かしい）今度こそ大陸橋でJRを越えた。右カーブ越えて下って、左折。国道7号と別れ、国道290号を辿ります。

東塚ノ目（交）、少し行って左に、広くて大きな公園（中央公園）あり。そちらに入っていくと、芝生のこんもり盛り上がった丘に四阿（アズマヤ）がある。「屋根付ベンチ」休憩するにはもってこい。今日のカンカン照りには参った。汗だく。疲労も大きい。ボウーっとしてくるのでこの四阿（四方の眺め、風通し抜群）のベンチで少し昼寝でもして凌ごう。急ぐ旅でもなく休もう。この炎暑め！13：00、汗を拭き、上は裸でネコロンでいると、ゴルフ仲間の旧友から携帯にTELあり、〝（予定しているゴルフとカラオケは）欠席する。発作が起き大学病院へ緊急入院。ニトログリセリン対応で今やっと自宅に戻ったところ！〟というではないか。76歳の彼、74歳の私、年齢は似たようなもの。お互いもっと気を付けよう…と電話を切る。ひと眠りしました。14：30です。ここで休憩できたのは天運かもしれません。浜風と違い、さっぱりとした甘さのある涼風でした。リフレッシュして再スタート。本町二丁目？左「湯殿山泉町」の石碑。レールの方へ向け左折。総合研究開発センター、右手に新発田病院。更にレール沿いに行き、新発田駅でした。思い切って新発田城周辺まで散策の足を延ばした。諏訪神社、清水園前（足軽長屋）、大栄田（交）、中央町（交）、真新しい市役所前広場を突っ切って広い駐車場も斜めに横断で城跡公園に入る。松の緑、セミの声、お堀傍の茶店に寄る。堀部安兵衛の像あり。駅方向に戻る。蕗谷虹児記念館・月曜は休館でした。お寺の立ち並ぶ通りを経て駅前の「新発田ニュープラザ」に泳ぐようにしてたどり着いた。17：00今日は正直グロッキー気味で、ベンチで昼寝した時は軽い熱中症ではなかったか…と今にして思い当たり反省しました。

新発田↓国道460号横断↓佐々木↓太子堂（交）↓黒山↓豊栄

平成29年7月11日（火）晴れ

駅前ビジネスホテル〜アーケード商店街〜大倉喜八郎生誕の碑〜住吉町3丁目（交）〜〜敬和学園大学〜中央高校・高速くぐる〜佐々木聖徳太子（交）〜貰橋〜西部工業団地〜テトラ門の家↓黒山駅〜県道26号線を行く〜太田小〜福島潟放水路〜太田（交）〜北区役所↓豊栄駅

8：25〜12：00　3時間30分＝15km

昨日はある意味軽い熱中症ではなかったか…と思えるほど発汗、疲労がひどかった。公園で大休憩したあとビジネスホテルに入る前、1時間30分くらい市内を散策した。いくつか記しておく。

○諏訪神社：新発田藩祖、溝口秀勝祭神で近郷の総鎮守、8／27〜29は祭礼で各町内から引きだされる台輪（だいわ）のぶつけ合い「けんか台輪」が有名という。

○新発田藩6万石（一時10万石の）城下町：土着の新発田氏は上杉景勝に敗れた。その上杉氏が会津に移封され1598年秀吉家臣の溝口秀勝が移ってきた。以後、明治時代に至るまで、外様大名、溝口氏の城下町として栄えた。

○新発田城：廃藩置県後1872年（明治5年）までは本丸、二の丸、三の丸など5棟あったが、明治政府の城郭破却令により取り壊され一片を残し堀も埋め立てられた。（本丸表門と旧二の丸開櫓が現存するのみ）2004年三階櫓が復元された。見ごたえあるけど自衛隊敷地の外から眺めるだけでした。新発田城の真向かいにお休み処「安兵衛茶屋」がありました。（そのすぐ脇に「堀部安兵衛の像」あり）この茶店のお姉さんといろいろ話もしました。…ラムネ170円、アイスクリーム180円…。8月下旬のお祭りは街を出て行った人たちも大勢戻り、大騒ぎです。平成の大合併で市人口は10万人ほどになっているけど。若い人はどんどん出ていくので、減り続けています。除雪車が出るのは、一冬2～3回。まとまった降雪のあったときだけです。団体さんはよく見えますけど、ガイドさんのスケジュールに従うので茶店は素通りで、フリーの人、家族連れなどが寄ってくれます。トコロテンも自慢です。…と。（それじゃ、ということでトコロテンも追加したよ）

○堀部安兵衛…堀部安兵衛にからんで、立像は茶店傍に。「安兵衛生誕の地」の碑は文化会館近くに。安兵衛手植えの松も（長徳寺）があります。新発田藩士中山弥次右衛門の子（中山安兵衛）として育ったが、18歳の時、江戸へでて高田馬場の仇討で名をあげ、赤穂浅野家堀部弥兵衛の養子となり、討ち入りに参加。平成29年12月、安兵衛の遺骨は品川の泉岳寺から新発田に移す（里帰り）こととなりました。

○蕗谷虹児記念館（ふきやこうじ）…残念！第1月曜日は休館でした。「きんらんどんすの帯締めながら花嫁御寮はなぜ泣くのだろう」の花嫁人形の作者。新発田出身（ほかに「おやゆびひめ」「かぐやひめ」など）

○大倉喜八郎…明治大正時代の実業界の雄。新発田が誇る大実業家。諏訪神社の反対側に「ゆかりの碑」、「生誕の碑」（県道32号線佐々木駅方向約1.5㎞）がある。東京電力、サッポロビール、帝国ホテル、帝国劇場の建設、その他多数の偉業。

【ホテルの朝】

今、午前3：30過ぎです。7／11新発田駅傍に建つ6階建てビジネスホテル新発田駅プラザホテルの5階の部屋。南に開けた窓からまだ夜明けには少し早い街並み、家並みを見下ろしています。方向は東南にあたるのだろうか。いわゆる駅前から伸びる繁華街とは反対側の街並みを見ているのです。人口10万人を擁する街の中心地の一角にしては高いビルは一棟も見えません。右手、ずっと西方向は民家、公園の森3～4階の建物が少し見え、その先はおそらく海だろう。発電所や風力トンボ等もあるのだろうが、見えません。新発田は城を中心に城下町として栄えてきた街です。丁度、私の部屋の反対側をもし眺める事ができるならば、駅前再開発によるモダンな複合ビル、ホテル、市役所、各種会館等の建物、それに1㎞もあろうかアーケード商店街、そして多くの由緒ある寺院にお城…が鳥瞰できることだろう。この街は高等学校も数多く集中しており5校は数えることもできる。平日の7：30～8：00過ぎの駅構内は電車から降りて登校してくる生徒でごった返します。

このビジネスホテルは今日が2泊目でした。昨日朝、駅構内に居たら学生の数のおびただしいこと。この大量の若者が卒業すると大半が他都市に転居していってしまう。人口減が繰り返され高齢化も進む実感があります。窓外を見ています。どうやら4：00も廻っています。広い駅構内幾本もの引き込み線の赤さびレールの右端を1本のオーバーブリッジが架かり、丸～い道路が見えます。極、たまに車が上って下りていきます。先程までは車のテールランプの赤が目立っていましたが…。目を凝らすと家々の間を車が動き出しているのも見えます。オーバーブリッジも自転車が喘ぎながら上って行きます。新聞配達でしょうか。と…右下から何か黒いものがスーッと舞い上った。カラスが6階屋根にとまっているのでしょう。右上、やや西方の空に薄雲にまとわりつかれまだ見えぬ太陽…否、月は見えます。寝ぼけたような半透明の月が浮かんでいます。こうして見ているとなんと、いろいろなものが見えてくることだろう。日の出はまだです。視界の左から昇ってくるはずです。今日は7月11日。夏至も過ぎています。

5：00頃赤い太陽が昇ってくるでしょう。今日も薄曇りから晴れ上がってきて30℃となり、暑い一日になりそうです。何に驚いたか雀が20～30羽扇を広げたように群がって飛んで行きました。新発田の街に幸せあれ!!

一軒一軒の家も森も橋も遠くはるかな里山も全く動かず1枚の写真を見ているようです。あと2時間もすれば人も車も電車もそして騒音も…新しい夏の一日が動き出します。5：00過ぎても新発田の街は静かで平穏な、平和な朝を迎えています…。

8：25ビジネスホテルスタート。アーケードのある中央商店街を市役所方向へまっすぐ。県道32号線です。ちょっと左に入り、デッカイ鯉の泳ぐ水路沿いの寺を外観だけ眺める。〈寺町…「諏訪神社」（おん柱のお古！があった）「三光寺」、「福勝禅寺」…〉また、アーケード街に戻って進む。8／3に大相撲新発田場所！が予定されている…との大看板あり。きらやかな銀行の反対側に山車展示場あり。石川小路（交）、大倉喜八郎生誕の碑。（左に銅像あり）アーケード終わり。左に小川と柳並木。すみよし橋10m、住吉町3丁目（交）、駅からずっと商店は続いています。国道290号（460号線）を突っ切りました。アーケード街は個人商店中心。アーケード出たら郊外店、チェーン店多し。早くも炎天じりじりで後ろから浴びて後頭部熱くなる。敬和学園大学??（幼稚園から大学まで）中央高校（交）、高速くぐった。県道3号線右に分けた。佐々木太子堂（交）…「〃日本三太子〃のひとつ」との表示あり。ここで左に折れ、県道26号線へ。（JR佐々木駅、（白新線）は左手にあったようだ）「深雪をば　拂い落して　雪椿」の碑あり。境内に梅の古木あり。しかし蝉の声無し。「貰橋80m、流れ20m（太田川）」「北谷内稲荷大神」（右に朱の鳥居あり。大・小10本もあったか）新発田西部工業団地（右）、高速の下くぐって、踏切を渡る。（新発田街道と称す？）畑の中を木立もなく、てくてく汗を流す。新潟市域に

〈新発田城・表門〉

入った。農村的な雰囲気。門扉の傍に左右に巨大なテトラポット（門の代わり）…これには驚いた。門にしてはデカすぎる。農家の敷地の中に〃子供飛び出し注意〃の標識たっている。広い庭です。風もなく日陰もなくアッチィィナ！右手、傍に黒山駅（無人。何もないか…）なんと超立派な自転車置き場と休憩施設があって誰もいない。シメシメと入ってパンツも含め下着全部着替え終えたころ、（地元の）散歩のジーサンくる。〃10：00過ぎたらこの暑さ、歩く馬鹿はイネェ…〃〃この立派な小屋は税金の無駄遣いだ〃〃寝不足で食欲もデネェ…〃などと一席ブッて消えました。更に県道26号線を歩く。農家の中にモダン住宅も。左、太田小。「福島潟放水路」渡る。太田（交）で県道46号を横断。もう一つ交差点を越え住宅街、アパート等急に増えた。白新町（交）、右折して間もなく豊栄駅でした。12：00前着。新潟中心地にジワリ近付いた雰囲気の駅舎や町の佇まい。ヤレヤレの気持ちで今日（今回の）てくてくウォークはここまでとしました。

五つ先の新潟駅で新幹線に乗り、この日のうちに帰京します。

〈黒山駅・立派な休憩所〉

豊栄（とよさか）→早通（はやどおり）→新崎（にいざき）→大形（おおがた）→新潟

平成29年8月28日（月）くもり

豊栄駅前～芋黒(交)～須戸～早通南～新井堀～兄弟堀～新崎～泰平橋(阿賀野川)～中興野～県立大学前～上・中・下木戸～赤道十字路～山木戸～両新橋～栗木ノ橋～東大通～新潟駅

11：35～16：15 ＝4時間40分＝20km

●新潟駅 → ●東新潟駅 → ●大形駅 → ●阿賀野川 → ●新崎駅 → ●早通駅 → ●豊栄駅

白新線（ＪＲ）

先月7／11に豊栄まで歩いてきた。それから8月中旬～下旬にかけ新潟市内の宿予約がなかなか取れず、どうしたものかと思案した中、已むを得ず佐渡ヶ島にわたり2泊を使って佐渡をてくてく歩きました。その最終日、島から新潟駅に戻った。「その日の残り半日を使って今日8月28日突然豊栄から白新線を左に意識しつつ新潟駅まで歩いたという次第です」私のてくてくでは体調が万が一の時を念頭に置きエスケープルートとしてレール線を意識しているのだが、新発田から新潟に向かうに際し、羽越本線、白新線のどちらを意識するか…。結局白新線（千葉育ちの私に白新線という名は全くなじみがなかったが）を身近に感じつつ歩く選択をしました。(聞いたこともない、乗ったこともない地方の鉄道線に沿って歩くこのワクワク感は一体なんでしょう)

11：35豊栄駅東口スタート。とよさか駅舎は新しくて大きくてガラス張りのようで、ローカル駅舎としてとびぬけてモダンです。植栽のある駅広も十分に広く、ターミナル性充分です。片側2車線、歩道分離完璧な通りです。名無し(交)(白新町交?)右折、県道324号線を行く。高速をくぐった。小雨パラパラ。芋黒（交)、広大な水田、稲がたわわに実っています。そろそろ刈り入れ近しを思わせます。交差点を左折、コンビニで昨晩書いた手紙を息子太朗宛に投函した。広域農道です。

須戸地区、ＪＲを高架で越える。（単線）右側一帯ずっと住宅街です。アイリスニュータウン。右へまっすぐ。早通南（交）、左折して県道15方向へ。新井郷川にかかる新堀橋を渡って右折。右に川を見つつ兄弟堀橋（交）をこえ、県道27号線横断。新崎団地手前（交）。伏見蒲鉾（解体中）ひらせいＳＰ（右）、新崎鉄工団地前♀、ＪＲガードくぐる。右カーブ、新崎（交）左折して県道３号線へ。すぐ橋東詰、そして阿賀野川にかかる長～い鉄橋がどっと目前に。

泰平橋(たいへい)13：36立派な橋の上の歩道を行く。左側(上流)を見ると白新線の鉄橋か。とにかく広い川幅、また流れも広いこと！歩道に座り込み、「ムスビ、アンパン、水」ぱくつく。正味橋歩き15分くらいかかったよ。流水は満々なれど、茶色い、クリーム色です。一日市（交）、中郷野（交）、柳ケ丘団地♀、高速の下くぐる。（海老ケ瀬ＩＣ）新潟県立大前♀、大形本町（交）、本町３（交）、イオンショッピングセンター（右）、寺山橋♀、14：55。上木戸、中木戸、下木戸（交）、右手に東区役所、赤道十字路、山木戸（交）、貨物線レールを越えた陸橋の上から新潟市中心街の高層ビル群を一望。右手前方にも広くビル並ぶ。大きな街だ。沼垂東２（交）、ほんぽーと前（交）、新栗ノ木川をこえ、栗木橋（交）、東大通（交）、左折。正面に新潟駅がデーンとそびえていました。「駅まであと15分１㎞」がこたえた。自販機で水も買ったし、高架下にあった小さな公園。その水飲み場も助かりました。頭に水を浴びせました。今日は炎天下というほどのことはなかったが、汗はかいた。予想以上に頑張れて半日で約20㎞クリアーした。途中駅へは殆ど寄ることもなく、その分一服もほとんどせず、歩き通した。寄り道したき旧跡のようなものも少なかったか。

〈なんと広大阿賀野川〉

・新潟市は平成17年（2005年）平成の大合併で周辺を吸収し、政令指定都市となり、現在人口は80万人余。東北、北陸では仙台に次いで2番目。国際都市化政策に沿い、芸術文化会館、サッカースタジアム（ビッグスワン）柳都大橋。万代島再開発（トキメッセ）を相次いで実現してきた。

・護国神社：新潟市の市街地は萬代橋で結ばれた「新潟島」の方にある。多くの史跡も西新潟にあり、護国神社も西海岸公園近くにある。〝てくてく〟で寄れなかったが、神社境内には、松尾芭蕉、坂口安吾、北原白秋ゆかりの碑があり、文学探訪が楽しめるゾーンです。

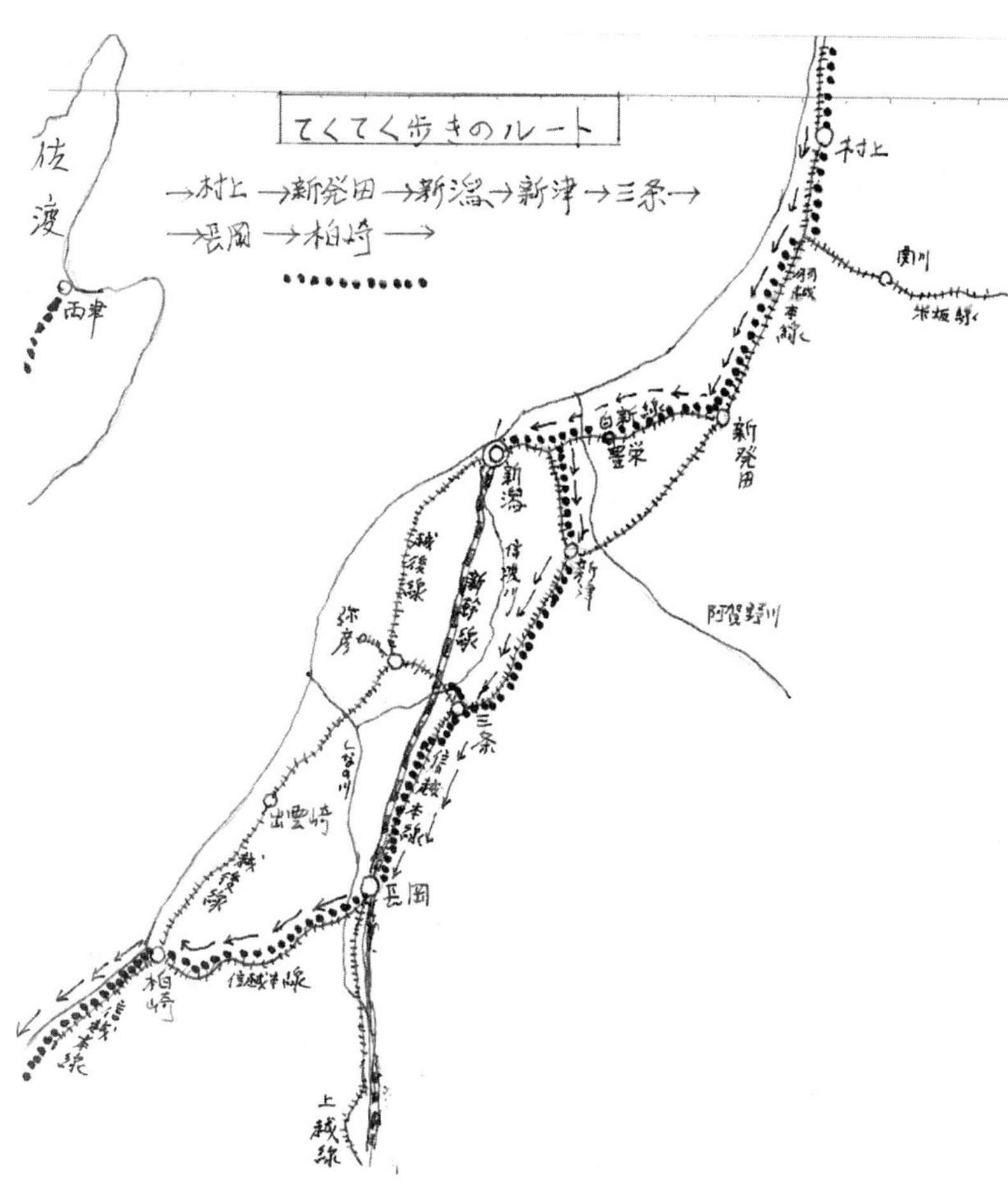
てくてく歩きのルート
→村上→新発田→新潟→新津→三条→
→長岡→柏崎→
佐渡
両津
村上
関川
米坂線
羽越本線
新発田
白新線
豊栄
新潟
新津
阿賀野川
信濃川
越後線
新幹線
弥彦
三条
信越本線
しなの川
出雲崎
長岡
柏崎
信越本線
上越線

佐渡両津港↓国道350号↓金井↓千種↓佐和田

平成29年8月26日（土）くもり

〈稲毛海岸駅↓東京↓（とき）↓新潟↓汽船乗り場↓ジェットホイル↓両津港〉
両津港↓夷二ノ町（交）・上町十字路↓外城橋↓貝喰川↓長江橋↓空港入り口↓吉井学校↓陶芸館↓新保八幡宮↓金井中↓明治記念館↓千種↓中興↓金井歴史民俗資料館↓八幡若宮神社↓石田川↓佐渡高校入口↓佐渡中央文化会館↓佐和田バスステーション↓　扆旅館
12：00～17：00　約5時間　約17km

【プロローグ】

家を出て新潟新幹線乗車。新潟下車。そして佐渡ヶ島まで…について少し記しておこう。新潟駅周辺のビジネスホテル。こんなに予約取り辛いとは…思い知らされる。長岡も含めて、夏ともなれば新潟方面はかき入れ時なんだろう。花火、祭り…そんなこともあり、新潟駅周辺での一泊は諦めて、直接その日のうちにジェットホイルで佐渡両津港にわたり、島内を横断する国道350号を歩いて反対側の佐和田まで一気にてくてくの腹づもりとした。

東京駅7：00発。ときMAX303号。8両編成2階建車両です。1～3号が自由席です。私は恥ずかしながら2階建新幹線に乗車するのは初めてで少しドキドキ…。2階の片側3列シートに着席。座席リクライニング無し、座席背面の物入は帯があるだけ底抜けです。隣座席との間の仕切りアームがないので真ん中の人は座り心地が悪いだろうな！…などと感想。上野・大宮の次は越後湯沢に停車とのこと。大宮でドヤドヤ乗り込んできてほぼ満席か。ひと昔のような発車ベルは鳴らないので、勝手に静かにスタートです。今日の東京、関東は曇り空です。左手秩父や上州の山並みはとろんとぼやけて浮かんでいます。街並みが途切れて見える水田は穂が出そろい緑一色です。もう少しで黄色一色の黄金の穂並みとなるでしょう。2階はクーラーの効きが悪く暑いです。高崎を出たなと思うと、いきなり長いトンネルです。ちょっと出てまたトンネルのオンパレード。深い山間の中ハッとするような陽光を浴びた緑の世界。青空も垣間見えた。清水トンネルらしきを抜け出るとそこは越後湯沢の駅でした。アッと驚く高層マンション群。スキーブームはバブルに咲いた徒花だったか。緑の山腹にニョキニョキ生えています。これが今や一戸10万円で売り出されている…という。お荷物マンションなのか。また、トンネルに入り、これもなが〜い。トンネル出ると、周囲の山は低く、浦佐の町でした。太陽はサンサンと降っています。

…一つの感想が浮かんできました。（浦佐から乗り込んでくる人々を見ていたら…）長岡・新潟に急ぐ人は、在来線の急行、特急が無くなり、新幹線に乗らざるを得ないのではないか。早いのはよきこととして、従来に比して高い乗り物になってしまったのではないのか…。浦佐を出てもまたもやトンネル。新幹線建設はわざわざトンネルの掘れるルートを意識して通したのでは…とも思えるほどです。長岡駅構内に差し掛かると、引込線の多さが目につきます。10本以上はあり、客線というより貨物ヤードのようでもあります。さすが長岡下車の人は多いが、驚くなかれ。後幾つも駅はないのに降りた以上の人数が乗車して自由席車両にきました。窓外の田園、区画され整然としています。早くも黄金色に頭を垂れた水田も多く、もう10日もすれば収穫も始まりそうです。横切って流れる川も大小ありますが、いずれも茶色の濁流に見えます。ここ4〜5日の大雨の影響でしょう。

燕三条です。あと一区間なのに3〜4人乗車ありました。（私の車両に）座れず立ったままの人、数人あってハンカチで汗を拭いています。いよいよ新潟だぞぉ…といわんばかりに都会風のノッポビルが林のように増えました。そして新潟駅着です。新潟市は人口約80万人、いわゆる青森〜秋田〜山形〜富山〜石川〜の裏日本最大の都市といえる大都市です。佐渡に渡るには、信濃川から海に浮かぶように突き出ている万代島ターミナルまで行かねばなりません。道のり、ざっと4㎞はあるだろうか。希望のジェットホイル便に乗るには連絡バス利用となりました。片側四車もある広い通り。万代シティ（バスセンター経由）万代三丁目先左折。柳都大橋手前右折。バカうけ展望台の標柱見て朱鷺メッセ（とき）を過ぎるとバス終点。汽船乗り場です。ざっと駅か

（県内各市の人口等）

新潟県	人口（2013/3）千人	財政指数 2009〜2011の平均
新潟市	803	0.69
長岡市	281	0.62
上越市	203	0.56
三条市	103	0.63
新発田市	102	0.51
柏崎市	90	0.70
燕市	83	0.70
村上市	67	0.40
佐渡市	62	0.26
南魚沼市	60	0.45
十日町市	59	0.39
五泉市	55	0.45
糸魚川市	47	0.45
阿賀野市	46	0.42
見附市	42	0.52
魚沼市	40	0.31
小千谷市	39	0.54
妙高市	36	0.48
胎内市	32	0.46
加茂市	30	0.43

ら15分程だった。ジェットホイル「6，260円＋5，040円」（往復買って1，000円お得）。これにする。（節約する人は通常の遅いフェリーあり）

9：40乗船。全席座席指定です。あまりいい席ではなかったが、2階の真ん中の席です。港内海水は茶色。（某電鉄の同僚、高橋さん！あなたのふるさとへお邪魔するよ！と心の中でいってみる）右側が主として工場地帯。大きな貨物船が着岸しています。長いテトラ群をやり過ごして外洋へ。波立っています。船旅も悪くないなぁ～と感じる。外洋は打って変わって青い海です。〝1．5mアバブウォーターレベル〟…（1．5m浮いて走るのだそうです）左側に大きなフェリー。これを右側から追い越しました。気分よし!!

スピード表示あり。ただいま「72㎞／時」だそうです。アナウンスあり。〝過去に鯨と激突し、ケガ人出た事故あり。必ず着席されたし〟という。旅情を掻き立てる風でもあるな。…（でもその懸念は決して誇大ではなかったのだ）

【およそ1年半後の平成31年3月9日新潟発佐渡行高速船「ぎんが」号、「鯨」らしきものと衝突！乗客125人中80人が重軽傷を負う大事故発生。真昼間の12：00過ぎ、鯨かイルカのようだという。時速60㎞で航行中、あと4.5㎞で両津港というところ視界良好の海。波静か。80人中13人が骨折など重傷だという。（1992年と1995年にも鯨などと激突事故歴あり）】

船内の電光表示ニュースで流れる「北朝鮮ミサイル3発発射。いずれも失敗した模様。本日の大曲花火大会は予定通り実施」。左前方うっすらと島影が見えてきた。船中座していたけど何とかメモの字が書けます。予想に反し、さほど揺れません。「カーフェリーとジェットホイル：運賃は倍額。所要時間は半分！という認識」

（佐渡に住む人々への住民割引あり…パンフには大書きしてないが…）左前方の島影、次第に大きくなる。波静か。行き交う船は一隻のみ。右手にも大きな山々が見え、前方に町らしき建物。左が小佐渡山地で右が大佐渡山脈。そしてうっすら小さく見え始めた町が両津か…。（昭和15年11月、太宰治が佐渡を訪れたとき、小佐渡の奥遠くかすむ大佐渡の山々を満州ではないか…と勘違いしたとか、また、〝佐渡は四十九里波の上〟…というが実際は新潟から63㎞である…。と司馬遼太郎の「街道をゆく」に触れられている。私は美空ひばりの歌でやはり四十九里もあるのかなぁと素朴に疑ってはいました）ともかく、ジェットホイルはみるみる近づいた両津港に吸い込まれるように入り、接岸しました。とても大きな島です。

10：35くもり時々晴れ、居眠りを誘う程ゆったりと停止。大きな港です。下船してコンコースを通り、広い待合室を通り、佐渡の大地を踏む。まずは腹ごしらえへ。レストランでカレーライス７００円。待合室に戻り、短パンTシャツに着替えた。出した荷物をリュックに納める際事件発生！黒のポシェット紛失。腰に巻き付けていたもの。中には登山にも愛用しているスポーツウォッチがはいっているはず。ここ数年一緒で分身のようなウォッチです。座って着替えをしたベンチの下・スミ・レストランへも行ってみた。やはりなし…。もう35分も探しているのだが無い。（ないと思うが念のため）ジェットホイルの案内窓口に行き、乗車便を伝え、調べてもらった…。あった!!天にも昇る感謝の気持ちと大きな反省。自分に喝！45分間の無駄遣い。

ともかく12：10ターミナルを後に歩き始める。右手の岸壁に自衛艦「ひうち」の雄姿。今日は内部を公開中とのことです。国道３５０号を辿る。北越銀行、第四銀行それぞれ両津支店、両津大橋（両津湾・両津港と陸側の加茂湖をつなぐ水路にかかっている）を越え、両サイドに立派なアーケード（シェルター付き）商店街を進む。（見た目半数ほどシャッターが下りている）夷二ノ町（上町十字路）を左折。太い孟宗竹を使った花瓶や花壇に地元の人々の心遣いを感じます。「佐渡金山まで24㎞」の表示あり。歩道完備。古い家並みが続く。前方右上方、金北山系続く。外城川（二級）約５ｍ。左側にチラチラ大きな湖見える。海ではなさそうです。加茂湖というそうで、その昔はフナや鯉のとれた淡水湖だったものが、今は両津大橋で海とつながり、ハマグリやカキもとれるそうです。（パンフレット）棒抗と碑。おけさ上等兵の墓あり。右に左に複合ショッピングセンターの店舗。右奥の金北山系よくみえる。最高峰は１，１７２ｍもある金北山です。貝喰川を越えて境♀、「天領盃酒造」（右）、道が狭まり、歩道も消えていたが、車道幅広くなる。秋津東（交）、コンビニ（ＳＡＶＥ　ＯＮ）あり。右上、秋津温泉ヤマキホテル（８階建て、病院の建物風。デカいよ）長江入り口♀、拡幅道路終わり。（佐渡の乗り合いバス会社は〝新潟交通佐渡〟という）長江橋あり。結構な上り坂にかかる。頑張ると「秋津♀」。歩道に赤とんぼと蝉が干からびて死んでいたよ。稲穂は充分実って来週にも稲刈りか。…佐渡は島で採れる米が住民の必要以上の量の収穫だそうです。左、佐渡空港。郷土博物館方面（博物館は休館中とある）、空港入り口（交）、金北山、真横右に大きな図体です。左、朱鷺の森公園。（トキふれあいプラザ、５５０平方メートル内のトキの生態が観察できる。大人４００円也）右、ＪＡ佐渡。横山♀、横山西♀、三瀬川♀。右、羽見神社、桜山カントリークラブ。（佐渡にもゴルフ場あったよ失礼！）自動車学校、吉井学校前。右、記念プールあり。下りです。佐渡八十八ヶ所霊場あり。（右）35番大聖院札所。

　13：50、地持院川（二級）10ｍ、この川の源流は金北山系か。右から左に流れています。「両津から真野湾に至る国中平野」の分水嶺は越えたのかしら。（地図で見ると左に流れ、国府川となって真野湾に流入している）鬼太鼓の標識あり。横谷♀、欧米系の外国人・自転車で島一周の途中だ…とすれ違う。右、安全地蔵堂。椿屋陶芸館（なかなか立派）広い駐車場に車５台。〝佐渡のすべての屋根に太陽光を〟の標語看板あり。左、秋葉山神社。見塚♀、日蓮聖人ゆかりの阿仏元屋敷。運動公園前。右、新保八幡宮。（参道長く赤い鳥居。本殿は固く戸締まりされていたが、立派です）八幡宮を背に反対側の田んぼの原の向こう（南方向？）に高い山並見える。地図で見ると、国見山629mを中心にした500～600mレベルの小佐渡山系か。大佐渡スカイライン入り口（交）、（右へ行けば白雲台展望台方面）金井地域に入ってきた。（国道と県道の標示紛らわしいよ！）右、金井小。左、金井中学。〝薫れわか町（？）〟新保川（二級）、千種（交）、この辺りわかりにくい。金井という一つの中心地？左に行くと病院、市役所（4階建ての校舎風）金井駅前という地名。中興（交）、「佐渡護国神社の大鳥居」「金井温泉〝金北の里〟」という表記もあり。右に村社熊野神社。蝉がやたらうるさく鳴いています。（旧道とバイパスという関係か）木造2階建ての商店40～50軒ある。中津川橋10m。左、金丸。右、くぼた。右に辿ってまた中興（交）。「堀記念・金井能楽堂（左）」藤津川（二級）橋20m、流れ5～6m。右、シマムラ、フレッシュ、マツヤ、郊外店進出も目立つ。〝なんでもスーパーひらせい〟黒木御所跡（右）（交）。アブラゼミ一匹が歩いている私の胸にとまり、4～5秒して慌てて飛び去ったよ。本光寺入り口（交）、日蓮上人思親元霊跡、御松山実相寺（右）、一谷妙照寺（右）、三光の杉（右）、上長木（交）、八幡若宮神社能舞台（右）：古い建物です。二宮小入口（交）、ここから東大通♀。（小型の）スーパーヤマダ電機。石田川（二級）橋20m（流れ10m）左から国道350号合わさる。（新道？）カジマチナカマチ♀、佐渡高校入口（交）、運転免許センター佐渡支所。中央文化会館。佐和田中学入口（交）を経て、右折、左折繰り返して交通ターミナルたる佐和田バ

スステーション17：00着。

今夜の宿、「カネチョー」がわからず、宿にたまらずTELをする。すると「おじいさんが今、車で迎えに出るから、バスターミナルに居て！」となった。学生さんが2～3人いるだけのターミナルベンチに座って足の体操していたら、15分後にセダンで70歳くらいのおじいさん来ました。便乗して5分ほどで浜に近い商人相手のような小旅館に何とか着きました。17：40

中興(交)から国道365号を佐和田に向かう右側(約2㎞)には由緒ある史跡寺院等が多かった。たとえば（パンフレットから抜粋すると）

○黒木御所跡：1221年の承久の乱で佐渡へ配流となった順徳上皇の仮宮跡といわれ、皮付きのままの丸太で作られた粗末な宮だった。宮の四方に観音、薬師など4像を安置して礼拝していたと伝えられ、黒木御所と呼ばれていたらしい。7月には黒木御所例大祭が行われる。

○妙照寺（日蓮宗）：日蓮が一谷(いちのさわ)に居処を変えたおり、毎日朝日を拝した地に建てられた寺。日蓮の袈裟懸けの松が残されている。：日蓮は1271年（文永8年）に佐渡に流され、翌1272年の春、この一谷が配所とされた。在流島期間の大部分をこの一谷で過ごした。

○順徳上皇は後鳥羽上皇（父）と共に鎌倉幕府討幕を企てたが、（1197～1242）成らず。北条義時により、事変後佐渡に流され（承久の乱）た。（25歳）。以後21年間佐渡に在し、没した。土地の女性との間に成した2人の娘の墓を「一宮」、「二宮（にぐうと読む）」と称し、残っている。

○金井能楽堂・本間家能舞台：金井に限らず江戸期佐渡は一円に能が盛んで百姓たちが能、狂言の役者になり、謡い手になって楽しんだという。島内には今でも素朴な能舞台がいくつもある。大町桂月もこの地を訪れ、能舞台の多さに驚き、次の句を残している。「鶯や十戸の村の能舞台」…（十戸ほどの小さな村でも能舞台を持っている）佐渡博物館によると現在、佐渡には独立型の能舞台が33ヶ所あるという。

○佐渡は日蓮聖人ゆかりの地：日蓮は1271年、佐渡に流された。前述の「実相寺」、「三光の杉」（樹齢1，000年という）「妙照寺」などにゆかりの物品多く残っている。佐和田は日蓮の配所（流された場所）。

旅館：長（かねちょう）

本日の宿です。おじいさんがバスターミナルまでマイカーで出迎えてくれた。着いた宿は木造2階建て、半分建て増ししたような構造で、見た目ローカルの町にある商人相手の宿の雰囲気です。70歳くらいだろうか、オバアサンと娘さんが玄関であいさつ。愛想のよさそうな人たちです。2階の奥、八畳の畳の部屋です。まずはひと風呂ということで、1階の家族風呂みたいな可愛い湯槽へ。ここのオカミは私の部屋へ入る前、廊下にかしこまり、声掛けし、それから障子をあけ、部屋に入ってきます。夕食は豪華ではないが私にとっては充分に美味でした。お銚子2本いただきました。食事中、話好きのオカミ、正座したまま私と話す。「私の人生三毛作目のてくてく一人旅」にはいたく感動した模様で、私のことをとても素晴らしい生き方をされており、羨ましい…ともらす。食事がその分長くなってしまいました…。トイレ共同・ハブラシ・髭剃り・クシも無し。部屋にティッシュペーパーも無し…。冷蔵庫も無論無し。地デジの小さなテレビ。余るほどあったのはオカミの人情おもてなしだった。

夕食後、20：00過ぎ、娘さんに促され、私とオカミ（オバアサン）2人で200m程先の砂浜に出てみた。静かな真野湾。さざ波を照らす大きな三日月。放つ光が沖から波にのって伝わり私たち二人がかけている砂浜まで光の道としてつながっています。両津に生まれ、佐和田の旅館に嫁ぎ、今まで島外に三度しか出ていない。外がどんな世界かは知らないような人生です。…と、月を見上げるオカミの細い目が三日月に応えるように光って見えました。この一時間、忘れられない旅情を感じました。この宿にはもう一泊しました。

（本日のウォーク12：00～17：00　5時間　約17km）

8月27日（日）晴れ、5：00起床。7：00部屋出しの朝食をいただく。イカの生干し焼きイトウマシ。

今日は金山で有名なかなやままでざっと12～13km歩き、一旦バスで佐和田に戻り、また小木を目指して歩く。長いので途中時間を見つつバスも利用して、夕方陽のあるうちにまた、佐和田に戻れるか…。8：00前旅館スタートです。宿の海側佐和田海岸沿いの整備された道を西に向かいます。ハリーの家。「越の松林」再生プロジェクト看板。右側に防風保安林。左側は大きく開けた弓形の白砂の浜が続きます。真野湾・佐和田海岸です。

お腹がシクシク痛み、気になっていた。左の浜に小さな漁港あり。簡易トイレあって使わせてもらう。助かりました。（沢根漁港）田中入り口、沢根篭町。この辺りから両側に古い民家が続きます。「天の国は近い、悔い改めなさい」。沢根小入口、（右）善宝寺。入ってみると、芭蕉の句碑あり。「荒海や佐渡に横たふ天の川」（最初の「荒海」だけははっきり読めたが、その下朽ちて読めず想像です）庚申塚あり。沢根学校前♀、田上入り口、中山入り口、ハリマ川橋5m。右、鶴子銀山中山道・「かなくそ平（製錬所跡）」へ1.5km。右、石段の上に上がると、古い白山神社と絵馬。道が合流して県道31号を相川目指す。（鶴子銀山跡へは1本右側にある旧街道沿い）左、七浦海岸方面を分ける。相川へは県道31号で内陸部を行く。（左へ海岸線を辿れば、長手岬、夫婦岩、春日岬の名勝が続く海岸線です）いよいよ上り坂にかかります。右カーブして河内です。そして左カーブ。〃廃車買取6，000円、軽持ち込み2，000円也〃看板。もみじ橋⫯。左山裾に赤い鳥居。両サイドに続いていた田んぼも細まり、やがてクネクネの本格的上り坂。汗が噴き出てきます。

今日もう6匹目。アブラゼミが墜落して死んでいます。はかなく短い寿命を声限り鳴いて命尽きたのだろう。これも一生か！今を盛りと鳴いているのはミンミンゼミです。カーブの坂を突っ切るように上ります。こんな山坂なのでバス停もない。オット！乗り合いバスが上ってきた。試しに手をあげてみたが気づかなかったのか通過です。更に短くクネクネ急坂です。そして目の前に中山トンネル出現。長さ727ｍう〜ん長い！1.5ｍ程の歩道あり。トンネル内はヒンヤリして気持ちよろしい〜。佐和田から相川側へ抜ける峠を越えたような感覚です。トンネル抜けたら下りです。「美人多し。ゆっくり走ろう佐渡の道」の標識。（なかなか大胆ですなぁ）「金山（きんざん）の相川」の看板も。キリシタン坑、右へ。相川中学校入り口（交）。しっかりしたバス停あるが、中学校生専門かしら。交差点やや左方向をまっすぐクネクネ下れば、相川の港（町）です。右、金山へのルートを進む。左下に相川の青い海とホテルなど見える。二ツ岩大明神（右へ）、大仏川橋150ｍ程、下の谷は深いぞ。左下、相川の町丸見え。右、浄水場。寺町南沢地区。「佐渡版画美術館」の（先ぶれの）看板。まきり橋5ｍ。このあたりは、右から左へ落ち込む山麓をトラバースするようにできた道です。なんとなく〃金山〃が近づきつつあるような雰囲気です。目の前に「道遊トンネル109ｍ」（どうゆう「道遊」とは変わったネーミングだな）歩道あり。三差路右、県道463号金山へ。

沢沿いの急坂を行く。桜？のトンネル。木陰が沢音と相まって涼しく感ずる。しかしなぜか体調今一つでひどく疲れを感じます。左下の沢は濁川というらしい。右、岸沿いは崖となっている。地図で見ると、沢沿いの町名が面白い。相川大工町、水替無宿の墓、相川次助（じすけ）町、相川庄右衛門町、五郎右衛門町、相川清右衛門町、相川嘉右衛門町…まだまだあります。沢も細くなり、いつしか右側にうつりしころ、左の崖に坑道。右に大きな製錬場建物が苔むしながら眼面に迫るように残っている。そして「佐渡金山展示史料館」そしてバスターミナル、駐車場等です。上ってくる途中に佐渡金山のシンボルといわれる「道遊の割戸」（山頂が二つに割れた山）が偶然見えましたよ。

●佐渡金山：1601年に金山が発見されて以後、日本中から一攫千金を狙った山師が結集。「388年の間」の採掘で金78トン、銀2，300トンを産出。日本最大の金山で、江戸幕府を支えた。当時、世界最大級の鉱山であったという。現在は総延長400㎞を越える坑道の一部が公開されている。…（パンフレット）

◎見方を変えて！司馬遼太郎氏、街道を往く。佐渡紀行の一節。

〈…佐渡金山で奴隷労働させられたというのは、流人たちではなく、無宿人たちである…。（旧金山への道を上りながら）このやま（鉱山）で死んだ無数の無宿人のことを考えた。佐渡はその意味で浮かばれぬ彼らの霊が充満している島である…といっていい。

…江戸幕府は同時代の地球上のいろんな政府に比べ、褒められるべき点も多い。しかし最大の汚点は無宿人狩りをやっては、彼らを佐渡の水替人夫に送ったことである。しかも犯罪者ではない、罪のない、いわばおとなしい無宿人を選んでは、唐丸籠で50人、100人と送った。何百年にもわたって山を切り刻んだ跡というのは文明の廃墟の中でも（無宿人にまつわる記憶が見る側にあるためか）路傍の岩肌にまで人間の脂がこびりついているのではないかと思われたりする…〉

●相川：「相川では旧市街地はすべて坂である…」が頷けるような地形です。相川中入口（交）から見下ろすとよくわかる。見下ろして、見える3～5階のそこそこのビルや建物は、海浜の平地に明治以降ひらけたものらしい。金山最盛の江戸期、最大人口は10万人を超えていたのではないか。…（街道をゆく）私はお腹の具合がいまいちであったので、金山跡のターミナルから相川中心部に向かうコミュニティバスに乗って、相川病院付近に降ろしてもらい、あたりを小一時間散策した。佐渡版画村美術館。（旧、相川裁判所建物）そこから100m程の平地に佐渡奉行所跡（役所が復元されています）。両津や小木ではなく奉行所は相川にあったのだ。狭い坂の道を道標に沿って5分上ると、初代佐渡奉行の大久保長安により、建立された大安寺があった。

●大久保長安：家康に仕え、石見銀山、佐渡金山、生野銀山の奉行となり空前の成績を上げた。しかし死後に生前の不正が暴かれ、改易、遺子は切腹となった…。（百科事典）金山は廃坑となり、廃れ、人も去ったが、町は今、金山遺跡観光で活路を見出している。

海に向かって左側に相川温泉、大佐渡温泉と称し、ホテルも数棟営業中。

相川支所前がバス発着ターミナルになっている。ここで佐和田、小木方面のバス時刻表をゲットし、パンなどで昼食。天気よし。先ずは佐和田まで来た道を今度はバスで戻ることにした。バスはぐんぐん坂道を上り相川中入口（交）を突っ切り、中山トンネルを越え、12：00前、佐和田バスセンターで降りた。（バスはそのまま小木へ）さてこの先、時間割が難しいぞ。遅くとも18：00までに「小木港」に行ってここへ戻ってきたい。5～6時間だ。幸い好天なので「真野宮」目指してウォーク再開。

ざっと7㎞、2時間弱か。14：00前後着を目指す腹づもりで、バスセンターを後にする。目の前のバス通りは国道350号らしい。これを南（東）にたどる。このあたり、1泊した宿も含め、河原田と称し、昔懐かしい商店、民家が両サイド続いている。左、右と鍵の手に曲がる。角に諏訪神社、河原田本町、石田川（橋）をわたり、八幡町、八幡新町、「佐渡博物館」♀（入場料500円、パンフだけもらう。自然歴史芸能、美術工芸など佐渡を知る総合博物館です。司馬遼太郎氏も入館、見学している）国府川が（源流は金北山系で昨日上流を橋で越えた）真野湾に注ぐ。河口が右に近い。河口の左右に雪の高浜。長石浜、更にその南に恋ケ浜と続く。景観の美しい砂浜が静かな真野湾に相対している。国府川は二級河川。橋50ｍ。流れ30ｍ見当。佐渡では大きな川。四日町。左側奥に大願寺。長石♀、逸見酒造（左）、長石神社、真野新町、小学校前、左に両津方面の県道65号を分ける。これを2㎞程度辿り、右折して少しで大膳神社、妙宣寺、国分寺などがある。

大膳神社：行ってみました。木立に囲まれて巨大なキノコ型の茅葺屋根のお堂らしきもの…。能舞台でした。
　案内看板によれば、例年、幽玄な薪能が開催される云々…とある。

妙宣寺：せっかくだからと行ってみた。日光東照宮の塔を模した県内唯一の五重塔。流された日蓮に厚く仕えた
　遠藤為盛による開基だと伝えられる。かつてここは、竹田本間氏の居城だった。（日蓮宗）…パンフより。

道がわかりにくく、アッチコッチ少し迷った。真野地区は直径2㎞程の円の中に数多くの史跡があるようです。国道350号に戻り、南下してすぐ、真野新町。真木山医院前を過ぎると左側、真野御陵入り口（交）。緩やかな坂道を左に入り上る。公園風に整備されて、歴史伝説館。更にその先に御陵があった。背合通りの両サイド、

民家、商店などが並んでいる。黒い瓦、こげ茶色の板の壁…古い民家です。滝脇、バスは、バス停はないけど客を下ろしていました。後ろを振り返ると、金北山系が高く空を区切っている。右は広い真野湾。（しずかだなぁ）左は断崖、右は海。大須賀、活断層帯。彼岸花が咲いています。右、越の長浜という。砂浜というよりは岩礁地帯になる。大須鼻。木立、大立(おおだつ)大立南、倉谷、田切須。海から離れて緩やかに上り…。このあたり数十年前には〝おおわらじが吊るされていて、他者(よそもの)が安易に入り込まぬようおまじないをかけたそうだが、何もなかった！〟鉄砲鼻、西三川。

さすがに疲れてきた。休みたい。左手の県道４３２号線に入り、ゴールドパークまで行ってみる。砂金取り体験ができるそうです。30分ほど前、上りのバスとすれ違ったが、同じ道を戻ってくるハズの引き返しのバスの姿を見ていない。ゴールドパークにバス停がある。なんと15分後に小木行あり。疲れと今日の時間割を考え思い切ってバスを待って乗ることにした。ヤレヤレ！そして乗りました。文明の利器はらくちん、早くてありがたい！断崖が迫り、海が美しい。椿尾、小泊、中山、ぐんぐん内陸部山中へ。学校前。地図で見ると、標高２２５ｍの荒磯山をまいたようで今度は下りです。村山の先で国道３５０号を右に分け県道へ。クネクネ大下りして、羽茂（はもち？）本郷、小、中、高校とあり。商工会館。一通りの町です。両サイド水田地帯を進む。〝佐渡のコシヒカリをどうぞ〟バス運転手同士の挙手の挨拶すれ違い！二級羽茂川（羽茂大橋）を越えて海岸沿いに出た。大きな民家の庭になんと大きな舟あり。市振崎。長塚節文学碑。両側住宅並ぶその中に小木温泉前○┴。「小木港祭」ののぼり旗。小木入り口。小木港、佐渡汽船乗り場。バス終点…。

小木港、**直江津行**のフェリー乗り場。お土産センター内で妻や孫たちあてにお土産宅配の手配終了約２万円也。ソフトクリーム３００円。ペロペロなめながら港周辺散策。「小木祭」は８／26〜27で今日はお祭りでした。小獅子舞、数人一組で各戸を廻って踊り、はやし立てている。また、見栄えはいまいちだが、山車も出ている。

素朴な旅情をさそう祭り風情。坂上に連なる家々に飾りが延々と続いていた。観光案内所へ入り、宿根木までの貸自転車（電動アシスト自転車2時間５００円）をゲットし、地図を頼りに、太鼓やハヤシの賑やかな中、山ひだを上って「宿根木」へ向かう。クネクネ上って、台地状の畑の中を行き、下りにかかるころ、右に「小木民俗博物館」あり。大きな建物の中に１５０年前に活躍していた千石船の実物復元が収容されていた。他に漁具、民具などの民俗資料多数が展示されていました。十王坂、下りに下って宿根木の古い家並みに着く。江戸時代に廻船業の集落として発展した。「千石船と船大工の里」入江の狭い地形に家屋が密集する街並みは石畳の小路や独自の板壁の連続で、当時の面影がそのまま残っていました（有料）。絵葉書やパンフで見た箱型の板壁だらけの家もパチリ！時間にせかされて長居もせず。今度は下ってきた坂を（自転車）を漕いで上り、小木港に戻った。相変わらずのお祭りです。港内を見ると、観光用のタライ船に乗って楽しんでいる人多し。大きなタライに2〜3人乗り、女船頭がたくみに操っていました。港の外には漕ぎ出していないようです。待ち客の団体があり、並んでまでして乗る気にならずでした。（でも列が途切れたので結局大枚５００円払い、挑戦しました。堤防内の波静かなエリア内のみプカプカ。オバサン船頭の話術に笑いながら…）

○たらい船：小木海岸でみられる独特の風景で、まさに小木地区のシンボル。ワカメ、アワビ、サザエなどの漁に実際に使われているたらい舟で、主に女性が操る。小木港では観光用たらいで体験できる。うまく操れるとたらい免状がもらえる。乗船５００円。（パンフによる）

交通安全
追越し違反 9000円
佐渡するめ 500円
佐渡
警察署

～司馬遼太郎氏、街道を往く。佐渡のみち～

〈山路を経て小木の町に入ったのは昼過ぎであった。江戸期の佐渡の繁栄を支えた港市だが、山が海岸へのしかかっているために、まちの規模は小さい。江戸期の全盛期でも、戸数は４００軒程度だったらしい。この町のただ一筋しかない主要道路に、魚屋・雑貨屋・洋品店その他全ての小売商の店舗がならんでいる。土地が狭いために間口はみな小さい…〉

←こんなおもしろい標語大看板があった（佐渡ならでは！）

なんとか17：15発、佐和田行バスに乗車。美しい夕陽に送られて、18：17佐和田着（バスターミナル）８２０円。夕のとばりが広がる中、疲れた足で10分歩いて、昨夜と同じ宿、かねちようの玄関をまたいだ。ただいま～！といって開けると、、あのおばあさんが、「おかえりなさい。お疲れでしょう。お風呂すぐ使えますよ…」という。昨夕にも増しておいしい夕食。そして今日の私の行程の話（報告）をする。イチイチうなずき、応じてくれました。熱カン２本。ぐっすり眠った事はいうまでもありませんでした。

8月28日（月）　佐渡3日目、佐和田から両津。

今日３日目は、両津めざして、１日目に歩いた国道３５０号を両津方向にバス乗車し、途中で金北山ハイキングをしよう…と頭の中で考えていた。金井地区でタクシーで行けるところまで…というプランも現地タクシーの予約のしずらさ等、（時間とお金含め）昨夜、布団に転がって考えたが、結局金北登山はあきらめました。止（とど）めは、登山をしてフェリーで新潟へ出ても、市内ビジネスホテル８件もＴＥＬしてもひとつも予約できなかった事も大きかったなあ~何か大イベントにぶつかったか。と思う。バスで両津まで直行します。佐和田の宿、5：00起床。7：00朝食。7：30、二晩お世話になった宿を出た。半袖半ズボン、リュック姿の私を、おかみ（おばあさん）は玄関に立って、角を曲がって見えなくなるまで手を高く振りながらお見送りしてくれました。バスに乗り、両津から船に乗れば、多分二度と来ることもないだろう佐渡とお別れです。ほんの短い「てくてく」だったけど、島の皆さんありがとうございました。

40分足らずのバスの乗車で両津（港）に着きました。ジェットホイル船に乗船し、新潟港に到着。シャトルバスに乗り換え、無事、新潟駅に戻りました。白新線の切符（３４０円）を買い、２両ワンマン列車に飛び乗り（11：03）「豊栄駅」で下車です。（お腹がシクシクしています！）そして去る7月11日にてくてく終了の豊栄駅からやり残していた新潟駅までをこの後歩くことに腹を決めました。

〈ふりかえってみての佐渡〉

実質丸2日間のてくてくではあったが、次のような想い！が残りました。

●大きな島であった。いいとこどり、上っ面だけの思いだが、米も豊富にとれ、全国一の金山があったという事もあり島の人々は、比較的豊かに過ごしてきたのではなかったか。私も気持ち的にゆったり感があったのは「広い島の面積に対し、6万余人ほどの丁度良い人口のせい」もあるのではないか。

●江戸期まで、北前航路の中で、良港（小木、相川、両津）もあり、潮待ち、風浪よけに、しばしば寄港する船も多く、関西方面との交通も想像以上に多かったと認識。（本土の全くの山間地区などと異なり、経済的にも文化的にも想像以上に風通しが良かった？）

●流人の島（順徳天皇、日蓮上人…）の歴史もあるが、相川金山がらみで、数知れず無宿人が金山の労働者として連れてこられ、豊富な金銀産出のかげで、命を落としていった歴史のかげの重み。

●平成の大合併で、今は市となっているが、全般的には過疎ローカルの島であり人口は減少傾向で6万人といったところ。本土的発想でいえば「過疎ローカル」と安易にいいたくなるが、心のどこかで相応しくない表現かも…とも思う。「島ってなに?」どれ程小さければ無人島で、どれ程なら○○県所属の島で、更に一県を成す島(沖縄)とは?更に一国を成す島国とは…などと思いを巡らす。その昔沖縄は国だった。(何故?)淡路島は佐渡と比べ面積では割弱なのに人口はおよそ2.1倍。佐渡は本州とは橋もなくトンネルもなく或る種、独特の経済文化圏でもあった。漂着型でありながら本州各地域と隔たりながら「結びつける文化」を有してきた。…いつか島の勉強をしてみたい。

●両津、佐和田、相川、小木を含めてもいわゆる近代的な都市というものはない。明治~昭和~平成と生き抜いてきた民家や商店が軒を連ねて現存しており、少し大げさにいうなら木曽路の宿場を思わせる感がありました。

●能舞台の多い事には驚きました。

●二晩もお世話になった「かねちょう」のおかみはその後、元気で切り盛りしているのだろうか。

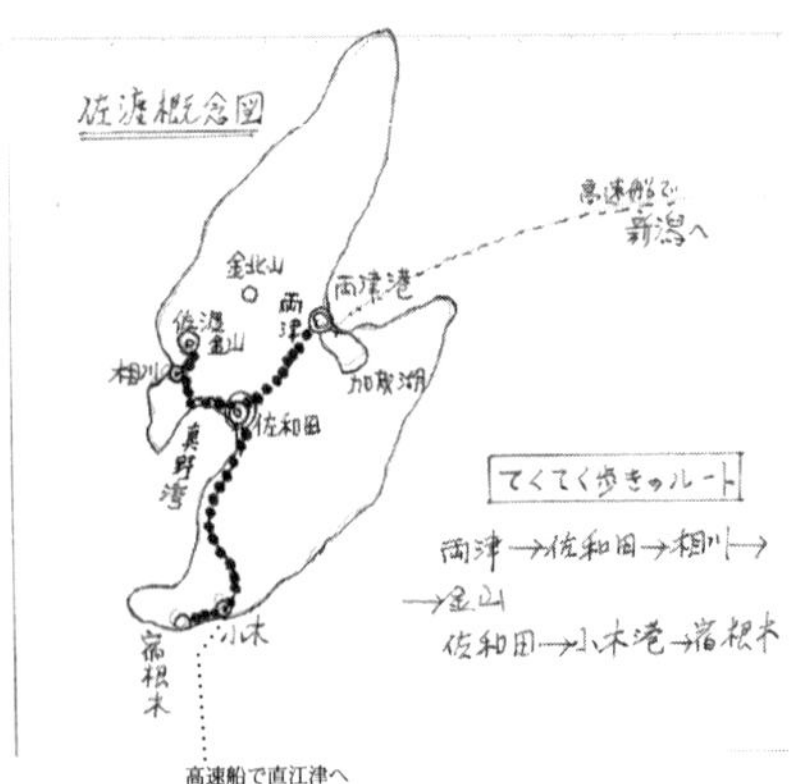

新潟↓ 荻川↓新津↓古津↓矢代田

平成29年9月8日（金）くもり↓晴れ

（千葉～東京～新幹線）新潟駅南口～亀田工業団地～土地改良区事務所～茅野山IC～新津バイパス～両川工業団地～小阿賀野橋～荻川駅入口～磐越自動車くぐる↓古田（交）～ショッピングセンターゾーン～秋葉区役所～古津駅～美術館入り口～新津南高校～石油の里分岐～矢代田駅…（新潟駅に戻り泊）
9：40～16：00　6時間強＝約25㎞

9月8日（金）、稲毛海岸は小雨です。帽子でごまかし駅へ。そして人影も少ない5：35発電車に乗る。今回は天候の周期と私の日程から2泊3日の短いてくてくです。新潟～新津～燕三条～長岡方面です。燕三条まで届けば一応の目標達成！という気分です。新潟地方の予報は小雨↓くもり↓晴れ！です。9／9（土）と9／10（日）は好天予報が出ています。早朝ながら駅まで来て電車を待てば、スーツ、ネクタイに身を固めた現役サラリーマン等が集まってきます。平日はいつもそう思うのだが、彼らは生活のため妻子のための仕事へ。私は一口でいえば遊び人。申し訳ないことだと思えてきます。

【お出掛け前家の早朝テレビでは「山尾議員や大阪市議の不倫問題」を流していた。特に40歳代の山尾さんは民進党幹事長就任が内定していた党期待の論客で今後の民進党選挙の顔と期待されていた。東大法卒、しかも美人。その人が弁護士との不倫を。「いわゆる文春砲」にスクープされた。今朝のテレビでは彼女は民進党を離党します…。と伝えていた。カメラの前で美貌をさらし、涙ぐみ、目を赤くはらして会見に応じていた。…いい気味だ！と思っている人も多いだろう。自業自得だと…。〝ホテルに泊まったけど一人でした…〟〝男女の関係はありません…〟ダブル不倫だから双方に夫あり、妻あり、子供あり…なんだろうが状況は厳しい。一方大阪の橋本市議…この人も自民党女性代議士とダブル不倫騒動・白く〝一線を越えてはいません〟…と。文春や新潮のハイエナ以下の〝目くそ鼻くそ捜し〟の低俗さにもあきれるが、それにつけても一般市民であろうと先生、議員、有名人、誰でも時代を越えて不倫は絶えない。今までもこれからも…。この世に男と女があり、今の日本は一夫一婦制のルールがある。この世に於いては、公僕としての議員、先生、国政を預かる身であっても不倫は避け難きものか。正直な人、脇の甘い人はバレて晒し者になる。〝不義密通は打ち首、晒し者〟…私のような一介の取るに足らない市民の一人であっても、かつて今思えば不倫に近い感情を抱いた時期はあった。自分でいうのもおかしいが、不倫は人の世では永遠の業のようなものだろうか。人を好きになることは素晴らしいことなんだけど…。

私は当時、仕事上のストレスからくる高血圧とその副作用と戦っていた。〝気持ちをわかってくれない!〟という自虐感があってピンチだった。そんな時に、元気をもらい、希望と勇気をだす糧となった。立ち向かう高揚感の源泉でありました。今、私は74歳の老境に身を置きますが、振り返ってみると、サラリーマンとしての仕事、心身維持の上で、あの時心の中に沸いた勇気が病や仕事に負けず乗切れたんだと今にして思う。苦境にあるとき人は何かを求め、すがり生きようとするものらしい。山尾議員などの不倫は、その立場上表面化してしまった以上、そのツケは払うしかない。代償は大きかった。でも全人格が否定されるものではなく、乗り切ってさらに強く大きな人になればいい…、人生は長い。東京駅へ向かう電車の中でそんなことに思いを巡らせていました。　てくてくとは無関係なことをウダウダと思わず記してしまった、許されよ!!】

さて予定通り、東京駅で新潟新幹線乗車。長岡あたり稲田のおよそ1／3程度稲刈終了で一面黄金色の海、といいたいところですが、かなりの面積で稲田に交じって新緑の畑も多い。これは枝豆だとのこと。だだっ茶色にもなるそうです。（後で聞いた話）〝魚沼コシヒカリ・柿の種・だだっ茶豆〟が長岡の特産！さて新潟駅下車。身づくろいをし、9：40南口駅前広場をてくてくウォーク開始です。

駅前からまっすぐ伸びる笹口通？を行く。左、中央自動車学校。右、県総合技術研。このルート〝新潟交通オムニバスタウン〟ルートらしい。紫竹山（しちくやま）公園♀、国道8号高架くぐる。まっ茶っ茶色の弁天橋（100m、流れ50m程）を渡る。この橋を流れに沿って右に進めば、鳥屋野潟（湖）があるはずだ。右側は湖に沿うようにスポーツ施設がたくさんある。地名やバス停にも山潟小前♀、南長潟など水（沼）を思わせる名前です。姥ケ山、日本海東北自動車道、新潟亀田ICを越えた。（ガードくぐった）「ホテルビジネスイン、天然温泉5，200円也。9階建て」左の角、今度は巨大なイオンモール。縦100m、横300m程もあるか。映画館もあったよ。続いて左側、亀田工業団地（長谷川化成、ニイプラ…）右、新潟ケンベイ、新潟交通営業所（5000坪はありそうな大きなバス営業所）、「私の町は私の力できれいにしよう!!」工業団地入口（交）、この信号は歩行者のことを忘れてしまったのではないかというくらい、歩行者にしわ寄せしています。土地改良地区事務所（左）、この先早通小（交）、左折。少し行って右折して国道403号に入った。茅野山ICで左方向に国道49号を分け、私は右前方の国道403号（新津バイパス）を行く。このまっすぐなバイパスはいわゆる新道だから道幅広く、歩道完備で一直線。効率的だがちっともおもしろくない。このバイパスと平行するように左1.5km～2km弱のあたりに信越本線が走っており、また、旧道もそれに沿うようにある。そちらの方がまだまだ賑やかのようだ。茅野山インターそばで一服。

11：40黄金色の田んぼは稲刈りの順番を待つばかり。（お百姓さん1年間頑張りましたね…と心で思う）コッペパン1ヶ、水を飲んで四囲を見渡す。実った一面の稲田は目にも心にも優しいなぁ〜。左、アスパーク亀田、亀田総合体育館、江南区文化会館、茅野山（交）、梨畑も出てくる。左、沢海（さわみ）右、両川工業団地。国道４０３号まっすぐどこまでも単調に。割野（交）で県道２４７号線を横切る。左右ともいつの間にやら梨畑。茶色に大きく実った梨…幸水？おやおや黄色い梨もあるぞ。袋をかぶっているものとかぶっていないものもあるぞ・新潟の梨？小阿賀野橋。（流れは70ｍくらい。小阿賀野川という）６㎞以上も左に大河、阿賀野川が流れているはずだが関係あるのかなぁ〜。良き川です。渡るとすぐ県道46号線横切った。車場（くるまば）（交）・高架橋です。少し高台だったので新潟平野一望。一直線、左手奥に薄黒くそびえる高山は越後魚沼の山々に違いなかろうか。…（小阿賀野橋の架かる小阿賀野川は、左に阿賀野川、右に３㎞内外で信濃川とも繋がっていました）国道４０３号線（新津バイパス）を歩いている。

〝花と緑と石油の里にようこそ〟荻（おぎ）川駅西入口（交）、右、運動公園。もう梨畑はなくなったか。磐越自動車道もくぐった。気温27℃の表示あり。くもり50％、青空50％でも陽はサンサンとそそぐ。ガード下の日陰で思わず休み。テルモスの冷たいポカリをごくごく飲んだ。あ〜おいしい…。12：45〝おいしさ抜群笹ダンゴ、新津市福島森林農園〟ここは北潟花と遺跡のふるさと公園。左に立派な道を行けば「さつきのニュータウン」です。〝献血で作ろう我ヶ家の健康〟（日赤）。大鹿（交）、左に行くと新津駅方面、更に進むと古田（こだ）（交）、右を行くと道の駅（花夢里）へ。大鹿（交）直進する。古田（交）からは左、右とも郊外店舗がズラリ。新津の中心はこちら…という勢い。アベイルショッピングセンター、裁判所、警察署、総合体育館…等々。この新津バイパス沿線の新しいショッピングゾーンは旧商店街に大きなダメージを与えたに違いない…。平成5年3月21日、いわゆる平成の市町村大合併の一環として新津市、白根市、豊栄市外に9町村を含め「（大）新潟市」となった。したがって新津市はそれ以降新潟市秋葉区となり、秋葉区役所が置かれている。（新潟市はこの合併で人口77万人余となり全国17番目…。政令指定都市です）

〝健康の為水道水こまめに水分取りましょう（水道局）〟消防署前（交）そばの目の前で、ダンプカーがネズミ捕りにつかまり、運転手が取り調べ中盛んに駄々をこねていました。総合体育館傍から国道403号線とわかれ左折し、秋葉区役所を左に見て程島（交）を通過。（バイパスと旧道をつなぐ道沿いのあちらにもこちらにもショッピングセンターです）程島（交）、〈右へ行けば、椿寿荘10㎞、ゴマ堂山・アジサイ園8．8㎞、湯田上温泉8.7㎞、石油の里5.3㎞…〉踏切を越えました。東島（交）で県道320号線へ。東島♀（区バス）〝過ちに気づく勇気とやめる意思〟朝日♀・（秋葉区バス：新潟交通新潟が受託運行している？）朝日（交）、観音様入り口。左手里山の中にゴルフ場、薬科大学、朝日観音があるようです。（越後札所のひとつ？）あさひ橋12ｍ（流れ5～6ｍ）右手・古津駅、200ｍほど駅まで行ってみた。取り残されたような無人駅、駅前商店0。今日初めてパチリと一枚。〝薬物で　よごすな心　なくすな未来〟（ロータリークラブ）教会がポツンとありました。県道に戻って〝挨拶は心と笑顔を忘れずに〟左、慈雲山広大寺。行ってみました。10円お賽銭あげてパチリ！「ひかりだ観音」とある。観音様の奥、古津八幡山遺跡あり。金津地区コミュニティセンター。ここは蒲ケ沢高架道をくぐる。（手前左折すれば200ｍ程で巨大温室のある新津フ

〈僕しない。恐い薬物命取り：ＪＲ古津駅〉

ラワーランド・史跡と弥生の丘展示館・その奥に新津美術館などがある）県道３２０号線・（国道４０３号旧道）に戻り、美術館入り口♀（バス停）で小休止。なんだか先ほどから体調すぐれず。

15：10ガンバレ！緩やかに上ったり下ったり。（左）に県立新津南高校、下校時か高校生がゾロゾロ。（この後をついていくときっと駅があるのだな…）登校時より下校時の方が道すがら友人とじゃれついているように見えます。鬼谷（交）左に県道41号をわける。（左に行けば石油の里・「石油の世界館」です）小雨が降ってきました。帽子を取り出しかぶる。16：00矢代田駅にたどりついた。植え込みを持ったグルリの広いロータリー。バスが一台横づけ。それにしても手前の古津駅とは天と地ほども違うモダンな大きな駅です。高校生の利用は多く、学生が階段上の駅舎に吸い込まれてゆきます。

○こういうモダンで大きく駅員さんのいる駅舎は私にとっては苦手です。無人で粗末な駅だとホームを含め人目もはばかることなく座り込んで休憩ができるからです…。（旅で訪れた風来坊の手前勝手の感想ですけど…）

今日は9：40から歩きはじめ今16：00。6時間強ざっと25㎞。千葉から出てきた初日としては上出来…。矢代田駅からレール利用で新潟駅に戻り、「東横イン」に泊まります。泊まると9ポイントです。もう一泊で10ポイント。そうなると1泊無料になります。

大枚４１０円払って電車に乗る。依然体調悪しでです。2年以上こんなてくてくを続けてきたが、1日のウォーク終えてこんな体調は初めてだなぁ。どうしたのかしら。電車乗る前、水分補給のつもりでポカリとコーラを飲む…も心臓のドキドキと不快感収まらず。朝から復習してみても原因思い当たらず…。朝、タマゴカケゴハン。電車でオニギリ1ヶ、お昼過ぎコッペパン。朝体調異常なしだったし、ウォーク中陽は照っていたが空気は涼しく熱中症とも思えぬが…それなのになぜ?…今日は歩き始めごろから天候回復してくれ爽やかともいえた。終盤小雨あったけど。体調不良なくば100点だったのに…のに…のに…。

「新潟の空にましますす神様、明日は私を元気にしてね…」と早寝しました。

〇私の〝てくてく一人歩きの旅〟で青森から日本海側に出て、西に向かって(地図的にいうと上から下に向かうと)秋田、山形の日本海沿いを下り、新発田から新潟市域に入る際、少し考えこんだ。それは(私の旅を進めるうえで一つの羅針盤のような役目をしてくれるのが鉄道線ですが…)新潟中心部に行くに、白新線沿いとすべきか羽越本線沿いとすべきか。また、新潟駅に達してから柏崎、直江津方面に向かうとき、信越本線長岡経由とすべきか。それとも海沿いに近い越後線沿いを選抜すべきか、いささか考えさせられました。そんなこともあり、新潟県全図、新潟市地図、新潟中心市街地図を幾度か眺めているうちに〝新潟市中心街の大半は事実上島の形状地にあること。また、新潟駅南側には島屋野潟外の沼地や水路が異様に多いし、〝潟〟とか〝新田〟と名の付く地点もやたらと目立った。なぜだろうか〟など思い、2~3の書物をパラパラめくって読んでみると、海岸線から新津(およそ15㎞見当)までの西側はかつて海が入り込んでいたようだ。信濃川、阿賀野川が運んできた土砂などで潮の干潟に合わせ洲が広々と展開しており、潟(水たまり)が大小無数にあった沼地だったという。(江戸期1827年頃…)そのころから、延々と治水工事が続けられ、稲作可能な平地となり、各住宅地と変遷してきたものと納得。

○信濃川と阿賀野川

信濃川と阿賀野川はいずれも国内有数の大河として知られています。総延長粁は信濃川の方が余程長いのですが、いずれもが新潟市中心部を流れて日本海に流入しています。〝てくてく歩き〟で実感したのですが、阿賀野川については「泰平橋」を渡り、信濃川ついて「万年橋」を歩いた実感として、泰平橋を渡るのにおよそ15分もかかったが、万年橋のほうはその半分もかからず、阿賀野川に比べ、日本一の長さを誇る信濃川がどうしてこんなに見劣りするのか。素人感覚として変だなぁ…と感じておりました。今回の〝てくてく〟を終え、帰宅してから地図や参考図書をひっくり返してみましたら、私なりに次のように得心しました。

新潟平野に山から下りてきた川は、信濃川については平野部をのたうち回るように蛇行しています。それに対し、阿賀野川は山から下りて大雑把まっすぐ海に向かっています。信濃川は長岡市あたりから下流は日本海に沿うように蛇行して長岡市、見附市、燕市、三条市を通過してようやく新潟市中心部の海に入っています。その昔、海が三条から小千谷近くまで入り込んでいた…。という説も考え合わせると、流れは左岸（海側）の山々（国上山、弥彦山、角田山）を避け、低い方の今でいう越後平野に流れやっと海に到達したようです。川の流域をひろげ、大量の土砂を運び込み、氾濫を繰り返し大被害をもたらせていた…とのことです。このため、信濃川の水をなんとか短絡ルートで日本海に逃がす方策を江戸時代から叫ばれていて、一つには国上山の西側を通る大河津分水路で1922年、（大正11年）海に通水することができた。更に1972年（昭和47年）に越後線関屋駅と青山駅の中間を通って日本海に逃がす関屋分水路が完成し、ようやく洪水の不安から大きく解放されたという。さしもの大河も本流に劣らぬ大きな水路で、日本海に分水された結果、いわゆる〝新潟島〟のところから海に入る川幅は阿賀野川のそれに比べ大きく見劣りがするのだな！と我ながら得心した次第。

○信濃川は、北アルプス上高地からの梓川、そして犀川、さらに長野市内で千曲川（奥秩父、甲武信岳源流）と合流し、津南で中津川も含み、谷川連峰、越後三山からの魚野川とも合流し、信濃川と名乗り長岡へ入る大河で、登山を親しんだ思い出と重なり、今にして思えば、信濃川源流にそびえる山々のテリトリーの中で遊んでいたのだなぁ。

○阿賀野川は、尾瀬で有名な只見川（三条の滝、奥只見湖、田小倉湖を経て）燧岳、会津駒ヶ岳からの檜枝岐川、更に伊南川と合流し、会津を抜け、磐越西線沿い、阿賀町（阿賀川）を抜け、新津市域から新潟港にそそぐもので、燧、至仏、会津駒、浅草岳など名だたる名山と切り離しては考えられぬ大河です。懐かしい!!〝てくてく日本一周〟をはじめる前（ということは若さと体力がもっと充実していたころ）は山にのめり込んで暖かく遊ばせてもらっていたのだなぁ。

体調の悪さを感じ、夕食もそこそこに早寝としたわけですが、今回てくてくを終え、帰京したらドッグに入り点検しよう。と気持ちの整理をしました。越後線沿いとするか、長岡めぐりルートにするか…については海沿いではないけれど『燕三条～長岡」と歩いて柏崎方面に抜けるルートで進もうと、ようやく気持ち（方針）を固めました。

矢代田→田上→羽生田→加茂→燕三条

平成29年9月9日（土）晴れ

新潟駅……（レール）矢代田駅前～温泉センター～湯多里館～田上駅～才歩川～旧田老邸～役場～羽生田駅～大沢峠入口～羽生田小～高校前～加茂警察～加茂川～下条川～道の駅・庭園の郷～井栗小～三条警察（交）～東三条駅～五十嵐川～一の木戸商店街～安養院～三条別院～北三条駅～燕三条駅

9：20～16：30　＝7時間10分　＝28km

明けて9月9日（土）・〝重陽の節句〟の日、さあ今日はどんな一日になるのでしょうか。アメリカプロゴルフツアーメジャー大会、オーガスタナショナルで優勝争いをしたプロゴルファー〝グレグノーマン〟の言葉。「ツモロー　イズ　アナザァディ〝明日は明日の風が吹く〟」といったとか。悩んでも明日のことは何が起こるかわからない。昨日起きたことが今日もまた起きるかもしれぬが旅に病んでも夢はまだ、枯野を駆け巡ってはいません。

今日のてくてくは休養すべきとの心の中の声もあるが、覚悟の上で〝てくてく〟をやっている私。今日も続けます。お目覚め気分悪くはない。5：00起き、7：00前朝食。挑戦、挑戦！モタモタしているうちに時刻は流れる。新潟駅発8：49の電車に乗った。今日の歩きはじめは昨日歩き納めした矢代田駅からだ。天気晴れ。日中は29℃まで上るという。マァ、申し分ないわけだ。「神様が笑ってます。神様が応援してます。神様が心配してます…」左手の指が2本つ**っ**たりしてます。イテテ！電車は早いなぁ。新潟～矢代田間たったの27分。昨日6時間かけて歩いたのですが…。410円也。昨日はバイパスを歩いたので、新津駅には寄り道をしなかったが、今日は電車。新津駅構内も見えます。

○新津は平成5年3月の大合併で、新津市丸ごと新潟市に吸収合併。今は新潟市秋葉区です。地図で鳥瞰すると、羽越本線、信越本線、磐越西線が交差している鉄道の要衝です。駅からの引き込み線が南に伸びて広大なJR車両製作所が稼働しています。鉄道の街にふさわしい「新津鉄道資料館」が新津IC近くにあります。館内には車両・レール・機関車・銘板など21のテーマ展示室があり、鉄道の歴史から車両部品の仕組みまで知ることができる…。とのことです。（新潟県歴史散歩）

9：20矢代田駅スタート。すぐ県道41号線に出て右折、矢代田（交）、右側からバイパス終わって合流してくる国道403号と交わり、この先国道403号となる。区バス、松ヶ丘♀、左に菩提寺山（248m）遊歩道を分ける。左、学校、右、ふれあい会館。「どの子にも　やさしさ　きびしさ　あたたかさ」校庭の隅に生物の時間にへちまを植えたか〝鈴生り〟でした。天ヶ沢・区♀。左には低い山迫り、右田畑多し。国道沿いに民家…。蓮田にジョーロの頭みたいな〝花を終えた実〟がいくつも空に向かって揺れています。小須戸温泉センター（花の湯館）左へ。ドームが見えます。左側にナス畑。1～1．5mの高さ。ナスの木といってもいいほど、秋ナスが実っています。『嫁に食わすな秋のナス！』漫画入りの看板。鎌倉新田（交）、ここは田上町です。田畑を前広にしたやや大きめの民家が国道沿いに続きます。湯多里館入り口。右、曹洞宗のお寺です。（安竜寺？）金銅菩薩ギヨウカケ仏？ゴルフボールがなぜか道端のグレーチングにはさまっていたよ。左、山の上にゴルフ場があるらしい。左、湯多里館各部屋ヨシズ張りが幾枚も立てかけられていた。スクールバス♀、右に田上駅現る。駅広のある平屋のこぎれいな駅舎（有人）、跨線橋もある可愛い駅。「駅ソバ」営業中！とありました。

　また国道403号に戻る。左、五泉。右、小須戸・アジサイの里。左に行けば湯田上温泉です。湯田上♀（交）、上野♀1日9便ほどバスあり。田上小（左）右、田上中轄（スリ）工業団地。一級、才歩川・5m程の流れ。（2

km足らずで、右側を流れている信濃川に流入）右、線路の向こうに国道４０３号のバイパスあり。越後豪農の館・椿寿荘（旧田老邸）・むねがわら数えたら15段もあったぞ！凄い日本家屋。田上町特産品販売所併設。左、田上民俗資料館。道路の両サイド民家や自営商店など繋がっている。（右へ行けば田上役場）本田上、田上、原ケ崎♀、新潟交通観光バス。

羽生田駅11：22着。駅広あり。こげ茶色のしゃれた風の駅舎。大きな跨線橋あり。国道から１００ｍ右側。カマボコ型、広くてきちんとした駐車場。〝愛車に愛錠を〟だって！待合室（小）は客一人。クーラー効いています。りんごジョコナール（リュックから）取りだし、丸かじりです。11：35駅を出てまた国道に戻る。この道路にも真ん中に水栓あり。冬は凍結対策か…。（何かと雪国はお金のかかること多し！）大沢峠入口（交）、羽生田郵便局、羽生田♀、左に県道67号わける。町営Ｙｏｕ遊ランド野球場。神社前♀、土生田神社入口石柱2本あり。（こんもりした森があります）左、道端に湧水あり。うまそうだったが飲まず。清水沢団地入口♀、田上町羽生田小。左に立派な石碑あり。道心沢♀、川船♀、左側にずっとレール平行している。新潟中央短大。加茂暁星高。加茂市へようこそ！新潟経営大学（左）、このあたり〝学校町〟という町名です。加茂中前（交）で右折して、ＪＲの上の陣ケ峰橋を渡る。（まっすぐ行くと加茂市街地らしいが…）

国道４０３号を下り気味に行く。すぐ左、加茂警察署（加茂市は県内で最も人口少なく3万人足らず…）加茂市市民バスが運行中。左、ビップシティホール。千刈川の細い流れ。そして一級河川加茂川。赤い橋１００ｍ流れ15ｍ程だが、急流。なかなか良き川です。３㎞ほど下流で信濃川に合流します。上流はるかには高い山々がそびえています。幸町一丁目（交）で「市役所通り」横切る。（加茂駅方向です）旭町、大郷町、「産業通り（柳町通り）」も横切る。ファミリーマートで一服。オロナミン飲んでムスビ1ヶ食べた。オジーサンよち1人で買い物。また別のオバーサン1人で手押し車で買い物。コンビニも今や年寄りに根付いているなぁ！13：05。ひとしきり郊外店のオンパレードです。下条地区を行く。右下に大きな寺あり。専照寺、一級河川下条川橋流れ4m・信濃川にそそぐこれでも一級河川です。〝足の山忠！〟これはなんだ。靴下の工場でした（左にも右にも）。福島♀、（越後交通バスです。……手入れのない汚いバス停だなぁ。ゴメン）この辺り見渡す限り稲田です。スロット専門店のケバケバしいカラー。「スロスロ、もちろん出玉共通台移動自由、打ちたい台がきっと見つかる。スロッターの聖地！We Love SLOT！DAIEI」…派手さの割には潰れそうに見えたが、目の錯覚かしら。

道の駅「庭園の郷」200m右へ。行ってみた。花と物産、広々とした新しい施設か。女性客多し。ソフトクリーム540円はチト高いぜ！ベンチに座ってぺろぺろ舐めました。左に平行するJR、保内駅が近いようだ。左、保内熱帯植物園。国道403号を右方向へまっすぐ。三条市内に入っています。レールと離れていく。三条市立井栗小。井栗公民館入り口（交）、鶴田、西鶴田♀。この国道403号沿いは民家、畑、小工場などで記すべきものがない。塚野目（交）、（右へ行けば三貫地方面）塚野目入口（交）、国道289号を突っ切る。三条警察（交）、スーパー駐車場で一服。左、越後交通。右、検察庁。左、労金。東三条駅への直線ルート、駅前ストリートとしては寂れているなあ。

赤い格子模様のJR東三条駅駅舎、駅広はだだっ広く見えた。駅舎背にして左手を行く。（東三条駅は弥彦線を分けている）大光銀行先で弥彦線のガードくぐる。一の門（交）、右側に左右アーケード付きの商店街、さびれつつあるがここが三条のメイン商店街か？まっすぐ少し坂を上ったら、目の前に突然大きめの川。五十嵐川（一級）（信濃川に注ぎます）目の前の「一新橋」は渡らず、（橋はおよそ100m、流れ50m、ジョギングコース付きで市民の憩いの場か）少し戻り先程の商店街に左折して入る。一の木戸商店街。まだそれなりに機能しているよき店並みです。右手に大きな寺（安養院）、更に進むと神明宮（神明社）良寛様ゆかり。正楽寺もあり。（良寛ゆかり）第四銀行ローンセンター、念仏小路、ぐるっと塀に囲まれたバカでかいお寺あり。真言宗大谷派、「三条別院本願寺東別院」、（寺、神社集中しているゾーン）。

北三条駅16：35着。三条小とレール（高架）に挟まれた長細い敷地を利用して〝三条スパイス研究所〟なる三条市公民館内の施設があった。こぎれいな今風のガラス張り建物。休憩所、喫茶、軽食コーナー、会議室などからなっている。喫茶レストランコーナーで瓶ビール６５０円を飲みながら、カウンターの30歳代の店員と思しきお兄さんと20分ほど雑談した。市の作った施設に公募による施設営業管理を任されている。朝市を開いたり、建物前の空き地を利用して、ウコンの栽培にも挑戦。カレーのスパイスが自慢…などと意欲的に取り組んでいるさまがよくわかり、気持ちよかった。北三条駅から弥彦線に乗車。一駅利用して新幹線「燕三条駅前」のビジネスホテルへ向かう。

17：30すぎの高架ホームからは三条の家並みが見下ろせる。夕陽を受けて美しいたたずまい。ホームは片面使用で上りも下りも停まる。電車（単線2両）、動き出すと左手下に八幡神社の広大な境内が見えた。信濃川本流鉄橋をゴウゴウ越えたら俄かに高層ビル、ホテルの建った燕三条駅に着き、ビジネスホテルに投宿。結局今日は身体的には異常も起こらず無事に歩けました。ありがとうございました。（人生は用心深さと程々のチャレンジ精神！があればやれるらしいぞ）

アクアビジネスホテル、朝食込みで6，２００円。部屋は広く6階の部屋は快適でした。このビジネスホテルは有料ビデオテレビが無料で見られるとのこと。見る気にもならなかったが、通常1，０００円というビジネスホテル多いがここは新興駅前ビジネスホテルの競争も激しいのかサービス合戦のようでした。

私のように一過性の旅行者にとって燕市と三条市の街、駅配置の地理的な輪郭がわかりにくかった。似たような駅と駅名が互いに徒歩15分～20分内にあるため少々混乱しました。次ページに書き留めてみました。

○三条別院：市民から御坊（ごぼう）様と呼ばれる東本願寺三条別院。東本願寺16世の一如により設けられた。米山より北の大谷派の寺院を統括している。巨大な本堂です。

○三条八幡宮：三条の総鎮守。境内は広い公園。金物の神様を祀る金山神社や良寛の詩碑があった。1月の献灯祭や5月の三条祭はよく知られている。金山神社には長さ152㎝の大太刀（社宝）がある。

○良寛の終焉地はJR越後線「おじまや駅」で降りて和島支所前を通り、1㎞弱の所にある。滞在地は木村邸・その墓所内（隆泉寺）に〝やまたづの　向かひの丘に　さお鹿立てり　神無月　しぐれの雨にぬれつつたてり〟（碑あり）

○燕三条と聞けば、金物、刃物など、一種の金属工業の町だ！と思いだす。燕三条市は無くて「燕市」と「三条市」と別々であり、「三条市」は鋸、包丁など利器工匠具など金物の町として知られている。「燕市」は金属洋食器製造で有名です。JR燕三条駅から北西方向に、燕市産業史料館がある。金物産業の軌跡を見ることができます。私は10年ほど前、現役の頃、観光バスで団体で来て見学したので今回は寄らず。

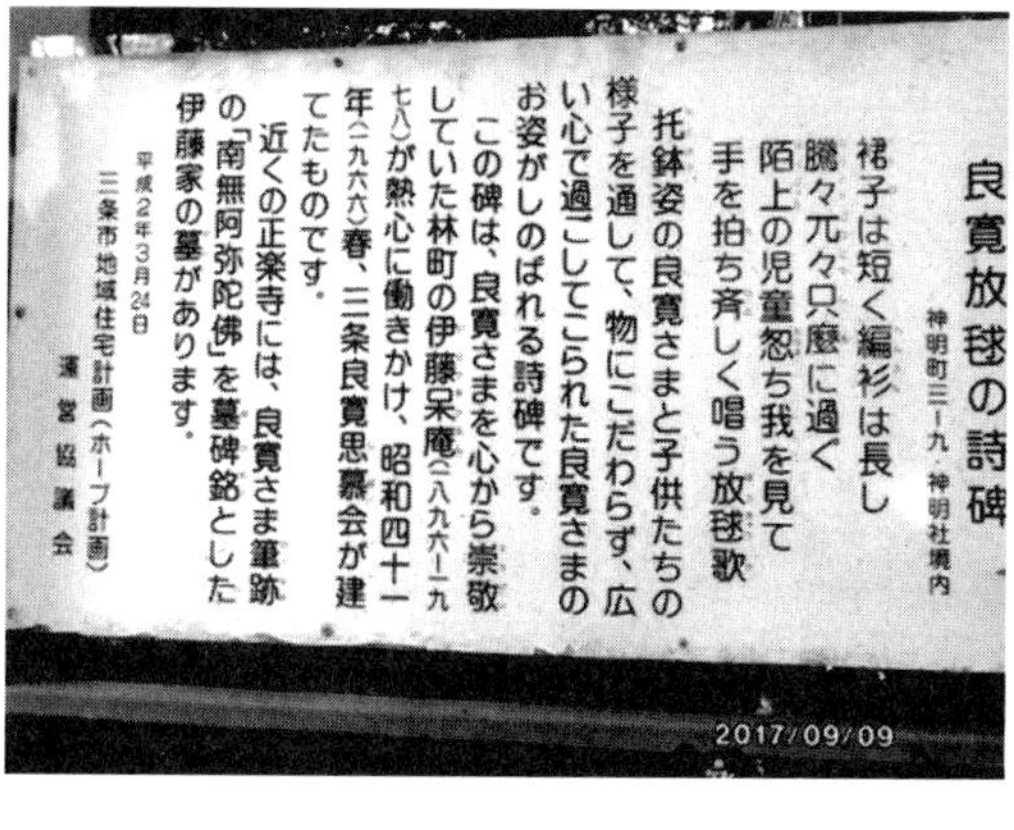

○加茂市：〝北越の小京都〟というパンフレットを見たが、私は国道403号バイパスを歩いたので町から遠ざかってしまったか。それでも○○木材、○○家具、○○製作所の看板とキリ材を見ると加茂箪笥の町としての面影あり。また、加茂駅東側600～700m離れて加茂山公園がある。「お明神さま」と親しまれる「青海神社」があって、その一角にこの地域群生の「雪椿園」もある。小林幸子の名曲「雪椿」を思わず口ずさもう！

〈…優しさと、かいしょのなさが…♪〉

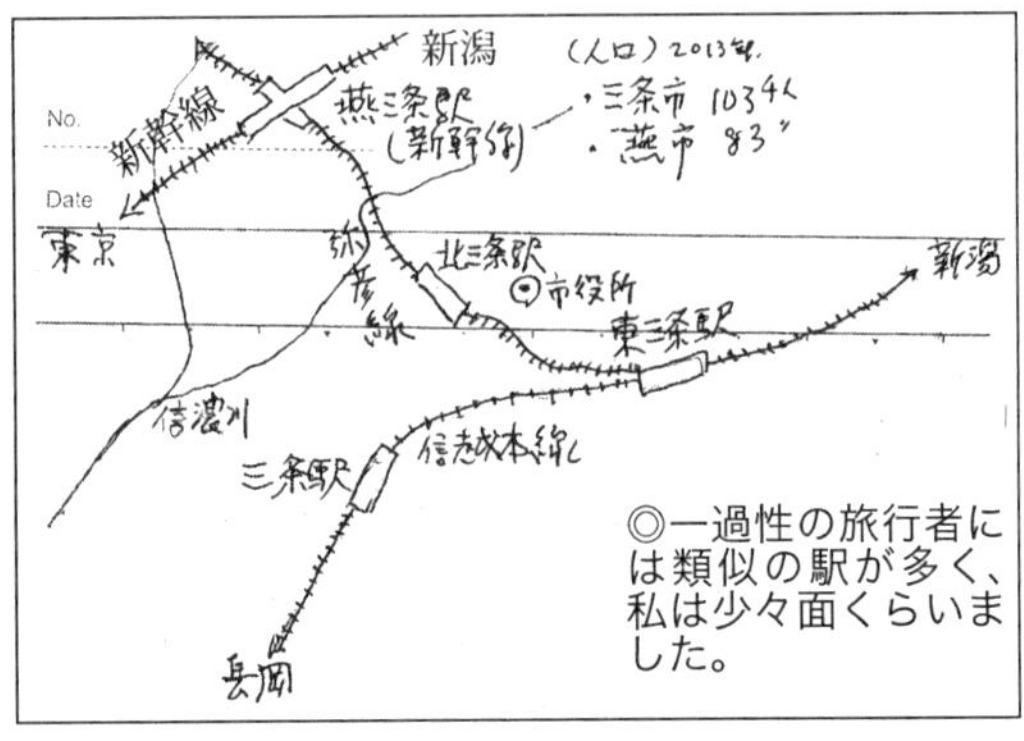

〈良寛様ゆかりの「神明寺」〉

三条↓三条本成寺↓帯織↓北長岡↓長岡

平成29年9月10日（日）晴れ

燕三条駅ビジネスホテルー（レール）↓三条駅前↓南四日市（交）↓新通川↓島田川↓本成寺分岐↓第3、8流通ステーション↓市総合福祉センター↓レールをくぐる↓本成寺郵便局↓金子めぐみ看板↓戦うドクター看板↓袋♀↓三ツ屋♀↓入蔵♀↓栄東部工業団地↓大面小（右）↓菊田まき子ポスター↓帯織駅↓見附市新潟小↓レールをまたぐ大陸橋↓竣工記念碑↓新幹線くぐる↓国道8号へ↓上新田北（交）↓級刈谷田川↓五百刈高速バス乗り場↓灰島新田↓大口（交）↓新組北（交）↓黒条♀↓城岡町↓北長岡駅角♀↓ツガミ大工場↓新町3（交）↓新町1丁目（交）↓大手通り（交）↓長岡駅

16：20〜8：40　7時間40分　＝28km

昨日は新潟駅を出て、信越線沿いを一つの目安としつつ、国道403号中心に歩きました。国道403号は、概ね新道でバイパスとなっていて旧市街を離れて走っている。車社会の今、あの大型車や物流車両などがもし道の広くない旧市街を通っていたら…と考えればゾッとする。バイパスを建設し、そちらに通過車両を誘導したのは正しい。バイパスに大量の車両（マイカーも含め）が通るとなれば、結果として多種多様の店舗や事業所が立地し、飲食店街もできる。駅前や旧市街から交通公害は減るけど人影も減り、盛衰へとつながったのも明らかとなる。これは全国規模で起きている現象で30〜40年前から続き、数多くの旧市街、商店街を結果として潰してきた。住民・市民にとって良きことも多かったのだが、弱肉強食、自由競争では水は常に低きに流れてしまい、失いたくない歴史や伝統をも壊してしまう。今新たにしっぺ返しともいうべき諸問題がローカルを中心に噴出してきている。↓駅前商店街空洞化「レール・バス」の公共交通衰退、車を使えない人々の生活環

境悪化だ。（買い物・病院…）それはともかくとして、今日9／10のてくてくについて記そう。5：20起床。6：00インスタントコーヒーを飲む。窓外を6階から見る。今日も晴れだ。この「アクアビジネスホテル」は朝食代350円入れて6，200円です。部屋は東横インより広いくらいでした。ソファまであったよ。今回のてくてく3日目。暑さの中、気を引き締めていこう。身体のあちこちがギクシャクしています。このビジネスホテルではテレビ11チャンネルでアダルトビデオを無料で見れることを売り！にしているようです。一般的にはビジネスホテルにおいてはルームシアターとか呼んで別料金1，000円or500円でチケットを買って鑑賞するのだが、競争もここまでやるか無料です。サービス競争は大いに結構だけど、最低限の品質は保ってほしい。日本人は色気遣いか！と思う外国人もおるだろうし…。7：55燕三条駅から弥彦線利用で東三条駅に出、今度は長岡行に乗り換え、三条駅頭に立ちました。ここから「てくてく」スタート。

今日日中30℃まで熱くなるとの予報が耳に残っているが、ホームから駅前まで歩きつつ何とはなしにもう秋の気配だなぁ～と感じました。8：40駅前スタートします。三条市デマンド交通「ひめさゆり号」がトコトコ走っています。県道8号線にぶつかるまでの約400ｍ程か両サイドは商店街！といいたいところだが、クシの歯が抜けたようにシャッターは閉まり店じまいしている様子。今更私も驚きません。南四日市（交）左折。「腕に自信、心は初心、慣れた作業も手順の順守（遵守）…北越メタル」嵐南公民館（右）、新通川（一級4ｍ）、グリーンライフ外山、ゲタファクトリー、エコファクトリー、とカタカナです。（製造販売の下駄屋さんをゲタファクトリーなるほどねえ。ゲタファクトリ、トーフファクトリー。燕三条地区に限らず日本中で東南アジア系をはじめとして外国人が増えているので、英語では何というのかな…と皆が考えているんだ。新しい造語が日常生活にドンドン増えてくるな）南四日町4丁目〇┴、島田川4ｍ一級。（信じらんなぁ～い！）左、月岡。右、本成寺。まっすぐ、見附、大面（おーも）。この県道はその昔街道だったのかしら。活気がありますよ。第3、第8流通ステーション、ダストリビュージョンステーション（なんのこっちゃ?）、パール金属（APTAIN STAG）。右、市総合センター（福祉）、西中（文）♀、郊外店もこの辺りまでか。この先は黄色（黄金色）の田んぼが拡がっている。レールを地下道でくぐりました。東鱈田♀、三条本成寺郵便局。

（ここで通り過ぎてしまったが、三条駅を出て南四日町（文）を直進すると本成寺があり、これに少し触れる）
○名刹本成寺について…三条駅から西にまっすぐ1.3㎞地点。日蓮の孫弟子の日印（にちいん）が1247年に開いた寺。現在末寺200ヶ寺を持つ法華宗陣内流の総本山。かつての三条城の門で移築された黒門。そして境内入り口に三門（朱で塗られ赤門といわれる）があって県内では稀の大きさ。その他多くの堂塔が並ぶ。また毎年2月3日節分会の金物の町三条にふさわしく、鋸や刃物を持った鬼たちを年男が豆を投げて退散させる…鬼おどりが有名。（新潟県歴史散歩）

道路傍の畑…上下もんぺ、姉さんかぶり、手袋、長靴…完全装備で畑仕事している。なぜか郷しい様な、しかもすきのない野良仕事スタイル。〝こんにちわ!〟よせばいいのに思わず声をかけてしまった。かがんでいた腰を伸ばし、私の方を振り向いた。珍しいものを見るように見つめた後、軽く腰を下げて無言で作業に戻った…。なぜか私は自分が恥ずかしく思えて悔いた…。一心に労働する人、気ままな旅をする無責任スタイルの俺…。明らかにミスマッチ!だったか。（貫禄負けデス）

〝消煙焼却炉!大好評展示即売中〟の大看板。「衆議院自民党政務官金子めぐみ（キリョウヨシ!）」、「くりはち洋志・戦うドクター」、夫々のポスターが田んぼにポツンと2枚。あちらこちらの田んぼから野焼き風の煙が上がっている。そうだ今日は日曜だ。稲刈りが始まっています。左手400m見当に里山が近づく。畑と山の境に民家が点々とつながる。右手はというと500米見当のところ電車4両軽い音を立てながら過ぎていった。歩いている道は〝長岡、見附、三条線〟というらしい。稲刈りトラクター大活躍。残された田畑には枝豆。袋♀、コミバス、「ひめさゆり号」がゆく。

○ひめさゆりという花：薄ピンクの可憐な花（ユリ）。6月〜7月頃高山に花開くハイカーにはあこがれの花です。私は只見の〝浅草岳稜線で見参〟でまた、〝尾瀬長蔵小屋〟傍でその群生（移植か）を見ました。

ツノダインダストリー（角田工業）…今どき、企業名もハイカラです！三ツ屋♀、右カーブ。ほーずきもトーガラシも真っ赤っ赤！入蔵♀。野焼きの香ばしいにおいが一面に立ち込めて私にもまとわりつきます。悪くない気分でほっこりしました。あちらこちら田んぼにはモミガラの小山、そこから煙が三ヶ所、五ヶ所たち上ってたなびいているのです。

栄東部工業団地（あまり立地していないか？）、帯織入り口（交）、10：30。大面(おおも)右折。大面中（右）銅像あり。大面小前♀、小学校の表札はがされていた。民進党菊田まき子のポスター目立ちます。（若さ、美しさ！を前面に出す代議士多い。だがスキャンダルには用心しましょう！）左カーブして進む。右側に帯織駅がありそうだ。一本右側の道に入り進むも何か少し変。駅は東西に入口はなく、目の前に線路と駅はあっても立ち入ることができず。大いに残念。仕方なく400m程線路に沿って歩きやっとあった踏切を渡り、今度は戻るようにして駅舎に達した。粗末ながらトイレありてかろうじて助かった。涼しいところに腰かけてオニギリ、ポカリで一服です。

「赤とんぼ、肩に止まりてお前も一服」長岡行6両電車が過ぎていきます。歩き始める。レールを左に渡り込み、帯織地区を過ぎると一本道。耐えます。大きな用水路沿い（昭和江用水路）をどこまでもただ歩く。三条市から見附市域に入ったようです。途中左から合流したのが「長岡・見附・三条」線で県道8号線と称しこれを進む。見附市内ですが、この辺り新潟町という。田んぼの中にポツンと立派な学校（新潟小）（交）を右折。少し行って左折して田畑の中を進み、右折してJR線を高架で越えました。こんな上り下りに強い日差しを浴びて喘いで過ぎる。また2㎞近くのまっすぐな道。左に「県営圃場整備事業見附地区竣工記念碑…知事」・巨大且つ立派な石碑あり。新幹線高架をくぐって進むと国道8号にぶつかり左折・今町5丁目（交）、この辺り今町です。左に巨大ショッピングセンター。今町西（交）、上新田北（交）、そして目の前にかなり大きな橋（川）です。一級刈谷田川。見附大橋、幅150m流れ80m、渇水気味、水少なし。地図で見ると下から上（下流）に流れている。刈谷田川は栃尾市街を通り山あいから見附の平野に流れ出て、信濃川にそそぐいわば支流です。一級河川にそそぐ支流は信濃川水系と称し、小さな支流でも一級河川となる…と参考書で読んだ記憶あり。毎年6月5日～7日には刈谷田川対岸の長岡市中之島と見附市今町との間で大凧が空中に乱舞する凧合戦が行われ、多くの見物客でにぎわうという。この辺りか？

【また、見附大橋から約1㎞下流に行くと「大竹邸記念館」がある。明治27年初当選以来約35年間に亘り、信濃川氾濫の水害をなくすべく、（日本海に水路を開けるべく）大河津分水路（おおこうず）の実現や、刈谷川改修など治水事業に尽力。遺品や記念品が並び、庭園は桜の名所となっている。（寄らなかったけど）】

長岡市内に入りました。「国道8号パーキング」で一服。汗を拭く。心臓パクパクを鎮める。トイレあり。水道あり。大助かりです。五百刈♀。（高速バス乗り場）。灰島新田（交）、救急車サイレン鳴らし接近！…速やかにルートを空けないマイカー…（車線が2本以上あると誰がどっちへと他人任せの心理が働くのか…）大口（交）。（いろんな名前があるものだ！）左右広大な蓮の畑。泥水の中で収穫始まっているようです。目にするたびに思うのだけど、見れば見るほど大変な作業だなぁ…とため息も出ます。新組北（交）、国道8号歩道街路樹の木陰にへたり込んで思わず休憩しました。10分ほど休み、この先の新組南（交）で信号右折して国道8号と別れ、市内方向へ右折。長岡下々条（ながおかしもげじょう）、ローソンのあるT字路を左、長岡駅方面へ。黒条♀。

15：10また一服。Dm製作所（右）、オーエムゴルフ（右）、栖吉川にかかる城岡橋（80m）を越える。工場が多くなってきた。（左）東京貿易エンジニアリング、日本石油資源開発（株）、北長岡駅角♀、三菱マテリアル、ツガミなどの大工場。新町3（交）、北中央通り1丁目、2丁目、国道8号横断・新町1丁目（交）、大手通り（交）を左折してついに駅へ。到着した喜びを感じつつ乾いたのどを潤す。もう今日は無理と思っていたが、大休止したら少々気力が戻った。散策1時間程度なら…ということで駅員に尋ねると、10分程度の距離に河井継之助の記念館と、山本五十六記念館が見て廻れるという。思い切って待合室の隅にリュックを置き、カメラとメモ用紙、地図だけ携え行ってみる。駅前（大手口）通りを少し行き、国道403号（交）

〈長岡駅近くの雁木〉

右折し、さっき来た道を戻る。左に郵便局を見てもう少し進むと左に「山本五十六記念公園と記念館」があった。先ほどは疲れで目が回っていて気がつかなかったのかしら。

○会館は1999年4月開館：（太平洋戦争そのものには反対を唱えたが）開戦時は連合艦隊司令長官として指揮、敗色濃くなった1943年（不肖、私の生まれた年…）南方戦線で飛行機搭乗中撃墜され、ブーゲンビル島で戦死。記念館には搭乗機の左翼、遺品、書簡など展示されている。とのこと。入館しなかった。山本五十六記念館のそばを離れ、国道を挟んで反対側（少し入って）に「河井継之助邸跡（記念館）」があった。司馬遼太郎氏の「峠」の主人公として扱われている幕末～維新にかけての英傑です。河井継之助は戊辰戦争の際の長岡藩軍事総督で武装中立主義をとり、新政府軍と会津藩との和睦を図ろうとしたが、受け入れられず、やむなく奥羽列藩同盟の側に立って新政府軍と激戦となり負傷。南会津への八十里越えをしたものの只見町（福島）にて落命した。墓はここから東に500mほど離れた栄涼寺にあるという。ともかく記念館に向かい、自分なりに礼をして、姿勢を正し、駅まで戻った。

○長岡城は駅大手口前に展開していたが、戊辰戦争で落城。後に廃城。駅前広場にある石碑と地名以外しのぶものなし。

○第二次大戦では新潟県内唯一B29爆撃機による大空襲を受け多くの市民が死亡、罹災した。「長岡市戦災復興祭」が現在の長岡まつりの起源であり、大花火大会へとつながっています。

今回は9／8～9／10短い2泊3日のてくてくでした。9月といっても残暑厳しい初旬。案の定好天の中、結構ヘロヘロになりました。若かりし時、あんなに屁とも思わぬ夏だったのに！（さあ夏山シーズンだ山に行こう！と気合が入る季節と感じていたのに）今は、真夏はむしろ真冬より怖さを感ずるときあり。「真夏の炎天下は、悪天候、悪コンディション」と思うことだ。あの明るくてサンサンとした陽光はそれでもワクワクさせるものがあり、クーラーのもとや、涼しい所で安楽しているより、出でよ！歩けよ！と急き立てるものがあるが、炎暑は今や恐ろしい。

今回は一日目、〈「新潟駅前～荻川～新津～古津～矢代田」二日目、「矢代田～田上～羽生田～加茂～東三条～北三条」三日目、「三条～本成寺～帯織・見附～北長岡～長岡駅」〉だったが、〈「新潟駅～長岡駅」〉間は新幹線、在来線ともに63㎞、その距離を新幹線ではたったの23分、在来線は76分で走ります。「私のてくてく」ではこの間を2泊3日で歩き、ざっとその道のりは約80㎞の感覚でした。

「23分で行けるところを2泊3日かけて歩く」…何といって良いやら…やっぱり変わりもんかなあ…私は。

「東京（千葉）～新潟」間は距離もそうだが、時間距離も短い。太平洋から日本海へ東京～新潟間、新幹線でなんと2時間強です。9／10の今日もヘトヘト疲れ切っても小1時間休み、乗ってしまえば2時間後東京駅でした。（後々のことですが、山陰の鳥取や松江、長門方面は、行くも一日、帰るも丸一日がレールの旅でした…）あの谷川連峰にトンネルを貫通させ、関越道や新幹線を通した田中角栄という政治家が新潟では未だに奉る人多きこと充分納得できました。

長岡↓前川↓越後岩塚↓塚山

平成29年9月22日（金）晴れたりくもったり

千葉・東京…長岡駅前↓宮内駅↓前川駅↓信濃川（こしじ橋）↓オバサンに拉致↓來迎寺駅↓宝徳山稲荷大社↓岩塚駅↓飯塚橋↓岩田神社↓不動沢ほたるの里↓越路西小↓あづま橋↓諏訪神社↓塚山駅
9：10〜16：00（拉致差し引き）＝6時間＝25km

今回のてくてくは3泊4日となるだろう。柏崎糸魚川を過ぎ、難所、〝子知らず親知らず通過〟はどうなるのだろう。前回は9月上旬で、自宅から稲毛海岸駅までの歩き1kmの沿道にはボランティアが植えた彼岸花があっちこっちに赤い花をつけ見送ってくれたっけ。あれから20日も経った今回、彼岸花は早くも散り、黒い実のような塊を付け、さえない見送り。しかしかわって金木犀の甘い香りが流れてくる季節となりました。季節の移ろいは確実に進んでいます。天気の見通しは予報ではこの4〜5日雨マークはなさそうです。（てくてく男を殺すには刃物はいらぬ。雨の3日も降ればよし…）山の木々の葉もそろそろ色づき始めているだろうか。

稲毛海岸駅〜長岡：乗車券3，780円、東京〜長岡新幹線「とき」2，570円　計6，350円…大人の休日クラブ30％レスです。

こうして今は〝とき〟の車窓から外を見ています。東京を出て大宮からの客も集め、ビルも遠ざかる。高崎のコンクリート建物群も過ぎればもうこっちのものです。といっても味気なくもトンネル、トンネルです。

高崎の先からトンネルに入り、トンネルを出て束の間の谷川の流れ。緑の森を見て…。谷川連峰の長〜いトンネルを出ると段々と広く明るくなっていく。日本の表からいわゆる裏に出たということだ。誰が名付けたか表日本、裏日本！ウラとは失礼ではないのか。長岡はほぼ10年前、私の兄が観光バスで旅行中急病となり、長岡中央病院に緊急入院。連絡を受けた私は秋も深まる10月、見舞いに駆け付けた。帰りに付き添いの兄嫁から柿の種（缶入り）を土産にもらい、車窓の紅葉を見つつ千葉に帰ったっけ。…そんなこともあったよ長岡！

　前回の「てくてく」終了の「長岡」で下車です。さぁ、今回の「てくてく」スタートです。９：05駅舎を背にし、目の前の大手通をまっすぐしばらく行く。左に市役所など中心街を行く。やがて前方に大きく盛り上がった陸橋のようなものありて、♀大手大橋東詰とある。来過ぎたことを知り戻る。何でこんなミスをするのか。５００ｍも戻ったか。表町（交）を右折した。平潟神社、公園、平潟橋、千手（せんじゅ）。「立ち直る心を育てる思いやり」メモしていたら通りすがりのオバサンがジロリ！私を見る。（怪しい者じゃありませんよ！）お寺に立派な鷹の塔あり。赤い欄干の平潟橋（10ｍ）、雁木の下を歩いてきました。身体の不自由そうなオバアサンに〝おはようございます〟をいう。愛嬌振りまいていて道に迷ってしまった。何とか県道４９８号線・三国街道に出たようです。宮原2丁目、３丁目、善行寺、三和（交）どうやら正しいルートに入ったか。溝橋（交）、ここは要町2丁目。宮内橋♀（1日20本）、左手スーパーウオロク。ここで一休み。要町（交）、左へ行けばJR宮内駅です。駅へは寄らず。オバサン、タバコふかしながら近寄ってきて、〝何処まで行くのか？〟と聞かれた。〝柏崎までです〟と答えた。〝私しゃ、孫の運動会じゃけ〟という。近くで小学校の運動会らしき歓声が聞こえる。音楽も流れてきた。（宮内小、宮内中）、宮栄1丁目、宮栄（交）、右手４００ｍ地点にマルハンの巨大にして且つケバケバしい建物、パチスロだ！太田川の橋80ｍ、流れ30ｍ。平島（交）、摂津屋町。右、軽自動車検査協会。ここでまたルートミス！レールをまたぐ大陸橋に直進して入り込み、その頂点あたりで気づいた。ヤレヤレ、８００ｍ戻り、陸橋へ上る手前、右に入る町道に入る。高架陸橋を左手に見つつ右から交通量の多い道と合わさる。前島町（交）。左カーブ気味、左70ｍでレール。ここで見ると信越本線複線です。上り2両、下り3両の電車。カラカラ音を立てて近づいて遠ざかる。右手に３００～４００ｍ離れて交通量の多い道が見える。民家も増えてきた。今歩いているのは田んぼの真ん中の道。右手に小学校（前川小？）こちらも運動会らしいぞ。学校敷地の外周でマラソンやってます。１００人くらいの子供が駆けている。赤帽組速いぞ。白帽組負けてるぞ！両サイド田の稲は一斉に倒れています。ここは稲刈りまだです。きっと運動会が終わったら、明日にでも協力し合って刈り取るのでしょう。左手、ＪＲ前川駅です。

11：20無人駅。箱型の簡単な駅舎。トイレ男女兼用。トイレットペーパーなし！一息入れたらまた歩き出します。今歩いている道は、県道４９９号線（山田中潟線）です。レールを右から左へとまたぎました。少しすんで高島町（交）右へ。県道23号線（柏崎、高浜、堀之内線）です。やや道が盛り上がってきたぞ！大河です。ついに越路橋、信濃川５９６ｍ（長さの表示あり）。流れも２００ｍくらいあり）トウトウと流れている。何かうれしくなってきたぜ。信濃川よ！（この河の源流・上高地奥秩父谷川岳…）若かりし頃、遊ばせていただきました。浦（交）、国道３５１号横切った。どこからか役所の12：00を告げるメロディが流れ来る…いい曲じゃないか。なんという曲なんだろう？

須川にかかる橋を渡る。関越道の高架の下を進むと、支所前（交）、を通過…。ここでハプニングが起きた。

10kgほどのリュックを汗を流しつつちんたら歩いていると、一台の軽自動車が私の脇に駐車したな…と思ったら、私の娘（38歳くらい）の年格好のねーさんが降りて私の後を追ってきました。〝どこまで歩くのですか、乗って行きませんか。宜しかったら私の家にちょっと寄って冷たいもの飲みましょう。車でお送りしますから〟…というではないか。イエイエご厚意はありがたいけど、歩く為に来ているのですから…と断る。私に隙を見た

のか執拗に勧める。十人並みだし、見た目まともな姉さんのようでもあり、四国巡礼でいう一種の「おもてなし」なのかな。気楽な一人旅でもあり、ツッケンドンもどうか…などと軟化。根負けして結局車に乗ってしまった。車の中にはもう一人の女性がいて3人乗って走り出す。なんと歩いてきた方向にUターンして5分以上走ったか。〝私たち、怪しいものではありません。部屋で冷たいものでも飲んで一休みしてください。私たち、日蓮宗の勉強をしている仲間です。ついでにお経を一説うなる…はどうですか〟…等という。

住宅地に入り、とある新興戸建て住宅のひとつに横付け。全くの普通の住宅です。庭には季節の花が咲いており、一台分の駐車場に入り、下車。後について玄関に入る。リビングに通される。5～6人がくつろげそうな応接セット。調度品、ピアノ等がありました。出された冷たいサイダーとクッキー…程なく2階へと案内され、階段を上って8畳ほどの畳の部屋へ。正面に仏壇のようなものがあり、日蓮上人の像があった。(40～50㎝くらい)(私は千葉県南房総出身で、安房小湊に誕生寺という日蓮宗の総本山があり、日蓮宗といわれ、拒絶反応はなかったが…)しかし照明は薄暗く、上人像に向かってチーフらしい姉さんが独り座りその後ろに女性2人と私の3人が座る。私は真ん中。座布団なし。差し支えなくば正座を!薄い経典を渡され、1ページずつ前の女性の読経に続いて3人で復唱する。もう一冊の経典も渡され、同じように復唱…かれこれ35分は経ったと思う。

お土産に経典をもらう。1階リビングに降り、(私の)歩いていることについていくつか質問あり。(何か人生に思うところありて、歩いているのか…とか大きなお世話じゃ!)彼女等からすると、以上で布教活動で新たな信者誕生!とでも成果報告する気配。住所氏名年令TEL番号をしつこく知りたがる。多少押し問答する。彼女らは私について知りたいことには執拗でも、私の質問にはあまり答えない。この部屋で3人(女性)の写真を撮りたい!といっても取り合ってくれなかった。これでは私にとって、珍しい旅の一コマ!とするわけにもいかず、車で送って貰うことでまた3人で車に乗り、來迎寺駅付近で降ろして貰った。

しかしそのうちの1人だけが私と更に歩きたい…等という。〝勝手にしたら〟というと、案内します！なんていいつつそこからかれこれ２㎞程何かと私に質問を浴びせていたが、〝あじさい公園内を案内する〟をはっきり断ると、そこから一人で歩いて引き返して行きました。ヤレヤレです。ざっと1時間20分程の浪費でした。その昔今から40年以上も前、東京墨田区の会社に勤務していたころ、友人のいいなりで創価学会の勉強会に連れて行かれ、自分の悩みなど吐露せよ！などと暗い集会部屋で自己反省させられたことがあった。その時連中が大事そうにしていた六法全書みたいな厚い池田大作全集…を思い出した。汚らしいリュック姿の歩くじーさんを見つけ、〝これはいけるぞ！〟と思われたようだ。物欲しそうな、弱っていそうな、鼻の下の長そうな…とみられたか。我ながら（北朝鮮による拉致被害者のような目に合わなかったが）「まだまだ俺はわきが甘い！」と大いに反省いたしました。以上ハプニング報告。

支所前♀から県道23号を進む。右手に來迎寺駅です。（有人、駅らしい外見でした。寄らず）左手のこんもりした森に來迎寺坂跡や巴ヶ丘自然公園、それに越路中学も過ぎて、13：40レールを高架で越えた。下り気味で広い田園の中、交差点（巴ヶ丘）を左折。左手に警察か大きな建物あり。この辺り一帯は「越路町」と称するらしい。朝日（交）、直進、左手すぐにレールです。レールの左側に寺や朝日神社、朝日城跡などあるらしい。左側はレールと里山のひだ。やや直線ルート。結構長い。頑張って進むと、前方左の山腹にやたら真っ赤っ赤な鳥居や社が森の木々からはみ出して見える。大きい！「越の国ぬ名の里、宝徳稲荷神社」です。そこへ続く森の中を辿って上るとアッと驚く巨大なやしろです。このようなとてつもないものをどれほどの金をかけて誰が作ったのか…などと考えてしまう。一通り境内を見学して、越後岩塚駅まで下る。

宝徳山稲荷大社

14：33駅舎を後に渋海川にかかる飯塚橋を渡る。（橋１００m流れ70m）「ます形山自然公園」右へ。今国道４０４号を歩いています。農協前♀、岩田♀、右に岩田神社（石段１００段はあるか、いささか急）岩田ほたるの里、下水マンホールはほたるの絵です。コミバス「雪ホタル号」が運行されています。不動沢ほたるの里、西小前♀（越路西小）右に。この辺り寺社多し。薬師堂、五社宮、満光寺など…。西小の外観はま〜るい建物で、道の駅みたいです。15：33あづま（東）橋渡る（80m）。左から県道２３６号合わさった。〝譲り合い、いい町いい人いい運転〟渋海川を渡り少し行って、右に諏訪神社。荒瀬♀です。右手の川、なめ滝状で良き流れです。左にレールを見つつひと頑張りすると塚山駅があった。ヤレヤレやっとこさ！16：00です。

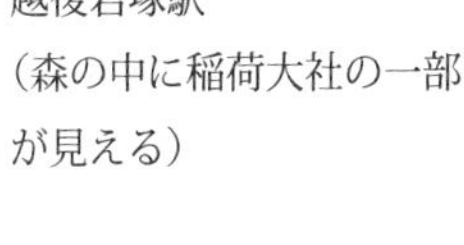
越後岩塚駅
（森の中に稲荷大社の一部が見える）

ＪＲ塚山駅

今日は早朝千葉から出てきて9：05から（長岡駅前から）てくてく開始。信越線沿いを正味6時間ほど歩いた。日差しは、じりじりあったが、雲も多くマァ歩きやすかった。〝オバサンによる拉致事件なくばもう一駅か二駅分歩けたか〟

長岡のビジネスホテルへ
レールで戻った

○→○→○→○→○→○…

長岡	宮内	前川	來迎寺	越後岩塚	塚山

一休みする間もなく16：16長岡行ワンマン電車に乗る。今日の宿は長岡駅前のビジネスホテル、ニューグリーンホテルです。そこまで戻ります。2両の電車、高校生の下校時と重なり、座るところはありません。混んではいるけど日中カラ同然に走っている電車を幾度も見ているのでワイワイガヤガヤの若者と一緒も少々嬉しくて苦にもなりませんでした。３６０円。長岡駅につき、お土産屋さんで千葉の親戚に柿の種などを宅配の手配をしました。３軒分送料込み１４，０００円也。ビジネスホテルは広い部屋＋αの設備もあり、満足。地階に夕食の取れるレストランもあり、大変結構でした。素泊まり4，８００円。…結果良ければ全て良し！

〇歩く旅は人を救う
　歩く旅は心に風を通す
　歩く旅は心を流れる水にする

〇歩く私の頭の中で一人会議をしています
　あれを想い　これを考え
　いつもの私とそうでない新しい私が一人議論しています
　足は互い違いに出、目は前を向いていても
　心の中で、やさしい一人会議をしています

塚山↓北条↓茨目↓柏崎

平成29年9月23日（土）時々雨

長岡駅ー（レール）↓塚山駅↓ヨネックス工場↓ほたるロード入口↓八幡神社↓国道11号三差路↓塚野山・吉原の清水↓森林基幹道↓旧沼入街道の棒抗↓越かたくりの森：塚山峠↓第二塚山街道踏切↓長鳥駅↓西長鳥↓山本入口↓（大広田入口）↓駅入り口♀↓越後広田駅↓錦鯉の養殖↓金蔵山（左）↓山潤入口♀↓入小島♀（右）極楽寺↓街道標識↓国道291号に合流↓北条駅↓小坂橋↓鳥越（交）↓安田駅↓安田（交）↓田尻小↓柏崎IC↓茨目駅（左へ）↓茨目（交）↓国道8号へ（日吉町、交）いすず販売店↓大陸橋↓宝町（交）右折↓柏崎駅北口

8：50〜16：10　＝7時間　＝29km

5：00起床。朝から曇っています。夜半に雨が降ったらしく道路が湿っているよう。予報はくもり。でも道中降られるかもしれず、すぐ取り出せるように、リュック内の上部に雨具とする。ビジネスホテルニューグリーンでの朝食は昨夜買ったコンビニパンとコーヒーで済ませる。（350円）

7：45宿を出て、長岡駅で2両ワンマン直江津行に乗車。（東京は雨で17℃だそうです。清宮（きよみや）がプロ入りを希望。小池都知事、政党名は「希望」になるとのニュース）土曜日で電車空いていて1両20人くらい×2。（昨日のてくてく終点である）塚山駅下車。ここから1km程に「長谷川邸」（誰？）と「三波春夫顕彰碑」があるとのこと。〝昔ばなしとほたるの館〟のある町…。また、駅舎を背にして前方に渋海川が流れているが、その山裾に「西谷（にしだに）温泉」があって旅館も数件あるとのことです。

８：50てくてく開始、すぐヨネックス新潟生産本部の大きな工場。早くも雨がザァッと降ってきた。前方のＪＲ線ガード下に潜り込む。そこにはなんと上りにも下りにもベンチ（バス停でもなさそう）がありました。左に「ほたると顕彰碑入口」とある。塚山農協前、右手、八幡神社‥杉の大木あり。「平成18年中越地方地震で鳥居倒壊建て直す！」とある。左手、奥に「昔ばなしとほたるの館」長谷川邸へ。国道４０４号と別れ、私は塚山橋（橋50ｍ、流れ25ｍ、渋海川）を渡る。…彫の深い良き流れです。県道11号にぶつかり右折。雨ザァザァと降ってくる。早くも残念、雨合羽を取り出し着ました。山間の道となり民家もなし。右手ＪＲ線複線です。貨物列車が行きます。なんと75両ぐらいあったか。ガタゴトガタゴト…と。ほたるの里、右へ。私はまっすぐ緩やかな上り。コスモスあっちこっちに咲き、野菊の白い花も点々…のどかな霧雨の中、水の流れる音、サラサラと心地よし（雨あがればさらに）。塚野山、吉原の清水、水辺広場（左側ちょっと見るだけ）、レールは（トンネルに入ったか）見えなくなったかと思うと道はクネクネの上り道。右に左にくねくね上りの連続。雨模様とあって目線も上げることもなく、何かに耐えるが如く黙々と上る。

森林基幹道八石山終点。旧、沼山（?）街道の棒抗「クマ出没注意！」の立札、看板2回目。人通り０人。車は極、たまに通るだけ。〝熊さん頼むよ出てこないで！〟左、「越路かたくりの森」ここから柏崎市域に入った。長岡と柏崎の管理境界の標柱。峠です。塚山峠。〝越路（こしじ）〟という名がしっくり身体に沁み入ったような峠道でした。赤紫の筒状の花をびっしりつけて咲いている野草。（ホタルブクロ?ツリガネニンジン?）名も知れぬ数種の花。クルミの大木多く、実をたくさんつけています。すでに落ちている実も多く、踏まないと足場もないほど。２ｍにも伸びたシシウド（?）の白い花。バイク1台、そしてサイクルヤングマン。珍しく通り過ぎる。下りにかかるとサイクルの速いこと。アッという間に見えなくなりました。私も下りは元気回復。ドンドン下った。左下にトンネル。そしてＪＲ線見えた！ついに踏切。第二塚山街道踏切とある。駅に近づいても廃屋となった民家が多い。それでも集落らしき雰囲気。

右手に長鳥駅です。「昭和18年（失礼！私の生まれ年です…）に設置された長鳥信号所を駅に昇格させるため、長鳥地区民が旧国鉄に請願。駅舎建築経費の全額を身銭を切って負担した悲願の駅である」「昭和28年12月15日開業」と記された標柱が構内にありました。〝駅舎に入って地下道くぐって線路向こうのホームに上る〟無人駅です。見た感じでは今は1日１００人程の利用者があるだろうか…。往時を思うにしても今は寂しすぎる駅でした。線路際の立ち入り禁止のパイプ柵に、濡れた雨合羽、ズボン、帽子など出てきた太陽に当てるために干して30分休憩しました。…想い巡らせば、去り難き生誕65歳の長鳥駅よ。

長鳥駅11：06スタート。少し進みレールの下をくぐり向こう側へ。この道は地方道（県）柏崎小国線というらしい。また、山間に入り上り坂（レールは左側でトンネルが）小沢を越えやや左カーブで下る。西長鳥（交）で、県道11号（辿ってきた道）から県道72号線を行く。大広田、山本入り口。左にレールと並びつつ少し頑張ると、越後広田駅入口。駅は田んぼを挟んで２００ｍも離れていそう。望遠レンズで写す。（うまく写ったかな？）…写っていました。ポツンと。跨線橋のある駅でした。そのまま通り過ぎて進む。山あいの小さな池。（田んぼと見間違える）に錦鯉が泳いでいる。養殖しているのだ。そういう目で周囲を見ると、それらしい養殖池がみられる（山古志地区で有名）。左、金蔵山、三潤入口。ここは小島地区です。右、極楽寺。手を伸ばせば届くところに柿。色づいています。一つ失敬して口に入れた。ウワァ！渋柿でした。いかにローカルといえ甘い柿が易しく手に取れるハズがないか。（反省）

役場の12：00の鐘がカーン、カーンと鳴り響きました。「〝イボ山〟？この道は越後柏崎七街道で標高は110mと標示あり。」北条郵便局、左、鹿島。右、農協支所。久の崎十文字。左から来た国道291号に合流する。北条小、北条中が近い。右手に〝弘心園〟という庭園のようなものあり。由緒ありげな庵と苔むした庭園。それにカヤの大木が幾本も見事な庭です。しばらくで左側に北条（きたじょう）駅です。立派というほどではないが、小ざっぱりした民家風の駅舎です。「北条、毛利いにしえロード」の看板あり。毛利って？長州の毛利と関係あるのかな。「歴史、文化の香る町北条」〝いにしえロード〟によると、長鳥川の裾になんと10余りの寺社が並んでいる。その中の一つ〝専称寺は毛利氏の菩提寺〟とある。「越後毛利氏と北条城」の案内掲示によると、柏崎市北条地区は戦国時代、国人（こくじん）領主毛利氏の城下町であった。

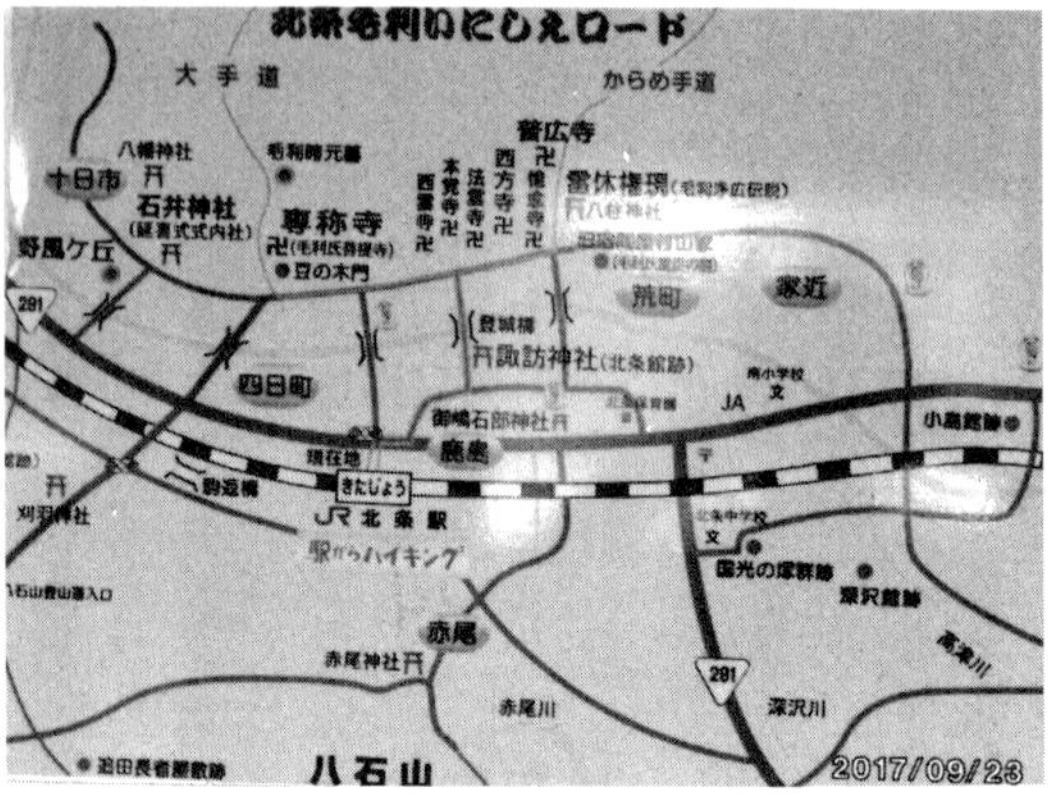

北条（きたじょう）駅前の案内掲示

【鎌倉幕府政所別当大江氏の子孫で、相模国毛利庄（厚木市、愛川町）などの所領を有す関東の雄であった。毛利初代、毛利季光の4男経光は、越後佐橋庄と安芸国吉田庄（広島県安芸吉田市）の領有を許可された。安芸毛利氏の裔（スエ）が毛利元就と連なる。経光は佐橋庄の南条（みなみじょう）（現、柏崎市南条）に来往。以来この地で勢力を広げ、安田氏、善根氏（ぜこん）、北条氏らの国人領主を輩出した。そのうち北条氏が伝領してきた土地が現在の北条地区のもとになっている。専勝寺は北条氏12代の菩提寺として今もこの地域の信仰の中心となっている。北条氏本丸跡・二の丸跡などの城塞施設跡が残っていて、頂上の本丸跡からは柏崎市街まで見渡せる。…という。（駅前掲示、新潟県の歴史散歩より）】

このような目で、手元の地図を眺めると、北条駅を中心にするように、東条、本条、北条、南条…という地名が現存していた。12：45北条駅スタート。国道２９１号を（レールと長鳥川に挟まれて）進む。南条入り口、十日市入り口、鯖石川にかかる小坂橋を渡る。左からレールを越えてきた県道２５２号に合流。鳥越（交）明後沢入口。右、新潟産業大付属校。駅入り口。左へすぐ、安田駅。広場を持った有人の平べったい駅舎。待合室クーラー稼働中。左に郵便ポスト、右に公衆電話ＢＯＸあり。北条からいつの間にか民家、商家など途切れることなく連なっていた。13：35スタート。右、安田神社。左、安田旅館。安田（交）、県道73号を突っ切る。だいぶ柏崎っぽい臭いがしてきたぞ。交通量も増えてきた。左にコンクリート工場、中道入り口♀。レールは左、２００～３００ｍ離れている。三ツ家♀、バス1日15本便数ある。左手前方ずっと奥に形の良き大きな山あり。標高９９２．５ｍの米山かしら。コメリを右に見て、田尻小前♀。この付近、公民館、コミセン、ＪＡなどあり。「越後、柏崎観光バス」会社あり。上田尻♀（交）・北陸自動車道柏崎ＩＣ。左にまっすぐのびる道あり。５００ｍも行けば、茨目（いばらめ）駅があるようだ。茨目♀（左へずっと行くと、新潟工科大、新潟産業大、それにさらにずっと先に「綾子舞踏館」がある…との標識、茨目（交）、北半田2丁目（交）、日吉町（交）で国道8号とぶつかり左折。「コメリ書房」だって。あのコメリが「本オンリーの店」か。いろいろやりますねぇ。さて、いすゞ販売店の道路側、コンクリートの一部を簡単に造作して「歩行者お休み処」だって。泣かせるねえ！どんな店長か知らないがきっと社内でもアイデアマンであるに違いない。信号を待つ間、思わず腰掛けさせてもらいました。年寄りには有

難いでしょう…。大陸橋でJRをまたぐ。(少々疲れたなぁ足指先痛む。あと少しだファイト!)ヤマダ電機、岩上入り口(交)、宝町(交)、右折。この辺りの通り、「無電柱化」、なっています。地下道路辿ってレールの反対側に出て16:00柏崎駅北口到着です。駅前のビジネスホテルグリーンホテルに投宿16:10。

〈今日のポイント復習!〉

●歩き出しから小雨、そして時折ザァザァー。早めの完全武装で歩きにくいのなんの。…(備えあっても歩きにくさは自分もち!)(気紛れの9月雨は曲者、身体が冷える)

●塚山峠の峠越え。越えてみて越後路を実感した。くねくね登りの急坂。汗したたる。熊注意!雪崩危険!とあり、積雪期はどんなことになってしまうのだろう。足の踏み場に苦労するほどのクルミの実(落ちていた)想像できますか?…(都である京都から名付けたのかしら、越後、越中、越前という呼び名と順序は)

●田一枚ほどの大きさもない小型の溜池?そんな濁った水の中にカラフルの錦鯉を見つけたとき、少々驚いた。あの高貴な錦鯉がこんな泥水の中で養殖されているなんて!

●きたじょう(北条)という所の歴史の深さ、複雑さよ。

●所有者が少し工夫して配慮してくれると世の中もっと皆住み良くなるなあ。「歩行者お休み処」の心づかいを見て。

○塚山→○長鳥→○越後広田→○北条→○安田→○茨目→○柏崎

(塚山―長鳥:レールはトンネル、私はてくてく峠越え!)

●一夜を託した駅前のビジネスホテル「ニューグリーンホテル。」素泊まり6，400円は私の予算ではチト高い。しかしそれだけのことはあった。部屋もよかったが、何よりは風呂。入浴中湯船にひたりながら8階の窓から駅前を見下ろし、遠く米山のピラミッドが見えたのだから。安宿を捜しながらの「てくてく」ですが、部屋の風呂に入ったまま外の絶景が見えた風呂には本当に驚きました。

●一日歩いて
汗かいて
一風呂浴びると
燗酒沁みます
干からびたる僕の足の指先までも。

●私いま、柏崎に居ます。日本海の…
駅すぐの潰れそうな居酒屋で一杯やってます
外は俄かのカミナリです
今冷奴がカウンターに出ました
おかかたっぷりの豆腐をつまみながら
いつもたった一人です
独りで飲んで一人で密かに盛り上がって…
マスターと言葉の棒っ切れみたいな会話して
結局今日も良き一日であった
過ぎし事はすべての心の栄養となるでしょう

●豆腐と納豆、私はこの漢字は
逆ではないか、と以前から勝手に思っています。
豆が腐る方がなっとうで
豆が納まる方がとうふではないのか…と
なっと〜くが行かないのです。

柏崎↓御野立公園↓米山登山口↓柿崎

平成29年9月24日（日）晴れ時々くもり

柏崎駅前↓鵜川橋↓豊州神社↓港入口🚻↓番神堂入口↓御野立公園↓鯨波駅入口↓恋人岬↓青海川駅↓休憩ベンチ↓笠島トンネル↓胞姫橋↓米山登山口↓米山駅↓米山海岸パーキング↓二十三夜塔↓竹鼻↓中央海水浴場↓柿崎総合運動公園↓柿崎駅

7：50〜14：30　約実質6時間40分　＝25km

柏崎とはどんな街（歴史）だったのかしら？

●1830年代は（三重県桑名の）「桑名藩・柏崎陣屋」がおかれていた。陣屋は大久保陣屋とも呼ばれ、「松平越中守家（えっちゅうのかみけ）・越後221ケ村支配」の拠点であったという。維新後、明治6年までは「柏崎県」の県都として大久保陣屋の場所に県庁がおかれていた。戊辰戦争では柏崎は佐幕派桑名藩（旧幕府軍）の支領であったため、「新政府軍」と「旧幕府軍」の激闘の地となった。

●柏崎市内は「佐渡・弥彦・米山国定公園」に属しており、約42kmの海岸線を持ち、「名峰、米山・福浦八景・15の海水浴場」を含んでいる。古くは北国街道の宿場町として栄え、また、「石油の町」として注目を集めてきた。2007年（平成19年）7月16日発生の中越沖大地震に襲われ、尽大な被害も出した。現在の市のキャッチフレーズのひとつに「柏崎は砂丘の上にできた北国街道の宿場町」と称してもいる。

●柏崎駅から北東・約8kmの日本海に面した、「柏崎・刈羽原子力発電所」があります。「柏崎市青山町と、刈羽郡刈羽村の一部」にまたがり、国道352号線に沿っております。

今日は、9／22からのてくてく3日目。朝から晴れています。一番の天気か。その分ジリジリやられそうです。ビジネスホテル8階の窓から西の空に米山がくっきり見えました。…今回はこの山裾を廻り込むようにして海岸線を進む。駅前7：50スタート。駅前通りをまっすぐ海岸目指して歩く。西本町（交）を過ぎて右手に、「生田萬（いくたよろず）」の墓と「戊辰役墓石群」があった。生田萬は平田あつたね門下の国学者で、大塩平八郎の乱に呼応するように同志6人と桑名藩柏崎陣屋を襲撃し、失敗・自害した人。また、墓石群は、戊辰戦争で（この地の激戦で）戦死した官軍兵士を埋葬した招魂所です。（新政府軍司令官総督仁和寺の宮による）また、至近に「柏崎ふるさと人物館」もありました。（入館せず）駅方向に（来た道を）少し戻り、交差点を右折。西本町（交）を左折。更に新橋（交）を右折し、鵜川橋（橋90ｍ、流れ80ｍ）を渡る。水満々で右手先に海近し。防災訓練の市の広報が流れています。県道316号線中浜1丁目♀、ダラダラ上りが続く。左、大洲小。右、豊州神社。欅の大木2本。勝願寺茶屋（左）、今度はダラダラ下り。三石（交）、港入り口♀、右下は港です。（柏崎港：日本セメント、秩父セメント、日通、漁協）左手、山の上、のっぽのホテル・（かんぽの宿？）。番神堂入口♀。（県道369号線を歩いている）番神公園、展望広場まで行ってみた。更に番神岬が突き出ていたが省略。番神堂に10円のお参り。周囲は結構草深かった。

●柏崎市が誇る全長42㎞にも亘る海岸線に15指の海水浴場を持ち、特に夕日の美しさは特筆すべきとか。福浦八景と称されている。番神岬もそのうちの一つ。

●番神堂（ばんじん）：鎌倉幕府によって佐渡島に流されていた日蓮は1274年恩赦を受け、寺泊に向け出港したが、漂着したのが柏崎の海岸であった。日蓮着岸を機に夕陽を望む景勝地に番神堂を設けた。

鯨波（交）の青い鯨！！（デッカイぞう）
大きな口が地下道への出入口！

東の輪♀、右下は海岸、（柏崎海浜公園、海水浴場ひろ～い！）御野立公園♀、旅館海月ほか2～3軒。駐車広場WCあり。展望広場まで少し上っていく。右手、大きな石碑「大蔵大臣入閣記念・田中角栄先生顕彰碑」あり。

また少し行くと、小高い所に「明治天皇東輪御野立所」の記念碑あり。そこが展望台だった。左手（前方）を見下ろすと、鯨波海岸が一望。また、来し方の反対方向も振り返り見下ろすと、堤防のはるか遠く大きな煙突中心の「刈羽原子力発電所」らしき白い工場が見えた。崖下に隠れるように駅の跨線橋見えた。メトロポリタンホテル。左混浴！だってさ。右、「ナウマン象発掘の地」とある。鯨波（交）「巨大な青い鯨」は交差点側に横たわっていたよ。前川橋15m、流れは3m程だが、良き流れです。右妙智寺。右へ600mで「鴎ヶ鼻、恋人岬」です。右カーブ、ホテル、旅館、数件あり。右下絶壁。米山大橋50m位の高所に架っている。右下に青海川駅。まさに真上から見下ろしている感じ。白いU字型の駅舎です。右は相変わらず青い海です。

左に米山の雄姿が近く見えます。「柏崎国民休養地」・休憩スペース・ベンチ・キャンプ場あり。前面は180度青い海。ありきたりだが地球は丸い！を実感。小さな漁船が4～5隻。点にしか見えぬ。な～にもないただひろ～い海原。米山IC入口（交）、笠島トンネル100m、1mほどの歩道あり。トンネル内は涼しいぜ。少し生き返る。笠島海水浴場右下です。右下に旧道のクネクネ道が見えます。上輪新田（あげわしんでん）（交）、

米山（993 m）：山頂に米山薬師堂があり、豊作祈願の人々により古くから登られてきた名山

上輪大橋。「胞姫神社（よなひめ）」…源義経が藤原秀衡を頼り、奥州に逃れる途中、当地に差し掛かった。随従する妾が俄かに産気づき苦しんだ。弁慶が必死に当神社で祈願したところ、めでたく安産となった。霊験あらたかな安産守護神よ！とへその緒を納めた。こうした内容の看板と、「安産御守」と書かれた大きな立塔がありました。米山トンネル700～800mあり。（少し手前に芭蕉ヶ丘トンネルあり700～800mあったか）

米山登山口（大平口ルート）の大きな標識あり。駅から山頂まで3時間30分とあった。少し行って右手に米山駅あり。少々くたびれているが白づくりの大きな駅舎です。駅広も十分。12：03着、三階節：〝米山さんから雲が出た、今に夕立来るやらジッカラ、チョッカラドンガラリン…〟と聞こえてきました。一服して12：25スタート（米山は駅舎から見ると、一直線に山頂まで続いて見え、抜きん出て高いので、1，500mくらいあるのでは…と思うほど。実際は992．6m）右にレール、そのすぐ近くに、米山海水浴場の白砂が続く。右下に旧道も続いているようだ。右、米山小学校「罪を悔い改めよ」（ドキン！）と塀に貼ってある。左、重文・大清水観音堂へ。米山海岸パーキング。少し行って道路左上の斜面の高みに背丈ほどもある卵形の大きな高台があり、その上に手を合わせたお地蔵（座像）が乗っている。随分古いものと見え、判読やっと。「二十三夜塔

地蔵」とある。ここに座り、一服して眼下を見下ろすと一面の広大な海…。この地蔵はきっと海に逝った人々の慰霊や漁をする人々の安全を祈ってくれているに相違いない！と思えた。10円献ぐ。真っ青な日本海、右手の浜から国道に上ってくる一筋の舗装道あれど、人も車もな～にもでてこない。「竹鼻」、右手レールのすぐ近くまで砂浜で、風でレールが砂でうずまってしまうための防柵が張り巡らしてある。細長い砂丘のようです。左手慈眼寺。中央海水浴場。左、山の上、巨大な養鶏場？一直線の道やや上り、緩やかな下り。ジリジリ照らされてはいるが、どこからとはなく、秋近しの風情はあります。国道はやや内陸へ。柿崎総合運動公園(左)ドーム。右下には大きな工場。(理研製鋼)。米山の上半分に雲がかかりました。それ以外は海にも負けぬ、真っ青の空です。左、柿崎中学前。(立派な門柱です）ここから下りに入る。右下に大きなグラウンドが見える。(久比岐高校？)旭町（交）右折します。

柿崎駅へ近道を！（地理も知らぬのに汗だくから早く逃れようと焦ったのだがミスの元。迷ってさらに大汗です！）病院、小学校近くでオッサンに駅を聞く。汗ダクの私の形相に恐れをなしたか指で指し示す。…なんのことはない3～4分で柿崎駅到着（有人）。木造のコンコース・跨線橋・コンクリートのモダン駅舎がセットになった骨格充分な駅。（駅広もたっぷり）駅広の一角に名峰「米山」への登山ルート等、詳細な案内板がありました。本日の「てくてく」の成績は　7：50～14：30　6時間40分　約25㎞でした。今回の「てくてく」は9月22日長岡↓塚山、9月23日塚山↓柏崎、9月24日柏崎↓柿崎と歩きました。今日の行程は柿崎で終了し、4日目の「てくてく」に備えレールで糸魚川駅前に泊まり・4日目は「糸魚川から市振」まで行き、それで3泊4日を終えます。この紀行文の記述では9月24日分を記したあと、8月3日～8月5日分が入ります。そのあと9月5日分が続く事となります。

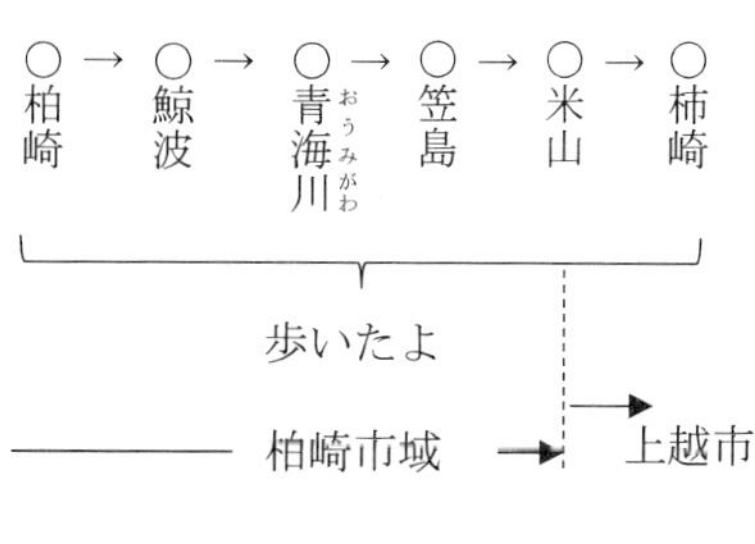

「柿崎から糸魚川まで」は去る8／3（木）～8／5（土）2泊3日で先行して歩いています。

次ページ以降それを記述いたします。それというのも8月初旬、新潟長岡などどうしてもビジネスホテル（宿）が予約できなかった。夏祭り、花火等夏のイベントのせいだと思われます。そのため先回りして柿崎～糸魚川間を先行しててくてくの旅を歩いた…ということです。

そういうことなので、今日は柿崎で、てくてく終了です。信越本線特急乗車（1，040円＝運賃320円＋特急750円）し直江津下車、直江津で「えちごトキめき鉄道、日本海ひすいライン」の各停列車に乗り、糸魚川駅下車。620円。駅前のジオパークホテル投宿です。

〝豪華列車・雪月花2両〟ホームで偶然のご対面。確かに華やかですが、違和感ありて、汗みどろのさえない旅の私から見ると、手の届かない夢ののりもの別世界です。けれど、JRが地元とのコラボでこうした列車を走らせる意気込みには賛成です。

柿崎→潟町（かたまち）→土底浜（どそこはま）→犀潟（さいがた）→直江津

平成29年8月3日（木）晴れ時々くもり

てくてく開始の柿崎までのアプローチ
（稲毛海岸→東京駅―（新幹線）→上越妙高駅（えちごトキめき鉄道妙高はねうまライン）→直江津→（信越本線）柿崎駅）

柿崎駅前～柿崎橋～国道8号へ（馬正面交）～免許センター―上越支所～上下浜駅（じょうげはま）～中部北陸自然歩道～柿崎マリンホテル～虹のホール大潟～雁ケ浜～潟町駅入り口～松並団地～土底浜駅入り口～下小舟津浜（交）～大潟除雪センター―～犀潟駅～夷浜（交）～保倉川～佐内直江津～三ツ屋（交）～関川～御社八坂神社～直江津駅～α―1ビジネスホテル

11：37～18：15 ＝6時間30分＝25km

【プロローグ】

8月初旬、新潟界隈の「てくてく」を予定したが、どうしても多客期とみえ、愛用のビジネスホテルなど予約ができず。予約の取れそうな直江津糸魚川方面に目を向け、（私のてくてくの順路としては、…新潟～柿崎を飛ばして）今回の「柿崎～糸魚川」2泊3日の旅、先行したものです。よって、千葉の自宅から信越本線柿崎駅にレール利用で出て、柿崎から直江津、糸魚川めざして「てくてく」歩く。暑さで寝不足気味の8月初旬だけど、旅の装備点検し、稲毛海岸→東京駅は京葉線利用。東京発「はくたか553号」（北陸新幹線乗車）9：58上越妙高下車。10：18直江津行乗車。10：30直江津着。10：58長岡行、11：30柿崎駅下車。

途中、春日山駅は車窓から見る限り、「謙信公祭」の幟旗のオンパレード。また乗り換え駅の直江津やそこからの長岡行2両のワンマン電車には浴衣姿の娘さん多数見かけました。長岡や柏崎の花火大会などに行くのでしょうか。2両のワンマン電車ですが、綺麗な清潔感ある車両で、車内トイレのデザインも初めて見るようなアイデアで飾られていた。（長岡に劣らず、「柏崎の花火」も評価高く、〝日本一だ〟といい張る人もいましたよ）

さあ、「てくてく」スタートです。11：37柿崎駅前スタート（軽井沢あたり雨降り、長岡あたりは晴れ）こちら天気も上々。但し相当暑そうだ！クビキ北観光バス会社。（この地域の乗り合いバスや観光バスを手掛けているのだな）県道１２９号線を右折します。道路中央線には北陸特有の融雪栓が延々と施されています。神社前♀、柿崎川橋（１００ｍもあろうか）右手３００ｍほどで海。左手やや後方に三角の形の良い山、米山です。右手レールのその向こうに、真っ青な海が広がって見えます。上越市ガス水道局（右）、国道8号とぶつかり、（交）を右、国道8号線を行く。馬正面（ばしょうめん）（交）、クビキバス♀、（一日に3～4本）海岸傍を通る県道にはもう少し本数がありそうだ。ライナーズホテル。（休憩4，０００円です…「ご休憩で入ったのに、疲れ切って出てくるラブホテル」…読み人知らず…）運転免許センター、桃園町、直海浜（のうみはま）（交）、体育館（左）レール（信越本線）を陸橋でこえた。豊かな松林の向こうに雄大な青い海。左へ急カーブ。そしてレールに沿うように林の中をまっすぐ直進です。車にひかれたカエルがペッシャンコ、カエルの干物！これがお前の一生だったか。…カエルさん、ごめんネ。人間を代表してお詫びします。

12：45上下浜（じょうげはま）駅です。トイレも水もない箱型の駅舎。（どんな由来があったのか変わった名前です）薄緑色一色に塗られたＢＯＸ駅、折よく到着した電車からなんと8人もおりてきたよ。また、国道8号を歩く。（一本右手の海沿いのルートは旧道か、バスも通っているよ）上下浜（交）思い切って浜沿いの道を行く。県道129号線。こちらの方が俄然歩きやすい。中部北陸自然歩道あり。浜に沿った住宅街ともいえそうです。ハマナスふれあいセンター、雁子浜（がんこ）、東、西…マリンホテル。相変わらずノーテンキなまっすぐの道。ボーとしてくる。汗が止まらない。こんなに暑いのに木陰からウグイスがホーホケキョ！と。お前も暑さで狂ったか、今は8月だぞ！
虹のホール大潟。ここから大下りと大上り。トホホ…。「登坂不能車多発」の看板。コレナニ？真冬のことかしら。鵜の浜温泉があるらしい。鵜の浜ニューホテル。ここは「雁ヶ浜」です。〝人魚も恋した夕日、鵜の浜〟だって。道端に小さなクモが、死んだカナブンを引っ張っていました。下ばかり見てみると足元近くではそれなりの生存競争です。
九戸浜（交）、鵜の浜温泉入り口（交）、歓迎アーチあり。何やらこの地方、ユニークな読みにくい地名が多いぞ。みんな由緒があるのだろう？

潟町（かたまち）駅入り口（交）、「大潟、水と森の公園」左、駅に入らず県道129号線を行く。潟町1区。左、大潟町中学。右、大型キャンプ場。土底東、土底、大潟町小。道路工事中、旗振りおっさんご苦労様。〝あなた仕事、私遊び〟申し訳ないけど通してください。振り返ると米山の三角形が私を見ていた。杉並団地、ショッピングセンター（ナルス？）、土底浜（どそこ）駅入り口。13：55駅に入らず。ベイシヤで一服。いい天気です。

風は少しあり助かる。でも炎天下舗装道路にはこたえますねえ。ひ

信越本線「犀潟（さいがた）駅」

まわり、トウモロコシ、下半分は枯れて茶色くなっています。レオマークの（西武）観光バスが一台駐車している。どこからきたのだろう。ベイシヤの日陰のベンチで20分も休んだ。助かりました。下小舟津浜（交）、国道、レールの左側に大潟工業団地の標識。また、国道8号に戻り、歩いています。〝おかしなお菓子屋さんセシュウ〟氷の旗。うっまそうだなぁ！上子舟津浜(交)。左から高架のレール迫る。2両の電車ゴトゴト走り去る。左道路傍に立派なパーキングとトイレ。休憩施設あり。マア100点です。国交省大型除雪センター。新堀川120m程だが水マンマン。犀潟医療センター前、犀潟駅前到着。ヤレヤレヤレヤレ！15：03民家のような横拡がりのなつかしみのある駅舎。丁度着いた長岡行電車に、なんと10人ほど乗車したよ。浴衣だったり、原宿にでも行くようなアニメ風の娘…。やっぱり花火かな。「汗がくさい、てくてく爺さん」は、もう一息頑張ろうと歩き出す。

駅前を通っている国道8号を行く。左にカーブ。複線のレールを陸橋で越える。左、中越通運上越(営)、夷浜(交)（ここを右にレールを越えて行くと、県道468号線も横切ると、夷浜海岸です）まっすぐ行く。本日の正念場か、この傾きかけた赤い夕陽を浴び、半べそ顔で歩く私は何者？一本道は厳しいぜ！後方に米山さんが見てござった。16：00鉄塔そばの小さな日陰にへたり込んで一服。右手の海に「上越火力発電所」か白い煙もくもく…夷浜新田、石橋新田、右手レールの更に右に学校（八千浦小と中学も）か。黒井東（交）、左手県営南部産業団地。どうやら左右工場地帯の雰囲気。黒井（交）は山側から海側への大きな交差点、工場を結んでいる。西福島工業団地、頸城（クビキ）入口（交）、日の出（交）、そして川、保倉川橋（川幅100m弱、流れ50～80m）佐内（交）、オヤオヤ、黒井駅を見失う、入口を通り過ぎたか。右手に大きな工場。新日鉄住金、直江津港のようだ。佐渡汽船案内表示（直江津～佐渡小木）小木懐かしいなぁ。（タライ舟…に乗ったなあ）黒井駅を見逃し、

こうなったらという気分で直江津駅までもうひと踏ん張りか。（ヤケクソというか惰性というか足が止まらない）

デーリーヤマザキで一服。16：45三ツ屋（交）、クビキバス（株）によるミニバス運行中。三ツ屋（交）、で国道8号と別れて右折。県道488号線へ、小町橋渡る。（狭いけど水満々）春田新田（交）、国道350号を横切る。春日新田西（右折）、春日神社前（左折）一級「関川」にかかる直江津橋を渡った。右手近くが海のようだが橋250m見当。流れ200mもあるか。良き河です。春日神社は祭礼のようでした。（準備中か子供が多勢太鼓の練習か？）〝小さい手、大きく上げて正しい横断〟クランクに曲がって駅前通り郷社・八坂神社（このあたり、随分と寺、神社多し。左折して進むと奥にモダンな駅広と直江津駅舎があった。やあここにあったか!!）手前の商店で買った缶ビールをベンチにへたり込むや否やプチュっと開けると吸い付くように飲み干しました。少しは気持ち落ち着いた。（缶ビールを発明した人、とても偉い人です）

今日の宿・「α－1」は疲れのせいかなかなかわかりにくい。駅前ホテル群にはなく。線路沿いを糸魚川方向にかれこれ500m程行った線路を縦断する県道123号線のふもとにありました。ヤレヤレ18：15着。朝食込み6，500円なり。早速、バスで汗を流し、さっぱりしてホテル1階にある中華店で夕食。1，000円、部屋に戻り、発泡酒グイ飲み。買ってきたスイカ4分の一とトマト2ケ（大）もパクパク。これで生き返った気分に。今日は18：15～11：37＝6時間38分歩いた。距離、およそ25㎞、半日の成果としてはよく頑張った。日本海に真っ赤な夕陽がほぼＰＭ７：00に沈んでいきました。（また明日ね…と）

●トキテツ…って何？…えちごトキめき鉄道。ＥＴＲと称す。北陸新幹線が富山・金沢へと伸びる一方、ＪＲ在来線はその維持の為、この経営形態が必要となった。いわゆる「第三セクター化」が図られ、直江津から糸魚川方面は「えちごトキめき鉄道・日本海ひすいライン」となり、一方、直江津から、高田・上越妙高方面は「えちごトキめき鉄道妙高はねうまライン」となり異様に長い社名（路線名）となっている。

●直江津は高田市と昭和46年に合併上越市となった。更に平成17年（２００５年）、平成の大合併で区域再編成となり、現在に至るが、高田と直江津という夫々の意識は市民の間に根強く残った…といわれる。

●北陸新幹線は、直接高田駅にも直江津にも乗り入れなかった。

●「八坂神社の祇園祭、上越まつり」…京都八坂神社勧請（かんじょう）して創建されたといわれ武勇、商売繁盛の神様として、親しまれている。直江津と高田の祇園祭を執行し毎年7月下旬、「前半、高田地区」、「後半直江津地区」を会場とする。直江津では各町内ごとの屋台が市中を曳きまわされ、最終日は19台の屋台が八坂神社に集結する。近くに屋台会場あり4／1～11／30一般公開。祭り好きの私にとっては近いうち、いつか見学したいものです。

〈ETR；えちごトキめき鉄道株式会社〉

著者略歴

おだゆきかつ
１９４３年生まれ
千葉県館山市出身

京成電鉄（株）・京成バス（株）
勤務を経て
千葉県バス協会・会長
東京バス協会・会長
公益社団法人・日本バス協会
副会長歴任

Tomorrow is another day 巻3

あたらしい旅のかたち てくてく日本一人歩きの旅
（宮城・岩手・青森・秋田・山形・新潟・佐渡・淡路　編）

2023年1月17日発行

著　　者　おだゆきかつ

発 行 所　銀河書籍
〒590-0965
大阪府堺市堺区南旅篭町東4-1-1
TEL：072-350-3866　FAX：072-350-3083
発 売 所　株式会社星雲社（共同出版社・流通責任出版社）
〒112-0005 東京都文京区水道1-3-30
TEL：03-3868-3275
印刷・製本　有限会社ニシダ印刷製本

乱丁、落丁本はお取替えいたします。
ISBN978-4-434-31535-0 C0026

文中には同じ語句であっても漢字・ひらがな・カタカナと様々な表記があります。これは著者が歩きながらメモ取りをし、その時々の状況により表記が違ったからです。この本ではこれらの表記をそのまま反映しております。誤字脱字・間違った表記など見づらい点がございましたらどうぞご容赦ください。

銀河書籍